应用型法学人才培养系列教材
编辑委员会

主　　　任	刘晓红
副 主 任	郑少华
秘 书 长	杨　华
编委会委员	(按姓氏笔画顺序)

卫　磊　　王　康　　王丽华　　王志亮

王祥修　　汤玉枢　　杨向东　　肖光辉

何艳梅　　张进德　　陈海萍　　胡戎恩

黄芹华　　曹　阳　　彭文华　　谭小勇

应用型法学人才培养系列教材

总 主 编 刘晓红

副总主编 郑少华 杨 华

国际法学理论与实务

王丽华 主编

北京大学出版社
PEKING UNIVERSITY PRESS

图书在版编目(CIP)数据

国际法学理论与实务/王丽华主编. —北京:北京大学出版社,2024.1
ISBN 978-7-301-34642-6

Ⅰ. ①国… Ⅱ. ①王… Ⅲ. ①国际法—法的理论—高等学校—教材 Ⅳ. ①D990

中国国家版本馆 CIP 数据核字(2023)第 221300 号

书　　　名	国际法学理论与实务 GUOJI FAXÜE LILUN YU SHIWU
著作责任者	王丽华　主编
责 任 编 辑	孙维玲
标 准 书 号	ISBN 978-7-301-34642-6
出 版 发 行	北京大学出版社
地　　　址	北京市海淀区成府路 205 号　100871
网　　　址	http://www.pup.cn　新浪微博:@北京大学出版社
电 子 邮 箱	zpup@pup.cn
电　　　话	邮购部 010-62752015　发行部 010-62750672　编辑部 021-62071998
印 刷 者	河北滦县鑫华书刊印刷厂
经 销 者	新华书店
	730 毫米×980 毫米　16 开本　28.25 印张　461 千字 2024 年 1 月第 1 版　2024 年 1 月第 1 次印刷
定　　　价	88.00 元

未经许可,不得以任何方式复制或抄袭本书之部分或全部内容。
版权所有,侵权必究
举报电话: 010-62752024　电子邮箱: fd@pup.cn
图书如有印装质量问题,请与出版部联系,电话: 010-62756370

总序

党的十八大以来,中国特色社会主义法治建设发生历史性变革,取得历史性成就。在 2014 年 10 月 23 日党的十八届四中全会通过的《中共中央关于全面推进依法治国若干重大问题的决定》中,有一条贯穿全篇的红线是坚持和拓展中国特色社会主义法治道路,在中国特色社会主义法治道路上,以习近平同志为核心的党中央,将马克思主义法治基本原理与中国实践相结合,形成了习近平法治思想。

习近平法治思想具有鲜明的实践品格、磅礴的实践伟力,实践性是习近平法治思想的源头活水。习近平法治思想科学回答了建设中国特色社会主义法治体系以及到 2035 年基本建成法治国家、法治政府、法治社会的实践路线图。

法律的生命在于实践。法学本身就是一门实践性很强的学科,在坚持和拓展中国特色社会主义法治道路上,高校担负着社会主义法治体系的理论研究、法治宣传、人才培养等方面的重任。

上海政法学院立足"应用型"办学定位,紧紧围绕培养学生的专业应用能力和综合素质,不断优化专业结构,创新人才培养模式,建立协同育人机制,提升人才培养质量。根据社会需要、行业需求和新"文科"建设要求,学校积极调整优化法学专业的应用型人才培养模式建设,从教材建设着手,编写法学实务类教材。

本套教材有如下几个特色:

一是坚持以习近平法治思想为指导。本套教材以习近平法治思想为指导,把博大精深的思想观点转化为法治中国建设者和接班人的知识体系和学术体系,引导他们坚定中国特色社会主义法治的道路自信、理论自信、制度自信和文化自信。

二是坚持以应用型人才培养为目标。为回应中国特色社会主义新时代的法治建设新要求,培养理论与实践相结合的法学人才,本套教材的每一部均以鲜活、生动的案例为引导,坚持理论联系实际、坚持应用型人才培养导向。上海政法学院的办学定位是建设具有鲜明政法特色的一流应用型大学,其人才培养方案,尤其是教材建设,紧紧围绕法学应用能力的培养。所以,在一流本科建设项目资金的支持下,学校组织编写了本套应用型法学人才培养系列教材。

三是主干课程与特色课程相结合。根据教育部法学专业建设的指导意见,在法学核心课程"10+X"的基础上,本套教材还体现了上海政法学院在监狱法、人工智能法、体育法等方面的专业特色。在编写《宪法学理论与实务》《行政法学理论与实务》《民法学理论与实务》《经济法学理论与实务》等法学主干课程教材的基础上,还编写了《监狱法学理论与实务》《人工智能法学理论与实务》《体育法学理论与实务》等特色教材。

踏上全面建设社会主义现代化国家的新征程,面向全面建成法治国家、法治政府、法治社会的新时代,学校不断推进特色发展,持续深化内涵建设,创新人才培养模式,坚持错位竞争和特色发展,争取早日建成具有鲜明政法特色的一流应用型大学,为国家经济社会发展和法治建设做出新的更大贡献!

上海政法学院
应用型法学人才培养系列教材编委会
2021 年 9 月

编写说明

本教材注重理论与实务的结合,具有简明、新颖和实用的特点。各章在通过典型案例引入基本理论和基本制度后,注重对国际法新理论和制度的阐述,并在章末对与本章内容相关的典型案例进行系统分析,帮助学生实现理论与实践的结合,培养学生分析问题和解决问题的能力。本书由王丽华负责大纲拟定和统稿工作,王孟紫薇、朱典、张亚飞、彭圆圆、胡天依等协助承担了部分文字整理工作。

本教材各章撰写分工如下(以撰写章节先后为序):

王丽华　第一章　国际公法总论
陈　珺　第二章　国际法上的领土
刘恩媛　第三章　国际法上的居民
万　震　第四章　国际责任法
盛红生　第五章　国际争端解决法
蔡　鑫　第六章　国际私法总论
沈奕灵　第七章　冲突法一般问题
贾　琳　第八章　法律适用
张炳南　第九章　国际民事诉讼

田　旭　　第十章　区际私法

曹俊金　第十一章　国际经济法总论

齐　萌　　第十二章　国际货物买卖法

宋俊荣　第十三章　国际投资法

侯幼萍　第十四章　国际金融法

张亚楠　第十五章　国际经济争端解决法律制度

目录

第一编 国际公法

第一章 国际公法总论 / 003
  第一节 国际法绪论 / 004
  第二节 国际法的基本原则 / 010
  第三节 国际法主体 / 014
  第四节 国际法上的承认与继承 / 021

第二章 国际法上的领土 / 034
  第一节 国家领土与领土主权 / 035
  第二节 领土的取得与变更 / 043
  第三节 边界与边境制度 / 047
  第四节 南北极制度 / 052

第三章 国际法上的居民 / 057
  第一节 国籍 / 059

第二节 外国人法律地位 / 068
第三节 引渡和庇护 / 076

第四章 国际责任法 / 088
第一节 概述 / 089
第二节 国家对国际不法行为的责任 / 091
第三节 国际法不加禁止行为所造成损害的责任问题 / 106

第五章 国际争端解决法 / 126
第一节 国际争端概说 / 127
第二节 解决国际争端的政治外交方法 / 132
第三节 解决国际争端的法律方法 / 134
第四节 国际组织与国际争端的解决 / 138

第二编 国际私法

第六章 国际私法总论 / 161
第一节 国际私法的调整对象 / 162
第二节 中国国际私法的渊源 / 165
第三节 中国国际私法的历史 / 171

第七章 冲突法一般问题 / 180
第一节 冲突规范 / 181
第二节 准据法 / 189
第三节 冲突规范适用的一般问题 / 193

第八章　法律适用 / 209

第一节　法律适用概论 / 210
第二节　国际物权关系的法律适用 / 212
第三节　合同的法律适用 / 215
第四节　侵权行为之债的法律适用 / 219
第五节　不当得利与无因管理的法律适用 / 223
第六节　国际婚姻家庭关系的法律适用 / 225
第七节　国际继承关系的法律适用 / 232

第九章　国际民事诉讼 / 240

第一节　国际民事诉讼概述 / 241
第二节　外国人的民事诉讼地位 / 244
第三节　国际民事诉讼管辖权 / 247
第四节　国际民商事司法协助 / 250
第五节　国际民事诉讼中的期间及诉讼保全 / 253
第六节　外国法院判决的承认与执行 / 255
第七节　国际商事仲裁裁决的承认与执行 / 257

第十章　区际私法 / 266

第一节　区际私法概述 / 267
第二节　中国区际民商事管辖权冲突与协调 / 269
第三节　区际私法中的法律适用与法律冲突化解 / 272
第四节　区际民商事司法协助 / 274

第三编　国际经济法

第十一章　国际经济法总论 / 287

第一节　国际经济法的基本界定 / 288

第二节 国际经济法的主体 / 293
第三节 国际经济法的渊源 / 300
第四节 国际经济法的基本原则 / 303

第十二章 国际货物买卖法 / 312
第一节 国际货物买卖法概述 / 313
第二节 《国际贸易术语解释通则》/ 314
第三节 《联合国国际货物销售合同公约》/ 325

第十三章 国际投资法 / 344
第一节 国际投资法概述 / 346
第二节 资本输入国的外国投资法 / 349
第三节 资本输出国的海外投资法 / 355
第四节 保护、促进和管理投资的国际法制 / 360

第十四章 国际金融法 / 375
第一节 国际货币金融法概述 / 377
第二节 国际货币法律制度 / 381
第三节 国际借贷法律制度 / 390
第四节 国际融资担保法律制度 / 394
第五节 国际银行监管的协调和合作制度 / 399

第十五章 国际经济争端解决法律制度 / 413
第一节 国际经济争端解决方式概述 / 415
第二节 国际商事协商 / 422
第三节 国际商事仲裁 / 424
第四节 国际商事调解 / 436

第一编

国际公法

第一章

国际公法总论

案例导读

路德诉萨戈案是英国高等法院1920年一审、英国上诉法院1921年二审作出判决的案件。该案一审原告路德公司是1898年在俄国组建的一家木材公司的主要股东。1919年，该木材公司被苏维埃政府根据国有化法令收归国有，该公司及其产品均成了苏维埃政府的财产。英国萨戈公司购买了该木材公司的一批木材，并将其运到英国。路德公司在英国高等法院提起对萨戈公司的诉讼，声称该批木材不是苏维埃政府的财产，而是该公司的财产，要求收回其产权。此时，英国尚未承认苏维埃政府，因而英国高等法院不承认苏维埃政府颁布的国有化法令的效力，遂判决路德公司胜诉。萨戈公司上诉至英国上诉法院，此时英国政府已经正式承认苏维埃政府，因此上诉法院承认了苏维埃政府的国有化法令的效力，将该批木材判归一审被告萨戈公司。

教学目标

通过学习本章内容，学生能够对国际公法的基本理论形成比较系统全面的认识。学习重点包括了解和掌握国际法的概念、国际法的渊源、国际法与国内法的关系、国际法基本原则、国际法上的承认与继承、国家的基本权利以及国家的主权豁免。学生应当理解国际法是与国内法不同的法律体系，具有与国内法不同的特点。国际法经历了古代国际法、中世纪国际法、近代国际法、现代国际法，并且出现了新的发展。经过国际实践的长期积累，有关国际法的基本理论已比较成熟，成为国际法的重要组成部分。

第一节　国际法绪论

一、国际法的概念

国际法是国家在国际交往中通过协议或国际习惯形成的，协调各国意志的，由国家单独或集体的强制力保证实施的，具有法律约束力的原则、规则和制度的总体。

国际法是一种法律体系，是一种不同于国内法的特殊法律体系，具有如下特征：（1）国际法主体有国家、政府间国际组织和正在争取独立的民族，其中国家是国际法的基本主体。（2）国际法由国家之间的协议和国际习惯构成。（3）国际法体现了国家之间的协调意志。（4）国际法由国家单独或集体的强制措施保障实施。国际社会不存在超越国家的强制机关，只能依靠国家单独的或集体的行动来保障国际法的实施。

二、国际法的渊源

所谓国际法渊源，是指国际法作为有效的法律规范所以形成的方式或程序。《国际法院规约》第38条第1款规定："法院对于陈诉各项争端，应依国际法裁判之，裁判时应适用：（子）不论普通或特别国际协约，确立诉讼当事国明白承认之规条者。（丑）国际习惯，作为通例之证明而经接受为法律者。（寅）一般法律原则为文明各国所承认者。（卯）在第五十九条规定之下，司法判例及各国权威最高之公法学家学说，作为确定法律原则之补助资料者。"虽然规约的上述规定没有直接提及国际法的渊源，只是列举了国际法院裁判案件时应当适用的法律或依据，但国际社会普遍认为这是对国际法渊源的权威说明。

《国际法院规约》第 38 条第 1 款将国际法的主要渊源归结为三种：国际条约、国际习惯和一般法律原则，此外还有确立法律原则的辅助资料。

（一）国际条约

国际条约是指两个或者两个以上的国际法主体依据国际法缔结的规定其相互之间权利义务的协议。1969 年《维也纳条约法公约》规定，所有符合条约特征的一切国际协议，不论其特定名称为何，均称为国际条约，各缔约国承认"条约为国际法渊源之一"。《国际法院规约》将国际条约列为第 38 条第 1 款第 1 项，表明了国际条约作为国际法渊源的重要性。条约之所以能成为国际法最主要的渊源，是因为条约是国家的明示协议。按照"条约必须遵守"的国际法原则，国家必须遵守国际法。同时，随着国际法的发展，国家间缔结的条约越来越多。

条约按照不同的标准有不同的分类。其中，依据条约实质内容的不同，可将条约分为契约性条约和造法性条约。契约性条约是指两个或多个国家就某些特定事项缔结的规定相互间权利义务的条约，如贸易、投资、文化、科技、邮电等方面的事务性规定。造法性条约是指创设、确认新的国际法原则和规则，或变更现有的一般国际法规则的条约[①]，如《联合国宪章》等。契约性条约和造法性条约的区分有时并不明显，但都为缔约国创设国际法规则。少数国家缔结的契约性条约是特殊的国际法渊源，而由包括世界主要国家在内的绝大多数国际社会成员甚至几乎所有国家参加的造法性条约，一般能够对国际社会产生普遍效力，是一般性的国际法渊源。[②]

（二）国际习惯

国际习惯是指在国际交往中，经国家反复多次实践而形成的被国家接受为

[①] 参见王铁崖主编：《国际法》，法律出版社 1981 年版，第 34 页。
[②] 参见梁西主编：《国际法（第三版）》，曾令良修订，武汉大学出版社 2011 年版，第 37 页。

法律的不成文的行为规则。国际习惯是国际法最古老和原始的渊源，在国际条约出现以前，国际习惯就已经存在了。国际习惯的形成，需要具备两个要素：一是物质要素，即通例的产生；二是心理要素，通例被各国接受为法律，即"法律确信"。通例来自国际社会成员在相当长的时间内对同一种法律关系反复多次地采取相同或类似的行为，行为的时间、数量和相同性是衡量通例是否形成的标准。法律确信是心理要素，即要求各国认为相同或类似行为是具有法律拘束力。换言之，各国在进行这种实践时认为这是国际规则的要求，而不是简单地重复或模仿他国行为。① 由于国际习惯是不成文的，因此必须要有证明国际习惯存在的证据。一般而言，国际习惯可以在以下三种情况下形成，因而我们主要从这三个方面去寻找国际习惯存在的相应的证据：一是国家间的外交实践，表现为条约、宣言及各种外交文书、国家法律顾问的意见；二是国际组织和机构的实践，表现为它们的决议、决定和判决；三是各国内部的实践，表现为国内法律法规、法院判决或者仲裁裁决、国家政策说明、行政命令、新闻公报、关于武装部队行为规范等法律问题的官方手册等。这三个方面的文书资料表明了国家的实践和意志，可作为国际习惯存在的证据。

由于国际习惯是经大多数国家长期反复实践并产生法律确信后形成的，因此国际习惯的形成可能需要几十年甚至上百年的时间。但是，并不是每一项国际习惯的形成时间都需要这么久，尤其是在现代国际社会，由于国际交往频繁，国际习惯也可能在较短时间内形成。

（三）一般法律原则

在国际条约和国际习惯之外，一般法律原则也是国际法的渊源。国际社会普遍认为，一般法律原则是国际法的补充渊源，因为这些原则有助于填补条约所定国际法和习惯国际法中的空白，或避免作出"无法可依"的裁定。②

根据《国际法院规约》第 38 条第 1 款的规定，一般法律原则必须"为文明各国所承认者"。承认是一般法律原则存在的基本必要条件，必须检视所有

---

① 参见周忠海：《国际法》，中国政法大学出版社 2017 年版，第 29 页。
② 参见国际法委员会第七十一届会议：《关于一般法律原则的第一次报告》，A/CN.4/732，2019，第 25 段。

现有证据，证明一项一般法律原则已获各国承认。所谓"文明各国"，在现代国际法中是指国际社会中的主权国家。一般法律原则包括两类：一是源自国家法律体系的一般法律原则，如时效原则、禁止反言原则、善意原则等；二是在国际法体系内形成的一般法律原则。这两类一般法律原则均需要经过分析识别方可确认。

（四）确定法律原则的辅助方法

《国际法院规约》第 38 条第 1 款规定，司法判例及各国权威最高之公法学家学说，在国际法院裁判案件时可作为确定法律原则的"补助资料"。国际法院在适用司法判例时，需要遵循《国际法院规约》第 59 条的规定："法院之裁判除对于当事国及本案外，无拘束力。""补助资料"是国际法院在审理案件时用以确定法律原则或规则是否存在的辅助方法，不是国际法的独立渊源。

1. 司法判例

司法判例主要是指国际法院等国际性司法机关作出的判决和裁决。国际法院是国际社会的最终司法机关，所以其判决的重要性和影响力尤为重要。除了国际法院外，诸如常设的国际仲裁法院，常设的国际法庭、仲裁庭，以及临时的国际法庭、仲裁庭的判例，也是确定法律原则的重要资料。之所以如此，是因为国际法院或国际仲裁庭在审理案件和适用国际法时，总要对国际法的原则、规则和制度加以证明和确认，这种证明和确认不仅为本案审理提供了补助资料，也能为以后案件的审理提供有益的参考。

司法判例一般不包括国内法院的判决。国内法院只是各该国家内部的司法机关，所作判决不能直接表现为国际法。但是，如果许多国家法院判决表达了相同的国际法观点，形成了关于国际法的国家实践，则可以作为确定司法判例为国际法的证据。

2. 公法学家学说

除了司法判例，"各国权威最高之公法学家学说"也是确定法律原则的补助资料。由于国际社会没有"造法机构"，公法学家的著作、学说从理论上阐述了国际法的原则、规则和制度，为确认国际法的原则、规则和制度的存在提供了有力的证据。事实上，权威公法学家学说曾经对国际法产生过重要的影响，如格劳秀斯的著作《战争与和平法》《海洋自由论》。尽管现代社会国际法逐渐发展完善，将权威学者学说、著作作为国际法证据的情况越来越少，但是学者学说、著作本身的价值以及公平性仍会对国际法的发展产生作用。[①]

3. 国际组织的决议

《国际法院规约》虽然没有把国际组织的决议列为确定法律原则的补助方法，但随着近几十年国际组织的大量增加，国际组织的作用不断扩大，引发了国际组织的决议在国际法渊源中的地位问题。特别是联合国这样重要的世界性国际政治组织，它的主要机关的决议，如联合国大会的决议，不仅在国际政治上有重大的影响，而且在国际法上也有重要的意义。

联合国大会的决议，不仅数量很多，而且内容和表现形式各种各样，因而难以一般地明确它们的法律意义。但无论如何，联合国大会的决议，特别是包括有关国际法宣言的决议，在国际法上是有意义的。即使这些决议不直接拘束国家，它们所包含的国际法原则、规则或制度，对于国际法的形成和发展也是起作用的，特别是在一致通过或压倒多数情形下通过的决议。因此，联合国大会的决议可以借以确定国际法原则、规则或制度的存在，可以与司法判例和公法学家学说并列为"确定法律原则之补助资料"。实际上，随着国际组织决议作用的不断增强，它们的法律价值是在司法判例和公法学家学说之上的。

三、国际法与国内法的关系

国际法和国内法的关系，既涉及两者在理论上的关系，也涉及两者在实践中的关系。

（一）国际法与国内法关系的理论

关于两者理论上的关系，主要有一元论和二元论两个派别。一元论主张国际法和国内法属于同一法律体系，从两者的效力关系来看，又有国际法优先说和国内法优先说两种观点。二元论认为国际法和国内法是两个不同的法律体

---

① 参见〔英〕詹宁斯、瓦茨修订：《奥本海国际法（第一卷第一分册）》，王铁崖等译，中国大百科全书出版社1995年版，第25页。

系，就两者的效力关系而言，认为两者各自独立，互不隶属。

1. 一元论：国内法优先说

一元论之国内法优于国际法的观点发源于 19 世纪末，并且在 20 世纪 30 年代再次兴起。支持这种观点的学者认为，国际法和国内法属于同一法律体系，并且国际法的效力来源于国内法，因此国内法的效力高于国际法。这个理论曾经为 19 世纪末叶一些德国公法学家所提倡，20 世纪 30 年代一度在法西斯德国盛行。按照这个理论，国际法受每个国家国内法的支配，这使得国际法失去存在的价值。因此，这个理论现已为国际法学界所抛弃。

2. 一元论：国际法优先说

国际法优先说是第一次世界大战（以下简称"一战"）之后兴起的理论。这个理论主张国际法和国内法属于同一法律体系，在这个法律体系中，国际法优先于国内法。国内法的效力依靠国际法，而国际法的效力则最终依靠于一个最高规范，即"条约必须遵守"或者"国际社会的意志必须遵守"。国际法优先说主张国际法在各个方面都优先于国内法，国内法应无条件服从国际法，因而贬低甚至否定国家的主权，使国际法蜕变成"超国家的法"或"世界法"。

3. 二元论：国际法与国内法平行说

国际法与国内法平行说认为，国内法和国际法属于两个独立的不同的法律体系，这两个法律体系互不隶属，地位相等。这个理论把国际法和国内法的区别绝对化，抹杀了两者的内在联系，因而在实践中行不通。

国际法和国内法是两个不同的法律体系，由于国家既制定国内法，又参与制定国际法，因而两者之间不仅可以自然调整，也存在着密切的关系，可以互相渗透、互相补充，并在一定条件下互相转化。

（二）国际法与国内法关系的国家实践

关于国际法与国内法的关系，除了发生国内法与国际法相冲突以致国家应负国际责任外，国家如何在国内实施国际法，本质上是由国内法加以规定的。由于各国宪法体制不同，各国的实践也不尽相同。关于国际习惯在国内的适用，各国一般将其视为国内法的一部分，允许本国法院直接适用，如英国、美国、日本、德国、法国等国家。但是，各国在适用中所加的限制条件宽严不

一、不尽相同。关于条约在国内的适用,从各国的实践来看,主要有转化和并入两种适用方式。转化又称"间接适用",采用这种方式的国家一般通过国内立法程序,将国际条约的有关规定用国内法的形式表现出来,从而在国内适用。如英国,条约只有经过议会的立法程序转化成国内法后才能在其国内适用。并入又称"直接适用",采用这种方式的国家为了使条约能在国内适用,在宪法、基本法律中或通过其他方式一般性地作出原则规定,从总体上承认国际条约为国内法的一部分,从而在国内适用。在这种方式下,国际条约的形式和内容并不改变,如德国、法国、俄罗斯等国。

第二节 国际法的基本原则

一、国际法基本原则概述

国际法与其他法律体系一样,也有其基本原则。一般而言,国际法基本原则是指那些被各国普遍承认、在整个国际法体系中具有基础作用的法律原则。从概念上看,国际法的基本原则具有如下基本特征:

(一)为各国所公认

得到国际社会的公认是国际法基本原则的基本特征之一。一项原则要在国际社会取得普遍约束力,必须为各国普遍接受,否则即便这项原则具有重大的意义,也不能成为国际法的基本原则。但是,"公认"并不意味着一项原则必须得到世界上所有国家的一致承认与接受,如果一项原则反复出现在各国所缔结的双边或者多边条约之中,或者出现在国际组织尤其是联合国大会的重要决议中,即可被视为获得公认。

(二)普遍性

普遍性指的是国际法基本原则具有的普遍适用性。一项原则一旦成为国际法的基本原则,就意味着这项原则可以对所有的国际法主体都有约束力,可以适用于国际法各个领域,并对国际法所有领域都能起指导作用。例如,国家主权原则对国际法所有主体都有约束力,适用于国际法各个领域,因而属于国际法的基本原则。

(三) 基础性

国际法基本原则的基础性,体现在国际法基本原则是国际法体系存在的基础,是国际法其他规则产生的源泉,可以指导其他一切规则制度的形成,也是判断国际法其他规则制度是否合法有效的标准。

与国际法基本原则有关的另一概念是"国际强行法"。强行法又称"绝对法""强制法",是指必须绝对执行的法律规范。它本来是国内法的概念,与"任意法"相对应。国际强行法是指国际社会公认的、必须绝对执行和严格遵守的国际法规范。《维也纳条约法公约》第53条规定,国际强行法是指"国际社会全体接受并公认为不许损抑且仅有以后具有同等性质之一般国际法规律始得更改之规律","条约在缔结时与一般国际法强制规律抵触者无效"。将国际法基本原则与上述规定对比可以看出,国际法基本原则完全具备国际强行法的条件和特征:国际法基本原则的"为各国所公认"和"普遍性"这两项特征同国际强行法的"国际社会公认"和"绝对执行"的特征是一致的,国际法"基础性"同国际强行法的"不许损抑"相吻合。由此可见,国际法基本原则具有国际强行法的特点。从而可以认为,国际法上的强行法范围不仅包括国际法基本原则,也包括其他必须遵循的带有强制性特点的原则、规则。例如,"政治犯不引渡原则"是引渡领域的具体原则,不是国际法基本原则,但属于各国必须普遍遵守的强制法规则。

二、国际法基本原则的内容

国际法基本原则是随着国际关系的发展而产生和发展起来的。第二次世界大战(以下简称"二战")后,许多重要的国际法文献相继提出了一系列新的国际关系准则,国际法基本原则进入发展的新时期。

(一)《联合国宪章》与国际法基本原则

《联合国宪章》第2条规定了会员国应遵循的七项原则,是整个宪章的核心部分,具体包括:(1) 会员国主权平等;(2) 善意履行宪章义务;(3) 和平解决国际争端；（4）不得武力威胁或使用武力；（5）集体协助；（6）在维持和平与安全之必要范围内，保证非会员国遵行上述原则；（7）不干涉别国内政。作为最普遍的政府间国际组织的基本章程，《联合国宪章》规定的七项原则在很大程度上反映了国际关系的基本准则，在二战后 70 多年里，这些原则在联合国大会所通过的决议及其他机构通过的文件中被反复援引，成为各会员国乃至普遍的国际关系的行为规范。

（二）和平共处五项原则在国际法基本原则体系中的地位

和平共处五项原则是"互相尊重主权和领土完整、互不侵犯、互不干涉内政、平等互利、和平共处"五项原则的总称。

1. 和平共处五项原则的产生和发展

和平共处五项原则的提出，是新中国国家身份和外交政策选择的必然要求。1953 年 12 月 31 日，周恩来总理兼外交部长在招待印度谈判代表的宴会上指出："新中国成立后就确立了处理中印两国关系的准则，那就是互相尊重领土主权、互不侵犯、互不干涉内政、平等互惠、和平共处的原则。"1954 年 4 月 29 日，中印两国签订了以这五项原则为基础的《关于中国西藏地方和印度之间的通商和交通协定》。同年 6 月 28 日，中印两国总理发表联合声明，重申了和平共处五项原则。6 月 29 日，中缅两国总理联合声明中再次重申和平共处五项原则，并再次强调：如果这些原则能为一切国家所遵守，则社会制度不同的国家和平共处就有了保证，而侵略和干涉内政的威胁和对于侵略和干涉内政的恐惧就将为安全感和互相信任所代替。

中国和其他国家签订的双边协议，特别是一系列友好条约，都规定以和平共处五项原则作为相互关系的基础。和平共处五项原则不仅在双边协议中得到体现，而且也在很多重要的国际法文件中得到确认。1960 年以来，联合国大会通过的一系列文件，如 1965 年《关于各国内政不容干涉及其独立与主权之保护宣言》、1970 年《关于各国依联合国宪章建立友好关系及合作之国际法原则之宣言》（以下简称《国际法原则宣言》）和 1974 年的《各国经济权利和义务宪章》等，都确认和平共处五项原则是国家间关系的准则。如今，和平共处五项原则已被国际社会承认为国际法基本原则，丰富和发展了国际法。这是中国对当代国际法发展的重大贡献之一。

2. 和平共处五项原则的内容及重要意义

和平共处五项原则由五个原则组成：(1) 互相尊重主权和领土完整原则。该项原则是和平共处五项原则的第一项也是最重要的一项原则，包括互相尊重主权和互相尊重领土完整两方面的内容，并且两者是互相联系、密不可分的。只有国家主权的存在，才能保证国家领土主权不可侵犯，才能保证领土完整。国家主权被剥夺，领土主权就会受到侵犯，领土也不可能完整。(2) 互不侵犯原则。该原则是由国家主权原则直接引申出来的，是指各国在相互关系中不得以任何借口进行侵略，不得以与国际法不符的任何其他方式使用武力或武力威胁，侵犯另一国的主权、独立和领土完整，不得以战争作为解决国际争端的手段。(3) 互不干涉内政原则。该原则也是由国家主权原则直接引申出来的，主张任何国家或国家集团不得以任何借口干涉他国的内外事务，不得以任何手段强迫他国接受别国的意志、社会政治制度和意识形态。内政就实质而言是国家在其管辖的领土上行使最高权力的表现。按照有关国际法文件的规定，凡在本质上属于国内管辖之事项，均属内政。它包括一国国内政治、经济、军事、文化等生活的一切方面，比如决定本国政治制度、经济体制、政权组织形式和国家政策、文化教育体制以及对外关系的建立、缔结条约、参加国际组织、出席国际会议等。(4) 平等互利原则。该原则包括平等和互利两方面的内容。所谓平等，是指国家不分大小强弱、人口多寡、政治制度和经济发展状况如何，都具有平等地位，因而都应该互相尊重、平等相处，任何国家在与其他国家的关系中都不应该要求任何特权；所谓互利，是指各国在相互关系中不能以损害对方的利益来满足自己的要求，更不能以牺牲他国或榨取他国为目的，而应该对双方都有利。国家间的关系只有建立在平等的基础上，才能做到互利，也只有实现互利，才可能有真正的平等。(5) 和平共处原则。该原则是指国家在相互关系上应彼此尊重对方现存的社会、经济制度，促进国家间的互相了解，发展友好合作关系；如有争端，应以和平方式解决。

和平共处五项原则在国际法基本原则体系中占有重要地位，对国际法基本原则的发展有重大贡献。它的贡献在于：第一，和平共处五项原则与《联合国宪章》以及其他国际文件所宣示的国际法原则精神高度一致，同时又是对这些原则的高度概括，更加集中地体现了国际法基本原则的精神实质，深刻地反映了当代国际关系的现实，成了指导当今国际关系的基本准则；第二，和平共处五项原则把五项原则作为一个原则体系提出来，以和平共处作为总目的，以其他四项原则作为措施保证，使和平共处五项原则具备了比其他单一原则更加全面和完整的内容，成了调整国际关系的主要准则；第三，坚持了国际法上的权利与义务相统一的原则，科学地突出了国际关系中"相互"这一关系，使这些原则有了新的特色，对于发展国际友好关系以及防止片面运用这些原则，具有重大理论与实践意义。

第三节 国际法主体

国际法是调整其主体之间关系的法律体系，因而国际法主体理论也是国际法学科的重要问题。有关国际法主体的理论认识和国际实践，受到国际社会基本结构变化、法律观念发展、客体范围扩大等因素的影响，在不同的历史阶段具有不同的内容和特点。

一、国际法主体的概念和范围

所谓国际法主体，是指能够独立参加国际关系并直接享有国际法上的权利和承担国际法上的义务的国际法律人格者。作为国际法主体，必须具备以下条件：

第一，具有独立参加国际关系的资格。国际法是调整国际关系的法律，作为国际法主体，必须能够独立地以自己的名义参加国际关系，否则不可能成为国际法的主体。

第二，具有直接享有国际法上的权利、承担国际法上的义务的能力。国际法律关系实质上是国际法主体间的权利和义务关系。因此，国际法主体必须能够按照国际法与其他主体缔结条约、互派外交代表或发生其他法律关系。国际法主体必须能够以自己的名义直接享有国际法上的权利，如缔约权等，同时有能力直接承担国际法上的义务。"直接"是指不需要经过别的主体的中介或授权。例如，某些国家的地方政府或某些联邦国家的邦，必须经过所属国家或联邦的授权才能在授权范围内缔结条约或协定，因此不符合这项标准。

第三，独立进行国际求偿的能力。国际求偿能力又叫"国际程序能力"，是指国际法主体在国际权利遭受侵害或国际法遭到违反时，具有向相关国际机构提出申诉的能力。国家具有国际求偿能力；自1949年国际法院发表"为联合国服务而受损害的赔偿问题"的咨询意见后，国际组织的国际求偿能力也得到国际社会的承认。

上述三个条件是密切联系为一体的。一般认为，在当代国际社会，同时具备上述三个条件的是国家，在一定范围和一定条件下具备上述三个条件的是国际组织和正在争取独立的民族。具体来说，国家是国际法的基本主体；国际组织的主体资格是派生的，其权利能力、行为能力是由成员国通过组织章程赋予和限定的，它享有权利和承担义务都不能超越这个限度，因此是派生的国际法主体；正在争取独立的民族在争取民族独立的过程中，作为其未来民族国家的过渡性实体参与某些国际关系，正在争取实现民族自决，因而被国际社会接受为国际法的主体。

二、国家是国际法的基本主体

国际法的基本主体是指在国际法律关系中处于主要地位和起着重要作用的主体。国家是国际法的基本主体，这体现在以下几个方面：

第一，国家之间的关系是最基本的国际关系。在当今国际社会，国际关系种类繁多，但最基本、最重要的是国家间关系，国家在现代国际法律关系中仍然处于最主要的地位，起着最重要的作用。离开国家的参与和彼此间的实践，国际法律关系就不能形成和发展。

第二，国家具有完全的权利能力和行为能力。国家的这种完全的权利能力与行为能力是由国家具有主权这一特征决定的，这是其他国际法主体所没有的。正在争取独立的民族，由于尚未最后成为国家，因此实际上不可能像国家那样具有完全的权利能力和行为能力。政府间的国际组织是根据国家之间所达成的协议建立的，其活动不能超出成员国的授权范围，因此其权利能力和行为能力是成员国通过缔结条约授予的，是有限的。

第三，国际法主要是国家之间的法律。从国际法的渊源来看，国际条约和国际习惯均为国家之间的协议；从其效力依据来看，国际法体现"国家自由意志"；从其具体内容来看，国际法的许多领域，如条约、战争、海洋、领土等各个方面，大部分内容都是由拘束国家的规则构成的。

三、国家的构成要素

在国际法上，国家的构成必须具备四个要素：

第一，定居的居民。国家是人的集合体，人民是国家的基本要素。一定数量的定居人口是国家行使权力的主要对象之一。但是，构成一个国家的人口必须是永久性人口，即在国家领土上长久定居的人。他们主要是本国国民，虽然不排除一国境内还有定居的外国人和无国籍人，但一个国家的形成和存在，必须有依法确定的固定居民——本国国民。至于人口的多少以及这些人口是否属于同一民族或种族等，并不具有决定意义。

第二，确定的领土。即一定范围的居民赖以居住和生存的土地。它是国家赖以存在的物质基础，也是国家行使主权的空间。因此，没有确定的领土就不可能形成国家，但是国家领土面积的大小并不影响国家的存在。另外，有的国家边界没有完全划定，有的国家甚至领土在一定时期被外国侵占，这些都不影响国家的存在。

第三，政府。这里是指代表国家对内实行有效统治、对外进行交往的政权组织，是国家行使权力的机关。政府的名称、组成、性质、形式不决定国家的构成与否，政府的连续性被中断或政府暂时处在国外也不影响国家的存在。政府的存在是区别国家与非国家实体的重要标志，例如，部落纵然有首领，但它并不是国家，因为它没有政府。又如，由于某种情况出现，使一个国家政府的有效统治暂时中断，但这并不意味着该国家的灭亡。二战期间，德军占领了挪威，挪威政府被迫流亡国外，但它仍可代表国家签发命令，参加国际会议等。

第四，主权。这是国家最本质的属性和最重要的特征，也是国家区别于其他实体的固有属性。所谓主权，是指国家独立自主地处理其对内对外事务的最高权力。是否拥有主权是评判一国是否独立于他国并与他国平等交往的标准，没有主权，就不是完整意义上的国家。

一般情况下，国家应同时具备四个要素，但在特殊情况下，某一既有国家可能由于某些自然或人为的原因致使其政府暂时丧失对其居民、领土的有效控制，其主权也可能暂时或长期受到某种程度的限制，但这些情况原则上不影响其作为国家而继续存在。

四、国家的基本权利

国家的基本权利是国家固有的、不可缺少的权利，它是根据国家主权派生出来的，也是主权内容的具体化和直接体现。

1. 独立权

独立权是国家主权在对外关系上的体现，是指国家可以按照自己的意志独立自主地处理对内对外事务而不受他国控制和干涉的权利。独立权包含两个方面的含义：一是自主性，即国家有权独立自主地处理其主权范围内的事务；二是排他性，即国家处理这些事务不受外来干涉。这两个方面是相辅相成、不可分割的。据此，除受其承担的国际义务的限制外，国家对内可以颁布它认为适当的宪法、法律，建立海陆空军部队和军事设施，确定其国家形式、政治和经济体制等，对外可自由决定与其他国家缔结条约、建交、结盟、宣战、媾和等，不受任何其他国家和国际组织的控制、支配和干涉，在其领土和主权管辖范围内排他地行使权力。

2. 平等权

平等权指国家以平等的资格和身份参与国际关系、享受具体的国际权利并承担国际责任和义务的权利。平等意味着国家法律地位的平等和享受权利的平等，体现在：一切国家，不论其大小强弱，不论其社会、政治和经济制度的性质，也不论其经济发展水平的高低，其法律地位一律平等；由于国家的法律地位一律平等，因此在享受权利上也是平等的。

3. 自卫权

自卫权是指国家为了保卫自己的生存和独立而具有的权利。广义的自卫权（又称"自保权"）包括两方面的内容：（1）国家平时进行国防建设的权利，即国防权。国家有权使用自己的一切力量进行国防建设，防备可能来自外国的侵略。（2）国家在受到外国武力攻击时，实施单独的或集体的武装自卫行动的权利。这是狭义的自卫权概念，亦即一般意义上的自卫权。

自卫权的行使受到严格的条件限制。根据《联合国宪章》第51条和国际习惯法，行使自卫权必须符合以下条件：（1）国家正受到他国的武装攻击；（2）自卫权的行使是在受到武力攻击之后，联合国安全理事会（以下简称"安理会"）采取必要办法之前，如果安理会已经采取或正在采取必要行动，则自卫权的行使不得影响安理会的职责；（3）会员国应将其采取自卫的办法立即报告安理会；（4）自卫权行使的武力限度是须遵守必要性和相称性原则。

4. 管辖权

管辖权是指国家对其领域内的一切人（享受豁免权者除外）、物和所发生的事件，以及对在其领域外的本国人行使管辖的权利。在国际实践中，一般将国家的管辖权分为如下四种：

（1）属地管辖权。指国家对其领域内一切人（享受豁免权者除外）、物和所发生的事件有权行使管辖。国家的属地管辖权是由领土主权决定的。属地管辖权是现代国家行使管辖权的普遍形式和首要依据，除非另有国际法规定，属地管辖权优于属人管辖权、保护性管辖权。但是，属地管辖权的行使受国际法及国家应承担的条约义务的限制。属地管辖权行使的范围及于一国国内所有的人、物和事，包括外国人，但享有国家豁免的外国人（如外国国家元首、外国军舰、外国部队）、享有外交特权与豁免的外国人除外，这是国际法允许的国家属地管辖权的例外。

（2）属人管辖权。属人管辖权又叫"国籍管辖权"，是指国家有权对一切具有本国国籍的人实行管辖，而不问其居住在国内还是国外。这里所谓的"人"，既指自然人，也指具有一国国籍的法人、船舶、航空器或航天器等特定物。

（3）保护性管辖权。保护性管辖权是指国家对于外国人在其领域外侵害其国家、公民的重大利益的犯罪行为有权行使管辖。这种管辖是国家为了保护本国的安全、领土完整和重大的经济利益（包括本国国民的重大利益）免受犯罪行为的严重侵害而实施的。各国一般实施有限度的保护性管辖，并主要通过如下途径实际行使：引渡犯罪嫌疑人、缺席判决或者在罪犯进入受害国领土时将其逮捕。

（4）普遍性管辖权。普遍性管辖权是指国家根据国际法对于某些特定的国际罪行，无论罪犯的国籍如何，也不论罪犯位于何处，均可行使刑事管辖的权利。这种管辖权的根据不是国籍、领土或国家、国民利益直接受到侵害，而是这种犯罪行为性质非常严重，危及世界和平与安全，危害全人类的共同利益，需要各国共同行动，以维护国际社会的公共秩序或公共利益。根据国际习惯法和有关国际公约，可以适用普遍性管辖原则的罪行包括战争罪、贩卖毒品罪、贩卖人口罪、种族灭绝罪、种族隔离罪、酷刑罪、海盗罪、空中劫持罪等。但是，国家普遍管辖权只能在本国领域、本国管辖范围内或不属于任何国家管辖的地方行使，而不能在别国领土上行使，因为别国领土受其所属国家的属地管辖。

五、国家主权豁免

1. 国家主权豁免的概念

国家主权豁免泛指一国的行为和财产不受另一国的立法、司法和行政方面的管辖，通常是指一国的国家行为和财产不受另一国的司法管辖。国家主权豁免是指根据国家主权和国家平等原则，除非一国同意，该国国家行为及国家财产不受或免受他国管辖。实践中，国家主权豁免主要表现在司法豁免方面。

国家司法豁免是19世纪逐渐形成的一项习惯法规则，其根据是国家平等。由于国家在国际社会中都是独立的主权者，在国际法律关系中是平等的主体，相互之间无从属关系，自然也就相互没有管辖和支配的权利。即所谓"平等者之间无统治权"。因此，国家在相互交往中有尊重别国独立权和依照国际法限制自己属地最高权的义务。国家司法豁免为各国法院的判例所支持。

2. 国家司法豁免的内容

国家司法豁免是指一国的国家行为和国家财产，非经该国同意，不受外国法院的管辖。国家司法豁免的主要内容如下：第一，非经外国国家同意，一国国内法院不得受理以外国国家为被告或以外国国家行为、外国国家财产为诉讼标的的案件。但是，如果外国国家为原告，则被告提起反诉不在此限。第二，即使外国国家同意参加诉讼，一国法院也不得采取查封或扣押外国国家财产的诉讼保全措施。第三，即使外国国家败诉，未经该国同意，一国法院也不得对该国国家财产或代表采取强制执行措施。

3. 国家司法豁免的放弃

国家司法豁免的放弃是指国家对某个方面或某种行为不主张管辖豁免，放弃司法豁免权的行使，而愿意受到某外国或外国法院管辖的国家行为。

国家司法豁免的放弃就其本质而言是国家行使主权的一种方式，司法豁免权是国家的权利之一。在国际法上，国家可在一定范围内放弃权利。需要注意的是，放弃司法豁免权是一项严肃的国家的法律行为，应符合严格的条件和要求：

（1）自愿性，即放弃司法豁免权必须基于有关国家自身的意志。一国不得强迫另一国放弃司法豁免权，同时，一国的国内立法不能改变外国国家的司法豁免权放弃规则。

（2）明确性，即放弃司法豁免权应该有明确的表示。无论是明示放弃还是默示放弃司法豁免权，都必须加以明确。一国不能任意将外国国家的某种行为视为放弃司法豁免权。

（3）具体性，即放弃司法豁免权应当针对某一特定的法律关系以及特定的行为而作为。同时，这种放弃原则上只能在当事国之间适用，对第三国没有法律效力。

4. 《联合国国家及其财产管辖豁免公约》的主要内容

2004年12月，第五十九届联合国大会通过《联合国国家及其财产管辖豁免公约》，国际社会对此普遍给予了肯定的评价。

（1）适用范围。《联合国国家及其财产管辖豁免公约》第1条规定其适用范围："本公约适用于国家及其财产在另一国法院的管辖豁免。"其中，"国家"一词广泛地包括国家本身及其政府的各种机关，有权行使主权权力并以该身份行事的联邦国家的组成单位或国家政治区分单位，其他一些有权行使并且实际在行使国家主权权力的国家机构、部门或其他实体,以及"以国家代表身份行事的国家代表"。

(2)豁免规则内容。《联合国国家及其财产管辖豁免公约》在肯定国家享有国家及其财产豁免权的基础上,确立了限制豁免主义的规则。

第一,国家行为及财产在他国享有诉讼管辖豁免、诉讼保全豁免和强制执行豁免。但是,国家也可以通过明示同意、主动参与诉讼或反诉的方式放弃这些豁免。

第二,国家在商业交易,雇用合同,人身伤害和财产损害,财产的所有、占有和使用,知识产权和工业产权,参加公司或其他集体机构,国家拥有或经营的船舶,仲裁协定的效果等8种例外情况下,不享有诉讼管辖豁免。

第三,国家在诉讼保全上仍然享有绝对的豁免。这意味着,在判决前,非经一国明示同意或拨专款用于清偿,法院地国不得对其财产采取强制措施。

第四,国家在强制执行上享有相对豁免。这意味着,在判决后,当一国明示同意或拨专款用于清偿时,或者当该国处于法院地国的与被诉实体有联系的财产被证明具体用于或意图用于政府非商业用途以外的目的的时候,法院地国可以对有关财产采取强制执行措施。①

第四节 国际法上的承认与继承

一、国际法上的承认

(一)承认概述

1. 承认的概念与特征

国际法上的承认是指既存国家以一定方式对新国家或新政府等存在这一事实的确认,并表明愿意与新国家或新政府建立正式外交关系的国家行为。

---

① 参见王虎华、罗国强:《〈联合国国家及其财产管辖豁免公约〉规则的性质与适用》,载《政治与法律》2007年第1期。

国际法上的承认具有以下特征：(1) 承认是既存国家对新国家或新政府的单方行为。对新国家或新政府作出承认的时间、方法，完全由既存国家决定。并且承认不需要新国家或新政府的接受。(2) 承认是一种法律行为，既存国家一旦作出对新国家或新政府的承认，就奠定了承认国与被承认国之间进行全面交往的法律基础，但承认不等于建交。

2. 承认的性质

关于国际法上承认的性质，学界有两种学说，分别是构成说和宣告说。构成说认为，承认具有构成国际法主体资格的作用，一个国家即使具备构成国家的要件，但是未经既存国家承认，仍不能成为国际法主体；只有获得既存国家承认，一个国家才具有国际法主体资格。宣告说认为，国家的国际法主体资格不依赖于既存国家承认，承认只是既存国家对新国家的宣告性行为。构成说现已被大多数学者摒弃，主要理由如下：(1) 新国家先于承认而存在，承认不具有创设国际法主体资格的作用。(2) 新国家一经成立，就具有国际法主体资格，享有由此而引申的权利，并需要履行相应义务，承认并不能影响新国家的国际法主体资格。(3) 如若承认是新国家具有国际法主体资格的要件，那么，对于承认的国家而言，新国家具有国际法主体资格，对于没有承认的国家而言，新国家又不具有国际法主体资格，这样新国家是否具有国际法主体资格就陷入不确定状态。当然，新国家国际法权利的实现的确依赖他国，这也是一些学者将承认看作构成性要件的原因。

（二）国家承认与政府承认

根据被承认的主体不同，国际法上的承认分为国家承认和政府承认。

1. 国家承认

国家承认，是指对新国家的承认。对国家的承认一般发生在以下情形之下：

(1) 合并。合并是指两个或多个国家合并成一个新的国家。例如，1964年，非洲的坦噶尼喀与桑给巴尔合并为坦桑尼亚联合共和国；1990年，德意志民主共和国并入德意志联邦共和国。

(2) 分立。分立是一个国家分裂成几个国家，而母国不复存在。例如，

1991年，苏联解体，分裂成15个国家；1992年，捷克斯洛伐克分裂成捷克和斯洛伐克两个国家；1992年，南斯拉夫解体为6个国家。

（3）分离。分离不同于分立，是指从现存国家中分离一部分或几部分出去成为新的国家，母国仍旧存在。例如，1903年，巴拿马从哥伦比亚分离出去；1971年，东巴基斯坦从巴基斯坦分离出去，宣告成立孟加拉国。

（4）殖民地或其他附属领土的独立。例如，1947年，印度摆脱英国殖民统治独立；1960年，马达加斯加、喀麦隆、尼日尔等17个非洲国家宣布独立；1962年，阿尔及利亚摆脱法国殖民统治独立。

对于新国家的产生，既存国家没有承认的义务，但当一个所谓的国家是违反国际法建立时，既存国家负有不承认的义务。例如，1932年，日本操纵建立了所谓的伪"满洲国"，美国政府认为这是以违反1928年《非战公约》的方法所造成的情势，因而不予承认。1965年—1979年，南罗德西亚单方面宣布为独立国家，联合国安理会要求所有国家不承认"这个非法的种族主义少数政权"。1970年，联合国大会通过《国际法原则宣言》，规定对于使用武力或以武力威胁而取得的领土不得承认为合法。

2. 政府承认

政府承认是指承认新政府为国家的正式代表，并愿意与之发展或保持正常的关系。一般而言，由于社会革命或政变产生新政府时，会产生对政府的承认。正常的选举或因王位继承产生的政府，不产生政府承认问题。

新政府要得到其他国家的承认，一般要符合"有效统治"原则，即要求新政府能在其管辖的领土上实现有效控制，该政府才有获得承认的资格。国际法主体对"有效统治"的政府进行承认时，一般不再考虑其政权起源。

（三）承认的方式和效果

1. 明示承认与默示承认

根据国际实践，承认可以明示方式和默示方式进行。

明示承认是指通过明白的语言文字表达承认的意思。明示承认一般有以下几种：（1）承认国以函电、照会、发表声明等方式通知被承认国，表示对其进行承认。（2）与包括被承认国在内的国家签订条约，条约中载有承认被承认国的条款。(3) 与不包括被承认国在内的几个国家签订条约,条约中载有承认被承认国地位的条款。

默示承认是指通过行为表达出承认意思的承认方式。在国际实践中,默示承认通常有以下几种方式:(1) 与新国家正式建立外交关系;(2) 与新国家建立领事关系并发给领事证书;(3) 与新国家正式缔结政治性条约;(4) 在国际组织中投票接纳新国家为会员国。

2. 法律上的承认和事实上的承认

传统国际法还将承认分为法律上的承认和事实上的承认。

法律上的承认是指承认国给予新国家或新政府完全的、永久的正式承认。这种承认是无条件的、不可撤销的。法律上的承认表明承认国愿意与被承认国建立全面的正式关系,将产生全面的法律效果,主要体现在以下几方面:(1) 双方可以建立正常的外交或领事关系;(2) 双方可以缔结政治、经济、文化等各方面的条约;(3) 承认被承认国的司法管辖权、行政管辖权和司法豁免权;(4) 承认被承认国的国家及其财产的司法豁免权。根据国际实践,承认具有溯及效果,即对新国家或新政府的承认,其效力可以追溯到新国家或新政府成立之时。

事实上的承认不同于法律上的承认,具有非全面性、临时性、可撤销的性质。事实上的承认表明承认国对被承认国的合法地位表示怀疑,所以不愿与被承认国建立全面的正式关系,而只是进行业务上的往来。事实上的承认也会产生一定的法律效果,只不过相较于法律上的承认,其法律效果范围较窄。

二、国际法上的继承

(一) 继承的概念

国际法上的继承是指国际法上的权利和义务由一个承受者转移给另一个承受者所发生的法律关系。国际法上的继承分为国家继承、政府继承和国际组织的继承。

(二) 国家继承

国家继承是指由于领土变更引起一国的权利和义务转移给另一国所发生的

法律关系。从国际实践上看，引起国家继承的原因是国家的领土变更。可以引起国家继承的领土变更的情况主要有以下几类：（1）合并，即两个或多个国家合并为一个新的国家；（2）分离，即一国的部分领土分离出去，形成一个或者几个新的国家；（3）分裂，即一国分为两个或多个新的国家，原母国不复存在；（4）独立，即殖民地或附属地获得独立，成为新的国家；（5）部分领土转移，即一国的部分领土转移给他国，如买卖、割让、交换等。

国家继承的对象是国家在国际法上的权利和义务。国家的基本权利和义务是国家所固有的，不发生继承问题。国家继承的权利和义务是从国家基本权利和义务中派生出来并与变更领土相关的权利和义务，一要符合国际法，二要与所涉领土有关联。属于国家继承的权利和义务主要有两大类：一是条约方面的国家继承；二是条约以外事项的国家继承，包括国家财产、债务和档案的继承。

1. 条约继承

条约继承是指当发生国家继承情况时，被继承国的条约对继承国是否继续有效。一般来说，与国际法主体资格相关联的政治性条约，又称"人身性条约"，如友好条约、同盟条约、仲裁条约，一般不予继承。而与领土有关的"非人身性条约"，如边界条约、管理边界河流或湖泊的条约、有关国际河流或国际水道的使用条约等，一般属于继承的范围。对于经济性条约，往往由继承国与被继承国或第三国协商确定。

2. 国家财产继承

国家财产继承是指被继承国的国家财产转属继承国所发生的法律关系。国家财产是指在国家继承之日按照被继承国国内法的规定为该国所拥有的财产、权利和利益。国家继承的效果是被继承国丧失对该国家财产的权利，继承国产生对该国家财产的权利。

基于被转属的国家财产与领土之间的关联，国家财产继承主要有两项原则：一是国家财产一般随领土的转移而由被继承国转属继承国；二是所涉领土实际生存原则，即与所涉领土的活动有关的国家动产应转属继承国。

依据领土转移的方式不同，国家财产继承的具体情况也有所不同：

（1）国家的合并。两个或两个以上国家合并而组成一个继承国时，被继承国的国家财产应转属继承国。

（2）国家的一部分或几部分领土与该国分离而组成一个国家，或一国解体为两个或两个以上新国家时，除被继承国和继承国之间另有协议外：第一，位于国家继承所涉领土内的被继承国的国家不动产转属继承国；第二，与被继承国对国家继承所涉领土的活动有关的被继承国的国家动产应转属继承国，其余动产应按照公平比例转属继承国。

在被继承国解体并不复存在的情况下，位于该国领土以外的国家不动产，无法按与所涉领土有关联的标准来解决其转属问题，只能将其转属其中一个继承国，但该继承国应对其他继承国给予公平补偿。

（3）领土转移。一国将其一部分领土移交给另一国时，被继承国的国家财产转属继承国的问题应按照它们之间的协议解决。如无协议：第一，位于国家继承所涉领土内的被继承国的国家不动产应转属继承国；第二，与被继承国对国家继承所涉领土的活动有关的被继承国国家动产应转属继承国。

（4）新独立国家的财产继承。原则上，新独立国家的财产继承应依照国家财产继承的两项原则进行。但是，考虑到新独立国家在独立之前与被继承国之间的不平等的经济关系，应该首先考虑所涉领土实际生存原则，而不是国家之间的协议；然后要考虑新独立国家在独立之前对被继承国的贡献，而不能仅仅考虑所涉领土实际生存原则。如果新独立国家与被继承国另订协定，则这种协定不应违反各国人民对其财富和自然资源享有永久主权的原则和国际法基本原则。

3. 国家债务继承

国家债务的继承是指被继承国的国家债务转属继承国所发生的法律关系。国家债务是指被继承国按照国际法对另一国、某一国际组织或其他国际法主体所负的任何财政义务。国家债务继承本身不影响债权人的权利和义务。从国家继承的意义上看，债务可分为三类：第一类是一个国家所负的债务，称为"国债"；第二类是以国家名义承担的而实际上是用于国家领土某一部分的债务，称为"地方化债务"；第三类是由地方当局承担并由该地方当局使用于该地区的债务,称为"地方债务"。按照国际法,国债和地方化债务,都属于国家债务,地方债务则不属于国家债务的范围。至于恶债,不属于国家继承范围。所谓恶债,是指被继承国违背继承国、转移领土人民的利益,或违背国际法基本原则而发生的"债务",如征服债务、战争债务等。恶债是违反国际法基本原则的,所以不属于国家继承的范围。

4. 国家档案继承

国家档案继承中的"国家档案"是指属于被继承国所有并由被继承国作为国家档案收藏的一切文件。国家档案继承要解决的问题就是被继承国的国家档案转属继承国。在国家继承实践中,国家档案继承通常由被继承国与继承国之间通过协议来解决。如无协议,一般应将与所涉领土有关的档案转属继承国。对于新独立国家,原属国家继承所涉领土所有并在领土附属期间成为被继承国国家档案的档案,应转属新独立国家;被继承国国家档案中为了对国家继承所涉领土进行正常的行政管理而应留在该领土内的部分档案,应转属新独立国家;其他被继承国国家档案中完全或主要与国家继承所涉领土有关的档案,应转属继承国。

(三) 政府继承

政府继承是指由于革命或政变而引起政权更迭,前政府在国际法上的权利和义务转给新政府而产生的法律关系。并非所有的政府变更都发生这种权利和义务的转移,只有在新政府以非宪法程序取得政权并选择与前政府完全不同的社会制度时,才发生政府继承。

新中国的实践,丰富了政府继承的内容:(1) 条约的继承。中华人民共和国政府对旧政府所签订的条约或协定,既不认为一切旧条约继续有效,也不认为一切旧条约当然无效,而是根据条约的内容和性质,对各项条约逐一进行审查,然后再作出具体决定。(2) 国家财产的继承。旧政府的一切国家财产,无论以何种形式存在,无论位于何处,均应转属中华人民共和国。(3) 国家债务的继承。中华人民共和国对前政府的外债,根据债务的性质和具体情况区别对待,对恶债,一概不继承;对合法债务,通过与有关国家协商解决。(4) 国际组织代表权的继承。作为中国的唯一合法代表,中华人民共和国政府有权取代前政府在国际组织的代表席位。但是，由于种种原因，1971年中华人民共和国政府才恢复在联合国的合法席位。

(四) 国际组织的继承

当国际组织合并、解散，按照有关文件将其职能转给其他国际组织时，就产生国际组织的继承问题。国际组织的继承不是当然地发生，需要原缔约国重新缔结协议或者原国际组织作出决议，明确规定将其职能转移给另一新的国际组织。除了职能的继承需要按照协议或决议进行外，原国际组织的财产、债务、档案等继承也需要按照协议或决议解决。

典型案例

案例一：为联合国服务而受伤害的赔偿案[①]

一、案情介绍

1948年，巴勒斯坦发生了一系列联合国人员受到不同程度伤害的暴力事件。同年9月17日，由于以色列警方疏于防范，联合国调解巴勒斯坦纠纷的调解人——瑞典籍调解专员贝纳多特伯爵和法国籍观察员塞雷上校在耶路撒冷的以色列控制区遭到暗杀。事件发生后，因以色列警方采取措施迟缓，没有立即追捕凶手，致使罪犯逃脱。对于为联合国服务的职员，联合国应该提供人身安全等方面的保护。联合国秘书长在承担了对受害人支付适当赔偿的责任后，将加害国家对联合国应承担的责任问题提交给联合国大会讨论。由于会员国在这一问题上存在很大分歧，大会遂于同年12月3日通过决议，请求国际法院就下列问题发表咨询意见：第一，联合国的代表在执行职务时受到伤害，在涉及国家责任的情况下，联合国作为一个组织是否有能力对应负责的法律上或事实上的政府提出国际求偿，以便就联合国、受害人或其授权的人员所受的损害

---

① UN General Assembly, Reparation for injuries incurred in the service of the United Nations, 1 Dec. 1949, A/RES/365.

取得应有的赔偿？第二，如果对上面问题的回答是肯定的，应如何协调联合国与受害人国籍国的求偿权之间的关系？

1949年4月11日，国际法院作出了咨询意见，认为联合国是一个国际人格者，能为其派出人员所受损害提出赔偿请求。咨询意见发表后，联合国大会通过决议，授权联合国秘书长采取必要步骤执行联合国的损害赔偿要求。联合国秘书长要求以色列正式道歉，采取进一步措施逮捕凶手，赔偿54624美元。由于贝纳多特伯爵的家属没有提出赔偿要求，54624美元的赔偿只是作为联合国受到损害的赔偿。1950年6月，以色列政府接受了这个要求。

二、主要法律问题

本案主要涉及联合国作为一个国际组织的国际人格者身份问题。

一是关于联合国作为一个国际组织而非国家能否提出国际赔偿要求，即联合国是否具有国际人格的问题。国际法院认为，虽然《联合国宪章》没有就这一问题作出明确规定，但从具体规定来看，《联合国宪章》并不限于使联合国成为一个协调各国行动的中心，还为它建立了各种机关，设定了具体任务，规定了它与成员之间的权利义务关系。此外，联合国还作为缔约一方缔结了许多公约，在很多领域内负有重要的政治使命。因此，依据国际法必须认为联合国得拥有《联合国宪章》虽无明确规定却可通过必要性推论加以确认的那些对履行职责至关重要的权力。联合国拥有的广泛的职能和职权只能在联合国拥有充分的国际人格和具有国际行为能力的基础上才能理解。因此，联合国是一个国际人格者。

二是关于联合国能否为其派出人员所受损害提出赔偿请求，《联合国宪章》虽然没有对这个问题作出明确规定，但联合国作为一个国际组织，拥有默示赋予的、履行自身职责所必要的权力。当联合国委派代表履行职责受到伤害时，如果联合国不能提供有效保护，则联合国的职能将受到威胁，特别是当委派的代表是无国籍人或损害发生地国国民的时候。

三是联合国对其代表的职能保护权与该代表国籍国对其的外交保护权之间可能出现的冲突问题。国际法院认为，当时没有规则对这一问题作出规定，但鉴于被告国不能对代表的损害承担两次赔偿责任，联合国和有关国家应当从善意和常识出发来解决问题,可通过缔结条约或订立协定的方式来减少或消除彼此之间的冲突。

三、案件评析

《联合国宪章》对联合国的国际求偿权利没有作出明确的规定。国际法院运用目的解释方法和系统解释方法,通过对《联合国宪章》条文的深刻解读,在联合国的职能和宗旨基础上得出暗含在《联合国宪章》中的应当授予联合国必要的国际求偿权利的咨询意见。此后,国际组织的国际求偿资格得到了普遍的承认。该案也明确否认了只有国家才是国际法主体的陈旧观念,明确了国际组织的国际法主体资格。

案例二:湖广铁路债券案[①]

一、案情介绍

20世纪初,为便利出兵镇压正在兴起的南方起义,清政府准备修筑湖广铁路,并为此发行了600万金英镑(每处150万)"湖广铁路五厘利息递还英镑借款债券"(以下简称"湖广铁路债券"),年息五厘,合同期限为40年。但是,该债券从1938年起停付利息,1951年本金到期也未归还。

1979年11月,持有该债券的美国公民杰克逊等9人,代表300多名美国人,在美国阿拉巴马州联邦地区法院对中华人民共和国提起集体诉讼,要求中华人民共和国偿还他们手中所持有的湖广铁路债券本金1亿美元及利息、诉讼费。法院受理此案后,向中华人民共和国发出传票。传票被告栏列名"中华人民共和国",受送达人是"外交部长黄华先生"。传票载明,限被告于传票送达后20日内提出答辩,否则将依原告请求进行缺席判决。中国政府拒绝接受传票和出庭,并照会美国国务院,声明中国是一个主权国家,享有司法豁免权,不受美国法院管辖。1982年9月1日,美国阿拉巴马州联邦地区法院作出缺席判决,判决中华人民共和国偿还原告4130多万美元,外加利息和诉讼费等。

[①] 参见刘大群:《谈湖广铁路借款的恶债性质》,载《国际问题研究》1983年第4期;朱奇武:《论湖广铁路债券案》,载《中国政法大学学报》1984年第3期。

其理由是：根据现行国际法原则，一国的政府更迭通常不影响其原有的权利和义务，作为清朝政府和中华民国政府的继承者的中华人民共和国政府有义务偿还其前政府的债务。此外，根据美国1976年《外国主权豁免法》第1605段的规定，外国国家的商业行为不能享受主权豁免。湖广铁路债券是商业行为，不能享受国家主权豁免。

中国政府拒绝接受美国法院的判决，认为美国的做法完全违背国际法。此后，中国政府与美国国务院多次进行交涉。1983年7月，中美双方商定，中方委任律师向美国阿拉巴马州联邦地区法院提出动议，目的在于撤销缺席判决和驳回原告提起的诉讼，同时声明：中国这样提出"动议"绝不影响其始终坚持的主权国家享有豁免权的原则立场。1983年8月12日，中国聘请当地律师出庭申辩，根据以下理由，提出撤销缺席判决和驳回起诉的动议：中华人民共和国享有绝对主权豁免；本案不属《美国法典》第28卷第1605条规定的"商业活动"；原告的传票送达不完备；原告未能依《美国法典》第28卷第1605条规定，证明被告具有责任而使其提出的求偿要求和权利得以成立等理由。同时，美国司法部和国务院向阿拉巴马州联邦地区法院出具了美国利益声明书，表示支持中国的动议。

在美国政府的干预下，美国法院在1984年2月重新开庭审理此案，以1976年《外国主权豁免法》不溯及既往为理由，裁定撤销原判决，驳回原告起诉。之后，原告又向美国联邦第十一巡回法院提起上诉和要求美国联邦最高法院重新审理，皆未获成功。1987年3月9日，此案终结。

二、主要法律问题

1. 国际法上的继承问题

国际法上的继承问题是一个重要的法律问题，涉及一个新国家或新政府如何处理国家或旧政府在国际法上的权利和义务问题，本案只涉及新政府的债务继承问题。中华人民共和国中央人民政府是推翻国民党政府而建立的新政府，因此也会产生政府继承问题。中国在处理旧政府的债务时，根据"恶债不予继承"规则来处理前政府在国际法上的债务问题。1911年，清朝政府为了维护其反动统治和镇压辛亥革命，勾结在华帝国主义列强，决定加快修建铁路，但由于财政危机，清朝政府只能向帝国主义借债。因此，这样的债务属于恶债，中国政府不予承认完全符合国际法。

2. 国家主权豁免问题

中国作为一个主权国家，当然享有司法豁免权。美国地区法院以一个主权国家作为被告行使管辖权，作出缺席判决甚至以强制执行判决相威胁，完全违反国际法关于国家主权豁免的规定。对于这种将美国国内法和美国法院的管辖强加于中国、损害中国主权、损害中华民族尊严的行为，中国政府理应坚决拒绝。

三、案件评析

改革开放以来，美国等外国法院多次发生针对中国的诉讼。中国成功应对这些国家主权豁免案件的过程，是从初步接触到熟悉再到逐步掌握其规律的过程。由于国际社会既存在主张绝对豁免理论的国家，也存在主张相对豁免理论的国家，因此当国家遇到主权豁免案件时，必须考虑如何依据国家主权豁免理论以及法院国的豁免法律制度打赢主权豁免法律战。由于美国法院享有"对管辖权之管辖权"，即由法院通过审理来决定一国是否享有豁免权，因此美国联邦地区法院在湖广铁路债券案第一阶段作出对中国不利的缺席判决后，美国政府从美国的对外政策利益出发，支持中华人民共和国提出的撤销缺席判决以及进行管辖权抗辩的动议，随后中国政府聘请美国律师在美国法院出庭主张豁免。出庭主张豁免是因应英美法对抗制诉讼模式的需要，外国在美国法院被诉时，应诉不一定胜诉，不应诉也不一定败诉，但应诉可能提高胜诉概率，不应诉可能降低胜诉概率。①

推荐书目 》

1. 齐静：《国家豁免立法研究》，人民出版社2015年版。
2. 李庆明：《美国的外国主权豁免理论与实践》，人民日报出版社2021年版。

---

① 孙昂：《国家豁免案件的管辖权问题研究——在司法与外交复合语境中的探讨（上）》，载《国际法学刊》2020年第4期。

3. 赵理海:《国际法基本理论》,北京大学出版社1990年版。

4. 王铁崖主编:《国际法》,法律出版社1981年版。

5. 〔美〕汉斯·凯尔森:《国际法原理》,王铁崖译,华夏出版社1989年版。

思考题 》》

1. 国际法的渊源有哪些?
2. 国际法如何在国内适用?
3. 和平共处五项原则的内容和意义是什么?
4. 国家的基本权利有哪些?
5. 国家司法豁免权的内容有哪些?
6. 政府继承的规则是什么?

第二章

Chapter 2

国际法上的领土

案例导读

奥祖地带位于利比亚与乍得边界,该地区居住人口少、气候条件恶劣,但地下资源十分丰富,并且正好处于利比亚有关其南部边界位置的主张与乍得有关其北部位置的主张之分歧的中心区域。自从利比亚1951年摆脱意大利的殖民统治和乍得1960年摆脱法国的殖民统治独立以来,两国就共同边界的位置和该地带的权利归属问题展开激烈的角逐,包括诉诸武力渠道。

乍得认为双方之间早已存在明确的边界划分。乍得对该地区主张权利的基本依据是利比亚与法国在1955年签订的《睦邻友好条约》,其中含有利比亚对法国有关其在非洲殖民地边界的主张的正式接受。利比亚否认双方条约边界的存在,将其主张建立在各种声明的基础上,以各种方式主张权利,甚至资助乍得居民发动反对中央政府的叛乱。两国之间冲突不断升级,国际社会多方参与调解。1989年8月,两国终于同意在一年内通过政治手段解决边界争端,并约定届时如果未能解决,则提交国际法院。1990年8月末到9月初,两国谈判失败,遂要求国际法院根据国际法原则判断它们之间的边界。1994年,国际法院裁定此案乍得胜诉,奥祖地带属于乍得。

教学目标

通过本章学习，学生应系统、全面地认识和把握领土法。本章中，学生应重点掌握国家领土的构成、领土的取得与变更、领土主权及其限制、边界与边境制度、南极和北极等问题。

第一节　国家领土与领土主权

一、国家领土的概念和法律意义

国家领土是指国家主权支配之下的地球的特定部分。国家领土是国家赖以生存和发展的物质基础，世界上不存在没有领土的国家。国际法上的国家领土不仅是一个地理概念，而且是一个法律概念。国家领土在国际法上的法律意义有以下几点：

第一，领土是国家构成的基本要素之一。作为国际法主体的国家具有以下四个要素：定居的居民、确定的领土、政权组织和国家主权。其中，确定的领土是国家物质财富的主要源泉。国家之间因为地理条件、历史文化等差异，领土面积的大小也有很大差异，如俄罗斯的领土面积约为1708万平方公里，摩纳哥领土面积仅仅约1.98平方公里，但其在作为国家要件方面的作用是一样的。此外，国家领土边界并不要求完全确定，部分国家之间边界未划定，或者存在一些边界争端，但都不妨碍其为国家。

第二，国家领土是国家行使主权的对象和空间，没有领土就无法行使国家主权。在国际法上，国家对本国领土具有完全主权，即领土主权。领土是"国家行使其最高并且通常是排他权威的空间，因为国际法承认每一个国家在其领土内的最高权威"[①]。诸如公海、国际海底区域和南北极等地区，并未被置于

---

① 〔英〕詹宁斯、瓦茨修订：《奥本海国际法（第一卷第二分册）》，王铁崖等译，中国大百科全书出版社1998年版，第3页。

某一国家主权管辖的范围之内,因此不能称为"领土"。国际法中的许多原则都是依附于领土而存在的,领土主权是国家权利的重要内容,国际法禁止侵犯一国的领土主权与领土完整。

二、国家领土的构成

国家领土的组成部分包括领陆、领水、领空以及领陆和领水的底土四种形式。一国的领土的形式可以是多样化的,一国的领土可以连成一片,也可以是分散的。一国的领土可以全部由陆地组成,也可以全部由岛屿组成,还可以由陆地和岛屿组成。有些国家的全部或者部分领土处于别国的包围之中,这样的领土在国际法上称为"飞地"。

1. 领陆

领陆是国家领土最基本的组成部分,是指一国疆界以内的全部陆地,包括大陆领土和岛屿。国家对其领陆有排他的管辖权。世界上没有无领陆的国家,无领陆则意味着没有领水,而没有领水和领陆就没有领空。领陆的变化决定着附属于领陆的领水、领空及其底土的变更。对于岛国或者群岛国,其领陆由岛屿或者群岛构成。

2. 领水

领水是指领海基线以内的全部水域,包括内水和领海,均处于国家主权的管辖之下。内水包括江、河、湖以及内海等,领海是位于一国领海基线以外而与其相邻接的一定宽度的水域,其宽度从领海基线起不得超过12海里。内水与领海在法律地位和制度上基本相同,仅在船舶通航制度上略有差别。外国船舶未经允许不得进入内水,而领海则实行无害通过制度。有些国家完全被别的国家的陆地包围,不同任何海域毗连,因此没有领海,称为"内陆国",比如我们熟悉的蒙古国就是内陆国。

3. 领空

一国领陆和领水的上空是其领空,国家对其领空拥有领空主权。关于领空的高度,至今并没有相关的国际条约、国际法规则的规定。传统国际法认为国家主权及于其领土上空无限高度,但更多人认为领空应该有上限。随着科学技术的发展和人类活动范围的扩大，国家领空将会越来越重要。

4. 底土

国家领陆和领水以下的地下层称为"底土"。底土是国家领土的组成部分，受国家主权的管辖。底土对于自然资源的开发、科学实验研究等具有重要意义。

三、内水

领水由内水和领海组成，其中内水是国家领海基线以内的全部水域，是国家领水的重要组成部分。内水一般分为内陆水和内海水，其中内陆水包括河流、运河、湖泊等，内海水包括内海海域、内海湾等。本节仅讨论内陆水，其他水域属于海洋法研究的范围，本节不作介绍。

（一）河流

根据河流的地理特征、流经国家多少和法律地位的不同，河流可以分为内河、界河、多国河流和国际河流。

第一，内河，又称"国内河流"，是指从发源地到河口完全流经一国领土的河流，如中国的黄河、长江等。内河完全处于所在国的主权管辖之下，其法律地位与法律制度由该国国内法规定。如无该国同意或者法律规定，外国船舶无权在一国内河中航行，获准在内河航行的外国船舶必须遵守河流流经国的法律及其规章制度。

第二，界河，又称"国界河流"，是指流经两个国家之间、分割两个国家的河流。界河分属于沿岸的两个国家。沿岸国船舶可以在界河河道上航行，对于界河的利用、在界河内捕鱼、对河道的管理和维护等相关问题，由界河沿岸国协议解决。沿岸国一般通过缔结双边协定、建立双边委员会方式对界河进行管理，如美国和加拿大之间历史悠久的界水委员会。

第三，多国河流，是指流经两个或者两个以上国家领土的河流。如中国的元江流入越南称为"红河"，中国的澜沧江流入缅甸和老挝称为"湄公河"。多国河流的沿岸国对流经本国领土的河段享有主权，对该河段行使管辖权，但这种权利的行使并非没有限制，如上游国家不得使河流改道，不得故意使下游国家河水泛滥或者枯竭。多国河流虽禁止非沿岸国的船舶航行，但应该允许同一河流的各沿岸国船舶航行。

第四，国际河流，是指流经多国，可通航公海，并且按照有关国际条约的规定向一切国家商船开放的国际化河流。国际河流虽流经多国，属于多国河流，但与多国河流在法律地位上有所区别。虽然国际河流和多国河流流经不同国家的部分仍属于各该国主权所有，但国际河流按照国际条约的规定向一切国家的商船开放，并由全体沿岸国成立委员会进行共同管理，而多国河流则不然。

1815年维也纳会议宣布一切国家的商船可以在欧洲国际河流上自由航行的原则，从而开创了国际河流自由航行的制度。国际河流是指"分割或经过几个国家的可通航的河流"，欧洲的两大河流——莱茵河和多瑙河分别根据1856年《巴黎公约》和1868年《曼海姆公约》实行自由航行制度，从而成为国际河流。目前世界上的国际河流除以上两条外，还有尼日尔河、湄公河、亚马孙河、刚果河、斯凯尔特河等。国际河流的地位及其航行制度主要包括：第一，它对于所有国家，包括沿岸国和非沿岸国的一切商船开放；第二，所有国家的国民、财产及船舶，在各方面享受完全平等的待遇；第三，沿岸国对于河流流经自己领土的河段行使管辖权，特别是有关警察、卫生、关税等事项；第四，沿岸国为维护和改善河道航运，可以征收公平的捐税；第五，沿岸国负责维护在其管辖之下的河流部分；第六，沿岸国保留"沿岸航运权"，即外国船舶不得从事同一沿岸国的各口岸间的航运；第七，非沿岸国军舰不得享有在河流上航行的自由；第八，设立统一的国际委员会，制定相关的管理规则，保障河流的航运自由。

（二）运河

运河是人工开凿的位于一国境内的河流，是可航行的水道，通常处于交通运输的要地，所在国享有完全的排他管辖权。未经主权国家的同意，外国船舶无权进入运河航行。但有些运河两端连接海洋，构成海上交通的咽喉，对国际航行具有重大意义，因此相关国家通过签订国际条约对其通航制度作出规定。

1. 苏伊士运河

苏伊士运河位于埃及境内北部地区,长约173千米,宽约180米,水平均深度约为15米。苏伊士运河北起地中海的赛得港,南至红海苏伊士湾的陶菲克港,是欧洲与亚洲之间最短的水上通道,在国际航运和战略上都有重要意义。

1854年,埃及政府与法国人费迪南德·勒赛普签订了关于修筑和适用苏伊士运河及其附近建筑的租让合同,埃及政府准许勒赛普组织苏伊士运河公司,给予该公司开凿和经营运河的特权。苏伊士运河的开凿自1859年开始,经历了将近10年的时间完成。1875年,英国利用埃及政府当时的财政危机,购买了后者持有的运河公司44%的股份。1882年,英国趁埃及内乱控制了苏伊士运河。1888年,德国、奥匈帝国、西班牙、法国、英国、荷兰、俄国、土耳其8国签订的《君士坦丁堡公约》对苏伊士运河的法律地位和航行制度加以固定。该公约的主要内容有:(1)苏伊士运河实行中立化,不论平时还是战时,都对一切国家的商船和军舰开放,永远不得封锁;(2)不得在运河内及距离运河的港口3海里之内从事战争行为;(3)交战国的军舰通过运河时不得停留,如情况绝对必要,则不得停留超过24小时;(4)交战双方的军舰和船舶进入港口的时间应相隔24小时,且不得在运河内装卸军队、军火和其他军事物资等;(5)运河不得设立永久性的防御工事。1956年,埃及人民经过斗争将苏伊士运河收归国有。1957年,埃及政府宣布尊重《君士坦丁堡公约》规定的运河自由航行制度,维护一切国家在苏伊士运河的自由航行权利,并设立运河管理局来专门负责管理运河航行事宜。

2. 巴拿马运河

巴拿马运河位于中美洲的巴拿马境内,是横贯巴拿马地峡,连接太平洋和大西洋的人工水道,具有重要的经济和战略价值。1860年,美国和英国签订条约,规定两国共同开凿一条贯穿巴拿马地峡的运河。1901年,两国又订立《关于便利通洋运河开凿的条约》,英国承认运河由美国单独建造和控制,美国则保证新运河将采取与苏伊士运河大体相同的航行制度和中立化规则。1903年,美国与哥伦比亚政府签订条约,哥伦比亚将巴拿马地峡租给美国100年。

但是，由于哥伦比亚参议院不批准该条约，美国因此策动了原属于哥伦比亚的巴拿马省独立，并在巴拿马省宣布独立后正式承认巴拿马共和国。1903年11月18日，两国正式签订了《美国和巴拿马关于修建一条连接大西洋和太平洋的通航运河的专约》。根据该专约，美国承认并保证巴拿马独立，作为交换条件，巴拿马将建造运河所需的地段和两岸各5英里宽的土地供美国长久使用、占有和控制，以便修建、管理和保护运河。该专约还规定，运河及其入口处应按照《君士坦丁堡公约》的规定保持中立，并规定美国有权在任何时候使用其警察、陆军、海军或在运河区建立要塞。1914年，巴拿马运河由美国建成并开放使用。美国随即颁布了关于运河管理和航行的规则，行使对巴拿马运河区的管辖权。

美国对巴拿马运河的控制引起巴拿马人的强烈不满，巴拿马人民为了收回运河的主权进行了长期的斗争。1974年，美国被迫同意结束对巴拿马运河的管辖权。1977年9月7日，巴拿马和美国签订《巴拿马运河条约》和《巴拿马运河永久中立和运河营运条约》。两条约均于1979年10月1日起生效。根据新条约，美国承认巴拿马共和国对运河的领土主权，两国继续保证运河的中立和运河无论平时还是战时的安全，保证运河继续向各国和平通过的船舶开放。同时，两条约授予美国在条约生效期间经营、管理、维修、保护运河与航行的必要权利，规定运河的防务由美国承担主要责任，巴拿马参与防卫。根据条约的规定，巴拿马于1999年12月31日完全收回运河，从2000年1月1日起独立管理运河。

（三）湖泊

湖泊是指被陆地环绕的水域。湖泊如果完全为一国陆地所包围，则属于该国领土的一部分，属于该国的内水。国家对此类湖泊享有排他主权，如中国的青海湖、洞庭湖等。对于两个或两个以上国家的陆地包围的湖泊，如果沿岸国之间有协议安排，则按照协议安排进行管理；如果没有协议安排，则该湖泊属于全体沿岸国，通常以湖泊中心为界，分别由沿岸国管辖，如法国与瑞士之间的日内瓦湖。

四、领土主权及其限制

(一) 领土主权

国家对本国领土享有完全的排他的主权即为领土主权。领土主权已经为《联合国宪章》以及其他普遍性的国际文件所确认。具体而言，领土主权包括所有权、管辖权以及领土不可侵犯三方面。

(1) 领土所有权。国家对于其领土享有完全的所有权，不受他国干涉。国家对于其领土内的一切土地、自然资源拥有占有、使用和支配的权利。未经国家允许，其他国家或者个人不得对该国的土地和资源提出权利主张。国家可以对其土地进行开发、利用或者赠与、交换、出售等行为。

(2) 领土管辖权。国家对其领土内的一切人、事、物享有管辖权。即属地优越权或属地管辖权，基于领土而产生。根据属地管辖权，任何外国人、外国财产一旦进入一国境内，即应受到该国的管辖。但是，国际条约、国际习惯可能对此作出一定的限制，如享有特权的豁免的除外。

(3) 领土不可侵犯。领土不可侵犯是领土所有权、领土管辖权的保障。《联合国宪章》第2条第4项规定："各会员国在其国际关系上不得使用威胁或武力，或以与联合国宗旨不相符之任何办法，侵害任何会员国或国家的领土完整与政治独立。"领土完整和领土不可侵犯已经成为国际法的基本原则。

(二) 领土主权的限制

国家对其领土范围内的一切事务享有排他的管辖权，但领土主权并非绝对的。在国际法上通过国际条约、国际习惯可对国家的领土主权进行相关的限制。对领土主权的限制主要分为两类：

1. 一般限制

一般限制是指国家主权要受到一般国际法的约束，受限制的国家可以是所有国家，也可以是相关国家，如领海无害通过制度、用于国际航行的海峡过境制度、群岛水域的群岛通过制度等，都是对领土主权的一般限制。对领土主权的一般限制是各国为了增进交往和发展友好合作关系而自愿承担的，奉行对等原则，对所有国家都是平等的。

2. 特殊限制

特殊限制是指由于条约义务的存在而使特定的国家主权受到的限制。这类限制是否合法取决于建立这种限制的条约是否符合国际法的规定。具体而言，对领土主权的特殊限制主要有以下四种形式：

(1) 共管。指两个或两个以上的国家对某块土地共同行使主权。比如，1899 年，英国与埃及开始对苏丹进行共管；1939 年，英国、美国对坎顿岛和恩德伯里岛实行共管。

(2) 租借。通过订立条约，一国将其领土的一部分租借给他国使用。租借可以分为有期租借和永久租借；自愿租借和非自愿租借，其中非自愿租借是不平等条约的结果，在国际法上是非法的。在历史上，大部分的租借是根据不平等条约对一国的领土主权进行限制，如 19 世纪末甲午战争后，欧洲列强强迫清朝政府将胶州湾借给德国，为期 99 年；将旅顺和大连租借给俄国，租期为 25 年；将威海卫租借给英国，为期 25 年；等等。

(3) 势力范围。是指帝国主义列强为了避免冲突，均衡各自的利益，强迫弱小国家签订不平等条约，瓜分殖民地的一种手段。划分势力范围最初出现在非洲，后来又扩散到其他主权国家及地区。在势力范围内，帝国主义列强享有经济、政治上的特殊利益，而领土国不能充分地行使主权。例如，19 世纪末，列强通过不平等条约划分在中国的势力范围，长江流域属于英国的势力范围，广东、广西和云南属于法国的势力范围，福建属于日本的势力范围。划分势力范围严重违反了国际法的基本原则，现已为国际社会所摒弃。

(4) 国际地役。"地役"这一概念最早出现在罗马法中，属于私法的范畴。国际地役是指为了满足别国的利益，根据条约的规定对一国（全部或部分）领土主权进行限制。国际地役的主体只限于国家，其客体是领土的全部或者部分，是对领土所属国属地管辖权的特殊限制。

国际地役可以分为积极地役与消极地役两种。积极地役是指承役国允许需役国利用其领土从事某种行为，如允许需役国军队过境，允许需役国在本国领海捕鱼，允许需役国在其领土内建筑、经营铁路、开矿，等等。消极地役是指一国（承役国）为了另一国（需役国）的利益不在本国领土内从事某种行为，如依照条约规定，承役国不得在国境的特定地点建设要塞。

第二节 领土的取得与变更

领土是国家赖以生存与发展的物质基础,尊重国家领土完整这一国际法原则已得到国际社会的普遍认可,但这并不意味着国家的领土一成不变。从历史上看,国家的兴衰变化也常常伴随着疆土的增减。在国际法上,传统的领土取得与变更的方式有五种,即先占、时效、添附、割让、征服。随着现代国际法的发展,又出现了民族自决、公民投票、收复失地等新的领土取得与变更方式。

一、传统的领土取得与变更方式

(一) 先占

先占是指国家通过对无主土地的占有而取得对该土地的主权行为。先占必须满足一定的条件才能构成有效先占:(1) 先占的主体必须是国家,即以国家的名义实行占领。(2) 先占的对象必须是无主土地。传统国际法对无主土地的定义是,从未被任何国家占有因而不属于任何国家所有的土地,或曾属于一国所有但后来又为该国所抛弃的土地。(3) 先占国实行了有效的占领。所谓有效的占领,是主观与客观的统一:主观上,先占国必须明确地表示对无主土地占领的意思表示;客观上,先占国在该地建立行政管理机构,宣布主权,并行使管辖权。[1]

先占作为传统的领土取得方式,西方殖民主义者基于这种方式大肆抢占了非洲、美洲的土地甚至屠杀、驱逐生活在那些土地上的土著居民。对此,国际法院1974年在"关于西撒哈拉法律地位"的咨询意见中指出:"国家实践表明:住在土著部落或具有一定社会或政治组织的人群的地方就不能被认为是无

---

[1] 参见〔英〕詹宁斯、瓦茨修订:《奥本海国际法(第一卷第二分册)》,王铁崖等译,中国大百科全书出版社1998年版,第75页。

主地。"① 事实上，除了南极洲不属于任何国家的领土外，地球上已经几乎没有无主土地可占，因此先占这一传统的取得领土的方式已经失去了现实意义。

（二）时效

时效是指一国不正当或者非法地占领他国部分领土，经过长时间和平稳定地行使管辖权而被认为取得了对该土地的主权，成为该国的领土。国际法上的时效制度源于罗马法中关于物权取得时效的规定，与国内法上的物权取得时效不同：一是国内法上的依时效取得物权需要善意的占有，而国际法上则不对此进行区分。二是国内法上对时效的时间有具体的法律规定，而国际法上的时效没有确定的年限。只要经过相当长的时期，他国不继续抗议或者不提出主张，本属于他国的领土就合法地成了该国的领土。

先占与时效都是领土取得的方式，但二者也有区别。时效是非法地占有他国的土地，即占领有主土地，而先占则是占领无主土地。

（三）添附

添附是指由于自然的力量或者人的行为而增加新的领土的一种方式。添附可以分为自然添附与人为添附两类。其中，自然添附是指由于自然的力量增加新的领土，主要有涨滩、三角洲、新生岛屿等；人工添附是指通过人的行为增加新的领土，如围堤造田、人工岛屿等。

自然添附应该被认为是一种合法的取得领土的方式，但是人工添附则应该具体问题具体分析。总体而言，人工添附应该在不损害相邻国家利益和公共利益的前提下进行，比如仅仅是沿着海岸线建筑防洪堤、围堤造田或者在领海内建造人工岛屿等，领海也会随之向外扩展，使得国家领土有所增加，这是国际法所允许的。但是，如果在界河一方沿岸筑堤，使河水侵占了对岸国家，使得界河的分界线有所改变，这种行为则是非法的。国际法上认可的人工添附应不损害他国和公共利益。

（四）割让

割让是指一国根据条约将部分领土主权转移给另一个国家的行为，可分为

---

① 陈致中编著：《国际法案例》，法律出版社1998年版，第124页。

强制性割让和非强制性割让。

强制性割让是一国通过武力或者以签订条约的形式迫使他国将领土转移给自己,这种割让通常情况下是战争或者战争威胁的产物。例如,1842年,中国按照《南京条约》将香港割让给英国;中日甲午战争后,根据《马关条约》中国将辽东半岛、台湾和澎湖列岛割让给日本。强制性割让行为违反了国际法上禁止使用武力或武力相威胁原则,已经为现代国际法所禁止。

非强制性割让是国家间在平等自愿协商的基础上缔结相关条约,转移部分领土的行为。非强制性割让一般有三种类型:(1)赠与,如1866年奥普战争后,奥地利将威尼提亚省割让给意大利,并且还保证永远不得干预德意志一切事务;(2)买卖,如美国1803年从法国购买了路易斯安那,1867年以720万美元从沙皇俄国购买了阿拉斯加地区等;(3)交换,如1960年,为了边境管理和适应当地的历史自然条件,中缅两国达成边界协议,中国以220平方公里的勐卯三角地与缅甸班洪、班老两个部落的189平方公里的土地进行了交换。

(五)征服

征服是指一国以武力占领他国部分或者全部土地,战后将敌国领土直接宣布予以兼并的领土取得方式。它与割让的区别在于,征服并不缔结条约,而是将战时所侵占的敌国领土,在战时或者战后直接宣布兼并并行使主权。如果战后订立合约,则征服转为割让。

传统国际法并未禁止使用武力,承认战争的合法性,认为征服是取得领土的合法方式之一。但是,《非战公约》《联合国宪章》《国际法原则宣言》等均禁止使用武力或武力威胁,废止战争权,征服和强制性割让作为使用武力或武力威胁侵占他国领土的方式都是非法的。1967年,以色列侵占大片阿拉伯国家领土及整个耶路撒冷,联合国大会及安理会均通过决议明确宣布以色列的行为是无效的,不承认通过战争获取的土地。

二、现代国际法上的领土取得与变更的方式

现代国际法除承认先占、添附、自愿割让等传统的领土取得与变更方式外,还承认民族自决、公民投票和收复失地等领土变更的新方式。

(一) 民族自决

民族自决原则是一项国际法基本原则。根据民族自决原则，前殖民地的被压迫民族从殖民国家或者宗主国分离出来建立独立国家或加入其他国家而发生的领土变更，是符合国际法的。但是，民族自决原则并非用于鼓动多民族国家进行民族分裂的工具，其适用的范围有严格的限制。1960 年联合国《给予殖民地国家和人民独立宣言》宣布"所有的人民都有自决权"时明确指出："任何旨在部分地或全面地分裂一个国家的团结和破坏其领土完整的企图都是与联合国宪章的目的和原则相抵触的。"《国际法原则宣言》规定，自决权"不得解释为授权或鼓励采取任何行动，局部或全部破坏或损害在行为上符合上述各民族享有平等权及自决权原则并因之具有代表领土内不分种族、信仰或肤色之全体人民之政府之自主独立国家之领土完整或政治统一"。

(二) 公民投票

公民投票也叫"全民公决"，是领土变更的一种方式，是指由某一领土上的居民通过投票来决定其领土归属。公民投票作为领土变更的方式，要满足以下三个条件才合法有效：第一，有合法理由和正当理由；第二，居民意志真实自由地表达，不为外国势力所干扰；第三，应该在联合国的监督下投票。

(三) 收复失地

收复失地也称"恢复领土主权"，是指国家收回以前被别国非法占有的领土，恢复本国对有关领土历史性权利。收复失地可以通过武力的方式，也可以通过非武力方式。

收复失地在国际法实践中大都是以和平的方式完成的，当事国通过协商进而达成交还协议，实现主权的回归。例如，1984 年 9 月 26 日，中英两国在香港问题上达成一致并发表联合声明，中国政府于 1997 年 7 月 1 日起恢复对香港行使主权；1987 年 4 月 13 日，中葡两国正式签署关于澳门问题的联合声明，中国政府于 1999 年 12 月 20 日恢复对澳门行使主权。

第三节 边界与边境制度

边界对于国家而言具有重要意义,历史上国家之间因为边界不明确而产生严重争端甚至武装冲突的事件举不胜举。边界决定着国家行使主权的范围,是确定国家领土范围的界限,即划分两国领土、领水、领空和底土范围的界限。

一、边界的概念和种类

国家边界是确定国家领土范围的界限,是一条划分一国领土与另一国领土、一国领土与公海或专属经济区,以及一国领空与外层空间的界限。根据国家领土组成部分的不同,国家边界可以分为陆地边界、水域边界和空中边界。其中,陆地边界是确定其他边界的基础。陆地边界一般根据条约加以确定,但是在相邻两国决定以天然地理特征为边界时通常采用天然边界线。

边界可以分为有形边界与无形边界。有形边界又可分为自然边界与人为边界,其中自然边界是指利用天然地形所形成的分界线,如山脉、沙漠、河流等;人为边界则是指人为地用壕沟、栏杆、界石等各种标识构成边界。无形边界包括天文边界和几何边界。天文边界是指以经纬线为界限,如韩国、朝鲜以北纬38度为边界线,美国、加拿大以北纬49度为边界线。几何边界是用几何学的方法划定的边界,如以直线、弧线、共同正切线等为边界,通常用于海上、空中、地下层以及陆地上复杂、人烟稀少、难以勘测的地区划界,某些非洲国家如埃及与苏丹、毛里塔尼亚与马里等国之间的边界都有部分是几何边界。

二、边界的划定

(一) 边界条约

从国际实践来看,国家边界的确定主要有两种方式:第一种是在长期的历史进程中根据历来行政管辖所及的范围而逐渐形成的,称为"历史边界"或者

"习惯边界",中国与印度之间的边界就是这种方式确定的。第二种是通过国际条约来确定边界,是指由相关国家通过谈判缔结边界条约划定边界。中国与缅甸、阿富汗、蒙古国等国签订边界条约后划定的边界就属于这种方式确定的边界线。与传统的习惯边界线相比,条约边界线具有稳定、明确、具体等优点。1969年《维也纳条约法公约》和1986年《关于国家与国际组织间或国际组织间相互条约法的维也纳公约》都规定,"情势变迁"原则不适用于边界条约。事实上,从近代开始国家之间都倾向以条约来确定边界。此外,如果历史边界后来又为边界条约所确定,则为条约边界。

（二）划界程序

一般来说,用双边条约划定边界通常包括三个程序：定界、标界和制定边界文件。

第一,定界。是指有关国家通过谈判、签订专门的边界条约详细规定两国边界的重要位置和走向。边界条约是划分界线的基本法律文件,又称"母约"。边界条约对边界应有明确的规定和描述,可以附上地图以利于边界的勘定。

第二,标界。是指在边界条约签订并生效后,由缔约双方任命的代表组成划界委员会,根据边界条约进行实际勘测,具体划定边界的位置和走向,并树立界碑、界桩等标志。

第三,制定边界文件。在标界完成以后,由缔约双方制定更详细的边界议定书和地图等文件,这些文件作为子约,与边界条约一起成为划界的基本法律文件。

边界条约和边界议定书、边界地图等划界法律文件应该一致。如果在现实的划界过程中因为某种原因而使边界条约、边界议定书、地图以及界碑之间出现互相矛盾的情况,一般应按照1919年《凡尔赛和约》中所列举的下列原则解决：(1)若议定书与条约不符,以条约规定为准；(2)若地图与议定书不符,以议定书为准；(3)若界标、界桩的位置与地图所标明的边界不相符,以地图为准。

三、边境制度

与边界不同,边境是位于边界线两侧一定宽度的区域,即国家领土的边缘地带。为了保护国家安全与边境居民的生活，国家通常需要在边境地区建立边境制度。边境制度不仅要维护边境地区和平与安宁，还要防止与相邻国家在边境地区发生冲突，维护两国间的友好关系。边境制度主要内容如下：

（一）边界标志的维护

相邻国家对于边界标志都有维护的责任，任何一国不得随意移动、毁坏界标。一般来说，边界条约都会对边界标志的维护进行明确的条文约定。例如，1961年《中缅边界议定书》第38条规定，"为了有效维护界桩双方分担责任，如果一方发现界桩被移动、毁损或者毁坏，应尽速通知另一方，负责维护界桩这一方这时应采取必要措施，在另一方在场的情况下，在原址按原定规格予以恢复、修理或重建"。对于破坏界标的行为，各国的国内法中也有对其惩罚性的规定，如《中华人民共和国刑法》第323条规定："故意破坏国家边境的界碑、界桩或者永久性测量标志的，处三年以下有期徒刑或者拘役。"

（二）界水与边境土地的利用

相邻国家对于界水的利用与保护主要涉及灌溉、水上航运、河中捕捞等方面。相邻国家对界水拥有共同的使用权，但在使用的过程中，不得损害邻国利益。有关界水使用与保护，一般都会在边界文件中加以规定。相邻国家在界水上享有平等的航行权利，其船舶在界河上航行一般不受主航道中心线的限制。边界领土的利用不得危及邻国安全。例如，双方不得在边境的一定范围内设置靶场或者是武器试验场，彼此不得污染邻国边境空气和环境。边境地区森林发生火灾时，国家应尽力控制火势并将其扑灭，不得使火势蔓延到对方界内。

（三）边境居民的交往

为了便利边境居民的生活和生产，相邻国家通常根据传统习惯并不禁止边民在边境之间的交往。为了边界的有效管理，各国都在本国边界地区设立边境禁区和边防地带，非边境居民进入边境地区需要办理相关的手续。但是，为了方便边境居民的生产生活，会对边境居民从事航运、小额贸易、探亲访友等为目的出入国境提供特殊便利，无需护照、签证或许可证，不受有关出入国境的正规手续限制。例如，根据1956年《中华人民共和国和尼泊尔王国保持友好关系以及关于中国西藏地方和尼泊尔之间的通商和交通的协定》的规定，双方边民可以进行边境贸易、探亲和朝圣等。

(四) 边境争端的处理

相邻国家一般会签订专门的协定，设立边界委员会或者其他机构来处理边境争端。边境地区的一般事件，如偷越国境、损坏界标等可由边界委员会处理，但有些严重的争端，则需通过外交途径解决。

四、中国的边界

中国领土幅员辽阔，有很长的边界线，其中陆地边界长达 2.2 万多公里，在陆地上，中国与朝鲜、俄罗斯、蒙古国、哈萨克斯坦、吉尔吉斯斯坦、塔吉克斯坦、阿富汗、巴基斯坦、印度、尼泊尔、不丹、缅甸、老挝、越南 14 个国家接壤。在海洋上，中国隔黄海与韩国相望，隔东海与日本相望，隔南海与菲律宾、印度尼西亚和越南相望，海岸线长 1.8 万多公里。中国相邻国家众多，边界情况也相当复杂。在边界问题上，中国一直主张在平等互利与友好协商的基础上，在考虑历史因素与现实情况的前提下，通过和平谈判的方式共同解决边界问题。新中国成立时，中国与陆地上邻国的 12 条边界没有划定，有的虽然划定了，但仍然存在一些争议。新中国成立以后，中国与缅甸 1960 年 10 月 1 日缔结了中缅边界条约，随后又与尼泊尔、蒙古国、巴基斯坦、阿富汗、老挝等国签订了多项边界条约。但是，中国仍有些边界问题尚未解决，主要有：

第一，中印边界问题。中印边界是一条历史习惯线，两国的边界线从未正式划定。中印边界线全长有 2000 公里，分为东段、中段与西段。其中，东段分界是喜马拉雅山南麓，中段分界是喜马拉雅山脉，西段分界是沿着喀喇昆仑山主脉。双方争议地区约为 12.5 万平方公里。1980 年中印关系正常化之后，双方开始讨论划界问题。双方争议最大的是东段，中国认为这段边界是传统习惯线，而印度认为这段边界应为西姆拉会议上所指定的麦克马洪线所确定。西姆拉会议是 1913 年 10 月在英国的策划下，由中、英以及中国西藏地方当局的代表为解决"西藏问题"而在印度北部的西姆拉举行的一次会议。英国政府采用欺骗手段诱使中国代表草签了一份"西姆拉条约"，但中国政府从未正式签署和批转该条约,在国际法上该条约是无效的。随后,英国政府又诱使无缔约权的西藏地方代表与其签署了所谓的"西姆拉条约",后来又以秘密换文的方式,非法划定了一条所谓的"麦克马洪线"。根据这条线,中印边界被划在了喜马拉雅山的分水岭上,将原来属于中国的9万多平方公里的领土划为印度所有。中国历届政府都未承认过"麦克马洪线",因此它是非法并且无效的。1980年双方关系正常化之后,中印开始讨论边界问题,先后签订了一系列的协定,对保持边境地区的和平与安宁起到了重要作用。

第二,中俄边界问题。中俄边界问题属于历史遗留问题,是19世纪沙皇俄国对中国领土的侵占和强迫中国签订一系列不平等条约造成的,这些不平等条约有:1858年中俄《瑷珲条约》、1860年《中俄北京条约》、1864年《中俄勘分西北界约记》、1881年《中俄伊犁条约》和1882年《伊犁界约》以及后来的几个勘界议定书等。通过这些不平等条约,沙皇俄国侵占了中国150多万平方公里的土地。苏联成立初期曾明确表示废除以上不平等条约,但由于当时特殊的历史背景,至今并未归还。

中国在中俄边界问题上同样是主张通过和平谈判的方式协商解决。通过谈判,中苏两国于1991年5月在莫斯科签署了《关于中苏国界东段协定》。1991年年底,苏联解体,作为苏联权力继承者的俄罗斯于1992年2月宣布和批准了该协定,并于3月互换了该协定的批准书,解决了中俄东段边界问题。1994年9月3日,《中俄国界西段协定》签署。1994年4月26日,《中哈国界协定》签署。此后,中哈双方签署了国界补充协定。1996年7月4日,《中吉国界协定》签署。1989年8月26日,中吉双方签署了国界补充协定。1999年8月13日,《中塔国界协定》签署。2002年5月17日,中塔双方签署了国界补充协定。2004年10月14日,中俄两国外长签署了《中俄国界东段补充协定》。2005年6月2日,协定在双方互换批文后正式生效。《中俄国界东段补充协定》的签署和生效,标志着中俄之间4300多公里的边界线的确定。

第三,海洋边界问题。中国与8个国家隔海相望,目前为止,中国与这8个国家都没有划界,也都存在划界争议。越南、菲律宾、印度尼西亚、马来西亚、文莱等国家在南海一些岛屿和专属经济区上向中国提出了领土主权要求;

中日之间有关钓鱼岛归属、中日韩朝关于专属经济区的划分也存在争议。海洋边界比陆地边界更为复杂，尤其是受到多边外交因素的影响，中国海洋边界问题解决方式更具有挑战。

中国和越南1993年开始就北部湾的划界问题进行谈判，并于2000年12月25日正式签署中越《关于在北部湾领海、专属经济区和大陆架的划界协定》，双方按照各1/2的比例划分北部湾。中越两国在北部湾海域的成功划界，形成了中国第一条海上边界，并开始了中国与邻国海上边界谈判的征途。

第四节　南北极制度

一、南极

南极洲是七大洲之一，因为气候恶劣、温度极低，是地球上至今为止唯一的尚无居民定居的大陆。南极洲位于地球的最南端，包括南纬60度以上的大陆及其周围的岛屿，总面积1400多万平方公里，地表98%常年冰雪覆盖。尽管南极地区不适合人居住，但随着现代科学技术的进步，人们探测并发现南极洲藏有丰富的自然资源——220多种矿物、石油、天然气，还有世界上最大的铁矿区，足够全世界采用200年之久，南极拥有丰富的水生资源、水产品，同时也是世界上重要的淡水储存地。此外，南极洲是南美洲、大洋洲和非洲空中交通的最短航线，具有重要的战略地位。

早在1908年，英国首先对南极洲提出领土主权要求，之后法国、澳大利亚、新西兰、挪威、智利和阿根廷纷纷仿效。这些国家依据不同的根据对南极洲提出领土要求，其中很多国家之间所主张的领土范围存在重叠，引发国家之间的争执，一度使得相关国家局势紧张。为了协调各国的权利要求和促进南极考察的国际合作，1955年，美国、苏联、法国、新西兰、挪威、澳大利亚、日本、比利时、智利、南非等12国在巴黎举行了南极会议，会议强调了国际合作和暂时搁置对南极的领土要求。1959年，阿根廷、澳大利亚、比利时、智利、法国、日本、新西兰、挪威和美国、苏联等12国在华盛顿签署了《南极条约》，并于 1961 年 6 月 23 日生效。《南极条约》由序言、14 条正文和最后议定书组成。其主要内容有：

(1) 南极只能用于和平的目的。《南极条约》第 1 条明确规定，"南极洲应仅用于和平目的"。为了全人类的利益，南极应永远用于和平之目的，不应成为国际纷争的场所和对象。该条约第 1 条进一步明文规定，"禁止军事性措施"；第 5 条规定，"禁止在南极洲进行任何核爆炸和处理放射性废料"。

(2) 科研自由与国际合作。《南极条约》规定，在一切实际可行的范围内，南极实行科学调查自由并进行国际合作，交换调查成果与科学人员；南极洲的科研成果应该予以公开，并鼓励用最经济的方法获取最大的科研成果，鼓励国际组织与机构参与南极研究的工作。目前，中国在南极地区建立了长城、中山两个科学考察站，为在南极开展科学研究工作提供保障。

(3) 冻结各国对南极的领土要求。《南极条约》第 4 条规定，在条约有效期内所发生的一切行为或活动，不得成为主张、支持或否定对南极洲领土主权要求的根据，也不得创立在南极洲的任何主权权利。对以往各国对南极领土的要求予以冻结。

(4) 定期举行南极协商会议。缔约国每两年举行一次协商会议，共同协商解决有关南极共同利益问题，审议并向各国政府提出旨在促进该条约的原则和宗旨的措施。定期举行会议的方式促使缔约国之间相互交流意见，是整个南极条约体系不断发展和完善的保证。

此外，为确保条约得到遵守，《南极条约》还规定了要对南极洲的环境与生物资源进行保护，由各国指派观察员相互监督并随时巡视南极洲的任何地区等内容。

二、北极

北极地区是指地球上北极圈以北的区域，除少数岛屿外，主要是北冰洋，其中 70% 的洋面常年冰封，以固体冰块构成"冰土"。冰土不是固定的，而是随着海流不断地移动。北极地区气候严寒，暴风雪天气频繁，不适合人类定居。

与南极地区一样，科学考察发现北极地区也蕴藏着丰富的渔业资源和能源资源，特别是蕴藏大量的天然气资源。在石油资源日益紧张的当下，越来越多的国家希望可以从北极的天然气资源中分一杯羹。

从地理上看，除挪威、丹麦、加拿大、美国、俄罗斯、芬兰、冰岛、瑞典8个国家处于北极地区的陆地以外，北极地区其他地方是公海。长期以来，加拿大一直声称其拥有北极圈地区主权，但并未得到国际社会的认同。1926年，苏联根据扇形理论宣布其对北极地区的大片海域拥有主权，并宣布这一广阔范围内的陆地与岛屿，无论发现与否，都是苏联的领土。当然，苏联这种单方面宣布主权的行为也遭到了国际社会其他国家，特别是北冰洋周边国家，如美国、加拿大、挪威等国家的强烈反对。这些国家都根据相关的理论来支持自身对北极地区的领土主权，但都没有得到国际社会的认可。

到目前为止，国际社会并没有就北极地区的法律地位签订任何国际条约，关于北极的法律制度也在形成之中。例如，为了保护北极地区的环境，国际社会就有关事项作出了规定。加拿大、美国、丹麦、挪威和苏联1973年签订了《北极熊保护协定》，1991年北极国家首脑会议发表了《保护北极环境宣言》，并制定了《北极环境保护战略》。北极地区对世界气候的影响重大，所以各国都很注重北极的科学考察。越来越多的国家和学者也倾向于认为，北极应该是全人类共有的公海，它丰富的天然气资源、石油资源等也应该是全人类的共同财富，一切国家都可以根据《联合国海洋法公约》的规定，进行和平考察、科学研究、和平利用开发，但不得以任何方式主张领土主权或将资源占为己有。在北极地区，除了北冰洋周边国家外，还有英国、德国、日本等国进行活动，中国也从1990年开始对北极地区进行科学考察。1999年7月1日—9月9日，中国北极科学考察队首次在北极进行了大规模的现场科学考察，取得了丰富成果。2004年7月28日，中国第一个北极科学考察站——中国北极黄河站在挪威斯匹次卑尔根群岛的新奥尔松建成并投入使用，这标志着中国的北极考察进入新阶段。

典型案例

印度领土通行权案

一、案情介绍

18世纪,葡萄牙与印度半岛的马地拉族缔结协议,取得了前往其在印度的属地达维拉和纳加尔——阿维利的通行权。1947年,印度摆脱了英国的殖民统治,取得独立。1953年以后,葡萄牙一向享有的为出入这些地区而在印度领土上的通行权已受到印度方面的某些限制。1954年夏天,印度的民族主义集团占领了葡萄牙的飞地达德拉和纳加尔——阿维利,逮捕了葡萄牙的地方当局官员并建立了印度的地方政府。当葡萄牙请求印度允许其从达曼派一定数量的官员和士兵到被占领的飞地以恢复葡萄牙的政权时,印度拒绝允许任何葡萄牙人再通过其领土。争议经国际法院审理后,法院最终判决葡萄牙继续享有私人、文职官员和一般货物的通行权。

二、主要法律问题

本案涉及的主要法律问题是,在国际法主体发生变化后,其提供的国际地役是否继续有效。国际地役是一国根据条约对其领土主权设置的一种特殊限制,承役国的有关领土在一定范围内应为需役国的某种目的或利益服务。地役的概念源自罗马法,是需役人为提高自己不动产的效益,利用他人不动产的他物权。地役的概念之所以被引入国际法,是因为在早期的国际法中领土主权被类比于土地所有权。地役概念引入国际法后,其产生也需要具备一定的条件,如承役国自愿提供,国际地役的客体是国际领土的某一个部分。在本案中,国际法院认为,在长达125年的时间里,先是英国后是印度,与葡萄牙之间形成了长时间、连续不断的惯例,即允许葡萄牙平民、民政官员及货物享有为进出飞地而通过印度领土的权利,而这种惯例应优先于普遍国际习惯法和普遍法律原则。

三、案件评析

在罗马法中,地役权的设立要求承役地与需役地具有相邻关系,只有存在相邻关系才能建立地役权,具有永久性和不可撤销性的特点。在国际法上当国际地役发生主体变更时,条约规定的提供地役的义务是否继续有效,国际法对此并没有规定。在印度领土通行案中,法官认为存在允许葡萄牙平民、民政官员及货物享有为进出飞地而通过印度领土的权利,而这种惯例应优先于普遍国际习惯法和普遍法律原则,因而国际地役有效。

国际法理论对国际地役的解释始终存在分歧。一些学者认为,国际地役是条约设定的权利,且不以相邻关系为前提,在发生国际法主体变更的情况下国际地役依然有效并不合理。国际实践中的做法也不尽一致,如在1923年"温勃登号"案中,常设国际法院就没有接受基尔运河构成国际地役的观点。

推荐书目

1. 梁西主编:《国际法(第三版)》,曾令良修订,武汉大学出版社2011年版。

2. Crawford, James. Brownlie's Principles of Public International Law (8th ed., Oxford University Press, 2012), part Ⅲ.

3. 〔苏联〕柯热夫尼柯夫:《国际法上的领土问题》,中国人民大学国际法教研室译,中国人民大学出版社1954年版。

4. 张卫彬:《国际法院解释条约规则及相关问题研究:以领土边界争端为视角》,上海三联书店2015年版。

思考题

1. 领土主权的概念是什么?
2. 领土主权受到的特殊限制和一般限制有哪些?
3. 传统的领土变更有哪些方式?应该如何看待这些方式?
4. "南极条约体系"的内容有哪些?

第三章
Chapter 3

国际法上的居民

案例导读

1970年2月5日,联合国国际法院就巴塞罗那电车公司案(第二阶段)(Case Concerning The Barcelona Traction, Light and Power Company, Limited)作出实质判决,驳回比利时的诉讼请求,认为比利时不能依据股东的国籍为一加拿大公司请求外交保护。本案实质问题的核心在于,确定比利时是否有权对作为加拿大法人的巴塞罗那电车、电灯和电力有限公司(以下简称"巴塞罗那公司")中的本国股东因公司所在国西班牙针对该公司本身的有关措施而遭受的损害进行外交保护。[①]

巴塞罗那公司是一家控股公司,1911年成立于加拿大多伦多市,其总部、账户及股份登记均在该市。为在西班牙的加泰罗尼亚建立和发展一套电力生产和输送系统,该公司分别在加拿大和西班牙建立了许多附属公司。一战结束以后,除二战期间的一段时间外,巴塞罗那公司的大部分股份一直为比利时国民所拥有。一战结束以后,巴塞罗那公司发行了几次比塞塔债券和英币债券,其

---

① See Barcelona Traction, Light and Power Company, Limited, Judgment, I. C. J. Reports 1970, https://www.icj-cij.org/public/files/case-related/50/050-19700205-JUD-01-00-EN.pdf, visited on Dec. 12 2021.

中的英币债券预定从位于西班牙的附属公司与巴塞罗那公司的汇兑中偿付。1936年，偿付上述债券的工作由于西班牙内战的爆发而中断。1940年，比塞塔债券的偿付工作得以恢复，但由于西班牙外汇管制当局拒绝批准本国境内的公司向巴塞罗那公司汇兑必需的外汇，使得英币债券仍得不到偿付。1948年2月，西班牙塔拉戈纳省的雷乌斯地方法院应本国3名英币债券持有人的请求，判决并宣布巴塞罗那公司破产，同时命令没收巴塞罗那公司及其两个附属公司的资产。不久，这些措施扩大到其他子公司。这些子公司创设了新的股份，1952年以公开拍卖方式将这些新股份售给一家新成立的公司——加泰罗尼亚电力公司，后者因此获得对在西班牙的巴塞罗那公司的完全控制。在宣告和执行破产的过程中，许多受到影响的公司和个人在西班牙法院起诉，请求撤销破产命令和有关破产判决，但均未获得成功。据西班牙政府说，在本案提交国际法院前，西班牙法院已发表2736项命令，并由较低级法院作出过494项判决，由较高级法院作出过37项判决。同时，从1948年或1949年起，英国、加拿大、美国和比利时政府向西班牙政府提出多次抗议。加拿大政府的干预于1955年完全停止。

1958年，比利时政府向国际法院提出针对西班牙政府的诉讼请求，后又撤诉。1962年，比利时政府向国际法院提出了一项新的诉讼请求，请求法院判决并宣布其请求书中所述西班牙国家机关的有关行为违反了国际法，且西班牙有义务赔偿作为巴塞罗那公司股东的比利时国民（包括自然人和法人）因此而遭受的损失。西班牙政府随后提出四项初步反对意见。1964年7月24日，国际法院就西班牙政府提出的初步反对意见作出判决，驳回其第一项和第二项初步反对意见，判定围绕公司和股东的国籍、外交保护问题等问题展开论证。最终，国际法院认为比利时无权代表本国股东向法院起诉，驳回其诉讼请求。

教学目标

通过本章的学习，学生应全面认识和把握国际法上的居民。学习重点包括：外国人待遇的一般原则；对个人、公司和股东的外交保护的法律性质和一般原则；确定个人和公司的国籍的标准；用尽当地救济原则的性质与含义；国际法与国内法的关系;国家拒绝司法应负的责任等。此外,本章还将阐述与国籍问题联系非常紧密的其他相关制度,包括引渡、庇护等。

第一节 国 籍

居民是指在一国境内居住并受所在国法律管辖的自然人,① 包括本国人、外国人和无国籍人,但依据外交关系法,享有外交特权与豁免的外国人不列入居民中的一般外国人的范畴。国际法上关于居民和个人法律地位的问题有一条基本原则,就是这些问题主要由各国国内立法来解决。② 依据国家主权原则,国家对居住在本国境内的居民具有属地管辖权,对居住在其境外的本国人具有属人管辖权。属地管辖权与居民所处领土相关联,而属人管辖权则与居民的国籍相关联。因而,明确国籍对于实施管辖和进行保护是至关重要的。

一、国籍的概念

从国际法角度看,国籍是一个人同一个国家永久的法律联系,基于这个联系,个人服从国家(国籍国)的属人优越权,对国家负有效忠的义务,同时在国际方面享受国家的外交保护。③

国籍对国家、个人和国际社会都具有重要意义。第一,国籍确定个人属于某国的公民或国民的法律资格。一个人具有一国的国籍,就可成为该国的公民或国民,从而将本国人与外国人区别开来。一般而言,国民或公民并无严格区别,无论是一国的国民还是公民,都具有各该国国籍,都受其国籍国的管辖和保护。但是,也有一些国家通过国内立法对国民与公民加以区别,在国内政治地位方面,公民享有完全的政治权利,而国民只享有部分政治权利。第二,国籍体现了个人与国家之间的法律联系。从个人的角度来讲,一旦具有一国国

---

① 参见慕亚平:《国际法原理》,人民法院出版社2005年版,第330页。
② 参见〔苏联〕童金主编:《国际法》,邵天任等译,法律出版社1988年版,第320页。
③ 参见周鲠生:《国际法(上册)》,武汉大学出版社2007年版,第213页。

籍，便同该国建立起了固定的法律关系，享有该国赋予的各项权利（如选举权和被选举权等），同时对该国承担相应的义务（如纳税、服兵役等）；从国家角度讲，国籍国有权要求本国国民遵守并服从其法律和法令，同时也负有对其进行保护的义务和责任。第三，国籍是国家行使管辖权的依据。国家行使属人管辖权和外交保护时必须根据国籍对本国人行使；即使在行使属地管辖时，国家对本国人和外国人也实行不同的管理。

不仅自然人拥有国籍，法人也拥有国籍。随着经济全球化，越来越多的公司商业活动跨越国境，向国际化方面发展，各国为了保护本国的经济利益和发展国际关系，需要根据国籍区分本国法人和外国法人。因此，各国亦将自然人国籍的概念移植于法人领域，作为区别本国法人和外国法人的标准，并根据法人的国籍对本国法人进行外交保护。但是，法人、船舶和航空器的国籍仅是类比拥有国籍，与自然人的国籍具有本质的不同。法人是拟制的人，不可能像自然人那样，构成某一国的人口而隶属于该国。船舶和航空器作为权利客体的财产，其国籍也不具有自然人国籍的内涵。[①] 公司的国籍主要通过以下标准确定：法人成立地（或称"登记地""设立地"）、法人住所地、法人设立人国籍（或称"资本控制"）等。

国籍法是一国有关国籍的取得、丧失和变更的法律规范的总称。国籍问题涉及国家主权和重要利益，国籍原则上属于每个国家的国内管辖事项，每个国家有权根据自己的法律决定谁是其国民。国籍问题从 18 世纪末 19 世纪初开始成为国内立法的重要内容之一，但由于各国国内立法赋予国籍的条件不同，在国家间经济和人员交往日益频繁的背景下，国家间的分歧和矛盾在所难免。国际司法实践中已有多起案件涉及国籍问题。其中，国际常设法院 1923 年作出的突尼斯—摩洛哥国籍法令案咨询意见的影响最为广泛。在该案中，国际常设法院就国籍问题阐释了两项具有重要意义的原则：一是国籍问题原则上纯属一国国内管辖事项；二是国家在包括国籍问题在内的纯属其国内管辖的事项上的权利要受国际法规则的限制。目前，绝大多数国家均通过条约在国籍问题上就

[①] 参见邵津主编：《国际法（第五版）》，北京大学出版社、高等教育出版社 2014 年版，第 64 页。

其他国家和个人的重大利益承担程度不等的国际法律义务,越来越多在传统上"纯属其国内管辖"的事项开始受到国际法的调整。即使这些问题仍被一些国家视为"其国内管辖"事项,国家也必须受其承担的有效国际法律义务(特别是条约义务)的拘束。①

虽然国籍法属于国内法,但由于各国国籍法存在明显的矛盾和分歧,因此国籍问题也属于国际法调整的内容。二战前比较重要的国籍公约有:1930年,相关国家在海牙签订的《关于国籍法冲突若干问题的公约》《关于某种无国籍情况的议定书》《关于双重国籍某种情况下兵役义务的议定书》;1933年,美洲国家在蒙得维的亚签订的《美洲国家间国籍公约》《美洲国家间关于妇女国籍的公约》。联合国成立后,先后主持签订了1954年《关于无国籍人地位的公约》、1957年《已婚妇女国籍公约》、1961年《减少无国籍状态公约》等。此外,欧洲理事会部长委员会于1997年11月正式通过了《欧洲国籍公约》。

二、国籍的取得与丧失

由于国籍法是国内立法,各国关于国籍的取得和丧失条件的规定有明显差异。一国居民的国籍一般可分为原始国籍和继有国籍(因加入或归化而取得的国籍)。

(一)国籍的取得

一国绝大多数的居民或公民是原始国籍居民或公民,依出生取得国籍。对于原始国籍的取得,各国根据本国历史和传统文化一般依据以下两种原则确定,即血统主义和出生地主义。采取血统主义的国家,以血统(亲子关系)作为决定国籍的要素,出生子女的国籍由其双亲的国籍决定,凡本国人所生子女,当然具有本国国籍,不论其出生在境内还是境外;而外国人所生的子女仍然是外国人,即使出生在居住国境内。血统主义又可分为单系血统主义和双系血统主义。单系血统主义是依父亲的国籍决定子女的国籍,故又称"父系血统主义"。双系血统主义是指父母的国籍均可决定子女的国籍。由于单系血统主

---

① 参见梁淑英:《国际法教学案例》,中国政法大学出版社1995年版,第38—40页。

义代表了男女不平等，在男女平等思想影响下，世界上多数采取血统主义的国家都已改为采取双系血统主义。采取出生地主义的国家，以子女的出生地作为决定国籍的要素，子女出生在哪国，就取得哪国国籍，而不问其父母国籍如何。实践中，实行纯粹血统主义或出生地主义的国家很少。随着全球化的程度不断加深，各国立法一般都兼采血统主义和出生地主义，只是有的国家是以血统主义为主、出生地主义为辅，有的国家则相反。因此，这种国籍取得制度一般也称为"混合制"。①

继有国籍居民取得国籍的方式是入籍（又称"归化"），即根据本人的申请或某种法律事实，依一国法律取得加入国的国籍。"入籍"有狭义和广义之分。狭义的入籍，仅指申请入籍。广义的入籍，既包括申请入籍，也包括由于婚姻、收养、领土变更等事实而依有关国家的法律规定取得该国国籍的情形。自愿申请入籍，是指外国人或无国籍人按一国法律之规定，通过本人自愿申请并经批准而取得该国国籍。一个国家是否允许外国人入籍，是一国主权范围内的事，别国无权干涉。原则上，各国都允许外国人入籍，不过应当符合一定的条件和法律程序。因婚姻入籍，是指一国居民或公民由于与他国居民或公民结婚而取得他国国籍。因收养入籍，是指一国居民或公民收养无国籍或具有外国国籍的儿童为养子女，被收养人因此取得收养人的国籍。因领土变更取得国籍，是指在殖民地独立、领土合并、分离和交换领土的情况下，可能赋予所涉领土上的居民选择国籍的权利。对于因入籍而取得国籍的人，其法律地位是否与原始国籍居民或公民完全相同，各国的规定也各有不同。大多数国家规定两者法律地位原则相同，有的国家则规定了两者的差别待遇。

（二）国籍的丧失

国籍的丧失是指一个人由于某种原因丧失其具有的某一国家的居民或公民资格。国籍的丧失可分为自愿和非自愿两种。

自愿丧失国籍是指根据本人的意愿丧失国籍。主要包括三种情形：一是本人自愿申请退籍，经批准后丧失本国国籍。二是本人自愿选择某一国国籍，如

---

① 参见周鲠生：《国际法（上册）》，武汉大学出版社2007年版，第217页。

在交换领土的情形下，交换地区的居民选择了对方国籍，即丧失本国国籍。三是在双重国籍的情况下，根据有关国家的协议，本人自愿放弃某一国籍即丧失该国国籍。

非自愿丧失国籍是指由于法定原因而非本人意愿丧失本国国籍。由于被剥夺国籍而丧失国籍是非自愿丧失国籍的典型情形。许多国家的国籍法中都有剥夺国籍的规定，其理由包括危害国家独立或安全、对本国不忠诚或为外国利益而从事危害本国利益的行为、在战争中为敌国服务、逃避兵役等。此外，也有因为某种法律事实的发生而非自愿丧失的情形，如因婚姻、收养、领土变更选择国籍等而丧失国籍。

国籍丧失后经过一定的程序还可以重新取得该国国籍，这被称为"国籍的恢复"。许多国家的国籍法都有关于恢复国籍的规定，例如，《中华人民共和国国籍法》第 13 条规定："曾有过中国国籍的外国人，具有正当理由，可以申请恢复中国国籍；被批准恢复中国国籍的，不得再保留外国国籍。"

三、国籍的冲突

由于国籍法是国内法，各国国籍立法采取的原则和规定不同，因此常常会发生国籍冲突。国籍冲突有以下两种情况：

（一）国籍的积极冲突

国籍的积极冲突，是指一个人同时具有两个或两个以上国家的国籍。具有两个国家的国籍称为"双重国籍"，具有两个以上国家的国籍称为"多重国籍"。

双重国籍现象主要是由于不同国家的国籍法对国籍的取得和丧失的原则和规定不同造成的。与国籍的取得一样，双重国籍的产生主要基于以下事实：

第一，出生。采取血统主义原则国家的居民在采取出生地主义原则国家境内所生子女，一出生就具有双重国籍，即子女同时获得其父母的国籍和出生地国家的国籍。如果父母国籍不同，父母各自国家都采取双系血统主义原则，那么他们在采取出生地主义原则的国家所生子女，一出生就获得三重国籍。

第二，婚姻。由于不同国家对女子与外国人结婚是否影响其国籍的问题采取不同的立法原则，因此妇女可能因婚姻事实取得双重国籍。例如，实行妇女国籍无条件妻随夫籍国家的男子与实行妇女国籍独立国家的女子结婚，该女子因结婚而自动取得其夫的国籍，同时该女子与外国男子结婚不自动丧失本国国籍，这样该女子就因婚姻事实而具有双重国籍。

第三，收养。当一国居民收养外国人为养子女时，按收养人本国法规定，外国人为本国人收养即取得本国国籍，而该被收养人的本国法若规定被收养人不因被收养而丧失其国籍，则该被收养人具有双重国籍。

第四，入籍。当一国规定本国人取得外国国籍时，丧失本国国籍需要经申请和批准程序，而加入的国家法律规定入籍不以丧失本国国籍为条件，该个人若在未退出本国国籍的情况下获准入籍，就会具有双重国籍。

双重国籍是一种不正常的国籍现象，其弊端主要有：(1) 双重国籍的身份往往使当事人陷入困境。若与两个国籍国都建立固定的法律联系，那么当事人在享受两个国籍国赋予的权利的同时，还应效忠两个国籍国，承担两个国籍国法律规定的义务。例如，应向两个国籍国纳税，应在两个国籍国履行服兵役的义务。如果两个国籍国发生战争，国籍冲突问题就会更加严重，因为当事人无论在哪一方服役，都将被另一国视为叛国。(2) 双重国籍问题往往会引起国家间的纠纷，影响国家间的正常关系，特别是因双重国籍引起的保护权和服兵役纠纷。例如，1812 年，英国和美国之间因为英国强迫已入籍美国的英国人服兵役而发生纠纷，这场纠纷成为英美两国当年发生战争的原因之一。1915 年，美国和法国也发生过这种争执，当时法国通知已入籍美国并住在美国的法国人回国服兵役，引发美法两国外交争议。(3) 双重国籍常为第三国对外国人的管理带来不便。例如，在某些刑事或民事案件中，若必须明确当事人的国籍，双重国籍就会给第三国处理案件带来困难。

对于双重国籍问题，目前国际法上还没有公认的统一规则。解决双重国籍问题主要是消除已经存在的个人双重国籍现象，并防止今后产生新的更多的双重国籍现象。从目前国际实践来看，一般是通过国内立法、双边条约和国际公约的办法加以解决。

(二) 国籍的消极冲突

国籍的消极冲突,是指一个人不具有任何国家的国籍,又称"无国籍状态"。无国籍现象产生的原因同样是不同国家的国籍法关于国籍取得和丧失的不同规定。具体原因主要有:

第一,出生。如无国籍夫妇在采取纯血统主义国家所生的子女,或者采取出生地主义国家的夫妇在采取纯血统主义国家所生的子女,子女皆无法获得国籍,成为无国籍人。

第二,婚姻。实行无条件妻随夫籍国家的女子与女子国籍独立国家的男子结婚,在该女子因婚姻丧失本国国籍而又没有获得夫国国籍时,该女子就处于因婚姻而成为无国籍人的状态。

第三,收养。如被收养人国家法律规定,本国人被外国人收养即丧失本国国籍,而收养人国家法律规定,外国人为本国人收养,不因收养而自动取得本国国籍时,该被收养人就会成为无国籍人。

第四,剥夺国籍。如果一个人被剥夺了国籍,在没有获得新的国籍之前,该个人就是一个无国籍人。

无国籍现象也是不正常的国籍状态。无国籍人不具有任何国家的国籍,当他们的利益被侵害时,往往没有任何国家愿意给他们提供外交保护。虽然2006年《外交保护条款草案》规定无国籍人的合法和惯常居所地国可以给无国籍人提供外交保护,但鲜有国家愿意为无国籍人提供外交保护。另外,无国籍人虽不具有居住国国籍,仍然要接受惯常居住国管辖,而且现在多数国家仅给予无国籍人一般外国人待遇,即无国籍人既不能享受本国居民的待遇,也不能享有给予某些特定国家居民的优惠待遇。

国际社会和各主权国家均采取积极措施以消除和减少无国籍现象,从目前国际实践来看,一般是通过国内立法、双边条约和国际公约的办法加以解决。

四、《中华人民共和国国籍法》

在改革开放之前,中国处理国籍问题主要依据政府的有关政策,直到1980年颁布新中国第一部国籍法——《中华人民共和国国籍法》(以下简称

《国籍法》)。该法共 18 条，内容比较简单，近些年来，很多学者和人大代表都就该部法律的修改提出建议。《国籍法》的主要内容有：

（一）各族人民平等地具有中国国籍

这项原则包含两方面的意义：(1) 中国境内各民族的人都具有统一的中华人民共和国国籍。(2) 中国是一个多民族的国家，各族人民在取得国籍条件方面一律平等，不因民族的大小、先进落后而有所不同。

（二）男女国籍平等原则

这项原则主要表现在以下两个方面：(1) 在赋予原始国籍方面，否定了歧视妇女的父系血统主义，采取体现男女平等的双系血统主义。父母双方或任何一方为中国公民，本人不论出生在国内和国外，都具有中国国籍。(2) 在婚姻是否影响国籍方面，否定了妻随夫籍的原则，采取妇女国籍独立的原则。根据《国籍法》第 7、8 条的规定，与中国人结婚的外国女子，不因婚姻关系而自动取得中国国籍；丈夫取得中国国籍，不使妻子当然取得中国国籍；与外国人结婚的中国女子，不因婚姻关系而自动丧失中国国籍；丈夫退出中国国籍，不影响妻子的国籍。

（三）原始国籍取得采取血统主义和出生地主义相结合的原则

中国原始国籍取得采取血统主义和出生地主义相结合的原则，以血统主义为主，出生地主义为辅。中国绝大多数人都是依血统取得中国国籍的，只有极少数无国籍人或国籍不明的人的子女才依出生地主义赋予中国国籍。依血统主义取得中国国籍，一般不受限制，除非本人出生时即具有外国国籍；依出生地主义取得中国国籍，则要受若干条件的限制。《国籍法》第 4—6 条是关于依出生取得中国国籍的规定：(1) 父母双方或一方为中国公民，本人出生在中国，具有中国国籍。(2) 父母双方或一方为中国公民，本人出生在外国，具有中国国籍；但父母双方或一方为中国公民并定居在外国，本人出生时即具有外国国籍的，不具有中国国籍。(3) 父母无国籍或国籍不明，定居在中国，本人出生在中国，具有中国国籍。

（四）不承认双重国籍

《国籍法》第 3 条规定："中华人民共和国不承认中国公民具有双重国籍。"

既不承认具有中国国籍的人同时具有外国国籍,也不承认具有外国国籍的人同时具有中国国籍。《国籍法》就这一原则作了详细规定:(1)父母双方或一方为中国公民,在中国境内所生子女具有外国国籍的,不再具有中国国籍。(2)定居外国的中国公民,自愿加入或取得外国国籍的,即自动丧失中国国籍。(3)父母双方或一方为中国公民,本人出生在外国,具有中国国籍,但本人出生时即具有外国国籍的,不具有中国国籍。(4)中国公民申请退出中国国籍获得批准的,即丧失中国国籍。(5)外国人申请加入中国国籍获得批准的,即取得中国国籍,但不得再保留外国国籍。(6)曾经有过中国国籍的外国人被批准恢复中国国籍的,不得再保留外国国籍。

(五)防止和减少无国籍人

为了避免和减少无国籍现象,《国籍法》确立了无国籍人获得中国国籍的制度:(1)对无国籍人,只要他们愿意遵守中国法律,具备一定条件(如系中国人的近亲属、定居在中国或有其他正当理由),经本人申请,主管机关审查批准,可以加入中国国籍。(2)父母无国籍或国籍不明,定居在中国,本人只要在中国出生,即具有中国国籍。

(六)自愿申请和审批相结合的原则

《国籍法》第14条规定,中国国籍的取得、丧失和恢复,除定居外国的中国公民自愿加入或取得外国国籍而自动丧失中国国籍外,必须办理申请手续。未满18周岁的人,可由其父母或其他法定代理人代为办理申请。第16条规定,加入、退出和恢复中国国籍的申请,由公安部审批。经批准的,由公安部发给证书。

(七)关于中国香港、澳门永久居民的规定

由于中国香港、澳门曾有分别受英国、葡萄牙殖民统治的历史,其部分永久居民存在特殊的国籍问题。在中国政府对这两个地区恢复行使主权之前,香港永久居民大多持用英国属土公民护照(BDTC)与英国国民(海外)护照(BNO),澳门居民大多持有葡萄牙护照,这导致该两个地区回归后,两地居民除具有中国国籍以外大多还持有他国护照。有鉴于此,全国人大常委会在港澳两地政权交接之前分别制定《关于〈中华人民共和国国籍法〉在香港特别行政区实施的几个问题的解释》《关于〈中华人民共和国国籍法〉在澳门特别行政区实施的几个问题的解释》，规定拥有中国国籍的港澳永久居民可以使用外国政府签发的有关证件去其他国家或地区旅行，但只要拥有中国国籍，在中国领土及相关特别行政区均不得因持有上述证件而享有外国领事保护的权利。鉴于英国政府违反了1984年中英谅解备忘录中"承诺不给予持有BNO护照的香港中国公民在英居留权"的规定，中国自2021年1月31日起不再承认BNO护照作为有效旅行证件和身份证明。

第二节 外国人法律地位

一、外国人概念与法律地位

外国人是指居住在一国境内但不具有该国国籍而具有其他国家国籍的人。在实践中，为便于管理，无国籍人往往也被视为外国人。对于双重国籍人，如果他具有居留国的国籍，则居留国不会将他作为外国人看待；如果他具有的两个国籍都不是居留国的，则会被作为外国人看待。此处的外国人主要是指一般外国人，即不享有外交特权与豁免的普通外国人。此外，外国人不仅包括自然人，还包括外国法人。

（一）国家对外国人的管辖权

外国人的法律地位由各国国内法在考虑其国际义务的基础上作出规定。根据属地管辖原则，规定外国人的法律地位是一国国内管辖事项，每个国家都可以根据本国的具体情况规定外国人的待遇及其权利义务，以及入境、出境和居留的管理办法等。但是，一国规定外国人法律地位时需顾及国际法原则及国际习惯，不得违背该国所承担的国际义务。

居住在本国境内的外国人，受到居留国的属地管辖权及其国籍所属国的属人管辖权双重管辖。依据属地管辖权，居留国有权规定外国人必须遵守的法律法令，同时也有义务保护外国人的合法权益。依据属人管辖权，该外国人对其国籍国依然负有效忠的义务,当侨居国外的本国人的合法权益遭到损害时,其国籍国有权通过外交途径予以保护。

(二)外国人入境、居留和出境管理

从理论上讲,一国没有接纳外国人入境和居留的义务,是否允许外国人入境和居留由各国国内法规定。但是,各国都有权依法强制外国人出境,同时不能禁止外国人合法出境。在实践中,各国一般都允许持有合法护照的外国人在本国规定的条件下入境、居留和出境。

第一,入境。根据主权原则,国家并没有准许外国人入境的义务,外国人也没有要求入境国必须准许其入境的权利。是否准许外国人入境,在什么情况下允许外国人入境,完全由各国国内法规定。在实践中,各国通常在互惠的基础上允许外国人为合法目的入境,但要求其履行一定程序,一般要求其须持有效护照并办理签证。无国籍人入境,则应持有其居留国签发的旅行证明。在现代社会,国家之间可以在互惠基础上签订互免签证条约或协定,互相免去签证手续。为维护本国安全和利益,国家有权禁止可能有害于本国安全和利益的外国人入境,如传染病患者、精神病患者、刑事罪犯、恐怖分子以及从事不正当职业者。有些国家还规定,携带违禁品(如毒品、武器等)、走私、伪造或涂改证件者不得入境。但是,不应在外国人入境问题上实行种族歧视政策,如限制或禁止特定民族、特定国家的人入境。

第二,居留。国家没有允许外国人居留的义务,是否允许外国人居留由接受国自行决定;任何外国人没有要求接受国必须准予其居留的权利,任何国家也不能主张其公民有在外国领土内居住的权利。合法入境的外国人,可以在接受国短期、长期或永久性地居留。居留期间应遵守居留国的法律、法规,交纳捐税,接受居留国的属地管辖,同时其人身、财产和其他正当权利受居留国保护。一般情况下,外国人的民事权利,诸如人身权、财产权、著作权、发明权、婚姻家庭权、继承权和诉讼权等应当得到居留国的保护。而本国人所享受的政治权利,如选举权、被选举权等,一般不会给予外国人,同时外国人一般没有服兵役的义务。

第三,出境。一国不得禁止外国人合法离境。各国法律通常都规定,外国人出境应办理出境签证,并且无未缴纳的税款或未偿还的债务,无未了结的民事、刑事纠纷等。对于合法出境的外国人,应允许其依照居留国法律的规定带走其合法财产。在特定情况下,为了维护本国公共秩序或公共安全,一国有权限令外国人出境或将其驱逐出境。具体包括:(1)危害居留国的公共秩序或公共安全;(2)侮辱居留国;(3)危害或侮辱其他国家;(4)在内国或在外国犯有可罚的行为;(5)经济上损害居留国;(6)违反禁止居留义务而居住在居留国。但是,驱逐权不得滥用,如果借此权利迫害外侨中的进步人士或歧视某个特定民族,则是违背国际法的,会招致当事人国籍国的抗议甚至报复,引起国际责任。

二、外国人待遇的一般原则

外国人待遇是指一国为在其境内居留的外国人(特别是长期和永久居留的外国人)所设定的权利义务。① 关于给外国人怎样的待遇,国际法上没有统一的规定,一直存在"国内标准主义"和"国际标准主义"的争议。国际社会普遍认为,除非有条约约束,各国可以根据属地优越权自由裁量作出规定。实践中,一国给予境内的外国人的权利和具体待遇有以下三种原则或标准:

(一)国民待遇

国民待遇是指一国在一定范围内给予外国人与本国人同等的待遇,即在同样条件下,外国人所享受的权利和承担的义务与本国人相同。同时,外国人不能要求比本国人更多的权利。根据国际实践,给予外国人的国民待遇通常限于民事、诉讼方面的权利,并不包括政治方面的权利。外国人在居留国不享有选举权和被选举权,不得担任公职,同时也不承担服兵役的义务。

(二)最惠国待遇

最惠国待遇是指一国(施惠国)给予另一国(受惠国)的国民或法人等的待遇,不低于现在或将来给予任何第三国公民或法人享有的待遇。国家之间通

---

① 参见《国际公法学》编写组:《国际公法学(第二版)》,高等教育出版社 2018 年版,第 189 页。

常在平等互利的基础上签订双边或多边条约，通过最惠国待遇条款来规定在哪些方面给予缔约国的公民或法人以最惠国待遇。最惠国待遇是为了防止在国际交往中出现歧视性待遇而规定的，最初仅适用于特定国家，后来逐渐发展为适用于所有国家。

最惠国待遇可以根据不同标准作不同分类：

第一，以施惠国给予受惠国最惠国待遇是否附加条件为标准，可分为无条件最惠国待遇和有条件最惠国待遇。前者是指施惠国给予任何第三国的优惠和豁免无条件给予缔约另一方；后者是指缔约一方只在缔约另一方也像对第三国一样提供相应或对等的优惠和豁免时才给予对方以最惠国待遇，即根据补偿原则提供最惠国待遇。

第二，以最惠国待遇的给予是否互惠为标准，可分为互惠最惠国待遇和片面最惠国待遇。前者是指基于互惠原则缔约双方相互给予对方最惠国待遇，是正常的最惠国待遇；后者是指缔约一方被迫单方面给予另一方在通商、航海、税收、公民法律地位等方面的最优惠待遇，如清政府与英国签订的《南京条约》规定，清帝国在多方面给予英国最惠国待遇，而英国并没有给予清帝国最惠国待遇。中华人民共和国成立后，取消了帝国主义在华一切特权。

第三，以从最惠国待遇的适用范围为标准，可分为无限制最惠国待遇和有限制最惠国待遇。前者是指在所有领域都实行最惠国待遇；后者是指明确规定最惠国待遇适用的领域。

最惠国待遇适用的范围通常包括：（1）外国自然人和法人的定居、法律地位；（2）国家之间商品进出口关税及附加税的税率和其他费用的征收、海关手续、商船进出口许可证以及其他证件的发给、商品过境存仓；（3）交通工具（船舶、航空器、铁路运输工具、机动车）出入停留所需燃料、修理以及淡水、食品供应；（4）铁路、水路、公路的使用；（5）外国著作权、商标权、专利权的法律保护；（6）外国法院判决或仲裁裁决的承认和执行等。目前，国际条约普遍采用互惠的、无条件的以及有限制的最惠国待遇。

最惠国待遇通常适用于经济贸易等方面，一般不适用于以下情形：（1）给予邻国的利益、优惠、特权和豁免，如边民往来不按一般入境、出境制度办理手续；（2）关税同盟范围内的优惠；（3）因参加自由贸易区或优惠贸易区而取得的优惠以及经济共同体范围内的优惠；（4）双边或者多边的互免签证协议，如申根协定等；（5）历史传统，如英联邦。

（三）差别待遇

差别待遇是指给予外国人与本国人、不同国籍的外国人不同待遇。它包括两种情况：一是外国人与本国人之间的差别待遇，即给予外国公民或法人的待遇在某些方面低于本国公民或法人。例如，中国法律规定，外国人不得在中国拥有土地所有权和对矿藏、水流、森林、山岭、草原、荒地、滩涂等自然资源的所有权；二是不同国籍的外国人之间存在差别待遇，即对不同国籍的外国公民或法人给予不同的待遇。例如，国际贸易领域的普遍优惠制（普惠制）是发达国家给予发展中国家某些产品进入发达国家市场享有的优惠待遇，非普惠名单上的国家不能享有。一般来讲，不含任何歧视的差别待遇是为国际法所接受的，但如果是含有歧视性的不合理的差别待遇，则是违反国际法的。

在外国人待遇方面，西方国家及相关学术著作曾提出外国人待遇"最低限度国际标准"的主张。该主张要求，一国给予外国人的待遇不能低于"文明世界"的"国际标准"或"最低标准"，否则就应承担国际责任。这种"国际标准"或"最低标准"理论遭到许多发展中国家的反对，反对者认为它只是西方国家的标准，而不是现代国际法规定的标准，并可能成为发达国家干涉发展中国家内政的借口。

三、外交保护

（一）外交保护的含义

外交保护是指一国对在外国的本国人（包括自然人和法人）的合法权益遭到所在国家不法行为的侵害而得不到救济或适当救济时，通过外交途径与加害国进行交涉和寻求补偿的行为。外交保护的基础是国家的属人管辖权，国家将本国人的权益视为国家权益的组成部分，因而对其在外国的本国人行使外交保护权。根据传统国际法理论，当国家行使外交保护权时，其本国人权益在国外遭受的侵害被视为对本国本身权益的侵害。该理论使得外交保护具有国家主权行为的性质，国家不是作为私人的代理人行使私人对东道国的请求权，而是作为国际法主体行使其本身国际法上的权利。即外交保护是国家的权利，其本质是处理国家关系的制度，无论其国民或公民是否作出请求，国家都有权自行决定是否实施外交保护。但是，国家实施外交保护应当尊重外国的主权和属地管辖权。

（二）国家行使外交保护权要符合以下条件

第一，本国国民或公民的合法权益遭受所在国的国际不法行为侵害。保护国的国民或公民或受该国保护的其他人（无国籍人和难民）的权益遭到所在国的国际不法行为侵害是外交保护的必需条件之一，因此国家行使外交保护权的前提是必须存在侵害事实。国际不法行为侵害包括国家的直接侵害和国家纵容的私人侵害。例如，一国立法机关颁布的法律违反国际义务，非法剥夺外国人的财产或歧视外国人；行政机关非法执法或执法不公，如非法羁押；司法机关拒绝司法救济或司法不公，如纵容私人攻击外国人，不惩罚侵害外国人的行为等。

第二，国籍持续原则。该原则要求受害人从受害之日起到其国籍国提出求偿时止，必须连续具有保护国国籍。(1) 受害人在受害之时就具有保护国的国籍；(2) 受害人在保护国提出外交保护之时仍然具有保护国的国籍；(3) 受害人从受害之时至其国籍国提出外交保护之时止持续具有保护国国籍。当然，加害国与保护国缔结的条约有相反规定的，不在此列。在迪亚洛案[①]中，国际法院受理了几内亚对迪亚洛个人遭侵害的外交保护诉请，基于迪亚洛是几内亚的公民；拒绝了几内亚对迪亚洛的两家公司实行外交保护的诉请，理由是这两家公司在刚果注册和经营，属于刚果的法人，一个国家有权拒绝外国对本国人（包括自然人和法人）的外交保护。迪亚洛案再次确定，在国际投资法领域，国家对海外投资的外交保护亦是以公司的国籍为基础。

第三，用尽当地救济原则。即在保护国提出外交保护之前，受害人必须用

---

① Ahmadou Sadio Diallo（Republic of Guinea v. Democratic Republic of the Congo），Compensation，Judgment，ICJ Reports 2012.

尽当地法律规定的、全部的、有效的、可采用的救济办法，包括地方的、区域的、中央的所有行政办法和司法办法，并且已将各种救济的审级用到最终。同时，受害人要充分正确地利用加害国法律规定的各种救济办法中的所有程序。用尽当地救济是构成国家责任的前提，但它作为提起外交保护的条件可以通过国际条约排除。即用尽当地救济原则适用于国民或法人权益被侵害的一般情况，不适用于国家本身权益受侵害或国家之间有另外协议的情况。

四、中国对外国人的管理制度

根据中国缔结或参加的国际条约和国内立法，中国对外国人的入境、居留、出境以及在华外国人的待遇等问题作出了规定。

（一）外国人在中国的法律地位

外国人是指在中国境内的不具有中国国籍的人，无国籍人往往也被作为外国人看待。《中华人民共和国宪法》（以下简称《宪法》）第32条第1款规定："中华人民共和国保护在中国境内的外国人的合法权利和利益，在中国境内的外国人必须遵守中华人民共和国的法律。"守法的外国人的人身、财产及其他正当权益受到中国法律的保护。非经人民检察院批准、决定或者人民法院决定，并由公安机关执行，外国人不受逮捕。中国刑法、民法、公司法、知识产权法等对外国人（包括外国法人）的实体权利和义务作了相应规定，中国的刑事诉讼法、民事诉讼法等对外国人的诉讼权利和义务作了相应规定。此外，中国签订的有关贸易、投资保护以及避免双重征税的双边条约或多边条约，在互惠对等的基础上给外国人以最惠国待遇。外国人在中国期间不享有政治权利，也不承担服兵役的义务。同时，外国人在中国境内必须遵守中国法律，不得危害中国国家安全、损害社会公共利益、破坏社会公共秩序。

（二）外国人入境、居留和出境管理制度

中国关于外国人管理的制度主要规定在以下法律法规中：2004年公安部、外交部发布的《外国人在中国永久居留审批管理办法》，全国人大常委会2012年制定、2013年施行的《中华人民共和国出境入境管理法》，国务院2013年公布施行的《中华人民共和国外国人入境出境管理条例》。

1. 外国人入境

外国人入境应经中国政府主管机关许可,并申请办理签证。中国主管办理签证的机关,在国内是公安部、外交部或由公安部、外交部授权的地方公安机关出入境管理部门和地方外事部门,在国外是中国的外交代表机关、领事机关或外交部授权的其他驻外机构。在特定情况下,外国人可向中国主管机关指定口岸的签证机关申办签证。根据外国人来华的身份和所持护照的种类,中国分别发给外交签证、公务签证、礼遇签证和普通签证。

外国人有下列情形的,不予签发签证:被处驱逐出境或者遣送出境,未满不准入境规定年限的;患有严重精神障碍、传染性肺结核病或者有可能对公共卫生造成重大危害的其他传染病的;可能危害中国国家安全和利益、破坏社会公共秩序或者从事其他违法犯罪活动的;在申请签证过程中弄虚作假或者不能保障在中国境内期间所需费用的;不能提交签证机关要求提交的相关材料的;签证机关认为不宜签发签证的其他情形。

2. 外国人的居留

外国人所持签证注明停留期限不超过 180 日的,持证人凭签证按照注明日期停留。需要延长签证停留期限的,应该在签证注明期限届满 7 日前向停留地县级以上地方人民政府公安机关出入境管理机构申请。经审查,延期理由合理、充分的,准予延长停留期限;不予延长停留期限的,应当按期离境。延长签证停留期限,累计不得超过签证原注明的停留期限。

外国人所持签证注明入境后需要办理居留证件的,应当自入境之日起 30 日内向拟居留地县级以上地方人民政府公安机关出入境管理机构申请办理外国人居留证件。外国人有下列情形之一的,不予签发外国人居留证件:所持签证类别属于不应办理外国人居留证件的;在申请过程中弄虚作假的;不能按照规定提供相关证明材料的;违反中国有关法律、行政法规,不适合在中国境内居留的;签发机关认为不宜签发外国人居留证件的其他情形。符合国家规定的专门人才、投资者或者出于人道等原因确需由停留变更为居留的外国人,经设区的市级以上地方人民政府公安机关出入境管理机构批准,可以办理外国人居留证件。

对中国经济社会发展做出突出贡献或者符合其他在中国境内永久居留条件

的外国人，经本人申请和公安部批准，可取得永久居留资格。申请在中国永久居留的外国人应当遵守中国法律，身体健康，无犯罪记录，并符合下列条件之一：在中国直接投资、连续三年投资情况稳定且纳税记录良好的；在中国担任副总经理、副厂长等职务以上或者具有副教授、副研究员等副高级职称以上以及享受同等待遇，已连续任职满四年、四年内在中国居留累计不少于三年且纳税记录良好的；对中国有重大、突出贡献以及国家特别需要的；上述人员的近亲属。取得永久居留资格的外国人，凭永久居留证件在中国境内居留和工作，凭本人护照和永久居留证件出境入境。

3. 外国人出境

外国人出境，应当向中国出入境边防检查机关交验本人护照、其他国际旅行证件等出境入境证件，履行规定的手续，经查验准许，方可出境。外国人有下列情形之一的，不准出境：被判处刑罚尚未执行完毕或者属于刑事案件被告人、犯罪嫌疑人的，但是按照中国与相关国家签订的有关协议移管被判刑的外国人除外；有未了结的民事案件，人民法院决定不准出境的；拖欠劳动者的劳动报酬，国务院有关部门或者省、自治区、直辖市人民政府决定不准出境的；法律、行政法规规定不准出境的其他情形。

第三节　引渡和庇护

一、引渡

（一）引渡的概念

引渡是指国家把当时在其境内的被别国追诉或判刑的人，应有关国家的请求移交给请求国审判或处罚的国际司法合作行为。

引渡的主体通常都是国家，请求引渡的国家可以是犯罪行为发生地国或受害国，也可以是犯罪嫌疑人或罪犯的国籍国，这些国家依属地管辖、保护性管辖、属人管辖，有权主张对其指称的犯罪者或判罪者实行管辖。被请求引渡的国家是被请求引渡人所在的国家。例如，在 2007 年韩国向中国请求引渡尼日利亚人奥比哈·弗兰克·钦都案（以下简称"钦都案"）中，韩国即以犯罪行为发生地和受害国的身份提出引渡请求。

在引渡的对象、罪行上，国际社会已经形成公认的国际习惯法规则，即政治犯不引渡，只引渡普通的刑事犯罪者。19 世纪之前，国家间主要引渡政治叛乱者、异教徒和逃兵。18 世纪末期开始，特别是到了 19 世纪，资产阶级革命取得胜利，确立罪刑法定和民主原则，主张普通刑事犯罪危害的是人民基本权利和自由，而违反军规、违反宗教教规、持不同政见者不属于刑法上的犯罪。后来，政治犯不引渡成为欧洲国家普遍接受的原则，现已发展成为国际社会公认的国际法规则。

（二）引渡的根据

事实上，国际法并未加诸各国普遍的引渡义务。如果国家间订有引渡条约，则依据条约引渡。国家间若无此类条约，则可拒绝引渡请求，除非请求国承诺遵守互惠承诺或特殊约定。

（三）引渡的条件

国家间的引渡，通常应符合双重犯罪条件。即被请求引渡者实施的行为，按请求国和被请求国的法律规定都构成犯罪且具有可罚性，任何一方法律不认为是犯罪或不具有可罚性，则引渡理由不成立。

（四）拒绝引渡的理由

根据国际实践和 1990 年联合国大会通过的《引渡示范条约》的规定，国家拒绝引渡的理由可分为：

1. 强制性理由

强制性理由有：（1）政治性罪行；（2）被请求国有充分理由确信，被引渡者会因种族、宗教、民族、族裔本源、政治见解、性别或身份等原因被起诉或惩处，或者被引渡者的地位会因其中任一原因而受到损害；（3）军法范围的罪行；（4）被请求国已因作为请求引渡理由的罪行对被请求引渡者作出终审判决；（5）根据请求国和被请求国任何一方的法律，被请求引渡者可因时效已过或大赦等任何原因而免予起诉或惩罚；（6）被请求引渡者在请求国内曾受到或将会受到酷刑或其他残忍、不人道或有辱人格的待遇或处罚；(7) 请求国的判决系缺席判决。

2. 任择性理由

任择性理由有：(1) 被请求引渡者为被请求国国民；(2) 被请求国已决定或已经对该人提起诉讼，或已决定终止诉讼；(3) 按请求国的法律作为请求引渡理由的罪行应判处死刑，除非请求国作出被请求国认为充分的保证，表示不会判处被请求引渡者死刑，或即使判处其死刑也不会予以执行；(4) 鉴于被请求引渡者的年龄、健康或其他个人具体情况，将其引渡不符合人道主义的考虑。

(五) 引渡的程序和效果

1. 引渡的程序

根据各国实践和《引渡示范条约》的规定，引渡一般要经过以下三个步骤：(1) 提出引渡请求。请求国通过外交机关（或其他主管机关）向被请求国相应的主管机关提交引渡请求书和佐证文件等。若遇紧急情况，在正式提出引渡之前，可以通过外交机关或国际刑事警察组织提出采取临时强制措施的请求。(2) 被请求国的审查。被请求国收到引渡请求书及相关文件后，由主管机关（包括行政和司法机关）按照国内法规定进行审查，作出是否引渡的决定并通知请求国。若拒绝引渡，则说明拒绝的理由。(3) 引渡的执行。被请求国一经通知请求国准予引渡，两国就应不拖延地安排移交被引渡人。

2. 引渡的效果

一般来说，请求国在得到被引渡人之后，对其审判或处罚应遵守罪行特定原则，即对被引渡人的审判或处罚应只限于请求引渡和准予引渡所依据的罪行，或者至少限于有关的引渡条约所列举的罪行。此外，引渡后在未得到被请求国的同意下，请求国不得将被引渡人再引渡给第三国。

二、庇护

(一) 庇护的概念

国际法上的庇护是指国家对于因政治原因遭到追诉或迫害而请求避难的外

国人，准其入境、居留和给予保护。

一国庇护外国人是国家属地优越权的表现，虽然《世界人权宣言》规定人人有权在受到迫害时寻求外国的保护，但是否庇护外国人却属国家自由决定的事情，国际法并未规定各国庇护外国人的义务。

根据国际实践，各国庇护的对象主要是被外国追诉的政治犯或因宗教、文学创作、科研研究等原因遭到迫害的人。因此，庇护又称"政治避难"，庇护国实际上为避难者提供了避难所。对寻求庇护者是否属于政治犯罪或受政治迫害，除条约另有规定外，完全由庇护国认定，国际法并无统一规定，因而容易导致庇护权的滥用。国际社会为此作出了许多努力，将一些犯罪排除于政治犯罪之外，要求国家不得庇护，主要有犯破坏和平罪、战争罪、反人类罪、灭种罪、种族隔离罪、酷刑罪、恐怖主义犯罪等。

（二）国家行使庇护权的空间范围

国家根据属地优越权，给予进入本国领土范围的因政治原因遭到外国追诉或迫害的外国人庇护。国际法不承认国家在其领域之外进行庇护的权利，国家不得在使馆或其他享有特权与豁免的驻外机构庇护外国人，利用外交机构庇护外国人，是对驻在国属地优越权的侵犯。国际法院在1950年庇护权案的判决中指出："实行外交庇护有损领土国的主权，使犯罪者逃脱领土国的管辖，构成对该国管辖事项的干涉。因此，不承认这种有损领土主权的外交庇护，除非在某一特定情况下，它的法律依据得到了确立。"1961年《维也纳外交关系公约》和1963年《维也纳领事关系公约》都规定，使馆馆舍和领馆馆舍不得充作与本公约或一般国际法之其他规则或派遣国与接受国间有效之特别协定所规定之使馆职务不相符合之用途。

（三）受庇护者的地位

受庇护者在庇护国享有合法的居留权，庇护国一般不会将他们引渡或遣返回国。他们的地位与一般外国人一样，服从庇护国的管辖，享有一般外国人的待遇。由于受庇护者是因为从事政治活动而遭到追诉，因此很可能继续进行反对本国的活动，庇护国应采取适当措施，禁止他们从事这种活动。因为每个国家都有义务遵守联合国的宗旨和原则，尊重别国的主权，不干涉别国内政。

三、中国关于引渡和庇护的规定

(一) 关于引渡的规定

2000年12月28日，第九届全国人大常委会第十九次会议通过《中华人民共和国引渡法》（以下简称《引渡法》），该法对中国引渡的原则和规则作了全面规定，是中国处理与外国间引渡事务的基本依据。中国还缔结许多双边引渡条约，如中国与韩国、俄罗斯、白俄罗斯、蒙古国、巴西等缔结了双边条约。中国参加了很多带有引渡条款的多边公约，如《关于制止非法劫持航空器公约》《联合国禁止非法贩运麻醉品和精神药物公约》等。

根据《引渡法》和中国缔结或参加的引渡公约的规定，中国与外国间的引渡应遵守如下原则和规则：

1. 引渡的依据

凡与中国有引渡条约的，依条约规定进行引渡；与中国没有引渡条约的，根据互惠原则进行引渡。中国《引渡法》第3条规定："中华人民共和国和外国在平等互惠的基础上进行引渡合作。引渡合作，不得损害中华人民共和国的主权、安全和社会公共利益。"第15条规定："在没有引渡条约的情况下，请求国应当作出互惠的承诺。"任何外国对中国的引渡请求予以限制的，中国将按照对等原则对该外国向中国提出的引渡请求予以拒绝或限制。

2. 外国向中国请求引渡

（1）引渡的条件。根据《引渡法》第7条的规定，外国向中国提出的引渡请求须同时符合两个条件：第一，引渡请求所指的行为，依照中国法律和请求国法律均构成犯罪。第二，被请求引渡人的犯罪要达到一定的严重程度。具体来说，根据中国和请求国的法律，对请求引渡的犯罪均可判处1年以上有期徒刑的处罚或其他更重的刑罚；为执行刑罚而请求引渡的，在提出引渡请求时，被请求引渡人尚未服完的刑期至少为6个月。即使符合上述引渡条件，主管机关也应当或可以拒绝引渡，其中应当拒绝引渡的有八种情形，可以拒绝的引渡有两种情形。

（2）引渡请求的提出和审查。《引渡法》第10条规定，外国的引渡请求应向中国外交部提出。《引渡法》第14条第1项规定，请求国应保证不对被请求引渡的人于引渡前实施的未准予引渡的犯罪追究刑事责任，也不将该人再引渡给第三国。《引渡法》第 19 条规定，外交部对请求国提出的引渡请求进行审查，认为符合本法和引渡条约规定的，应当将引渡请求书及其所附文件和材料转交最高人民法院、最高人民检察院。《引渡法》第 16 条第 2 款规定，最高人民法院指定的高级人民法院对请求国提出的引渡请求是否符合本法和引渡条约关于引渡条件等规定进行审查并作出裁定。最高人民法院对高级人民法院作出的裁定进行复核。《引渡法》第 29 条规定，外交部接到最高人民法院不引渡的裁定后，应当及时通知请求国。《引渡法》第 17 条规定，外交部接到最高人民法院符合引渡条件的裁定后，应当报送国务院决定是否引渡。国务院决定不引渡的，外交部应当及时通知请求国。对两个以上国家就同一行为或不同行为请求引渡同一人的，综合考虑收到引渡请求的先后、请求国是否与中国有引渡条约关系等因素，确定接受引渡的先后顺序。上述钦都案涉及引渡第三国国民的问题。此案中，尼日利亚并不掌握被请求引渡人在尼境内的犯罪情况，因此未能提出引渡请求。如果尼方提出引渡请求，即出现中国《引渡法》第 17 条规定的数国对同一人提出引渡请求的情况。有关部门将依法考虑中国收到引渡请求的先后、中国与请求国是否存在引渡条约关系等因素，以及引渡条约中的相关规定，确定应将钦都引渡至哪一国。

（3）为引渡而采取的强制措施和引渡的执行。中国《引渡法》第 30 条第 1 款规定，公安机关对外国正式请求引渡前，请求对被请求引渡人采取强制措施的，可以依法对被请求引渡人采取拘留措施。《引渡法》第 32 条规定，被最高人民法院指定审查引渡的高级人民法院也可以根据情况需要，作出逮捕被请求引渡人或监视其居住的决定并实施此决定。《引渡法》第 36 条规定，国务院作出准予引渡决定后，应当及时通知最高人民法院，相关人民法院应立即逮捕尚未逮捕的被引渡人。《引渡法》第 38 条规定，对于国务院决定准予引渡的，外交部应及时通知公安部，由公安部与请求国约定移交被引渡人的时间、地点、方式等有关事宜后，执行引渡。

3. 中国向外国请求引渡

中国《引渡法》第 47 条规定，中国依据条约和互惠原则，向外国请求引渡。引渡请求意见书由负责办理有关案件的省级有关主管机关分别向最高人民法院、最高人民检察院、公安部、国家安全部、司法部提出，并随有关文件、材料及其译文，经审核同意后，由外交部向外国提出引渡请求。《引渡法》第

50条规定,被请求国就准予引渡附加条件的,可由外交部代表中国政府向被请求国作出承诺。作出承诺须注意以下几点:(1)承诺的作出以不损害中国主权、国家利益、公共利益为前提。(2)限制追诉的承诺,由最高人民检察院决定。(3)对于量刑的承诺,由最高人民法院决定。

(二)中国关于庇护的规定

《宪法》第32条第2款规定:"中华人民共和国对于因为政治原因要求避难的外国人,可以给予受庇护的权利。"其他法律法规以及中国缔结的或参加的引渡条约中也规定了外国人庇护问题,如国务院制定的《中华人民共和国外国人入境出境管理条例》等。《引渡法》第8条第3项规定,"因政治犯罪而请求引渡的,或者中华人民共和国已经给予被请求引渡人受庇护权利的",应当拒绝引渡。综上,按照中国法律和缔结及参加的条约规定,中国主管机关有权庇护因政治原因、参加革命运动、科学研究等原因遭到外国追诉或迫害的外国人,准许他们入境、居留并拒绝将他们引渡和给予保护。

中国尊重别国的领土主权和其他国际法律义务,仅在中国领域内接受政治避难者,拒绝利用中国驻外使领馆庇护避难者,也不允许外国驻华使领馆庇护中国政府追诉的人或其他寻求庇护的人。

在华避难的外国人享有一般外国人的待遇,应服从中国的管辖,遵守中国的法律和法规。受庇护者不得从事违反《联合国宪章》宗旨和原则的活动,包括不得从事反对其本国的活动。①

案例一:迪亚洛案(几内亚共和国诉刚果民主共和国案)

一、案情介绍

1998年,几内亚向国际法院递交《寻求外交保护的诉请书》,请求法院裁

---

① 参见中国政法大学国际法教研室编:《国际公法案例评析》,中国政法大学出版社1995年版,第163页。

定刚果对一名几内亚籍居民迪亚洛实施了严重违反国际法的行为。几内亚诉称，迪亚洛是一名几内亚籍商人，从 1964 年起在刚果定居。在定居期间，迪亚洛在刚果建立并经营 AZ 公司和 ACZ 两家公司。从 20 世纪 80 年代起，迪亚洛开始向刚果追讨该国几家国有石油公司欠其两家公司的债款。1995 年 10 月至 1996 年 2 月，扎伊尔（1971 年 10 月至 1997 年，刚果改国名为"扎伊尔"）当局以迪亚洛的行为损害其公共秩序为由，对迪亚洛实施了逮捕、拘留和驱逐措施，剥夺了其财产，并将其驱逐出境。几内亚请求法院裁定：(1) 刚果驱逐迪亚洛，没有尊重迪亚洛根据 1963 年《维也纳领事关系公约》的规定所享有的权利，对迪亚洛实施了不人道的待遇，剥夺了他控制和管理其在刚果创立的两家公司的权利，刚果就其实施的国际不法行为应当对几内亚承担责任。(2) 刚果应当赔偿几内亚以及迪亚洛的全部损失，包括收入损失和利息。

国际法院就此作出三次判决。2007 年 5 月 24 日，国际法院就刚果初步反对意见作出第一次判决，驳回刚果关于几内亚无权代表迪亚洛求偿和迪亚洛未用尽当地救济反对国际法管辖权的申请，裁定几内亚保护迪亚洛的个人权利具有可受理性。2010 年 11 月 30 日，国际法院就实质问题作出裁决：(1) 几内亚提出的关于 1988—1989 年间刚果对迪亚洛实施的逮捕和拘留措施的主张，法院以该项主张的提出超过提出新请求的期限为由未予支持。(2) 几内亚提出的关于 1995—1996 年间刚果对迪亚洛实施的逮捕、拘留和驱逐措施的主张，法院予以支持。(3) 关于保护迪亚洛作为两家公司股东的直接权利和财产权，法院未予支持。2012 年 6 月 19 日，国际法院就刚果对迪亚洛的赔偿数额作出裁决，裁定刚果对迪亚洛受到的物质损失、身体伤害和非物质损失进行赔偿，驳回几内亚要求刚果赔偿国家损害的请求。

二、主要法律问题

（一）对于迪亚洛个人权利的外交保护

刚果的异议理由是"未用尽可适用的和有效的当地救济"。具体而言，尽管刚果移民局签发了一份依据该国法律不可上诉的拒绝入境的决定，但实际上这却是一次驱逐出境。迪亚洛从未向有权当局申请重新考虑准许其返回刚果，尤其在 1997 年政府更迭之后，这样的申请是可能得到批准的。

法院认为，刚果不能以行政机构的差错为由，要求迪亚洛将拒绝入境的决定视为驱逐出境，后者有正当理由相信该决定是不可上诉的，即不再有可适用的当地救济。应用尽的当地救济系指法律救济，它可以是司法救济或行政救济，但后者必须旨在维护权利，而不是获得恩惠。刚果所主张的迪亚洛返回该国的申请实质上是这样一种"恩赐"，不能被视作应用尽的当地救济。因此，法院对刚果的此项反对意见不予支持。

(二) 对于迪亚洛作为两家公司股东的直接权利的外交保护

刚果从几内亚的代表资格和用尽当地救济两个方面提出了反对意见。刚果承认，当股东本身的直接权利受到侵害时，其国籍国可以行使外交保护，但强调这只适用于有限的情况。而本案中，几内亚混淆了两家公司的权利和迪亚洛作为股东的权利。股东的权利只能是其与公司间关系上的权利，如获得红利、出席大会及投票的权利等。迪亚洛被拘禁、驱逐出境并不影响这种关系。在国外，他还是可以获得分红、任命新的经理管理两家公司。这样，即使两家公司和其商业伙伴间的诉讼久拖不决，迪亚洛的股东权利也未受侵害。因此，几内亚不能代表其提出外交保护请求。

对此，国际法院认为，对股东直接权利的外交保护实质上是一国在保护作为外国公司股东的本国国民，不能被视为外交保护制度的例外。刚果的行为直接侵害了几内亚公民迪亚洛的权利，几内亚有资格代表迪亚洛提出请求。但是，国际法院在实质问题判决中认为，驱逐（既是股东又是经理的）迪亚洛不影响其股东权利的行使，他可以任命代理人行使其股东权。在用尽当地救济问题上，国际法院没有就双方争论的当地救济的有效性问题给出明确意见，认为争论仅涉及两家公司可利用的救济手段，而未考虑其是否能被迪亚洛作为公司股东所用。国际法院认定，在刚果法律中没有针对这一驱逐提供的有效救济，因此驳回刚果的未用尽当地救济的主张。

(三) 关于股东国籍国的"替代保护"

由公司国籍国行使对公司的外交保护权，是巴塞罗那电车公司案判决确立的一个一般规则。在习惯国际法中是否存在"替代保护"的例外，允许股东自己的国籍国通过"替代"保护股东？国际法院认为，采取替代办法保护的理论，目的是为既不能依赖某项国际条约又没有其他补救方法可用的公司的外国股东提供保护，因为据称公司国籍国已对该公司实施了不法行为。同时，习惯国际法中没有允许采取替代办法保护的例外，本案也不符合 2006 年《外交保护条款草案》所列的例外情形。因此，刚果以几内亚称刚果的不法行为侵犯了 AZ 和 ACZ 两公司的权利不足以使其具有为迪亚洛提供外交保护的资格为由提出的不可受理的反对意见理由充分，必须予以支持。

三、案件评析

迪亚洛案既涉及对本国公民权益被侵害的外交保护，又涉及对本国海外投资的外交保护，特别是后者，是本案争议焦点所在。对于一国行使外交保护的两个重要条件——国籍和用尽当地救济，迪亚洛案的判决重申了传统国际法的认识，并对存有争议的问题作出了权威性判定，是国际法院自巴塞罗那电车公司案之后，对外交保护三十余年国际法实践的总结以及对外交保护制度的习惯国际法规则的阐述和发展。

案例二：中国从秘鲁引渡黄海勇案[①]

一、案情介绍

黄海勇，涉嫌走私普通货物罪，偷逃税款 7.7 亿元人民币，1998 年 8 月出逃。2001 年，中国通过国际刑警组织对黄海勇发布红色通报。2008 年 10 月，秘鲁警方根据国际刑警组织红色通报在秘鲁利马机场逮捕黄海勇。同年 11 月，中国根据《中国和秘鲁引渡条约》向秘鲁提出引渡请求。黄海勇以被引渡回国会面临死刑和酷刑风险为由，向秘鲁利马法院提出人身保护令诉讼。中国驻秘鲁大使馆根据中国最高人民法院的决定向秘鲁承诺不判处黄海勇死刑。但是，秘鲁宪法法院 2011 年 5 月作出终审判决，认为黄海勇引渡回中国面临死刑和酷刑风险，故终止引渡程序。黄海勇还向美洲人权委员会提出申诉。2010 年 1 月，美洲人权委员会受理了黄海勇的申诉。2013 年，美洲人权

---

① 本案根据外交部条约司实践案例改编。参见中华人民共和国外部条约法律司编著：《中国国际法实践案例选编》，世界知识出版社 2018 年版，第 459 页。

委员会出具报告，称秘鲁政府对黄海勇超期羁押等措施侵犯了黄海勇的人身权利，违反《美洲人权公约》；中国的死刑和酷刑状况令人疑虑，秘鲁政府同意引渡黄海勇的决定过于草率；建议秘鲁政府终止引渡，改变或解除对黄海勇的临时羁押措施等。秘鲁政府不接受美洲人权委员会报告中的意见和建议，美洲人权委员会遂于2013年10月将此案提交美洲人权法院。

为给秘鲁在美洲人权法院诉讼提供支持，中国政府于2014年6月和8月两次向秘鲁作出不判处黄海勇死刑的外交承诺，并向美洲人权法院提供了黄海勇的诉讼权利、回国待遇、中国刑法制度与实践、中国人权保护制度等问题的说明。2015年，美洲人权法院作出判决，认定黄海勇被引渡回中国"被判处死刑在法律上是不可行的，并且无法证明引渡会使其面临真实的、可以预见的遭受有损人身安全的风险"。引渡黄海勇，秘鲁"不必对违反确保其生命权和人身安全权利义务而承担责任"（《美洲人权公约》第4条和第5条），"不必对违反根据《美洲地区预防和惩治酷刑公约》第13条第4段规定的相关义务而承担责任"。

二、主要法律问题

（一）中国引渡法律基础和途径

中国引渡的法律依据有三种：一是根据双边引渡条约；二是根据多边条约中的引渡条款；三是在没有引渡条约的情况下，根据互惠原则。本案依据《中国和秘鲁引渡条约》开展引渡合作。

根据中国《引渡法》，中国与外国之间的引渡主要通过外交途径联系，外交部是《引渡法》指定的进行引渡的联系机关。中国对外提出引渡请求时，由主管部门将引渡请求提交外交部，外交部审核后通过中国驻有关国家使馆照会对方主管部门。外国向中国提出引渡请求时，一般通过其驻华使馆将引渡请求送交中国外交部。

（二）引渡中的"死刑和酷刑"问题

人权保护是引渡合作中的重要方面，"曾经或可能遭受酷刑"是拒绝引渡的重要理由之一，中国《引渡法》和引渡条约也将此作为拒绝引渡的强制理由。一些已经废除死刑或保留死刑不执行的国家，其法律明确规定在可能适用死刑的情况下禁止对外引渡逃犯。中国是保留死刑的国家，为顺利开展引渡合作，中国通过两种方式解决死刑对引渡的影响：一是依法作出外交承诺；二是专家证人作证。在不损害中国主权、国家利益和公共利益前提下，外交部根据最高人民法院的决定作出量刑的外交承诺、根据最高人民检察院的决定作出限制追诉的外交承诺。

三、案件评析

2016年7月17日，中国成功将潜逃18年之久的走私犯罪嫌疑人黄海勇从秘鲁引渡回国。黄海勇案是中国首次从拉美国家成功引渡犯罪嫌疑人，是美洲人权法院首次审理涉华引渡案件，也是中国政府官员和学者首次在国际性人权法院出庭作证。此案耗时8年，历经秘鲁国内和美洲人权体系所有法律程序，堪称新中国成立以来最为复杂的引渡案件，其中涉及诸多法律问题，包括引渡合作法律基础、引渡合作基本原则和程序、死刑和人权问题与引渡合作的关系、区域性人权机构对引渡合作的影响等，值得深入研究和总结。

推荐书目

1. 李浩培：《国籍问题的比较研究》，商务印书馆1979年版。
2. 李双元、蒋新苗：《现代国籍法》，武汉大学出版社2016年版。
3. 黄风：《中国引渡制度研究》，中国政法大学出版社1997年版。
4. 黎海波：《海外中国公民领事保护问题研究：1978—2011》，暨南大学出版社2012年版。
5. 张磊：《外交保护国际法律制度研究》，法律出版社2011年版。
6. 周忠海：《皮诺切特案析》，中国政法大学出版社1999年版。

思考题

1. 国际法上的外国人待遇的一般原则有哪些？
2. 请论述中国《引渡法》有哪些主要制度。
3. 请论述外交保护中跨国公司国籍如何确认。
4. 请论述或起诉或引渡原则的具体含义。
5. 请辨析庇护和域外庇护制度的关系。
6. 试述一国行使外交保护的条件。

第四章
Chapter 4

国际责任法

> **案例导读**
>
> 2011年3月11日,日本发生9.0级地震,导致福岛核电站反应堆发生严重故障。同年3月12日至15日,1号至3号反应堆泄漏到反应堆外壳之外的氢气发生爆炸,反应堆内的核燃料发生熔毁,大量的核物质通过大气和地下水泄漏到自然界中。同时,从3号反应堆释放出的氢气通过管道进入4号反应堆的厂房,并在那里引起新的氢气爆炸,使4号反应堆中存放废核燃料棒的废核燃料储存池受到损坏的威胁。同年4月12日,日本原子能安全保安院根据国际核事件分级表将福岛核事故定为最高级7级。
>
> 福岛核事故导致了严重的人员与财产损失,海洋和陆地资源被污染,受害的日本国民对东京电力公司等提出诉讼。2017年,福岛地方法院对此次核事故的灾民诉讼案作出判决,认定日本政府和东京电力公司应向原告赔偿损失。但是,针对因福岛核事故影响到千叶县避难的19人提出的集体诉讼,千叶地方法院2019年3月作出判决,否认国家负有责任,驳回原告关于国家赔偿的要求。
>
> 2011年4月4日,东京电力公司声称为了给6万吨高放射性污水提供储存空间,在未向国际原子能机构有关部门及周边国家进行通报的情况下,将含

放射性物质的1.15万吨污水排入太平洋，导致附近海域受到严重污染。这些污水中的放射性物质，随着洋流和大气运动逐渐渗透到其他非邻近国家和地区的水源和空气中。有报道称，经10年积累，福岛核事故核污染水量至少已达125万吨。若全部排放，则57天可废掉半个太平洋，10年可蔓延全球海域……①2021年4月13日，时任日本首相菅义伟正式决定将大量福岛核污水经过滤并稀释后排放入海，排放时间预计将持续20年至30年。同年10月17日，日本新首相岸田文雄表示，仍将进一步推进核废水排海计划。2023年8月24日，日本政府无视国际社会的强烈质疑和反对，单方面强行启动福岛核事故污染水排海。

在日本福岛核事故及核废水排海事件中，国际法律责任应如何承担？本章将就此类问题进行国际法解读。

教学目标

通过学习本章内容，学生能够比较系统、全面地认识和把握国际责任法，并能够通过典型案例的阐述，将理论知识运用于实践，具有基本的逻辑分析、推理论证能力。

第一节 概 述

任何法律制度都应有关于违背其规定义务的责任制度，国际法也不例外。"国际法律责任"（international legal responsibility）是指国际法主体对其国际不法行为或其他损害行为所应承担的法律责任，是现代国际法的一项重要内容。

---

① 参见《央视梳理日本核污染水事件始末 废水处理不只排海一种形式》，央视网，2021年4月19日，http://china.qianlong.com/2021/0419/5677315.shtml，2021年8月12日访问。

一、国际法律责任的特征

从上述定义可以看出,国际法律责任主要有以下特征:

(1) 国际法律责任的主体不仅包括国家,而且包括国际组织、争取独立的民族、法人和个人等。在传统的国际法律责任理论中,国际法律责任主体仅限于国家,因此国际法律责任就是国家责任。然而,随着现代国际法的发展,尤其是享有特定权利和承担特定义务的非国家主体的产生和发展,国际法律责任的主体范围已逐步扩大。

(2) 国际法律责任产生的原因不仅包括国际不法行为,而且包括国际法不加禁止的损害行为。传统国际法律责任理论主张国际不法行为是导致国际法律责任的唯一原因。然而,随着科学技术的进步,各国在工业生产、核能利用、外层空间探索以及海底开发等活动中常常给别国带来损害和威胁,而这些活动都是国际法所不加禁止的。这就产生了国际法不加禁止的行为所造成的损害的责任形式。这是对传统国际法律责任理论的一种发展。

(3) 国际法律责任的实质是一种法律责任。在对外关系上,常常可以见到所谓警告对方应对某种行为或事件"负责"这类用语,这里所谓的"责任",既可能是一种法律责任,也可能是一种道义责任或政治责任。而国际法律责任同国际关系中一国对另一国发生不礼貌或不友好行为(但并非不法行为)所产生的责任不同,具有一定的表现形式和内容,并且具有强制性质,[①] 旨在确定国际不法行为和损害行为所产生的法律后果。

二、国际法律责任的意义

国际法律责任作为现代国际法上最为重要的制度之一,具有重大的意义和作用。

(1) 国际法律责任制度是追究一国违背其国际义务而承担国际责任的法律依据。虽然国际社会是一个横向、平行式的社会,不存在国内社会那样的有组织的中央强制机关,但是按照相关的国家责任条款,就可以断定一国是否实施

[①] 参见贺其治:《国家责任法及案例浅析》,法律出版社2003年版,第4页。

了国际不法行为。如果一国实施了国际不法行为，就应承担由此引起的国际法律责任或法律后果。

（2）国际法律责任制度是促使各国履行其国际义务的外在动力。国际法律规则，在很大程度上是靠各国自觉遵守的。然而，按照国际责任法律制度的规定，如果一国实施了国际不法行为，那么受害国和其他有关国家就有权援引国家责任的有关条款作出单独或集体反应，或采取措施来促使该国履行其应承担的国际义务。可见，国际法律责任制度也是维护正常的国际法律秩序的重要手段。

（3）国际法律责任制度有利于维护受害者的合法权益。国际法律责任制度的目的之一就是给予权利和利益受害者赔偿，并在一定程度上确定了合理赔偿的形式和标准。因此，它有利于维护受害者的合法权益。

第二节 国家对国际不法行为的责任

国家对其国际不法行为应承担的责任，简称"国家责任"（state responsibility），也称"国家的国际责任"（international responsibility of states）。

一、国际不法行为的国家责任的构成要件

国家责任是由一国的国际不法行为引起的，那么国际不法行为究竟是怎样构成的？按照2001年《国家对国际不法行为的责任条款草案》（以下简称《国家责任条款草案》）的规定，一国国际不法行为是由两个要素构成的，即行为归于国家和该行为违背了该国的国际义务。

（一）行为归于国家

一国国际不法行为是否可以归于国家从而构成国家行为，只能按照国际法而不能依据国内法来判断。根据现代国际法规则，一国国际不法行为，既有单独属于一国的国家行为，也有属于一国参与或介入他国的国家行为。对于前者，行为所引起的国际责任应由行为国单独承担；对于后者，则可以由他国承

担或由相关国家共同承担。

1. 可以单独归于一国的行为

根据2001年《国家责任条款草案》的有关规定,国际不法行为可以单独归于一国而成为该国国家行为的,有如下几种情况:

(1) 一国的国家机关的行为。任何国家机关,不论它行使立法、行政、司法职能还是任何其他职能,不论它在国家组织中具有何种地位,也不论它作为该国中央政府机关或一领土单位机关而具有何种性质,其行为皆应被视为该国的国家行为。这里所说的国家机关,包括依该国国内法规定的具有此种地位的任何个人或实体。

(2) 行使政府权力要素的人或实体的行为。虽然不是国家机关,但经相关国家法律授权而行使其政府权力要素的人或实体,其行为应视为该国的国家行为,条件是该个人或实体在特定的情况下正在以此种资格行事。这些经授权行使政府权力要素的人或实体,可能包括国有公司、准国有实体、政府的各种代理机构,在特殊情况下甚至包括私营公司;在特定情况下,它们都是根据国家授权行使公共性质的职能。

(3) 由另一国交由一国支配的机关的行为。由另一国交由一国支配的机关,如果为行使支配该机关的国家权力要素而行事,则其行为应被视为支配该机关的国家行为。

(4) 逾越权限或违背指示的行为。国家机关或经授权行使政府权力要素的人或实体,如果以此种资格行事,即使逾越权限或违背指示,则其行为仍应被视为该国的国家行为。

(5) 受到国家指挥或控制的行为。如果一个人或一群人实际上是在按照国家的指示或在其指挥或控制下行事,则其行为应被视为该国的国家行为。

(6) 正式当局不存在或缺席时实施的行为。如果一个人或一群人在正式当局不存在或缺席和在需要行使政府权力要素的情况下实际上正在行使政府权力要素,则其行为应被视为该国的国家行为。

(7) 叛乱运动或其他运动的行为。成为一国新政府的叛乱运动的行为,应被视为该国的国家行为;在一个先已存在的国家的一部分领土或其管理下的某一领土内组成一个新的国家的叛乱运动或其他运动的行为,应被视为该新国家的行为。

(8) 经一国确认并当作其本身行为的行为。按照上述情况不归于一国的行为,在并且只在该国承认和当作其本身行为的情况下,才被视为该国的国家行为。换言之,在一般情况下,国家不承认和不接受私人和实体的行为归于国家行为,但是,如果其后这种行为经国家承认和接受,则应被归于国家行为。

2. 一国参与或介入他国的国际不法行为

按照2001年《国家责任条款草案》的有关规定,一国牵连入他国的国际不法行为,主要有以下几种情况:

(1) 一国援助另一国实施国际不法行为。援助或协助另一国实施其国际不法行为的国家应该对此种行为负国际责任:其一,该国在知道该国际不法行为的情况下这样做;其二,该行为若由该国实施会构成国际不法行为。

(2) 一国指挥和控制另一国实施国际不法行为。指挥和控制另一国实施其国际不法行为的国家应对该行为负国际责任;其一,该国在知道该国际不法行为的情况下这样做;其二,该行为若由该国实施会构成国际不法行为。指挥和控制另一国实施国际不法行为的较典型的例子是,宗主国或保护国应对其从属国的实施不法行为承担责任。

(3) 一国胁迫另一国实施国际不法行为。胁迫另一国实施不法行为的国家应该对该行为负国际责任:其一,在没有胁迫的情况下,该行为仍会是被胁迫国的国际不法行为;其二,胁迫国在知道该胁迫行为的情况下这样做。

总之,凡属于一国对另一国提供援助、指挥或施加胁迫而实施不法行为的情况,其责任应根据情况归于援助、指挥或胁迫的国家,但这并不能解除被援助、被指挥或被胁迫国家的责任。上述三种情况的主要不同在于:在援助的情况下,主要的责任属于行为国,援助只起支持的作用;在受他国指挥的情况下,行为国犯下了国际不法行为,尽管是在他国的指挥下所为的;在胁迫的情况下,胁迫国是此行为的主要行为者,被胁迫国只是其工具,仅在胁迫等同于不可抗力的情况下,才能解除被胁国的责任。[①] 2001年《国家责任条款草案》

[①] 参见贺其治:《国家责任法及案例浅析》,法律出版社2003年版,第145页。

对此作了规定:"本章不妨碍采取有关行为的国家或任何其他国家根据本条款其他规定而应承担的责任。"

(二)违背国际义务

国际不法行为的另一个构成要件是一国违背它所应承担的国际义务。那么,国家违背国际义务究竟是指什么?怎样才构成对国际义务的违背?对此,2001年《国家责任条款草案》作了明确规定。

第一,违背国际义务的行为。如果一国的行为不符合国际义务对它的要求,那么该行为即为违背国际义务的行为。而不论有关义务来源于习惯国际法规则、国际条约还是国际法律秩序中的一般原则,也不论该义务是行为义务还是结果义务。

第二,违背有效的国际义务。被违背的必须是有效的国际义务,这是违背国际义务的一个必要条件,也是国际法的一般原则在国家责任法领域的具体适用。

第三,违背国际义务的时间。2001年《国家责任条款草案》第14条对"违背义务行为在时间上的延续"作了如下规定:"1. 没有持续性的一国行为违背国际义务时,该行为发生的时刻即为违背义务行为发生的时刻,即使其影响持续存在。2. 有持续性的一国行为违背国际义务时,该行为延续的时间为该行为持续并且一直不符合该国际义务的整个期间。3. 一国违背要求它防止某一特定事件之国际义务的行为开始于该事件发生的时刻,该行为延续的时间为该事件持续并且一直不遵守该义务的整个时间。"

从上述条款的规定可以看出,违背国际义务的时间大致可分为下列两种情况:

(1) 非持续性违背国际义务。一项已经完成的违背国际义务行为,如果其完成时刻即为违背义务发生的时刻,那么这项已完成的违背行为即为非持续性违背国际义务,虽然它的影响或后果可能持续下去。[①] 例如,一国的防空部队击落合法飞越该国上空的飞机,一国的警察杀害或伤害另一国的外交代表等,

---

① 参见贺其治:《国家责任法及案例浅析》,法律出版社2003年版,第120页。

都属于非持续性的违背国际义务行为。

(2) 持续性违背国际义务。持续性违背国际义务是指违背国际义务的行为在发生后在一定时期内持续不断地进行下去。例如,制定和保持与一国条约义务相冲突的法律条款,强行占领另一国的部分领土等。

第四,复合行为违背国际义务。2001年《国家责任条款草案》第15条对"一复合行为违背义务"作了如下规定:"一国通过被一并定义为不法行为的一系列作为和不作为违背国际义务的情事,发生于一作为和不作为发生的时刻,该作为和不作为连同其他的作为和不作为看待,足以构成不法行为。2. 在上述情况下,该违背义务行为持续的时间为一系列作为和不作为中的第一个开始发生到此类行为再次发生并且一直不遵守该国国际义务的整个期间。"

根据上述条款,关于复合行为违背国际义务的问题,主要涉及以下两个方面:

(1) 复合行为的含义。复合行为是指"在时间上连续不断地在不同情况下采取的一系列的单独行动,汇集起来形成一种积聚的行为。构成复合行为的个别行为可能是合法的行为,也可能是非法的行为"[①]。例如,灭绝种族、种族隔离、危害人类、系统性的种族歧视行为以及一项贸易协定所禁止的歧视行为等,都属于复合行为违背国际义务。

(2) 违背义务的持续时间。一旦发生足够次数的作为和不作为,从而导致构成复合行为的结果,则其违法行为应以一系列行为中的第一项行为发生的时刻作为持续时间的开始。

二、国家责任的免除

在国际关系实践中,一国的行为如果违背了该国应承担的国际义务,那么原则上该国就应当承担国际责任。然而,一国违背国际义务行为的不法性,在某些特殊情况下可因国际法的规定而被排除,相应地与此有关的国家责任也就被免除了。

根据国际实践,2001年《国家责任条款草案》具体规定了下列几种免责

---

① 贺其治:《国家责任法及案例浅析》,法律出版社2003年版,第127页。

情况：

（一）同意

所谓同意，是指一国以有效方式表示同意另一国实施某项特定行为时，该特定行为的不法性在与该国的关系上即告解除，但以该行为不逾越该项同意的范围为限。例如，一国飞机飞越另一国领空，一国在另一国境内安置设施，一国在另一国进行官方调查、查询甚至逮捕和拘留等。一国采取的上述行为，如果没有得到另一国的同意，那么就构成违背国际义务的行为。可见，一国对另一国的特定行为表示同意，是解除该行为国有关行为非法性的必要条件。这是国家责任法的一条重要原则。

以另一国的同意为由免除国家责任，应满足以下条件：

第一，必须是以有效方式表示的同意。所谓以有效方式表示的同意，首先是自愿的同意。如果以错误、欺诈或其他胁迫方式取得另一国的同意，则是无效的；其次，同意必须以明显确认的方式表示；最后，同意必须由能够代表国家意愿的机关作出，如受本国或外国某些势力摆布的傀儡政权无权表示同意。

第二，该特定行为不逾越同意的范围。例如，甲国同意乙国的商用飞机飞越其领空，但如果乙国运送军队和军事装备的飞机也飞越甲国的领空，那么乙国行为的非法性就不能被解除。

第三，同意不能违反强制性规范。如果一国的同意违反一般国际法的强制性规范，则该同意无效。

（二）自卫

一国的行为如构成按照《联合国宪章》采取的合法自卫措施，则该行为的不法性即告解除。但是，自卫权的行使必须符合《联合国宪章》规定的条件：

第一，自卫必须是而且只能是对已经实际发生的武力攻击进行反击。

第二，自卫只有在安理会采取必要办法以维持国际和平与安全之前才能行使。

第三，当事国所采取的自卫措施或办法必须立即向安理会报告。

总之，自卫行为不构成国际不法行为，它是国际法上禁止使用武力的基本原则的例外。

(三) 反措施

反措施是指受害国针对一国际不法行为的责任国不履行国家责任条款规定的法律后果而采取的措施，以促使责任国履行其国际义务。可见，受害国之所以采取反措施，是因为责任国未履行其国际义务。因此，尽管采取反措施不符合受害国的国际义务，但是该反措施应被认为是正当的和允许的，其非法性应被排除。

作为解除一国行为之不法性的反措施，应符合以下条件：

第一，针对性。由于反措施是针对另一国的国际不法行为的一种反应，因而只有在与该不法行为国的关系上，才有理由采取反措施。

第二，在采取反措施前，受害国应要求责任国履行其义务，并将采取反措施的任何决定通知责任国以及提议与该国进行谈判。

第三，根本性义务不受反措施的影响。有关国家在采取反措施的情况下，它的根本性义务，如条约义务，并未解除，更未终止。

第四，相称性。反措施必须和所遭受的损害相称，并应考虑到国际不法行为的严重程度和有关权利受到侵害的程度。

第五，如果国际不法行为已经停止，并且已将争端提交有权作出对当事国具有约束力之决定的法院，那么受害国就不得采取反措施。

(四) 不可抗力

不可抗力是指人们没有办法抗拒的强制力。一国不遵守其对另一国国际义务的行为如起因于不可抗力，即有不可抗拒的力量或该国无力控制、无法预料的事件发生，以致该国实际上不可能履行义务，则该行为的不法性即告解除。

造成不可能履行义务的不可抗力的原因是多方面的，既有自然的因素，如由于恶劣天气的影响而使一国的飞机误入另一国领空；也有人为的干预，如因叛乱而失去对国家部分领土的控制，因第三国采取军事行动对某一地区造成破坏而未能履行某一国际义务等。

不可抗力只有符合下列条件，才能解除该行为的不法性：（1）该行为是由不可抗拒的力量引起的。（2）该行为是由于发生了该国无力控制或无法预料的事件造成的。（3）该行为使该国在当时的情况下，实际上不可能履行其国际义务。

值得注意的是，如果不可抗力的发生是由于国家本身的行为造成的，那么该国就不能援引不可抗力作为解除其不履行义务的非法性的理由。另外，一国一旦接受了某一特定风险的责任，就不能以不可抗力为理由来避免责任。

（五）危难

危难是指其行为能够构成国家行为的行为者，在遭遇极端危险的情况下，为了挽救其本人生命或受其监护的其他人的生命，只能采取不遵守该国国际义务的行为的情况。例如，飞机和船舶发生机械故障后，行为者未经许可即进入外国领空或领水的情况，就属于国际法实践中比较典型的危难案件。

危难与不可抗力的主要区别在于：在不可抗力的情况下，行为者采取行动是非自愿的；而在危难的情况下，行为者采取行动是自愿的，因为极端危险的情形实际上已使行为者没有其他选择。因此，有些国际法学者将"危难"定义为"相对不可能"（relative impossibility）地履行国际义务；而不可抗力则属于"实际上不可能"（material impossibility）或"绝对不可能"（absolute impossibility）履行国际义务。①

以危难为由主张免除一国的国际责任，必须符合下列条件：(1) 危难只限于人的生命遭受危险的情况。(2) 危难情况不是由援引其作为理由的国家造成的。(3) 如果行为者的有关行为可能造成类似的或更大的灾难，则不得援引危难作为免责理由。

（六）危急情况

危急情况是指一国为了保护该国的基本利益、对抗某项严重和迫切的危险而采取违背该国应承担的国际义务的措施的状况。

以危急情况为理由来解除一国行为的不法性，有其特殊性。因此，为防止被滥用，它应严格满足以下的限制条件：(1) 有关的行为是援引国为保护其基本利益、对抗某项严重和迫切的危险。(2) 有关的行为不会严重损害对方国家或整个国际社会的基本利益。(3) 有关的国际义务并没有排除援引危急情况的

---

① 参见贺其治：《国家责任法及案例浅析》，法律出版社2003年版，第176页。

可能性。(4) 有关的危急情况不是由援引国本身的行为造成的。

三、国家责任的形式

一国的国际不法行为一经确定，如果没有免除责任的条件出现，那么该国就应当承担相应的国家责任。国家责任是一种严格意义上的法律责任，是在行为国和受害国之间引起的法律后果、产生的一种新的权利义务关系，即行为国承担赔偿的义务，而受害国则享有要求赔偿的权利。此外，一国违背它应承担的国际义务而产生的法律后果，并不影响该国应继续履行它应承担的国际义务的责任。

根据国际实践，2001年《国家责任条款草案》主要归纳了以下几种国家责任形式：

（一）停止不法行为

所谓停止不法行为，是指国际不法行为的责任国，在实施一项持续性的不法行为时，有义务立即停止该行为。停止不法行为是消除不法行为所引起的后果的第一个必要条件。它的作用是制止违背国际法的行为，并且保证被侵犯的国际法原则和规则能够继续有效和得到遵守。要求停止不法行为必须具备两个条件：

（1）不法行为具有持续性。例如，在美国驻德黑兰外交和领事人员案中，国际法院裁定伊朗的行为持续性地违反伊朗应承担的国际义务。

（2）被违背的国际义务在发出要求时仍在持续状态。在国际关系中，明确停止不法行为的义务是具有重要的现实意义的。当一国际不法行为不是某个具体行为或事件，而是一个持续不断的行为时，受害国首先关注的是行为国停止不法行为，继续履行国际义务。特别是当国际不法行为的损害性并不在于其后果，而是在于其持续性时，停止不法行为对于受害国来说就更显重要了。[①]

（二）保证不重犯

保证不重犯是指国际不法行为的责任国在必要情况下，有义务提供不重复

[①] 参见王铁崖主编：《国际法》，法律出版社1995年版，第151页。

该不法行为的适当承诺和保证。

保证不重犯是一国国际不法行为引起的另一个法律后果,其目的是恢复受害国和责任国对彼此之间继续保持关系的信心,通常是在受害国认为仅仅恢复原有的状态尚不能达到应有的保障时,才会提出承诺和保证不重复该行为的要求。

保证不重犯的特点是向前看,着眼点是未来,而不是过去;强调的是预防未来可能发生的事情,而不是赔偿。

在国际实践中,保证不重犯一般有以下两种方式:[①]

第一,只作出不再犯的保证,而不加任何具体的说明。例如,1966年中国驻印度尼西亚使领馆遭袭后,中国外交部除了要求印尼政府立即采取措施、赔偿一切损失外,还要求其"保证今后不再发生类似的事件"。

(2) 受害国要求责任国采取某项特定的措施或特定的行为加以预防。例如,在1886年多恩案中,美国在菲律宾的传教士多恩因抗议西班牙当局强占其所属教会拥有的土地而被扣留,并被解送到马尼拉;在美国政府的抗议下,西班牙当局采取补救措施,恢复多恩的工作场地,并保证对教会及其个人的财产给予保护。

(三) 赔偿

对一国国际不法行为造成的损失给予赔偿,是国家责任法的核心内容。"赔偿"是一个一般性的用语,是指国家可以用来履行或解除其责任的不同形式,包括恢复原状、补偿和抵偿等方式。对国际不法行为造成损害的充分赔偿,可以单独或综合地采取这些方式。

1. 恢复原状

恢复原状是指加害国有责任将被侵害的事物恢复到其实施不法行为前的状态。恢复原状是受害国因加害国的国际不法行为而要求加害国给予赔偿的第一种方式,也是首选的赔偿方式。

恢复原状一般可以分为物质上恢复原状和法律上恢复原状。前者包括归还

---

① 参见李寿平:《现代国际责任法律制度》,武汉大学出版社2003年版,第167页。

被掠夺的或非法没收的财产、历史文物和艺术珍品，释放被拘留的个人等。后者涉及修改责任国法律制度中与受害国法律关系的规定等，如修订违背国际法规则的宪法或法律规定，取消关于外国人的人身或财产的不符合国际法的某些行政或法律措施等。

应该指出的是，恢复原状并非毫无限制。根据 2001 年《国家责任条款草案》第 35 条的规定，恢复原状需要满足下列两个限制条件：

（1）恢复原状在事实上是可行的。例如，应归还的财产已经永久消失或者已经被损坏到毫无价值的地步，则无法恢复原状。

（2）恢复原状与赔偿应成比例，不能使加害国承受过重的负担。换言之，如果责任国因恢复原状而承受的负担与受害国因此而得到的利益完全不成比例，则不得要求恢复原状。这是公平原则的基本要求。

2. 补偿

补偿是指责任国对其国际不法行为所造成的损害，没有或无法以恢复原状的方式给予赔偿，对受害国实际遭受的损失予以货币补偿。

补偿是最经常采用的赔偿方式。虽然恢复原状在赔偿方式中占有首要地位，但由于恢复原状有时不可能实现，或者有时尽管恢复了原状却仍难以达到充分的赔偿，因此责任国还要给予补偿。

补偿也可以说是恢复原状的一种补充形式。补偿一般采用金钱的形式，当然也可以通过双方的商定采取其他等价赔偿形式。

关于补偿的范围，2001 年《国家责任条款草案》第 36 条第 2 款规定了"在经济上可以评估的任何损害"。在经济上可以评估的损害既包括国家本身遭受的损害（即其财产或人员受到的损害或为补救、减轻国际不法行为造成的损害而支出的款项），也包括本国自然人或法人遭受的损害，国家是以该自然人或法人的国籍国的名义在外交保护的框架内提出索赔的。[①]

此外，补偿还包括可以确定的利润损失。例如，常设国际法院在霍茹夫工厂案中就裁定受害方应获得赔偿时的财产价值，而不是财产被没收时的价值。这就意味着，受害方获得的赔偿应包括财产从被没收时起直到获得赔偿时止这

[①] 参见贺其治：《国家责任法及案例浅析》，法律出版社 2003 年版，第 242 页。

段时期所丧失的利润。

负责处理补偿问题的机构,既包括有关国家根据协定成立的国际仲裁机构,也包括各类国际法院。不过,在许多情况下,补偿是由加害国和受害国通过外交谈判就支付款额达成协议并完成的。

3. 抵偿

抵偿是指一国际不法行为的责任国在无法以恢复原状或补偿方式弥补所造成的损害时,有义务采取正式道歉、表示遗憾、承认不法行为或其他恰当的方式对受害国作出赔偿。抵偿是责任国对其国际不法行为所造成的损害进行赔偿的第三种方式,也是在恢复原状、补偿之外另一种普遍适用的赔偿方式,并且还是一种不可或缺的赔偿方式。

抵偿包括多种形式,如正式道歉、表示遗憾、承认不法行为、对非金钱损害作出象征性的损害赔偿、对造成伤害或损害事件的原因开展应有的调查、对肇事的个人采取纪律或刑事处分、为受益人设立管理补偿付款的信托基金等。

在上述各种抵偿方式中,正式道歉是一种常见的方式,它经常与其他方式结合使用,已成为一种为受害国所接受的解决争端的方式。例如,在孤独号案中,混合委员会要求美国一方面应向加拿大政府道歉,另一方面还应赔偿2.5万美元,作为物质上的对非法行为的改正。正式道歉可以采取口头方式表示,也可以用书面方式,有时甚至还可以采取象征性的行为,如向受害国的国旗、国徽致敬礼。

抵偿作为赔偿的一种方式,为防止被滥用,必须遵守以下限制条件:(1)抵偿要与损害相称。抵偿本身不具有惩罚性质,也不意味着对损害作出惩罚性赔偿。(2)抵偿不得采取羞辱责任国的方式。在国际法的发展史上,有不少把抵偿作为羞辱责任国的工具的例子。例如,义和团运动后,西方列强强迫清政府所作的抵偿方式,就是这方面的典型例子。

值得注意的是,在国际不法行为引起的法律后果方面,一国必须依照国际法,而不是援引其国内法作为其应履行的停止不法行为和给予赔偿的依据。虽然一国可能由于必须在本国实行其本国的法律和规则而在遵守国际义务上发生实际困难,但该国无权以其本国法律或实践作为不能履行国家责任条款规定的法律后果的障碍。另外，关于责任国承担义务的范围，2001 年《国家责任条款草案》第 33 条作了明确规定：责任国义务可能是对另一国、若干国家或对整个国际社会承担的义务，具体取决于该国际义务的特性和内容及违约情况；国家责任条款的规定不妨碍任何人或国家以外的实体因一国的国际责任可能直接取得的任何权利。

四、国家责任的履行

为了消除国际不法行为的后果，有效地维护受害国和其他相关的权利，责任国应当履行因其不法行为而应承担的义务。关于国家责任的履行问题，目前的国际法学界还没有一致的看法。2001 年《国家责任条款草案》第三部分对"一国国际责任的履行"问题作出了专门的规定，具体分为以下两个部分：

（一）一国责任的援引

一国责任的履行主要分以下三种情况：

1. 一受害国援引责任

一国有权在下列情况下作为受害国援引另一国的责任：（1）被违背的义务是个别地对它承担的义务。（2）被违背的义务是对包括该国在内的一国家集团或对整个国际社会承担的义务，而对此义务的违背特别影响该国。（3）被违背的义务是对包括该国在内的一国家集团或对整个国际社会承担的义务，而对此义务的违背具有彻底改变由于该项义务被违背而受到影响的所有其他国家对进一步履行该项义务立场的特性。

受害国就其所受损害向责任国援引责任时，必须将其要求通知该责任国。受害国在通知中可具体指明：责任国应采取何种行为来停止其持续进行的不法行为，以及应采取何种赔偿形式。

受害国援引国家责任，必须满足两个条件：第一，适用国籍原则，即援引一国的责任必须依国籍要求的有关规则进行。换言之，国家与被保护人之间必须具有以国籍为纽带的法律依据。第二，用尽当地救济原则，即如果任何可采用的有效的当地补救办法尚未用尽，则对该要求不予受理。

此外，受害国对责任国援引责任的权利在某些情况下也会丧失。例如，受害国已经以有效方式放弃要求，或者受害国行为应被视为已经以有效方式默许其要求失效，在这两种情况下，受害国均不得援引国家责任。

2. 数个受害国援引责任

如果一国的违法行为对一个以上的国家造成损害，那么每一受害国都有权分别向责任国援引责任，要求其停止仍在持续的不法行为，并要求责任国对其造成的损害给予赔偿。

3. 受害国以外的一国援引责任

把援引责任的权利在某些情况下扩大到国际不法行为受害国以外的国家，是 2001 年《国家责任条款草案》的一个显著特点。①

根据 2001 年《国家责任条款草案》第 48 条的规定，受害国以外的任何国家有权在下列情况下对另一国援引责任：（1）被违背的义务是对包括该国在内的一国家集团承担的、为保护该集团的集体利益而确立的义务。（2）被违背的义务是对整个国际社会承担的义务。

在上述情况下，有权援引责任的任何国家可要求责任国：（1）停止国际不法行为，并提供不重复的承诺和保证；（2）履行向受害国或被违背之义务的受益人提供赔偿的义务。

应该指出的是，如果同一不法行为是由数个国家共同实施的，那么它们中的每一个国家都应分别对该不法行为承担责任。然而，在这种情况下，任何受害国所得到的补偿不得超过其所受损害，而且一责任国对其他责任国的任何追索权不受影响。

（二）反措施

如果责任国不履行停止其不法行为或赔偿由不法行为所造成的损害的义务，那么受害国就有权采取必要的反措施以维护其权利。

反措施的目的不是对不法行为进行惩罚，而是为了促使不法行为的责任国履行其义务。同时，反措施限于暂不履行对责任国采取措施的一国的国际义务。

---

① 参见贺其治：《国家责任法及案例浅析》，法律出版社 2003 年版，第 301 页。

反措施一般是由受害国采取的。受害国以外的国家是否有权采取反措施，是一个很有争议的问题。2001年《国家责任条款草案》第54条并未排除在某些情况下受害国以外的其他国家也可以采取反措施。该条明确规定："本章不妨碍依第48条第1款有权援引另一国责任的任何国家，对该另一国采取合法措施以确保停止该违背义务行为和使受害国和被违背之该义务的受益人得到赔偿。"

1. 不受反措施影响的义务

根据2001年《国家责任条款草案》第50条的规定，反措施不得影响下列义务：（1）《联合国宪章》中规定的不得实行武力威胁或使用武力的义务。（2）保护基本人权的义务。（3）禁止报复的人道主义性质的义务。（4）依一般国际法强制性规范承担的其他义务。

此外，采取反措施的国家仍应履行其下列义务：（1）实行它与责任国之间任何可适用的现行解决争端程序；（2）尊重外交或领事人员、馆舍、档案和文件之不可侵犯性。

2. 采取反措施的条件

2001年《国家责任条款草案》第52条对采取反措施的条件作了如下规定：

（1）受害国在采取反措施以前，应要求责任国履行其义务，将采取反措施的任何决定通知责任国并提议与该国进行谈判。

（2）受害国采取的反措施，必须和所遭受的损害相称，并应考虑到国际不法行为的严重程度和有关权利。这是衡量反措施是否合法的一个重要标准。

（3）受害国在国际不法行为已经停止并且已将争端提交有权作出对当事国具有约束力之决定的法院或法庭的情况下，不得采取反措施；如果受害国已经采取了反措施，就必须停止，并且不得无理拖延。

（4）责任国一旦履行其与国际不法行为有关的义务，受害国就应尽快终止反措施。

国/际/法/学/理/论/与/实/务

第三节　国际法不加禁止行为所造成损害的责任问题

前已述及，联合国国际法委员会（以下简称"国际法委员会"）把"国际法不加禁止的行为所产生的损害性后果的国际责任"这个标题的编纂工作分为两部分：预防危险活动的跨界损害和关于危险活动造成的跨界损害案件中损失分配的原则，并分别拟定了条款草案。本节根据国际法委员会通过的有关条款草案，分别进行剖析。

一、关于预防危险活动的跨界损害问题

（一）《预防危险活动的跨界损害的条款草案》的适用范围

2001年，国际法委员会二读通过了《预防危险活动的跨界损害的条款草案》（以下简称《预防危险活动的条款草案》）。该草案由序言和19个条文组成，其重点是引起重大跨界损害的危险活动的核准和管制方面的预防责任。

预防作为一种责任，是针对重大损害或破坏实际发生之前阶段；如果损害已经发生，有关的国家就要采取补救或者补偿措施，这往往涉及赔偿责任问题。

《预防危险活动的条款草案》把重点放在预防责任而不是赔偿义务上，具有以下方面的重要意义：

第一，预防是一种理智、可取的政策。如果在造成损害之后再去补偿，往往无法恢复相关事件或者事故发生之前的状态。

第二，国家履行预防责任，现在更具可实践性。因为在危险活动的进行、所用的材料以及控制这些活动的进程和所涉及的风险等方面，人们的知识都在不断增长，所以国家履行预防责任的客观条件日趋成熟。

第三，从法律角度来看，由于人们会有越来越大的跟踪连串因果关系的能力，即有能力跟踪原因（活动）与影响（损害）之间的物理联系甚至连串因果关系中的多个中间环节，因此危险活动的经营者也应该采取一切必要步骤来预

防损害。

按照《预防危险活动的条款草案》第 1 条的规定,该条款草案的适用范围是:国际法不加禁止的、其有形后果有造成重大跨界损害的危险的活动,这种活动是在起源国领土内或在其管辖或控制下的其他地方计划进行或进行的活动。"国际法不加禁止的、其有形后果有造成重大跨界损害的危险的活动"具有特定含义,包括四个要素:(1)人为要素,即这类活动未受国际法禁止;(2)风险要素,即这类活动具有引起重大损害的可能;(3)领土(外)要素,即这类损害必须是跨界的;(4)有形要素,即跨界损害必须是由这类活动通过其有形后果而引起的。

"造成重大跨界损害的危险"包括造成重大跨界损害的可能性较大和造成灾难性跨界损害的可能性较小的危险。其中,"跨界损害"是指在起源国以外的一国领土内或其管辖或控制下的其他地方对人、财产或环境造成的损害,不论各当事国是否有共同边界。

(二) 各国在预防危险活动所造成的跨界损害方面的一般责任

根据《预防危险活动的条款草案》第 3—5 条等有关条款的规定,各国在预防危险活动所造成的跨界损害方面的一般责任,主要包括:

(1) 预防责任。即起源国应采取一切适当措施,以预防重大的跨界损害或随时尽量减少这种危险。它强调起源国在预防重大跨界损害上的首要责任。

(2) 合作责任。即当事国应真诚合作,并于必要时要求一个或多个有关国际组织提供协助,以预防重大跨界损害或随时尽量减少这种危险。换言之,各国必须遵守合作原则,拟订并执行有效政策,以预防或随时尽量减少重大跨界损害危险。此外,起源国还有一项预期性的合作义务,即起源国应酌情与可能受影响国和有关国际组织合作,制订对付紧急情况的应急计划。

(3) 履行责任。即当事国必须采取必要的立法、行政或其他行动,包括建立适当的监督机制,以履行本条款草案的规定,并且这些措施可适当地预先采取。

(三) 各国在预防危险活动所造成的跨界损害方面的具体责任

按照《预防危险活动的条款草案》有关规定,各国在预防危险活动所造成的跨界损害方面，还应履行以下具体义务：

1. 核准

须经起源国事前核准的情形，主要有以下三种：（1）在该国境内或在其管辖或控制下的其他地方进行的有造成重大跨界损害危险的活动。（2）上述活动的任何重大改变，这种改变可能增加危险或改变其危险的性质或影响范围。（3）计划对一项本来无害的活动的进行方式作出改变，而这种改变会将该项活动变成有造成重大跨界损害之危险的活动。

一个国家一旦准备履行核准义务，那么核准要求就应适用于该国在上述范围内的所有本来已在进行的活动。此外，在核准的条件没有获得遵守的情况下，起源国应采取适当行动，包括必要时撤销核准，从而完全禁止该项活动的进行。

2. 危险的评估

起源国在准许经营者开展国际法不加禁止的、其有形后果有造成重大跨界损害的危险的活动之前，应确保对有可能造成重大跨界损害的活动进行评估。通过这项评估，可以使该国能够确定活动所涉危险的程度和性质，从而确定其应该采取的预防措施。至于应该由谁进行评估的问题，由各国自己决定。一般认为，应由起源国指定一个政府的或非政府的机构，代表政府对评估工作进行评价，并对该机构的结论承担责任。评估的内容，可由进行评估的国家在国内法中规定。具体而言，评估不仅应该包括对人身和财产，而且也应该包括对其他国家环境的影响。

3. 通知

首先，如果评估表明有造成重大跨界损害的危险，起源国应及时将该危险和评估通知可能受影响国，并应向其递交评估工作所依据的现有技术和所有其他有关资料。起源国在收到可能受影响国于不超过六个月的期间内提出的答复以前，不应就是否核准该项活动作出任何决定。

其次，如果一国有合理理由相信，起源国已计划或已进行一项活动，可能有对该国造成重大跨界损害的危险，该国可以要求起源国履行通知的义务。这种要求应附有具体解释，说明理由。如果起源国认为它没有义务发出通知，则应在合理期间内告知该要求国,并附有具体解释,说明得出这一结论的理由。如果这一结论不能使该国满意,经该国请求,两国应迅速进行协商。在协商期间,如果另一国提出请求,起源国应作出安排,采取适当而且可行的措施,以尽量减少危险,并酌情在一段合理期间内暂停有关活动。

最后,起源国应毫不延迟地以可以使用的最迅速方式将有关国际法不加禁止的、其有形后果有造成重大跨界损害的危险的活动之紧急情况通知可能受影响国,并向其提供一切有关的现有资料。

4. 预防措施的协商

首先,在其中任何一国提出要求时,各当事国应进行协商,以期为预防重大跨界损害或随时尽量减少这种危险所须采取的措施达成可以接受的解决办法。当事国应在这类协商开始时,就协商的合理时限达成协议。

其次,当事国就预防措施进行协商时,为了达到公平、实现利益均衡,应考虑到下列所有有关因素和情况:(1)重大跨界损害的危险程度以及有办法预防损害或者尽量减少这种危险或补救损害的程度;(2)有关活动的重要性,应考虑该活动在社会、经济和技术上为起源国带来的总利益和它对可能受影响国造成的潜在损害;(3)对环境产生重大损害的危险,以及是否有办法预防这种损害或者尽量减少这种危险或恢复环境;(4)起源国和可能受影响国愿意承担预防费用的程度;(5)该活动的经济可行性,应考虑预防费用和在别处开展活动、以其他手段开展活动或以其他活动取代该项活动的可能性;(6)可能受影响国对同样或可比较的活动所适用的预防标准以及可比较的区域或国际实践中所适用的标准。

最后,如果协商未能取得一致同意的解决办法,起源国如果决定核准从事该项活动,也应考虑到可能受影响国的利益,但不得妨碍任何可能受影响国的权利。

5. 提供和交换资料

首先,向受影响国提供资料。即起源国在将评估通知可能受影响国时,应向其递交评估工作所依据的现有技术和所有其他有关资料。

其次,交换资料。即在活动进行期间,各当事国应及时交换该项活动有关预防或随时尽量减少重大跨界损害的危险的所有现成资料。即使该项活动已经终止，也应该继续交换这种资料，直到各当事国认为合适才能停止。

最后，向民众提供资料。即当事国应尽可能以适当方式向本国或他国可能受影响的民众提供有关该活动、所涉危险以及可能造成的损害的资料。

应该指出的是，起源国没有义务透露对其国家安全至为重要的资料。即起源国可以不提供对其国家安全或保护其工业机密至为重要或涉及知识产权的数据和资料，但起源国应本着诚意同可能受影响国合作，视情况许可尽量提供资料。这一规定是国家提供资料义务的例外。

6. 不歧视

除非另有协议，一国不应基于国籍、居所或发生伤害的地点而在允许这些人按照该国法律制度诉诸司法程序或其他程序要求保护或其他适当补偿的机会上实行歧视。

7. 和平解决争端

各当事国在解释或适用《预防危险活动的条款草案》方面发生的任何争端，应由争端各方按照相互协议选定和平解决争端的方式迅速予以解决，包括将争端提交谈判、调停、调解、仲裁或司法解决。

值得注意的是，《预防危险活动的条款草案》还对该条款草案与其他国际法规则的关系作了明确的规定："本条款不影响各国根据有关条约或习惯国际法规则所承担的任何义务。"

总之，如果当事国不履行关于《预防危险活动的条款草案》所规定的上述预防义务，便可能引起国家责任。

二、关于危险活动造成的跨界损害案件中损失分配的原则问题

（一）《关于危险活动造成的跨界损害案件中损失分配的原则草案》的适用范围

2006 年 8 月，国际法委员会第 58 届会议二读通过了《关于危险活动造成的跨界损害案件中损失分配的原则草案》（以下简称《损失分配原则草案》）。

1. 制定《损失分配原则草案》的原因

根据《损失分配原则草案》序言第3—5段的规定，制定该原则草案的基本理由主要有以下几个方面：

（1）虽然有关国家遵守了关于预防危险活动造成跨界损害的义务，但是危险活动引起的事件仍会发生。

（2）由于这种事件，其他国家和（或）其国民可能遭受损害和严重损失。

（3）应当制定适当而有效的措施，以确保因这种事件而蒙受损害和损失的自然人和法人，包括国家，能够获得及时和充分的赔偿。

2.《损失分配原则草案》的适用范围

《损失分配原则草案》原则一明确规定了该原则草案的适用范围："本原则草案适用于国际法未加禁止的危险活动所造成的跨界损害。"

可见，《损失分配原则草案》处理的核心问题是跨界损害，关注的是一国境内的活动在另一国管辖范围内引起的损害。换言之，本原则草案的侧重点是跨界损害，而不论相关国家是否履行了关于《预防危险活动的条款草案》所载的注意义务。不过，如果起源国没有履行应尽的预防义务，那么除了根据本条款草案要求赔偿以外，还可以国家对不法行为的责任求偿。

该原则草案中的"损害"是指对人员、财产或环境所造成的重大损害，具体包括：（1）人员死亡或人身伤害；（2）财产的损失或损害，包括构成文化遗产部分的财产；（3）环境受损而引起的损失或损害；（4）恢复财产、环境，包括自然资源的合理措施的费用；（5）合理反应措施的费用。

3.《损失分配原则草案》的目的

根据《损失分配原则草案》原则三的规定，该原则草案的目的是："确保遭受跨界损害的受害者得到及时和充分的赔偿；在发生跨界损害时维护和保护环境，特别是减轻对环境的损害以及恢复环境或使之复原。"

据此，《损失分配原则草案》的主要目的可以概括为以下四个方面：（1）以可预计、公平、迅速和成本效益良好的方式提供赔偿；（2）促进经营者和其他有关的人或实体愿意预防危险活动，以免造成跨界损害；（3）促进当事国或受害国之间的合作，以便以友好方式解决有关赔偿的问题；（4）保存和促进对国家和人民的福利至为重要的经济活动的持久活力。

(二)《损失分配原则草案》的主要内容

1. 为跨界损害的受害者提供及时和充分的赔偿

按照《损失分配原则草案》原则四的规定，为跨界损害的受害者提供及时和充分的赔偿，应包括以下几个方面：

（1）国家应该建立责任制度。即各国应采取必要措施，包括要求经营者或酌情要求其他人或实体履行责任。

（2）任何此类责任制度不应该要求证明过失。

（3）可能施加于这些责任的任何条件或限制，不应该侵蚀及时和充分赔偿的要求。即按照各国和国际公约中的通例，责任会受到一些条件的限制，但是，为了确保这些条件和免责条款不致从根本上改变提供及时和充分的赔偿这一要求的性质，任何此类条件或免责条款均应符合原则三中所载关于提供及时和充分的赔偿的要求。

（4）这些措施应该包括要求经营者或酌情要求其他人或实体为偿付索赔建立并保持财政担保，如保险、保证金或其他财务担保，以应付索赔要求。在适当情况下，这些措施应当包括要求在国家一级设立工业基金。若以上各段中所列措施不足以提供充分的赔偿，起源国还应当确保有另外的财政资源可用，以便为赔偿提供充足的财政保证。

2. 确立了严格责任制

《损失分配原则草案》原则四第 2 款规定，这些赔偿措施应当包括要求经营者或酌情要求其他人或实体承担赔偿责任。这种赔偿责任不应当要求证明过失。《损失分配原则草案》的前提是：危险和超危险活动牵涉到复杂的作业，存在一些固有的引起重大损害的危险。因此，这种赔偿不应要求出示过失或疏忽证明，即使一个谨慎的人所应该有的必要注意都做到了，也应该要求其承担责任。在许多管辖区域，在分配含有固有危险性的活动的责任时，严格责任已得到确认。在相关文书中，严格责任已经被采用为责任的依据。

采用严格责任基于以下理由。其一，有些活动涉及较为复杂的工业程序和设施，可能存在危险，严格责任可以解除求偿人这方面的举证责任。其二，有关工业把涉及危险和营运的极为复杂的科技活动当作秘密牢牢地守护着，要求求偿人证明其过失或疏忽是一种沉重的负担，既不公正，也不恰当。其三，由于与危险活动相联系的利润为进行这种活动的工业提供了诱因，人们通常认为，严格责任制度能够鼓励它们对所涉危险的较佳管理。

3. 明确了国家、经营者以及其他实体分担损失的原则

《损失分配原则草案》原则四明确规定了国家、经营者以及其他实体分担损失的原则。一方面，国家应当采取必要措施，包括在适当情况下设立国家级工业基金，确保在其领土或其管辖、控制下的危险活动引起跨界损害时对受害者进行及时和充分的赔偿；如果有关的措施不足以提供充分的赔偿，国家还应确保有另外的财政资源可用。另一方面，要求经营者或酌情要求其他人或实体承担赔偿责任，包括要求经营者或者必要时其他个人或实体为偿付索赔建立并保持财政担保，如保险、保证金或其他财务保证。

《损失分配原则草案》原则五规定："一旦发生造成或可能造成跨界损害的涉及危险活动的事件时：(a) 起源国应立即将事件以及可能造成的跨国损害后果通知所有受影响或可能受影响的国家；(b) 在经营者的适当参与下，起源国应确保采取适当的反应措施，并应当为此目的使用现有最佳科学数据和技术；(c) 起源国还应当酌情与所有受影响或可能受影响的国家磋商并寻求其合作，以减轻并在可能的情况下消除损害后果；(d) 受跨界损害影响或可能受影响的国家应采取一切可行措施减轻并在可能的情况下消除损害后果；(e) 有关国家应当酌情在相互接受的条件基础上寻求主管国际组织和其他国家的援助。"

可见，国家针对危险活动造成的紧急情况所采取的任何措施不得且不应将经营者的作用置于次要地位或仅让他们起剩余性作用。其实，在保持紧急备灾状态和一旦发生事故便立即采取任何这类措施方面，经营者具有同等重要的责任。经营者可以并应当给予国家履行其责任所需的一切援助。具体说，经营者最能够说明事故的详情、性质、发生时间和确切地点以及可能受到影响的各方可以采取哪些措施来尽量减轻损害的后果。如果经营者不能采取必要的反应行

动,起源国则应作出必要安排来采取这类行动。① 在此过程中,起源国可以向其他国家或主管国际组织寻求必要和可获得的帮助。

4. 确保提供赔偿的程序

《损失分配原则草案》原则六共有 5 款,具体规定了以下"国际和国内救济"的措施:

(1) 一旦其领土内的或受其管辖、控制的危险活动造成跨界损害,各国应赋予本国司法和行政部门以必要的管辖权和职权,并确保这些部门具备提供及时、充分和有效救济的手段。这一条款规定了确保制定适当程序以保证提供赔偿的要求,对各国均适用。

(2) 跨界损害的受害者应当能够从起源国获得与在该国领土上遭受同一事件损害的受害者相等的及时、充分和有效的救济。这是一项关于平等获得救济权的规定。

(3) 第 1 款和第 2 款不影响受害者有权在起源国可得到的救济之外,寻求其他的救济。

(4) 各国可规定,诉诸迅速而又最经济的国际求偿诉讼解决程序。这一条款旨在更具体地说明有关程序的性质,其中提及"国际求偿诉讼解决程序"。在此可以设想若干程序,包括混合求偿委员会、为确定一次性总付款额进行谈判等。例如,在跨界损害情况中,国家可以通过谈判商定应负的赔偿额。

(5) 各国应当保障与寻求救济,包括索取赔偿有关的资料能够被恰当地获取。

5. 要求国家为此制定国内法规并进行区域或国际合作

《损失分配原则草案》原则七和原则八,要求国家为此制定国内法规并进行区域或国际合作。

(1) 各国应通过专门的全球、区域或双边协定进行合作,并在以下三个方面提供有效安排:关于赔偿问题的协定;关于特定类别危险活动发生事故后为

---

① 按照欧盟关于环境责任的第 2004/35/CE 号指令第 5 条和第 6 条的规定,根据第 13 条指定的主管当局可以要求经营者采取必要的预防或恢复措施,如果经营者不采取这些措施或者找不到经营者,主管当局则可以自己采取这类措施。

尽量减轻跨界损害而采取的反应措施的协定；以及关于国际和国内救济的协定。

（2）鼓励各国合作。即通过工业基金或国家基金在国际上建立起各种财政保障系统，以便保证向跨界损害受害者提供充足、及时和充分的补救。

（3）每个国家都应制定执行本原则草案的法律、规章和行政措施。

（4）在适用这些原则草案和任何执行规定时，不得有基于任何理由的歧视。

（5）各国应相互合作，依据国际法规定的义务执行本原则草案。

典型案例

案例一：乌拉圭河纸浆厂案①

一、案情介绍

（一）基本案情

2003年和2004年，乌拉圭先后授权西班牙、芬兰两家外资企业在乌拉圭河边建造纸浆厂，这引发了河对岸阿根廷关于乌拉圭河环境污染的担忧。担心利益受损的阿根廷人和相关环境保护团体采取了抗议措施，封锁了乌拉圭河上连接两国的圣马丁将军大桥。阿根廷政府也明确反对在界河边建造纸浆厂，要求乌拉圭停止建设并另选厂址。双方进行了多次外交协调，在无法达成共识的情况下，乌拉圭继续建设纸浆厂并在2007年授权一个纸浆厂投入生产运营。

然而，两国关于乌拉圭河利用与环境保护的争端不断升级，并无法通过谈判达成共识。2006年5月，阿根廷将争端提交国际法院寻求司法解决。这一案件被称为"乌拉圭河纸浆厂案"。

---

① See Case Concerning Pulp Mills on the River Uruguay (Argentina v. Uruguay), https://www.icj-cij.org/en/case/135, visited on Nov. 26, 2022.

（二）法院判决

诉讼围绕两国在《乌拉圭河规约》（以下简称《规约》）下的界河合作义务展开，核心问题是"乌拉圭单方面授权建设和运营纸浆厂"是否违反了界水利用的程序义务和实质义务，即乌拉圭是否违反了《规约》的事先通知与协商合作义务以及环境保护和损害预防的规定。两国对此各执己见。

鉴于纸浆厂可能对乌拉圭河沿岸公众健康造成重大环境污染，2006年，阿根廷提请国际法院实施临时保全措施，责令乌拉圭在法院作出最终裁决前中止纸浆厂的建设与运作，因为其损害后果不能通过经济赔偿得到救济。乌拉圭指出，授权建设纸浆厂没有直接威胁阿根廷的权益，且纸浆厂项目遵守了严格的污染预防和控制标准（欧盟的标准）。国际法院以13票对1票拒绝了阿根廷的请求，理由是违反程序义务和持续建造纸浆厂并不会导致不可逆转的损害，除非阿根廷证明存在此类损害之虞。不过，这一初步裁决不妨碍阿根廷今后根据新的证据再次提出请求。

鉴于阿根廷的抗议者封锁了圣马丁大桥，导致双方贸易和流通的不便，乌拉圭2006年提请国际法院采取临时保全措施，确保连接两国的大桥运输通畅。国际法院拒绝了这一请求，认为虽然桥梁封锁是为了抗议和干扰纸浆厂的建造，确实与本案有直接关系，但是，封锁大桥的行为并没有明显妨碍到纸浆厂的建设，而且不存在明显证据表明存在迫在眉睫的使乌拉圭的权益受到不可弥补的损害的风险。

在确定判决权及其范围后，国际法院2010年4月20日作出如下判决：

（1）无法将水污染以外的其他污染纳入本案管辖的范围，也无法将其他国际环境条约或原理原则作为本案应适用的规范。

（2）在程序义务上，国际法院以13票对1票认定，乌拉圭的行为已违反《规约》第7条所规定的应事先通知乌拉圭河联合管理委员会及阿根廷的程序义务。

（3）在实体义务上，国际法院认定乌拉圭基于《规约》第41条保护乌拉圭河及周边环境的义务应为，在许可纸浆厂建造及营运前进行环评。但是，国际法院最后以11票对3票认定，乌拉圭仅以国内法规定程序所作的环评，以及纸浆厂建造及营运后对乌拉圭河所产生的影响，尚未构成其对必须保护乌拉圭河及周边环境的实体义务的违反。

（4）阿根廷对乌拉圭提出的恢复原状及损害赔偿的请求被国际法院驳回。

简言之，国际法院对案件判决的核心观点主要为：乌拉圭有事先通知义务，国际法院对乌拉圭违反该义务的认定本身就是对阿根廷主张的充分救济；对阿根廷认为乌拉圭违背《规约》实体义务的主张，法院检视了双方提供的证据，认为乌拉圭没有违约。除了以上两项裁决，国际法院拒绝了其他所有的主张与要求。

二、主要法律问题

本案主要涉及如下几个法律问题：

（一）程序责任上的争议

双方程序责任争议的症结在于，乌拉圭政府是否违反了其所承担的事先通知义务，单方面批准纸浆厂项目建设。这种争议起源于对《规约》相关条款的不同理解。《规约》第二章第7条至第13条对事先通知作了规定，即一方进行可能影响航运、河流管理体制或水质的工程时，应通过乌拉圭河管理委员会通知另一方相关情况。《规约》第9条规定："在第八条规定的期限内（自接到通知6个月内）内，被通知方如未提出反对意见或者没有对通知进行回应，另一方（通知方）便可实施或授权许可计划进行工程建设。"阿根廷对这一条款的理解是，只有在阿根廷没有表达反对意见、阿根廷没有对乌拉圭的通知作出回应或者国际法庭许可乌拉圭进行工程建设的情况下，乌拉圭才能进行纸浆厂建设。据此，阿根廷认为，乌拉圭虽然向乌拉圭河管理委员会和阿根廷提供了信息，但在没有征得阿根廷同意的情况下，单方面授予两家纸浆厂建设许可证，违反了乌拉圭根据《规约》应承担的程序义务。

但乌拉圭认为，该条款没有授予一方可以否决另一方的权利；它通过乌拉圭河管理委员会向阿根廷善意提供了充分必要的信息，已履行事先通知义务，但根据《规约》规定乌拉圭没有义务征得阿根廷同意。同时，根据《维也纳条约法公约》关于条约解释的规定，可以认定2004年3月2日两国外长存在口头协议，从而证明阿根廷表达了同意。显然，双方的争议不在于乌拉圭是否履行了事先通知的义务,而在于乌拉圭事先通知后,是否还要获得阿根廷的同意,这牵涉到国际环境法中的事先通知义务的解释。由于《规约》本身规定模糊,可以参考《维也纳条约法公约》对《规约》进行解释(如乌拉圭的解释),或者参照对双方都有约束力的国际条约和习惯法。例如,《国际水道非航行使用公约》第14条规定,在被通知国答复期(6个月)内,通知国"未经被通知国同意,不执行或不允许执行计划采取的措施"。不仅如此,在磋商或谈判期间,通知国也不能进行此类行为。联合国国际法委员会编纂的《预防危险活动的跨界损害的条款草案》中也有类似规定,认定事先通知原则包含了通知国征得被通知国同意的义务。但是,在拉努湖案中,国际仲裁庭指出:"裁决不认为国家有义务必须在修建水利工程时征得有关国家的同意,这既没有国际惯例,也更不是一般法律原则,而是对国家主权的限制。"也就是说,通知国应尽到事先通知义务,但不必在征得被通知国同意后才能进行某项活动。有学者认为,这已经成为一项国际习惯,《国际水道非航行使用公约》试图作出变更,但很难取得成效。因为如果这样,通知国自主开发自然资源的主权(乌拉圭利用乌拉圭河本国沿岸的主权权利)将受到他国限制。

(二)阿根廷主张与不造成重大损害原则、预防原则

双方争议还在于,纸浆厂建设及其运营是否会对乌拉圭河及周边环境造成重大或不可逆的损害,进而给阿根廷造成环境和社会经济损害。双方的争议与国际环境法中不造成重大损害原则和预防原则有关。其中,"不造成重大损害原则"(No-harm Principle)来源于国际习惯法中相邻法的禁止损害原则,经特雷尔仲裁案确立,并经科孚海峡案、拉努湖案等判例不断重申,目前已成为国际环境法基本原则之一。对这一原则最重要的成文表述见于1972年《斯德哥尔摩宣言》第21项原则:"国家按照联合国宪章及国际法一般原则拥有按照其自身环境政策利用其自然资源的主权以及防止其在本国管辖与控制内的活动损害到别国环境或者非国家区域环境的义务。"《国际水道非航行使用公约》第7条第1款对这一原则进行了界定,提出了沿岸国"不造成重大损害的义务","水道国在自己的领土内利用国际水道时,应采取一切适当措施,防止对其他水道国造成重大损害"。这里的"重大损害"是指实质性的、严重的跨界损害

（客体可能是人、财产、环境），而非轻微的损害。"预防原则"（Precautionary Principle）是不造成重大损害原则的延伸。1992年联合国环境大会通过的《里约环境与发展宣言》第15条对预防原则进行了描述："为了保护环境的目的，国家应该根据其能力广泛采取预防性措施。在出现严重或不可恢复的损害威胁的情况下，国家不得以缺乏完全的科学上的确定性为由延迟采取高成本的防止环境恶化的措施。"这一原则强调，即使没有能力得出某项活动有害的结论性证据，国家也应采取措施终止足以导致风险的活动。

在本案中，阿根廷认为，乌拉圭境内纸浆厂项目的建设及可能的运营会危及乌拉圭河水质和沿岸的阿根廷环境，存在对环境造成重大危害的风险，因而要求乌拉圭停止纸浆厂建设活动，否则将对阿根廷造成环境损害和社会经济损害（对水质、渔业、沿岸、旅游业的影响）。因而，阿根廷请求国际法院在最终判决之前指示临时措施，要求乌拉圭中止纸浆厂项目。

但是，我们也应看到乌拉圭对纸浆厂项目实施了较严格的标准，要求两家外资（芬兰、西班牙）纸浆厂项目采用"可获得的最佳技术"，要求纸浆厂项目必须符合适用于2007年后欧洲所有纸浆厂遵循的欧盟综合污染预防和控制（IPPC）法令所规定的标准。同时，乌拉圭建立了环境监测体系，进行跟踪环境评估并及时通报乌拉圭河管理委员会和阿根廷。这些措施属于不造成重大损害原则所要求的必要而适当的预防措施。事实上，多次环境影响评估（乌拉圭政府、第三方专家）显示，两家纸浆厂对乌拉圭河只有低度危害性影响，并非重大的、不可逆的危害。投入运营后的污染物排放水平尚属于可控制范围之内，不构成严重污染。国际金融公司委托加拿大环境咨询机构 Ecometrix 公司进行评估并于2008年7月公布了环境评估报告。报告显示，Botnia 厂址和弗赖本托斯之间河段的水质与上游河段相比并未受到影响。所以，很难说乌拉圭的行为违反了不造成重大损害的原则，也不存在由纸浆厂项目建设造成的即期的"严重或不可恢复的损害威胁"。国际法院于2006年7月13日拒绝阿根廷要求中止纸浆厂项目建设的临时措施的请求时，认定阿根廷提供的资料不能证明纸浆厂造成重大损害或者即将造成重大损害。

然而，如果阿根廷以后遭受损害，只要能证明损害与纸浆厂建设或运营有关，就可以认定乌拉圭负有国际责任，因为这种环境损害属于国际法上不加禁止的行为造成的损害，习惯上适用无过错责任或者绝对责任。也就是说，即使乌拉圭的行为没有过失，也要对其行为承担责任。所以，虽然国际法院2006年7月13日的裁决也认为阿根廷的证据不够令人信服，但同时裁定，一旦后来的证据表明存在或即将造成重大危害，乌拉圭将承担一切后果。这是因为国际法院出于审慎原则，希望避免未来损害或者累计性损害。这也是当时阿根廷选定的特别法官劳尔·艾米利奥·比努埃萨（Raúl Emilio Vinuesa）（在法官合议时投了唯一的反对票）持有不同看法的原因。比努埃萨法官认为，纸浆厂项目具有高度风险性，有可能造成"迫切的"损害，而且Botnia纸浆厂将于2007年年底或2008年年初建成，等到国际法院结案可能贻误时机。

（三）国际桥梁、道路阻塞与阿根廷的国际责任

双方争议在于，阿根廷人阻塞两国之间国际桥梁和道路的行动是否给乌拉圭造成了损害，阿根廷是否因此对乌拉圭负有国际责任；这种阻塞行动是否给乌拉圭造成重大损害，延缓了Botnia纸浆厂工程的建设。国家如果从事了违反其应承担义务的行为，即从事了国际不法行为，就负有国际责任。这里的不法行为不仅包括国家机关或其授权的行为，还包括政府纵容私人进行的行为。根据詹宁斯、瓦茨修订的第九版《奥本海国际法》对国家为私人行为所负的转承责任的规定，"国际法对每个国家均加以义务，使其运用相当注意以防止其本国人民以及居住在其领土内的外国人对其他国家作侵害行为"。科孚海峡案也确立了类似的规则：一国不得允许其领土被用于从事损害其他国家利益的行为。

本案中，2005年2月以来，阿根廷瓜莱瓜伊丘环境大会等团体多次阻塞连接阿根廷和乌拉圭的国际道路和国际桥梁（乌拉圭2006年12月请求临时措施时，国际法院认定从2006年11月20日以来的阻塞行动）。2006年9月，南共市法庭在乌拉圭申请仲裁下认定，由阿根廷人进行的阻塞行动不合法，违反了南共市条约所规定的货物和服务自由流通规则。可以看出，虽然阿根廷表示没有鼓励，没有对实施阻塞行动的环保团体进行劝说，但这些环保团体的阻塞行动确实违反了阿根廷根据南共市条约对乌拉圭承担的义务。阿根廷因而对乌

拉圭负有国际责任。国际法院2007年1月23日拒绝乌拉圭要求指示临时措施请求时，没有对此进行表态。

尽管阿根廷对其境内团体的行为负有国际责任，但乌拉圭的主张也不尽合理。乌拉圭认为，两国之间的国际桥梁和道路遭到了"完全的、不受干预的阻塞"，事实上如阿根廷所言，这种阻塞是"短期的、部分的、仅限于当地的"。乌拉圭认为，该阻塞行动给本国造成了严重经济损害（如对旅游业的影响），对Botnia纸浆厂工程建设进度构成了即期的严重威胁。对此，阿根廷认为，旅游业与本案无关，而且两国在2006年第四季度增长都高于前三季度，短期的阻塞行动没有对两国经济造成影响。同时，Botnia纸浆厂工程如期进行，没有受到任何影响。对此，国际法院在2007年1月23日作出了有利于阿根廷的临时裁决，拒绝了乌拉圭指示临时措施的请求。国际法院认为，Botnia纸浆厂工程自2006年夏以来进展显著，没有证据表明工程进度受到阻塞行动的影响，阻塞行动也没有给乌拉圭造成迫切的、不可恢复的损害。

综上所述，阿根廷因本国团体针对连接阿乌两国的桥梁和道路的阻塞行动而对乌拉圭负有国际责任，乌拉圭批准纸浆厂项目并未违反不造成重大损害的原则，而乌拉圭是否违反了事先通知义务因而具有程序责任还存在争议，最终的判定取决于国际法院对事先通知义务进行怎样的理解。不过，就阿乌两国的争端，不仅要考虑是否会造成重大损害，还应顾及公平、合理，权衡各种因素。尽管纸浆厂项目会对乌拉圭河及周边环境造成一定影响，环境污染的风险仍然存在，但不能因此否定乌拉圭对自然资源开发的主权权利和正当社会经济需要。两个纸浆厂项目是该时期乌拉圭最大的投资项目，对该国经济发展、就业具有重要的促进作用。同时，阿根廷关于环保、可持续发展方面的担心也不是没有根据，而国际法院最后的裁决是终局性的，当事国不能上诉，因而最终的裁决可能还需要一段时间，以平衡、折中双方利益。

三、案件评析

本案中，国际法院以《规约》规定的保护乌拉圭河水域环境与生态的实质义务为基础来确定整个案件的基调。在判决中以及在审理过程的论理中，多数法官从预防原则和合理的注意义务推导出乌拉圭负有事先通知的程序义务，以及基于同样的注意义务，乌拉圭必须进行环评，以保护水源环境。国际法院虽然将跨境环评定位为习惯国际法上的义务，但多数法官都没有适用任何国际环境条约或是国际环境法上的原理、原则，反而仅仅仰赖国际法院过去的少数判决先例，且其推论过程完全没有正视相关国际环境条约或国际法上的原理、原则。

本案对中国也具有重要的启发意义。中国是一个多河流国家，有多条国际河流，涉及越南、朝鲜、俄罗斯、印度等19个国家，其中14个陆地接壤国人口约21亿，水资源量占中国水资源总量的接近一半。在这些国际河流中，中国多为国际共享水道的上游国。中国作为经济快速发展的大国，必然涉及跨界水资源的大量开发和利用问题。中国作为许多国际河流的上游国，在开发利用境内跨界水资源时，尤其是修建水电站或其他大规模调水项目时，要遵守相关的国际准则和国际法规则。

案例二：特雷尔冶炼厂案[①]

一、案情介绍

加拿大英属哥伦比亚省特雷尔附近的一个铅锌冶炼厂（距离美国边界十余公里），从1896年建成以来，该厂释放的大量硫化物使美国华盛顿州遭受大规模损害，特别是对庄稼、树木、牧场、牲畜和建筑物的损害极为严重。20世纪最初的几年，该厂硫化物年释放量高达每月近万吨。到1930年，该厂每天向大气中排放几百吨硫，二氧化硫的数量更是这个数字的两倍，还有其他的化学残渣。在初期，污染受害者曾多次向该冶炼厂提出私人赔偿要求，但这一问题显然不可能在任一国家的国内法范围内得到圆满解决。1925年，案件被重新提起，美国还成立了保护受害人协会，目的是取代单独申诉、签订集体协定。1927年，案件被正式提交给美国政府，美国政府向加拿大政府提出抗议。在以其他方式解决争端的尝试失败后，两国政府决定将争端提交仲裁，并于

---

① 参见中国政法大学国际法教研室编：《国际公法案例评析》，中国政法大学出版社1995年版，第22—24页。

1935年4月15日签署仲裁协议。仲裁庭于1938年和1941年两次作出裁决。在1938年的第一次裁决中,仲裁庭裁定特雷尔冶炼厂的烟雾对美国华盛顿州造成了损害,并裁决加拿大应支付7.8万美元作为美国所要求的自1932年1月1日至1937年10月1日之间特雷尔冶炼厂对美国土地造成的损害的"完全的和最后的补偿和赔偿"。裁定还宣布采取保全措施,要求特雷尔冶炼厂直至1940年10月1日避免造成损害,并命令为此实施临时制度,要求特雷尔冶炼厂提供必要的资料以便建立一个有效的永久制度和在过渡期间避免发生进一步的损害行为。在1941年第二次裁决中,仲裁庭作出一项有名的声明:"根据国际法以及美国法律的原则,任何国家都没有权利这样利用或允许利用它的领土,以致其烟雾在他国领土或对他国领土上的财产和生命造成损害,如果已发生后果严重的情况,而损害又是证据确凿的话。"正是因为这一主张,本案成为国家不损害国外环境责任的第一个重要司法判例。

二、主要法律问题

特雷尔冶炼厂案主要涉及跨界环境污染的法律问题。

跨界环境污染,是指产生于一个国家的污染对另一个国家的环境造成不利影响。最初它被视为两个主权国家之间的潜在冲突问题,现在人们已经越来越清楚地认识到环境保护应使整个生物圈受到保护。"跨界环境污染"的概念自提出以来不断得到扩展,1979年《长程越界空气污染公约》首次在多边条约中对"空气污染"和"长程越界空气污染"两个概念予以界定。其中,"长程越界空气污染"是指"其物质起源完全地或部分地位于一国管辖之下的区域,在位于一般不可区别个别排放源或排放源群的促成作用的距离之外的另一国的管辖之下的区域发生有害作用的空气污染"。根据国际法的一般原则,任何国家对其领土拥有排他管辖权。跨界环境污染的实质即是:当在一国领土上发生的行为对另一国的领土主权造成损害时,两个国家的权利之间发生了冲突。实际上,美国与加拿大两国政府签署的仲裁协议已经解决了跨界环境污染责任的原则问题。根据该仲裁协议第1条,加拿大政府保证向美国政府支付35万美元以赔偿特雷尔冶炼厂在1932年1月1日之前造成的损害。但是,仲裁委员会还必须回答如下四个问题:(1)特雷尔冶炼厂给美国华盛顿州造成的损害是否从1932年1月1日起发生的？如果是，加拿大对此应作出什么样的赔偿？（2）在对第一个问题作出肯定回答的情况下，特雷尔冶炼厂是否应避免在未来对美国造成损害？如果是，应控制在何种程度？（3）根据第二个问题，特雷尔冶炼厂应采取什么样的措施或制度？（4）如果有必要，加拿大应支付多少赔偿执行仲裁庭的裁决？

三、案件评析

特雷尔冶炼厂案是国际法历史上第一起跨国界环境责任案例，此后，1949年科孚海峡案、1957年拉努湖案和1974年法国核试验案等都体现了不损害国外环境责任之原则。目前，不损害国外环境责任原则已经得到很多环境条约的确认，如1951年《国际植物保护公约》、1972年《保护世界文化和自然遗产公约》、1992年《气候变化框架公约》和《生物多样性公约》等均规定了不损害国外环境责任。此外，还有很多国际软法文件承认了这一责任原则，如1972年《人类环境宣言》、1974年《各国经济权利和义务宪章》、1982年《世界自然宪章》等。

特雷尔冶炼厂案是成功的，它已经达到了仲裁庭所宣布的目的：平衡边界两边工业和农业的利益。把要求法庭掌握大量高度复杂的科学资料的争端交付仲裁解决，这种做法的可行性也已得到证实。双方同意设立一个仲裁庭决定相关制度，这本身就是一个有意义的发展，它表明传统的补救方法可以由为解决与当代大规模的工业有关的某些问题而采取的不同的和长期的措施所替代或补充。

但是，特雷尔冶炼厂案的重要意义远不限于此，本案宣布的两条原则构成了不可忽视的国家实践的先例。

第一，一国应对其危害他国环境的行为承担国家责任的原则，为跨国环境损害引起的国际纠纷的解决提供了基本原则。这是当时及时至今日独一无二的直接处理跨界环境问题的案件，因此，作为一个先例本案经常被提到，并被作为这方面的国家责任的指导原则。

第二，在国际责任之外，本案仲裁协议对于解决纠纷倾向于制定共同规章，即当事国进行合作。而仲裁庭针对第三个问题，根据它拥有的授权制定了非常全面的规章和与之配套的控制措施。仲裁庭要求当事国必须进行国际合作，将排放二氧化硫的程度限制到能适当防止损害的程度，并设立一个保证适应气候条件变化的调节系统；如果将来尽管恰当地保持这种制度仍发生了损害，对于发生的损害应予以赔偿，但应由两国政府来确定赔偿的数额。此外，特雷尔冶炼厂案仲裁裁决的惊人远见还体现在裁决的最后一句话：本庭一再表达这样的愿望，即今后各国政府着手从事的与本裁决所考虑的问题相关的研究（调查）应共同进行。这里非常清楚地表明：在一般国际法层次上，环境保护只能通过对实际遭受的损害的赔偿得到相对的保障，因此，必须超越这一层次，在不否定损害赔偿规则的用处同时，应逐步制定保护环境的特殊规则，促进有关国家之间的合作。

本案被誉为国际法历史上有关跨界环境损害责任第一案，它明确宣布了国家应对其管辖范围内的私人造成的跨界环境损害承担国家责任，对此后国际环境法的产生和发展产生了深远的影响。

推荐书目》

1. 林灿铃：《国际法上的跨界损害之国家责任》，华文出版社2000年版。
2. 贺其治：《国家责任法及案例浅析》，法律出版社2003年版。
3. 李寿平：《现代国际责任法律制度》，武汉大学出版社2003年版。
4. 邵沙平主编：《国际法院新近案例研究（1990—2003）》，商务印书馆2006年版。
5. 段洁龙主编：《中国国际法实践与案例》，法律出版社2011年版。
6. 李伟芳：《跨界环境损害国家责任研究》，知识产权出版社2013年版。

第五章
Chapter 5

国际争端解决法

案例导读

就赤道几内亚诉法国豁免和刑事程序案涉及的"外交使团派遣国如何在接受国境内有效设立其使馆馆舍问题",国际法院于 2020 年 12 月 11 日作出判决。国际法院院长优素福法官（President Yusuf）和塞布廷德法官（Judge Sebutinde）针对该判决发表了"个别意见"（separate opinions），国际法院副院长薛捍勤法官（Judge Xue Hanqin）、班达里法官（Judge Bhandari）、罗宾逊法官（Judge Robinson）和赤道几内亚选派的该案专案法官发表了"异议意见"（dissenting opinions）。该判决也是国际法院就该案作出的第二份判决。该案的第一份判决是由国际法院于 2018 年 6 月 6 日就法国的初步反对主张作出的。国际法院在其第一份判决中支持了法国的第一项反对主张,从而判定国际法院对于该案中赤道几内亚提出的其国家官员在法国享有刑事管辖豁免权的主张无管辖权。据此,虽然从名称上看,"赤道几内亚诉法国豁免和刑事程序案"似乎表明该案主要涉及国家官员的外国刑事管辖豁免问题,然而实际上国际法院就该案作出的判决并未对国家官员的外国刑事管辖豁免问题进行实质性的认定。特别是国际法院就该案的实体性问题作出的第二份判决,并未提及国家官员的外国刑事管辖豁免问题,而是围绕着该案中双方争议的另一个焦点问题，即外交使团派遣国如何在接受国境内有效设立其使馆馆舍的问题进行了论证。①

> **教学目标**

通过学习本章的内容，学生能够比较系统、全面地认识和把握国际争端解决法。本章学习重点包括了解和掌握国际争端的类型和特点、国际争端的政治外交解决方法、国际争端的法律解决方法以及国际组织在和平解决争端中的积极作用等。学生应当理解，由于利益冲突或对某种特定事实的观点不一致，国家之间不可避免会产生纠纷和争端。国际争端的存在，对国际和平与安全构成威胁。因此，正确、及时、公正和妥善地解决国际争端，对于消除冲突根源，降低战争风险和维护国际和平与安全都有着十分重大的意义。经过国际实践的长期积累，有关国际争端解决的原则、规则、机构、程序和方法已渐成体系，构成了国际公法的一个独立分支——国际争端解决法。

第一节 国际争端概说

一、国际争端的概念和特点

国际争端是国际社会中一种十分常见的现象，国际争端随着国家的产生、国家之间交往的出现和发展而出现和发展。② 国家之间常常由于利益冲突或对某种特定事实观点不一致和对立，不可避免会有纠纷和争端。国际争端的存在不利于正常国际关系的维持与发展，如果无法得到妥善和及时解决，就可能导

---

① See Immunities and Criminal Proceedings（Equatorial Guinea v. France），https：//www.icj-cij.org/en/case/163/judgments，visited on Dec. 16，2020. 另参见赵鹏：《赤道几内亚诉法国案：国际法院就使馆馆舍的设立问题作出判决》，载 2020 年 12 月 16 日"国际法律与政策"微信公众号。

② 参见邵津主编：《国际法（第五版）》，北京大学出版社、高等教育出版社 2014 年版，第 437 页。

致武装冲突甚至是战争。因此，正确、及时、公正地解决国际争端，对于消除冲突根源、减少战争危险、促进国家间友好关系、维护国际安全与世界和平都具有重大意义。

究竟什么是国际争端，这一问题不但涉及对"争端"概念的探讨，而且在解决争端的实际过程中经常成为争端各方的争议点，即在客观上是否存在争端这个问题本身就是个争端。例如，在国际法院审理的西南非洲案、北喀麦隆案和在德黑兰的美国外交和领事人员案等案件中，被告方都曾以"对方对争议标的无法律利益，因而双方间不存在争端"为由提出抗辩，试图否定国际法院对案件的管辖权。[①]

（一）国际争端的概念

在国际社会现实中，国际争端经常出现。正如英国国际法学者马尔科姆·肖（Malcolm Shaw）所指出的，在和平条约解释案中，国际法院认为是不是存在国际争端是一个需要客观判定的问题，而本案争端当事国在条约某些义务是否得到履行问题上的立场明显相反，这样就产生了国际争端。[②] 所谓国际争端，是指国际法主体（主要是国家）间因法律权利或政治利益的冲突而产生的立场观点对立和争执。国际争端通常可分为法律争端、政治争端和混合型争端。和平解决国际争端是现代国际法基本原则之一，是各国应当履行的一项国际法义务。

关于"国际争端"的定义，学界意见不一，分歧主要在两方面：争端主体和争端客体。有关争端主体，第一种意见认为只能是两个或两个以上的主权国家；第二种意见认为可能是两个或两个以上其中至少一方为国家的公认的国际法主体；第三种意见认为应是两个或两个以上公认的国际法主体；第四种意见则认为，除了国际法主体之间的争端外，一方为国际法主体，另一方为个人、私人团体等的争端也应包括在内。

至于争端的客体，或称"争端所涉的事项范围"，有学者认为它应被狭义

---

① 参见邵沙平主编：《国际法》，高等教育出版社 2017 年版，第 383 页。

② See Malcolm Shaw, *International Law*, 6th edition, Cambridge University Press, 2008, p. 1068.

地理解为"是由国际裁判来确定的法律关系",或称为"可裁判的争端""法律争端"。而多数学者则认为,争端所涉事项既可能是当事方法律权利的争端(法律争端),也可能是政治利益的争端,即有些学者所称的"非法律的、不可裁判的争端"。

从总体上来看,解决国际争端的方法主要有强制性方法和非强制性方法两大类。强制性方法包括反报和报复等,而非强制性方法又可进一步分为政治外交解决方法、法律解决方法和利用国际组织解决方法等。其中,政治外交解决方法包括诸如谈判、协商、斡旋、调停、调查与和解等具体方式;法律解决方法主要有仲裁和司法方法两种,近些年来在国际商事领域还经常利用所谓多元化争端解决方式。此外,利用国际组织解决国际争端的方法主要包括两种情况,一是在联合国大会、安理会等机构的直接主持下解决争端,二是利用区域机构和区域办法解决争端。然而,区域机构和区域办法的利用必须得到联合国安理会的授权并向联合国安理会报告。

(二) 国际争端的特点

国际争端和国内争端在法律性质上有着根本区别,根据已故著名国际法学者周鲠生先生的归纳,国际争端和国内争端之间起码存在以下两个方面的区别:

第一,在国内社会中,个人之上有共同的公共权力,即国家是私人间争端的最高裁判者;在国家之内,管制私人间争端有三个要素:(1)一般适用的法则;(2)适用法规的法庭;(3)执行法庭判决的公共权力。相比之下,国际社会在处理国家间争端方面,上述三个要素,尤其是后两个,一向(至少在《联合国宪章》制定以前)是欠缺的。国家是主权者,国家之上并没有也不可能有超国家的组织,可以像国家处理私人间关系一样管制国家间关系。

第二,国际争端比私人间争端更难解决。国际争端所涉利益特别重大,它不是关系当事者个人之事,而是与当事国国民有利害关系,争端解决的后果可能影响其国民后代的利益。因此,处理国际争端不能适用私人间争端的解决方法，而在国际法上有承认特殊的解决方法之必要。①

二、国际争端的种类

所谓法律争端，是指当事国各自的要求是以国际法为根据的争端。《国际法院规约》第36条第2款将其概括为四种情形：（1）条约之解释；（2）国际法之任何问题；（3）任何事实之存在，如经确定即属违反国际义务者；（4）因违反国际义务而应予赔偿的性质及其范围。

所谓政治争端，是指当事国之间由于政治利益的冲突引起的但不直接涉及法律问题的争端。

所谓混合型争端，是指既涉及当事国的法律权利，又涉及其政治利益的争端。国际争端大多属于此类混合型争端，因而需要利用多种办法加以解决。

三、解决国际争端的原则和方法

除了现代国际法意义上的一些和平解决国际争端的政治外交方法如斡旋、和解等以外，在传统国际法中解决国际争端的合法方法还有反报、报复、平时封锁、干涉以及战争。按西方传统国际法学者的广义理解，战争是最高等级的国际争端解决方法，是非和平的强制方法，而反报、报复、平时封锁和干涉则是次于战争的强制方法，也是和平的国际争端解决方法。

在传统国际法中，战争之所以被视为合法的国际争端解决方法，② 是因为"诉诸战争权"（*jus ad bellum*）一向被视为国家固有的权利。进入20世纪后，现代战争给人类造成的巨大灾难使人们的战争观有了重大改变，战争的法律地位发生了根本变化。战争作为解决国际争端和推行国家政策的合法手段被彻底废弃，反报、报复等四种次于战争的涉及武力或武力威胁的强制方法也受到国际法的严格限制，而"和平解决国际争端"则被确立为国际法中带有"强行法"（*jus cogens*）性质的现代国际法基本原则。

---

① 参见周鲠生：《国际法（下册）》，商务印书馆1976年版，第755—756页。
② 参见《国际公法学》编写组：《国际公法学（第二版）》，高等教育出版社2018年版，第440页。

虽然非战争的强制方法并不直接涉及战争行为,在传统理论上被视为和平的国际争端解决方法,但其中一些方法不仅常常有被滥用的风险,而且可能涉及使用武力或者以武力相威胁(虽然不是战争行为),这些都与《联合国宪章》宗旨原则及和平解决国际争端的基本原则存在不相容之处。

所谓反报,是指一国针对另一国的不礼貌、不友好或者不公平的行为还以同样或类似的行为。反报针对的是不友好行为而非不法行为,因此反报行为本身不应超出法律的限度。

报复又称"报仇",是指一国为制止另一国的国际不法行为或寻求补救而采取的强制措施。报复不同于反报,针对的是他国的国际不法行为而不是不友好行为,如果没有他国的不法行为的存在为前提,实施报复行为本身就有可能构成国际不法行为。

平时封锁是指在和平时期,一国或数国以武力封锁他国的港口或海岸,迫使被封锁国满足封锁国有关争端解决的要求。平时封锁如果是联合国安理会依《联合国宪章》第42条采取的一种集体执行行动,其合法性则不存在问题,但如果是争端一方单方面采取的行动,其合法性则存在争议。

总之,作为解决国际争端的主要方法,最适当的当然是非强制的和平方法,这也是《联合国宪章》七项原则和和平共处五项原则的要求。

关于和平解决国际争端的立场与实践,在中华人民共和国成立之后,尤其是改革开放以来,中国一直坚持和平自主的外交政策,主张国家不分强弱大小,一律通过平等协商解决彼此间的分歧和争端。在实践中,中国在坚持协商与谈判是解决国际争端首选方法的同时,对于法律方法或司法方法持开放和积极的态度。在中国看来,由当事方直接协商谈判解决争端是最简明和有效的方法,而第三方介入的效果却常常难以把握。有时,第三方介入能推动协商谈判的进程,起到很好的辅助效果。而在另一些场合,第三方的介入反而会使问题更加复杂化,更加难以解决甚至成为某些霸权国家插足和干涉国际事务的机会。在实践中,这种立场可以解读为:第一,中国对仲裁或司法解决国际争端持积极和开放的态度,不排除利用任何仲裁庭、国际法院或法庭以及准司法机制解决中国与他国间争端的可能。第二,对于经济、贸易、文化等领域中法律性较强、不涉及重大主权利益的争端，中国可以接受以仲裁、国际司法方法来解决。第三，仲裁和国际司法方法一般不适合用来解决涉及领土归属、国家尊严以及重大主权利益的争端。

第二节　解决国际争端的政治外交方法

一、谈判与协商

国家间处理争端的通常方法是通过外交途径直接谈判，对争端事项进行讨论协商，争取使争端得到和平解决。

谈判与协商二者间的区别是：（1）协商可以是在争端发生后进行的接洽，也可以是在争端发生前为避免争端进行的沟通过程；而谈判一般是在争端发生后进行的。（2）谈判双方地位虽然在法律上是平等的，但实力因素往往是主导性的；而在协商过程中，实力因素的介入程度较小。（3）谈判往往排除第三方的参与，而协商不排斥第三方的加入。（4）对谈判结果的遵守是出于法律上的承诺，其中法律约束的成分多而道义约束的成分少；而对协商结果的遵守更多是基于自愿和道义上的约束。国家间处理争端的正常方法是通过外交途径直接谈判，对争端的事项进行讨论协商，以求得争端的和平解决。

一般地讲，谈判是协调双方主张、求得争端解决的一种和平方法。无论是法律争端还是政治争端，对于谈判双方来讲并无区别。当事国就争端事项进行协商或妥协时，以何种形式进行争执以及在什么基础上加以解决，都可自由决定。由于谈判取得和平解决较其他解决方法更为灵活，许多国际条约都强调首先依靠外交途径通过直接谈判的方式解决争端。

在外交实践中，除了谈判、协商、斡旋和调停之外，还出现了所谓间接谈判，并在解决某些问题中发挥了重要作用。间接谈判是相对于直接谈判而言的，是指参加谈判的双方或一方当事人不直接出面参与外交谈判活动，而是通过中间人（委托人、代理人）进行谈判。近些年来，这种谈判形式在谈判中逐渐得到广泛运用。

二、斡旋与调停

争端当事国不愿或不能以直接谈判或协商方式解决其争端时,可以由第三方出面协助当事国解决,具体包括斡旋和调停。

所谓斡旋,是指第三方不介入具体的争端,主要运用外部手段促成争端当事国从事谈判以解决争端。在斡旋中,第三方一般是国家,但有时也可能是个人;可能是当事国一方委托第三方,也可能是第三方自愿进行斡旋。不论如何,斡旋完全是任意性质的,第三方并无对他国争端进行斡旋的法律义务,当事国也无必须接受第三方斡旋的义务,即使接受,也不影响其采取其他合法行动的自由。应该强调的是,从事斡旋的第三方的介入是极为谨慎的,不直接参加谈判也不提出任何解决方案,所做的仅仅是劝告当事国以及提供谈判场所、通信等事务性协助,其全部目的仅仅是促成当事国开始直接谈判。

与斡旋形成对照的是调停。调停也是经由第三方介入以解决争端的方法,不过调停中的第三方介入程度较深,调停人的作用不仅限于促成争端当事国开始谈判,而且以更积极姿态参与谈判,提出其认为适当的争端解决方案作为谈判基础,帮助解决争端。像斡旋一样,调停人既可是国家又可是个人,既可是当事国委托的又可是调停人自愿的,而且调停也完全是任意性质的。

三、调查与和解

一个国际争端的发生,常常是因事实不清造成误会所致,一旦事实真相得以澄清,则争端常常就可能得到解决。因此,调查方式的运用,对因事实不清引起的争端的解决具有特殊的价值。作为国际争端解决办法,调查源于1899年海牙和平会议通过的《和平解决国际争端公约》,但它当时仅是一种辅助方法,并不是一个独立的国际争端解决办法。1907年第二次海牙和平会议对《和平解决国际争端公约》进行了修订,调查方法相关条款得到补充,开始形成较独立的争端解决制度。具体如下:调查仅限于对事实真相的陈述,不涉及责任归属等任何主观价值判断;调查属任意性质,仅在情况允许时采用,当事国对调查报告并无接受的当然义务;调查委员会的组成以特别协定确立。

和解，又称"调解"，是指把争端提交一个非政治性的、中立的国际和解委员会，由委员会从多个角度去查明事实，在事实基础上提出报告和建议，促使当事国达成协议，以解决争端。

从性质上说，和解似乎是介于调查和仲裁方法之间的一种制度。调查的主要目的是澄清事实，不涉及解决争端的建议或判断，澄清事实后的解决方案悉听当事国自行决定。而对和解来讲，通过调查弄清事实只是第一步，更重要的是要在事实基础上提出报告和建议，积极帮助当事国达成协议。仲裁和司法方法都强调以法律为依据，而且裁决是有法律拘束力的，而和解报告无法律拘束力，虽然也要尊重事实和力求公允，但并不一定要以法律为依据。

第三节 解决国际争端的法律方法

除了上述解决国际争端的政治外交方法，还有解决国际争端的法律方法，主要包括仲裁和司法方法。

一、仲裁

与谈判、斡旋、和解等解决国际争端的政治外交方法不同，仲裁是和平解决国际争端的一种法律方法。仲裁，也被称为"公断"，是指争端当事国把争端交付给它们自行选择的仲裁者处理，并约定服从其裁决的争端解决方式。就现有的实践看，不同案件的仲裁虽然在起源、结构和权限等方面各异，但它们都具有以下共同特点：

第一，诉诸仲裁就意味着遵守裁决的义务，仲裁裁决对当事国有拘束力。应该说，"诉诸仲裁即承允遵守裁决"是一项久已确立的习惯国际法规则，遵行仲裁裁决，既是道义义务，也是法律义务。

第二，在仲裁案件中，案件当事国有相当大的自主权，它们虽然不能直接决定仲裁裁决的结果，但对仲裁过程仍有相当大的影响力。例如，仲裁庭通常只是为特定案件而设立，组成仲裁庭的仲裁员很大程度上由当事国自己选择，仲裁应在尊重法律基础上进行，而仲裁依据的规则（法律适用）是当事国选择的，仲裁程序也是由当事国自行确定的。

第三，仲裁裁决通常是终局性的。除非仲裁者有违反仲裁规则、越权、法律适用错误、受贿等行为，或者当事国间的仲裁协议对仲裁裁决的可上诉性事先作出了约定。

此外，争端当事国对仲裁庭所适用的实体法和程序法都有相当大的决定权，当事国在仲裁协议中所选择确立的实体法和程序法应优先适用，只有在当事国对法律适用未作约定时，才适用一般国际法或公允原则。最著名的例子如1872年阿拉巴马号案，仲裁庭适用的就是1871年英美就中立问题事前以协议确定的"华盛顿三原则"。

二、司法方法

（一）常设国际法院

国际联盟成立后，于1920年2月13日成立了由10国法学家组成的法学家委员会起草法院组织方案。法学家委员会于同年7月拟成《常设国际法院组织草案》并交国际联盟行政院和大会审议，大会于同年12月13日通过并于次日由行政院采用。依大会决议，《常设国际法院规约》以议定书方式提交各国签字和批准，至1921年9月，已有28国批准，《常设国际法院规约》正式开始生效。从常设国际法院于1922年成立并受理第一件咨询案起，到1946年正式解散时止，接受法院管辖某类争端的条约和声明，共有200多份。法院存续期间，共受理了66个案件，其中诉讼案计38件、咨询案28件。至1940年2月26日，纳粹德国军队占领海牙而致常设国际法院事实上停止活动时止，法院实际已就29个讼案作出了32份判决，发表了27份咨询意见，颁发了200道以上的院令，制定了大量法院规则和法院司法惯例并多次进行了修订。

（二）国际法院

1. 国际法院的创立

1942年，美、英两国宣布它们主张于战后建立或重建一个国际法院，而美洲国家法律委员会则建议扩大常设国际法院的管辖权。1943年，英国邀请在伦敦的同盟国国际法学家组成一个非正式的委员会研究这一问题。委员会于1944年提出报告，认为常设国际法院以往的工作很好，《常设国际法院规约》行之有效，应予保留作为战后新法院的基础。

1944年以后，同盟国对二战后普遍性国际组织的倡议，在美国华盛顿附近的敦巴顿橡树园会议通过的《关于建立普遍性国际组织的建议案》中得以明确。依该建议案，国际法院应为战后联合国的主要司法机关，其规约应成为《联合国宪章》的一部分，但该建议案对是保留常设国际法院还是另外创设一个新的法院未作结论。1945年旧金山会议对所有有关问题都作出了最后决定。

1946年1月31日，常设国际法院法官全体辞职。同年2月5日，联合国大会、安理会依照《国际法院规约》和《联合国宪章》分别平行选举了第一届法官。同年4月18日，新当选的法官在海牙和平宫集会，国际法院正式宣告成立。同时，旧的国际联盟在日内瓦集会，投票解散了国际联盟及常设国际法院，国际司法制度自此揭开了新的篇章。

2. 国际法院的组织体制

从性质上讲，国际法院是联合国的主要司法机构，同时也是一个由独立法官组成的国际司法组织。根据《国际法院规约》第3条，国际法院由15名法官组成，其中不得有两人为同一国家的国民。该规约第2条规定法官的选任条件是，"法官应不论国籍，就品格高尚并在各本国具有最高司法职位之任命资格或公认为国际法之法学家中选举之"。此外，该规约第9条规定，"应注意务使法官全体确能代表世界各大文化及各主要法系"。

符合条件的法官候选人，由常设仲裁法院的各国团体从仲裁员名单中提名产生。联合国大会和联合国安理会根据所提名单彼此独立地秘密投票选举法官，候选人要在两处都得到绝对多数票方会当选。法官任期9年，可连选连任，每3年改选5人。为保证法官的独立裁判，国际法院支付法官优厚薪俸，给予法官及其同户家属外交特权及豁免，但同时规定法官不得从事其他职业，并要求他们进行忠诚宣誓。

国际法院由法官秘密投票选举院长和副院长各一人,任期3年,可连选连任。同时,国际法院还设有书记处,由书记官长、书记处职员组成,负责国际法院日常行政事务以及应对其他特别需要。

3. 国际法院的管辖权

国际法院的管辖权分为诉讼管辖和咨询管辖两种,都涉及诉讼主体和案件范围等问题。

(1) 诉讼管辖权

关于国际法院诉讼案件的主体,《国际法院规约》第34条第1款规定:"在法院得为诉讼当事者,限于国家。"由此可见,只有国家才能向国际法院提起诉讼,个人、国际组织和其他实体都不是国际法院诉讼案件的合格主体。个人、法人等权益受到侵害时,只能通过本国政府向国际法院寻求司法救济。关于国际法院有权处理的案件范围问题,根据《国际法院规约》第36条,可分为三类:

第一,自愿管辖。争端发生后,当事国协商同意并自愿将案件提交国际法院处理,这种方式承认的管辖被称为"自愿管辖"。

第二,协定管辖。争端发生前,当事国在现行各种条约、协定中事先约定,遇有条约解释或适用方面的争端时,应提交国际法院解决。这类以协议方式事先约定的管辖被称为"协定管辖"。

第三,任择强制管辖。根据《国际法院规约》第36条第2款的规定,规约当事国可随时声明,对于接受同等义务的其他任何国家,承认国际法院对下列一切法律争端享有强制管辖权:(1)条约之解释;(2)国际法之任何问题;(3)任何事实之存在,如经确定即属违反国际义务者;(4)因违反国际义务而应予赔偿之性质及其范围。国际法院对此类案件的管辖权,既不是根据当事国自愿也不是依协议,而是根据当事国的事先声明来行使的,这种管辖权对国际法院来讲是强制性的,对当事国来讲则是任意选择承担的。

(2) 咨询管辖权

《联合国宪章》第96条规定:"(一)大会及安全理事会对于任何法律问题得请求国际法院发表咨询意见;(二)联合国其他机关及各种专门机关,对于

国/际/法/学/理/论/与/实/务

其工作范围内之任何法律问题，得随时以大会之授权，请求国际法院发表咨询意见。"从成立至今，国际法院共发表咨询意见 27 件。[①]

第四节　国际组织与国际争端的解决

一、联合国与和平解决国际争端

在《联合国宪章》第 1 条第 1 项中，"以和平方法且依正义及国际法原则，调整或解决足以破坏和平之国际争端或情势"被列为联合国的宗旨之一。和平解决国际争端不仅是联合国的一项基本原则和重要任务，同时也是会员国的一项共同义务。《联合国宪章》第 2 条第 3 项规定："各会员国应以和平方法解决其国际争端，避免危及国际和平、安全及正义。"《联合国宪章》不仅从宗旨和原则高度对和平解决国际争端进行了规定，而且在其他部分也进行了周密的制度设置，特别是《联合国宪章》第六章，更全部是关于和平解决国际争端的规定。

在联合国机构中，国际法院专门以司法方法解决国际争端，其他机构如联合国大会和安理会等在和平解决争端方面也拥有广泛的职能。其中，联合国安理会是联合国对维持和平与安全负有主要责任的机构，因而也是联合国解决国际争端，特别是那些有可能危及国际和平与安全的重大争端的负责机构。安理会的这种地位，来自《联合国宪章》第 24 条、第 25 条的规定：在维持和平与安全时，安理会应得到全体会员国的授权并代表全体会员国，并且安理会的决议是有拘束力的。可见，安理会在解决国际争端方面的权力是很大的。应当注意的是，按照传统和《联合国宪章》规定，和平解决争端首先是当事国的事，安理会只处于推动或协助地位，并且安理会在这方面的工作也不能宽泛至任何争端，而是只限于"足以危及和平与安全"的特别严重的争端。

[①] See International Court of Justice, Advisory proceedings, https://www.icj-cij.org/en/advisory-proceedings, visited on Feb. 18, 2021.

考虑到联合国的首要宗旨即为"维持国际和平与安全",在这方面负有主要责任(《联合国宪章》第 24 条)的安理会的重要地位不言而喻。中国著名国际法学家梁西先生称安理会是联合国内部"中央一级的""第一级机构"。① 英国的博威特教授在其《国际机构法》一书中也将安理会安排在联合国大会之前来讨论,② 似不无道理。

为了维持国际和平与安全,《联合国宪章》设计了两种主要办法,即和平解决争端(或称"促成和平",peacemaking)③ 与强制行动,并在第六、七两章中对安理会的一系列职权作出了具体规定。安理会的职权概括说来有以下几项:

(1)促请权。当出现足以危及国际和平与安全的争端时,安理会有权促请各当事国以和平方法解决争端(《联合国宪章》第 33 条)。当然,安理会所关注的并不是所有的国际争端,而只是那些"足以危及国际和平与安全"的争端。④ 换言之,安理会只关注那些性质严重的国际争端,即其继续存在将有可能危及国际和平与安全的维持。英国学者梅里尔斯认为:"在决定处理某一事项时,安理会可以采用比法庭上所用'争端'含义更广的概念。将这一点与第六章规定的应付'情势'或'争端'时所拥有的职权相结合,就可以看出,安理会的管辖权可以扩展至本质上会产生国际后果的一切事项。"⑤《联合国宪章》第 40 条规定:"为防止情势之恶化,安全理事会在依第三十九条规定作成建议或决定办法以前,得促请关系当事国遵行安全理事会所认为必要或合宜之

---

① 参见梁西:《国际组织法(〈现代国际组织〉增订版)》,武汉大学出版社 1993 年版,第 77 页。

② See D. W. Bowett, *The Law of International Institutions*, 4th edition, Sweet & Maxwell Ltd., 1982, pp. 26-41.

③ See Boutros Boutros-Ghali, An Agenda for Peace: Preventive Diplomacy, Peacemaking and Peace-keeping: Report of the Secretary-General Pursuant to the Statement Adopted by the Summit Meeting of the Security Council on 31 January 1992, p. 11.

④ See D. W. Bowett, *The Law of International Institutions*, 4th edition, Sweet & Maxwell Ltd., 1982, p. 34.

⑤ J. G. Merrills, *International Dispute Settlement*, Sweet & Maxwell, 1984, pp. 142-143.

临时办法"。关于该第 40 条中的"促请"是否具有强制性,有学者认为不能抽象地对此作出回答。在刚果问题上,三个决议被视为有强制性,因为秘书长关于适用《联合国宪章》第 25 条和第 49 条的总结得到了安理会 1960 年 8 月 9 日决议的确认,而该第 25 条和第 49 条均涉及安理会作出对全体会员国产生当然拘束力的"决定"。①

(2) 调查权。"安全理事会得调查任何争端或可能引起国际磨擦或惹起争端之任何情势,以断定该项争端或情势之继续存在是否足以危及国际和平与安全之维持"(《联合国宪章》第 34 条)。为完成本条规定的调查任务,安理会有权设立辅助性机构,但此种机构与《联合国宪章》第 29 条规定的辅助机构不同,因为第 29 条规定的是程序性事项,而第 34 条规定的是非程序性事项,安理会对争端进行调查和决定只有征得五个常任理事国的同意才得以进行。在这个问题上各方早在旧金山会议上就达成了一致。②

(3) 建议权。属于《联合国宪章》第 33 条所指之性质之争端或相似之情势,安理会在任何阶段都有权建议适当程序或调整方法(《联合国宪章》第 36 条)。此种建议权贯穿于《联合国宪章》第六、第七两章(第 37 条、第 38 条、第 39 条和第 40 条)。

(4) 判断权。《联合国宪章》第 39 条规定,"安全理事会应断定任何和平之威胁、和平之破坏或侵略行为之是否存在",而这种断定对于联合国全体会员国是有拘束力的。③ 有学者对此评论道:"第 39 条赋予安全理事会的权能是巨大的,按宪章可对之采取强制办法的那种不法事实只是含糊地予以规定的,该条赋予安全理事会以断定三种情况是否存在,而并未详细叙明这些事实。特别是前两个概念很不明确,安全理事会予以断定时享有广大范围的自由裁量权。但滥权的危险被否决权减弱。"④

---

① See D. W. Bowett, *The Law of International Institutions*, 4th edition, Sweet & Maxwell Ltd., 1982, p. 40.
② Ibid., p. 35.
③ 参见〔奥〕阿·菲德罗斯等:《国际法(下)》,李浩培译,商务印书馆 1981 年版,第 765—766 页。
④ 同上书,第 767 页。

(5) 执行权。为实施其决议以维持或恢复国际和平及安全,安理会有权"决定并采取包括武力以外之办法"以及"必要之空海陆军行动"在内的强制行动(《联合国宪章》第 41 条、第 42 条)。

从上述规定中可以看出:在维持国际和平与安全方面,安理会职权的实质是"实在的执行权"。安理会也是联合国组织体系中唯一有权采取行动来维持国际和平与安全的机构,[①] 因而可谓联合国的权力中心。既然安全理事会有权采取各种必要措施、行动以履行其职责,维持和平行动当然也应被包括在内。历史上绝大多数维持和平行动由安理会决定并采取的事实,也使这一点得到充分证明,而联合国改革的核心最终集中在安理会的扩大上也恰好说明这个机构的特殊重要性。

和平解决国际争端虽主要是安理会的责任,但联合国大会在这方面的权限也是广泛的。作为联合国的主要议事机构,根据《联合国宪章》第 10 条和第 12 条,除了安理会依《联合国宪章》正在处理的争端外,联合国大会可以讨论《联合国宪章》范围内的任何问题和事项。可见,在处理国际争端方面,安理会居于优先地位,联合国大会虽不能作出有拘束力的决议,但它所能讨论和涉及的问题却极为广泛,不像安理会那样受争端严重性的限制。联合国大会不是有行动权的机关,它在解决争端方面主要可以采取以下行动:

首先,联合国大会可讨论安理会、会员国或非会员国向联合国大会提出的"关于维持国际和平与安全的任何问题",就这些问题向安理会或会员国提出建议。在认为"情势足以危及国际和平与安全"时,得提请安理会注意。

其次,联合国大会可像安理会一样设立常设或临时机构对任何情势进行调查。

最后,联合国大会可就讨论或调查的结果作出决议,决议也可提出解决争端的方法和条件,但这类决议只有道义力量,不具有法律拘束力。

此外,联合国秘书长人选一般是在平衡多方利益后确定的,这就决定了秘

---

① 参见梁西:《国际组织法(〈现代国际组织〉增订版)》,武汉大学出版社 1993 年版,第 106 页。

书长在各方面都有良好的外交活动空间，更加上秘书长职位重要且有国际性，因此，在解决国际争端过程中秘书长是极佳的中间人。具体来讲，秘书长可以利用其工作地位密切关注各种情势，提请联合国有关机构和相关会员国重视。秘书长也可利用其中间人地位，在争端当事国之间或争端当事国与联合国之间展开谈判、调停、斡旋、和解等工作。在争端解决后，秘书长可以监督争端解决方案的执行情况。

二、利用区域机关或区域办法和平解决国际争端

应该说，区域机关或区域办法也属于联合国和平解决国际争端的方法和途径。虽然《联合国宪章》没有对区域机关或区域办法作出定义，但《联合国宪章》第八章对其利用有明确规定。一般来说，能以区域机关或区域办法解决的国际争端都具有区域性的特征，争端当事国和事由也都是区域性的，并且争端应当与区域和平与安全有关。作为某一区域机关或区域办法成员的当事国，有义务首先将争端提交区域机关或区域办法解决，只有在用尽区域机关或区域办法后，才可诉诸联合国安理会的争端解决机制。不过，这种安排不影响联合国安理会自己主动判断或调查争端情势的权利，也不妨碍有关国家向联合国大会或联合国安理会提请注意该情势的权利。通过区域机关或区域办法和平解决国际争端，可以是完全自主的，不需要联合国的授权或监督。但是，如果区域机关或区域办法的利用超出和平范畴而涉及执行行动，则必须取得联合国安理会的授权，除非区域机关或区域办法是根据《联合国宪章》第 107 条前敌国条款对二战中的任何敌国的重新侵略行为而采取的执行行动。即使取得了联合国安理会的授权，区域机关或区域办法仍要就其将要或正在采取的行动随时向联合国安理会作出充分的报告。目前，为联合国所经常利用的区域机关或区域办法主要有美洲国家组织、非洲联盟、阿拉伯国家联盟、东南亚国家联盟和欧洲安全与合作会议等。

案例一：北海大陆架案[①]

一、案情介绍

20世纪40—60年代，各国在大陆架划界问题上有多种理论和主张，莫衷一是，但是1969年国际法院的一项重要判决使这一情况发生了某些变化。联邦德国与丹麦、荷兰之间在北海大陆架划界问题上产生争端后，联邦德国与荷兰曾于1964年12月1日签订了《德荷条约》，联邦德国与丹麦于1965年6月9日签订了《德丹条约》。这两个条约确定了彼此间的部分边界线，主要适用等距离原则划界，但它们无法就这些点以外的边界线达成任何协议。丹麦和荷兰代表认为，划界应受它们称为"等距离—特殊情况规则"这一强制性法律规则的支配，该规则在1958年4月29日的日内瓦《大陆架公约》第6条中得到反映。根据该规则，如当事各方未就适用另一方法达成协议，所有大陆架边界应以等距离划分，除非经公认存在特殊情况。按照丹麦和荷兰的观点，就有关的两条边界线而言，德国北海海岸的形状本身未构成特殊情况。而联邦德国认为，无论如何，在类似北海这样的情况下，正确的规则是，有关国家应根据其海岸长度按比例拥有现有大陆架"公平合理的部分"。由于联邦德国的海岸是凹形的，其海岸线向内弯曲很大，如果按照等距离原则来划分大陆架对它很不利，只能给予它较为狭窄的大陆架区域，面积仅占北海海床的5%，而丹麦和荷兰则分别占10%和11%。联邦德国主张，等距离原则只有在直线海岸线的情况下才符合这种要求，否则，便属于特殊情况。在习惯国际法中没有等距离原则，而且用这种方法划分北海大陆架疆界对联邦德国来说是极不公平的。而丹麦和荷兰则坚持适用等距离原则划界。1966年，三国进行了进一步的谈判，但是未能使问题获得解决。1967年2月20日，联邦德国分别同丹麦和荷兰签订特别协定，将划分北海大陆架的争端提交国际法院解决。当事国要求国际法

[①] North Sea Continental Shelf Cases, Judgment, ICJ Reports 1969.

国/际/法/学/理/论/与/实/务

院指明应适用的国际法原则和规则,并承诺将按照国际法指明的原则、规则来协商划界。国际法院将两案合并审理,因为虽然从表面上看两案保持独立,但由于结论相同,所以法院对两案只作出一个单一的判决。1969年2月20日,国际法院以11票对6票作出判决,认为联邦德国没有义务在划分大陆架时接受等距离原则,划界应考虑一切有关情况,依照公平原则,通过协议来划定,使构成当事国陆地领土海底自然延伸部分的大陆架归其所有。国际法院未接受联邦德国的观点,同时也否定了丹麦和荷兰关于该项划界应依《大陆架公约》第6条的等距离原则加以解决的观点。国际法院认为,选取划界方法的一个先决条件是,按照公平原则,通过谈判,达成公平合理的协议。至于所涉及区域的划界究竟采用何种方法,是单独适用一种方法还是几种方法同时并用,则应视具体情况而定。但是,有一项原则是无可置疑的,即任何国家的大陆架必须是其陆地领土的自然延伸,而不得侵占别国领土的自然延伸。这是因为,沿海国对大陆架区域的权利是以它对陆地领土的主权为依据的,① 而这一点是公平原则的重要内涵。

国际法院认为,各当事国对其陆地领土自然延伸至海中及海底的那部分大陆架拥有原始权利,因而这不是分配或分享该区域的问题,而是对大陆架划界的问题。国际法院认定,该边界线将根据各当事国达成的协议,并按照公平原则划定,国际法院并指示了为此目的应予考虑的某些因素。

二、主要法律问题

丹麦和荷兰的代表认为,整个事项受它们称为"等距离—特殊情况规则"这一强制性法律规则的支配,该规则在《大陆架公约》第6条中得到反映。根据该规则,如当事各方未就使用另一方法达成协议,所有大陆架边界应以等距离线划分,除非经公认存在特殊情况。按照丹麦和荷兰的观点,联邦德国北海海岸的形状,就有关的两条边界线而言,本身未构成特殊情况。而联邦德国认为,无论如何,在类似北海这样的情况下,正确的规则是,有关国家应根据其

---

① 参见黄惠康、黄进编著:《国际公法国际私法成案选》,武汉大学出版社1987年版,第106—108页。

海岸长度按比例拥有现有大陆架"公平合理的部分"。

(一) 1958年4月29日《大陆架公约》第6条是否适用

国际法院认为，根据该公约的正式规定，它对在规定的期限内签署并在其后也批准该公约的任意国家有效。丹麦和荷兰均签署并批准了该公约，因而是其当事国，而联邦德国虽是该公约的签署国之一，但却从未批准该公约，因而不是其当事国。丹麦和荷兰承认，鉴于这种情况，该公约本身对联邦德国没有约束力。但它们坚持主张，因为联邦德国通过其行为、公开声明和宣告以及其他方式承担了该公约的义务，所以该公约第6条的规定对联邦德国具有约束力。

国际法院认为，显而易见，对于类似联邦德国情况的国家来说，只有非常确定而且一贯的行为才能够证明这些论点的正确性。当若干国家拟定一份公约，具体规定要以某特定方式来表示接受该公约制度约束的意思时，就不可轻率地推定一个尚未履行那些手续的国家却设法以其他方式接受其约束。同时，即使联邦德国批准了《大陆架公约》，它也有权依据该公约第12条之规定而对第6条提出保留。①

(二) 等距离原则是否为习惯国际法规则

在驳回丹麦和荷兰的论点时，国际法院认为，《大陆架公约》第6条规定的等距离原则，并未被国际法委员会作为正在形成的习惯国际法规则提出，因此不能说该条款反映或体现了这样的规则。此点已为事实所证实，即与第1、2和3条不同，任何国家在签署、批准或加入该公约时均可对第6条提出保留。该公约中某些其他条款，虽然与公认的习惯国际法范围内的事项有关，但未被排除在许可保留的规定之外，它们均与远早于该公约的一般海事规则相

---

① "Furthermore, had the the Ferderal Republic ratified the Geneva Convention, it could have entered a reservation to Article 6, by reason of the faculty to do so conferred by Article 12 of the Convention". See Summaries of Judgments, Advisory Opinions and Orders of the International Court of Justice, North Sea Continental Shelf Cases, Non-Applicability of Article 6 of the I958 Continental Shelf Convention (p. s. 21-36 of the judgment) ICJ Judgment of 20 February 1969, https：//www.icj-cij.org/public/files/case-related/51/5537.pdf, visited on Dec. 6, 2020.

关，而且仅附带涉及大陆架权利。该公约提及这些规则只是为了确保，行使大陆架权利不会使其受到侵害。但是，该公约第 6 条却直接与大陆架权利有关，而且因为它未被排除于许可保留的规定之外，因而可以合理地推断，它不被视为反映了正在形成的习惯国际法。

丹麦和荷兰的代表认为，虽然在《大陆架公约》签订之日并不存在赞同等距离原则的习惯国际法规则，但在该公约之后仍然产生了这样的规则，其原因部分在于公约本身的影响，部分在于其后的国家实践。国际法院指出，参加某项公约的广泛性和代表性或可表示，某项公约的规则已成为一项国际法的一般规则，但在本案中，迄今为止批准和加入的国家数目并不够。至于时间因素，虽然短短的一段时间并不足以妨碍在原先纯属协议规则的基础上形成一条新的习惯国际法规则，但必要的是，在那一时期的国家实践，包括其利益受到特别影响的国家实践，在所援引的条款意义上，应该既广泛又实际上统一，而且实践的方式应该表明多国普遍承认涉及一项法律规则。在当事国列举的约 15 个案例中，有关国家已同意按等距离原则划分边界或已经按此原则划分了边界，但并无证据表明，它们之所以如此行事是因为感到法律上要求根据习惯国际法的规则而按此方法划界。因此，国际法院认为，如果《大陆架公约》在其发端或开始时没有宣告等距离原则是习惯国际法的强制性规则，那么其后的效力也就不能构成这种规则，而且迄今为止的国家实践在这方面也是不充分的。

（三）在本案中可适用的法律原则和规则

国际法院认定，在本案中当事国均无义务适用等距离原则划界；没有任何一种划界方法是在所有情况下都必须适用的；划界应根据公平原则并在考虑所有有关情况下通过协议实施，并尽量为各方留下构成其陆地领土自然延伸的所有大陆架部分，而不侵犯另一方陆地领土的自然延伸部分；如此划界产生互相重叠的区域，则应以当事各方商定的比例划分，或者如未达成协议，则应平均划分，除非它们决定实行共同管辖、使用或开发的制度。

三、案例评析

国际法院关于北海大陆架案的判决是国际法上的一个经典案例，它不仅进一步阐明了国际法院在 1950 年庇护权案的判决中有关认定国际习惯的观点，而且它所提出的有关自然延伸的理论,以及大陆架划界应根据公平原则并通过协议实施的原则对各国的实践产生了深远影响,并被 1982 年《联合国海洋法公约》接受。

如果要对公平原则在北海大陆架案之后的后续发展作出综合评价,就必须考察《联合国海洋法公约》制定的整个过程。在第三次联合国海洋法会议期间,在"相邻或相向国家间专属经济区和大陆架的划界"问题上,形成了两个对立的利益集团,即"公平原则集团"和"中间线集团"。前者主张应根据公平原则通过协议划定,适当时可采用中间线或等距离线,但要顾及各种特殊情况;后者则主张中间线或等距离线是划界唯一的合理原则。在小组讨论中,公平原则集团国家还认为,世界各地海域情况十分复杂,如海岸线的曲折变化、海底地貌特征和岛屿分布等地理因素以及各种历史因素,这些因素在划界时都必须全面考虑,只有依照公平原则并通过协议,才能合理解决。中间线或等距离线只是一种划界方法,并非唯一的方法,只有在符合公平原则的前提下才能采用。这些国家认为,《大陆架公约》在划界问题上虽然强调中间线和等距离线,但公约签订以来各国大陆架划界的实践表明,一项具体规则(如等距离原则)不可能在一切或大多数情况下导致公平合理的结果。[①] 1982 年《联合国海洋法公约》第 83 条第 1 款规定:"海岸相向或相邻国家间大陆架的界限,应在国际法院规约第三十八条所指国际法[②]的基础上以协议划定,以便得到公平解决。"因此,结合海洋法理论与实践的发展,有学者认为,在大陆架划界问题上,"公平原则是大陆架划界最适宜和最基本的原则,距离标准不能否定和取代自然延伸原则"[③]。《中华人民共和国专属经济区和大陆架法》第 2 条第 3 款规定:"中华人民共和国与海岸相邻或者相向国家关于专属经济区和大陆架的

[①] 以上有关制定《联合国海洋法公约》的背景资料参见沈韦良、许光建:《第三次联合国海洋法会议和海洋法公约》,载中国国际法学会主编:《中国国际法年刊(1983 年)》,中国对外翻译出版公司 1983 年版,第 417—418 页。

[②] 在《国际法院规约》第 38 条中,司法判例是一种补充渊源。大多数国际法学者都将《国际法院规约》第 38 条视为对国际法渊源的权威解释。

[③] 王宗来:《大陆架划界实践的总体回顾与研究》,载中国国际法学会主编:《中国国际法年刊(1990 年)》,法律出版社 1991 年版,第 181—183 页。

国/际/法/学/理/论/与/实/务

主张重叠的，在国际法的基础上按照公平原则以协议划定界限。"这与《联合国海洋法公约》第83条的规定是一致的，表明中国也主张采用公平原则解决大陆架划界争端。①

案例二：核武器案②

一、案情介绍

（一）基本案情

世界卫生组织（World Health Organisation，WHO）自20世纪50年代初开始研究电离辐射的问题。由于该问题是与核战争相关联的，是大国武装冲突的一个方面，1979年以后，WHO转向研究核战争对健康和健康服务产生的影响问题。20世纪90年代后，除对该问题的技术和政治方面进行研究外，WHO又增加了对法律和环境影响的考虑。WHO有190个成员，在此问题上观点大相径庭，无法达成一致的意见。尽管WHO的法律顾问认为该问题不在该组织的工作范围之内，但是在一些成员国和防止核战争国际医生联合会以及世界公共卫生协会的促使下，世界卫生大会仍于1993年5月14日通过第46/40号决议，请求国际法院在对健康和环境产生的影响方面，就一国在战争或其他武装冲突中使用核武器是否违反该国的国际法义务问题发表咨询意见。这就是核武器案的第一部分。此后，联合国大会又以同样的问题请求国际法院发表咨询意见，虽然请求发表法律意见的问题有细微区别。

联合国大会其实早就把核武器问题作为大会的重要议题，自20世纪60年代初起联合国大会通过了一系列决议，宣布使用核武器是违反《联合国宪章》并且是反人道的罪行。联合国大多数会员国认为，只有完全消除核武器，才能保证人类不受核战争的威胁。在WHO向国际法院请求发表咨询意见后，联合国大会也于1994年12月15日通过决议，请求国际法院就"国际法是否允许

---

① 参见吴继陆：《中国海洋执法的制度与实践》，载高之国、贾宇、张海文主编：《国际海洋法问题研究》，海洋出版社2011年版，第29页。

② Legality of the Use by a State of Nuclear Weapons in Armed Conflict, Advisory Opinion, ICJ Reports, 1996.

在任何情况下以核武器相威胁或使用核武器"的问题发表咨询意见。

(二)"一国在武装冲突中使用核武器的合法性"咨询意见

1993年5月14日世界卫生大会通过第46/40号决议,请求国际法院对下述问题发表咨询意见:"鉴于核武器对健康和环境产生的巨大影响,一国在战争中或其他武装冲突中使用核武器是否违反其根据国际法(包括《世界卫生组织组织法》)所负的义务?"

1996年7月8日,国际法院在公开庭上发表其咨询意见,以11票对3票裁定:"国际法院不能就世界卫生大会1993年第46/40号决议的请求发表咨询意见。"国际法院作出此项决定所依据的理由可概述如下:

国际法院指出,基于其规约第65条第1款和《联合国宪章》第96条第2款的规定,联合国一专门机构在请求国际法院发表咨询意见时,必须符合三个条件,才能建立国际法院对其请求的管辖权。这三个条件是:(1)提出请求的机构必须按《联合国宪章》的规定取得能向国际法院请求发表咨询意见的适当授权;(2)所请求发表意见的问题必须是法律问题;(3)这一法律问题必须属于该机构的工作范围。

关于第一个条件,《世界卫生组织组织法》第76条规定:根据联合国大会的授权或根据该组织和联合国间签订的协定的授权,该组织可就其组织职能范围内引起的问题,向国际法院请求发表咨询意见。1948年联合国与WHO缔结的《关系协定》第5条第2款规定,联合国大会授权WHO,可就其与联合国或其他专门机构相互关系以外的其职能范围内的法律问题向国际法院请求发表咨询意见。因而,国际法院认为,WHO无疑得到了向国际法院请求发表咨询意见的授权,而且此授权符合《联合国宪章》第96条第2款的规定。因此,国际法院断定,根据《世界卫生组织组织法》第76条和1948年联合国与WHO《关系协定》第10条第2款,该机构无疑曾按《联合国宪章》第96条第2款被适当授权向国际法院请求发表咨询意见。

关于第二个条件,国际法院认为WHO所提问题确实构成法律问题。这是因为,国际法院为裁定所提的问题,必须识别各国依所援引的法律规则承担的义务并评估有关行为是否符合这些义务,从而在法律基础上对所提的问题作出答复。针对一些国家在它们书面和口头陈述中主张的关于 WHO 所提问题是政治问题的观点，国际法院指出：如同国际生活中产生的许多问题，WHO 提出的问题有其政治方面，但这并不足以使其失去法律问题的性质和"剥夺法院由其规约明文授予的权限"；同样，请求发表咨询意见也许出于某种政治动机或者国际法院发表的意见可能具有政治影响，所有这些都与确立国际法院发表咨询意见的管辖权毫不相关。关于什么样的问题是法律问题，国际法院认为其在西撒哈拉案中已有说明："以法律用语写成并引起国际法问题……依其性质可根据法律来回答的问题"是"具有法律性质的问题"。国际法院认为，WHO 提出的问题是一个法律问题，因为该组织要求国际法院就对健康和环境而言，断定一国在战争中或其他武装冲突中使用核武器是否符合国际法（包括《世界卫生组织组织法》）。为此，国际法院必须认定依有关法律规则各国有何义务，评估使用核武器是否符合那些义务，从而对基于法律提出的问题给予回答。

关于第三个条件，国际法院认为虽然根据其组织法，WHO 被授权处理核武器使用或任何其他危险活动对人民健康产生的影响并采取旨在保护健康的预防措施，本案涉及的问题不是关于核武器使用对健康的影响，而是其影响健康和环境是否合法。WHO 提请国际法院发表咨询意见的决议的序言中明确提到，该组织的职能限于：指导和协调国际卫生工作，提出制定公约、协定和规则的建议；作出有关国际卫生问题的建议；在需要时与其他专门机构合作，从预防和救治的观点出发，就影响公共健康和医疗的行政、社会措施进行研究和作出报告；采取一切必要行动达到本组织的目标。国际法院认为："这些职能与提交法院的问题之间没有充分的联系，以使该问题能被认定为 WHO 活动范围内事项引起的问题。损害人类健康的原因多种多样，这些损害健康的原因是否合法对该组织为补救这种影响而必须采取的措施来说是无关紧要的，尤其是使用核武器是否合法绝不会影响 WHO 采取对防止和治疗核武器所产生的一些后果可能是必要的那些有关健康或其他问题的特别措施。无论核武器是否被合法使用，它们对健康产生的影响是相同的。同样，使用核武器也可能严重危害 WHO 在这种事件突然发生时提供一切必要服务的实际能力，如隔离受影响的区域，但这不是《联合国宪章》第 6 条第 2 款意义范围内的该组织活动范围内事项引起的问题。提交法院的问题中提到的对健康和环境产生的影响,正如该组织所说,在使用核武器时总是要发生的,这不能就使该问题纳入世界卫生组织的职能范围。"国际法院进一步指出,WHO只能在其组织法第2条限定的职能范围内采取主要的预防措施。

国际法院指出,WHO处理那些影响之权限,无论如何都不取决于导致产生那些影响的行为是否合法。国际法院还指出,与国家不同,国际组织不拥有一般化权限,而是受专业原则支配。WHO是一种特殊类型的国际组织,即组成联合国体系的专门机构。国际法院的结论是:WHO的职责必定限于公共健康领域,不能侵犯联合国体系其他部分的职责;毫无疑问,关于使用武力、调节军备和裁军这些问题属于联合国权限的范围,但处于专门机构权限之外。因此,WHO向国际法院请求发表咨询意见不是该组织工作范围内产生的问题。基于上述理由,国际法院认为WHO提出的问题不是该组织组织法规定的工作范围内事项引起的问题。WHO的报告、1993年第46/40号决议序言中提到的决议和该决议本身都不能被用来表明确立了下述实践:经该组织成员同意,将该组织组织法解释为授权其处理使用核武器是否合法问题。国际法院也不认为从世界卫生大会某些决议的段落中能推论出这一实践。因而,国际法院以11票对3票决定它不能对WHO提出的问题发表咨询意见。

(三)"以核武器进行威胁或使用核武器的合法性"咨询意见

1994年12月15日,联合国大会通过第49/75K号决议,题为"请求国际法院对以核武器进行威胁或使用核武器的合法性发表咨询意见"。决议决定,根据《联合国宪章》第96条第1款,大会请求国际法院"紧急对下列问题发表咨询意见:'国际法是否允许在任何情况下以核武器进行威胁或使用核武器?'"

国际法院在其1996年7月8日公开庭上宣读的咨询意见中指出,为答复联合国大会的问题,国际法院必须考查大量的国际法规范并决定哪些规范可能是有关的可适用法律。国际法院首先考查关于使用核武器违反1966年《公民权利及政治权利国际公约》第6条的观点,指出核武器造成的生命丧失应否被视为违反该公约第6条所指的被专断地剥夺生命,应参照适用于武装冲突的法律加以判断，不能以该公约本身的规定加以推定。关于使用核武器违反1948年《防止及惩治灭绝种族罪公约》的观点，国际法院指出，如果一国使用核武器具有该公约第2条所要求的矛头针对一群体的蓄意，灭绝种族罪会是恰当的；但这只有对每一案情作具体考查才能得出结论。关于使用核武器违反国际环境法的主张，国际法院认为，现行国际法中保护环境的法规没有具体禁止核武器使用，但指出在执行适用于武装冲突的法规和原则时应予考虑的重要环境因素。鉴于以上各项考虑，国际法院认为与联合国大会提出的问题最直接相关的可适用法律是：(1)《联合国宪章》中关于使用和威胁使用武力的规定；(2) 适用于武装冲突的法律，包括国际人道法和中立法；(3) 关于核武器的有关条约。国际法院还指出，在适用以上法律于本案时，必须考虑到核武器之独有的特征，尤其是其破坏能量、致使人类无限痛苦的能量以及对后代造成损害的能力。

（四）国际法院咨询意见

根据以上三方面的具体考察，国际法院在其意见书最后一段中对联合国大会提出的问题具体答复如下：

(1) 全体一致认定："不论是习惯国际法还是协定国际法中都没有关于以核武器进行威胁或使用核武器的具体授权。"

(2) 以 11 票对 3 票认定："不论是习惯国际法还是协定国际法中都没有任何全面和普遍禁止这种以核武器进行威胁或使用核武器的规定。"

(3) 全体一致认定："在违反《联合国宪章》第 2 条第 4 款和不符合第 51 条全部要求的情况下以核武器进行威胁或使用核武器是非法的。"

(4) 全体一致认定："以核武器进行威胁或使用核武器还应符合适用于武装冲突的国际法的要求，尤其是国际人道法原则和规则的要求，并应符合专门涉及核武器的条约和其他承诺的义务。"

(5) 以 7 票对 7 票、经院长投票决定："根据上述各项要求，以核武器进行威胁或使用核武器一般是违反适用于武装冲突的国际法规则，尤其是人道法原则和规则。""但是鉴于国际法目前的状况和法院可资用的事实要素，法院对一国在生死关头、处于极端自卫情况下以核武器进行威胁或使用核武器是合法或不合法，不能作出确定结论。"

(6) 全体一致认定："各国有义务真诚地进行并完成谈判，以便在严格有效的国际管制下实现一切方面的核裁军。"

二、主要法律问题

(一) 核武器案与国际法院的咨询管辖权

依据《联合国宪章》第96条之规定："（一）大会或安全理事会对于任何法律问题得请求国际法院发表咨询意见；（二）联合国其他机关及各种专门机关，对于其工作范围内之任何法律问题，得随时以大会之授权，请求国际法院发表咨询意见。"由此可以看出，在国际法院的咨询案中，合格的主体主要是两大类：一类是有直接请求权的，这仅限于联合国大会和安理会，这两个联合国主要机构可以就任何法律问题请求国际法院发表咨询意见；另一类是无直接请求权的，主要包括联合国的其他机构或专门机构，它们仅在获得联合国大会授权时才成为适格主体，而且它们能够请求国际法院咨询管辖的案件范围也有限制，即仅限于其工作范围内的法律问题。

前述世界卫生大会请求国际法院就核武器问题发表咨询意见的案件表明，即使国际法院接受了请求，但是如果所提问题超越了请求发表法律意见主体机构的工作范围，国际法院有权拒绝提供咨询意见。相比较而言，诉讼案件的主体是国家，而咨询案件的主体仅限于联合国内部机构（包括主要机构和专门机构）；国际法院诉讼管辖的范围较宽泛，而咨询管辖的范围则是特定的。

从效力方面来考察，国际法院对诉讼案件的判决是有法律拘束力的，是国际法渊源的重要补充渊源。一方面，虽然《国际法院规约》第59条声称"法院之裁判除对于当事国及本案外，无拘束力"，但是以后碰到类似案件，国际法院和诉讼当事国甚至国内法院都会援引国际法院以往在判例中阐明的理论和实践来寻找于己有利的法理和判例支持。另一方面，国际法院发表的咨询意见只是权威的法律参考，本身并无拘束力。不过，一般在寻找国际法渊源时，人们总会把国际法院的咨询意见放在较为重要的位置，因为它至少代表了国际法院对有关国际法问题的看法和对发展趋势的基本判断。

（二）各国在核武器问题上的立场观点与国际法院的意见

根据国际法院的命令，30多个国家向国际法院提交了书面陈述，一些国家还提交了书面评论。1995年10月30日至11月15日，国际法院听取了WHO和22个国家的代表的口头陈述，其中很多国家都主张国际上已有禁止使用核武器的条约法和习惯法，在任何情况下以核武器相威胁或使用核武器都是违法的，因为核武器的使用会伤害平民、对战斗员造成过分的伤害和痛苦以及污染环境等。而美国、英国、法国、俄罗斯等核大国则认为，不存在禁止使用核武器的条约和习惯国际法，在某些情况下如进行自卫、报复时，以核武器相威胁或使用核武器是合法的。

1996年7月8日，国际法院以"世界卫生组织提出的问题与该组织的工作范围无关"为由，拒绝对该组织提出的问题发表咨询意见。但是，国际法院接受了联合国大会的请求并给出咨询意见：习惯国际法和条约国际法都未特别准许也未全面、普遍地禁止以核武器相威胁或使用核武器；违反《联合国宪章》第2条第4项的规定以及不符合第51条的所有要求使用核武器进行武力威胁或使用核武器是非法的；以核武器相威胁或使用核武器也应符合适用于武装冲突的国际法的要求，尤其是那些国际人道法原则和规则，以及明确涉及核武器的条约义务和其他承诺；以核武器相威胁或使用核武器总的来说是违反适用于武装冲突的国际法规则的，尤其是违反人道主义法的原则和规则；但是就国际法目前的状况和国际法院所掌握的事实情况而言，国际法院对于在危及一国的生死存亡时进行自卫的极端情况下，以核武器相威胁或使用核武器是否合法不能作出确定的结论；各国有义务为达到在严格有效的国际管制下全面核裁军真诚地进行谈判。

三、案例评析

在一些成员国和防止核战争国际医生联合会、世界公共卫生协会的促使下，世界卫生大会于1993年5月14日通过第46/40号决议，请求国际法院在对健康和环境产生的影响方面，就一国在战争或其他武装冲突中使用核武器是否违反了该国的国际法义务问题发表咨询意见。在WHO向国际法院请求发表咨询意见之后，联合国大会也于 1994 年 12 月 15 日通过决议，请求国际法院就国际法是否允许在任何情况下以核武器相威胁或使用核武器的问题发表咨询意见。根据国际法院的命令，30 多个国家向国际法院提交了书面陈述，一些国家还提交了书面评论。

1995 年 10 月 30 日至 11 月 15 日，国际法院听取了 WHO 和 22 个国家的代表的口头陈述，其中很多国家都主张国际上已有禁止使用核武器的条约法和习惯法，在任何情况下以核武器相威胁或使用核武器都是非法的，因为核武器的使用会伤害平民、对战斗员造成过分的伤害和痛苦、污染环境等。而美国、英国、法国和俄罗斯等核大国则认为不存在禁止使用核武器的条约法和习惯国际法，在某些情况下，如进行自卫、报复时，以核武器相威胁或使用核武器是合法的。

1996 年 7 月 8 日，国际法院认为使用核武器是否合法与 WHO 的职能无关，遂以 WHO 提出的问题与该组织的工作范围无关为由，拒绝对该组织提出的问题发表咨询意见。WHO 向国际法院提出的问题不是关于核武器使用对健康的影响，而是就健康和环境而言，使用核武器是否合法。国际法院认为，无论那些影响是什么，WHO 处理它们的职能都不取决于造成那些影响的行为的合法性，因而国际法院认为，《世界卫生组织组织法》第 2 条的规定不可被理解为赋予该组织处理核武器合法性问题和向国际法院提出这一问题的权利。国际法院认为，无论核武器是否被合法使用，它们对健康产生的影响是相同的。事实上，WHO 提出请求的本来意图在于促使国际法院表明使用核武器、以核武器相威胁是非法的。然而，国际法院的法官们刻意回避了问题的实质部分，得出使人不得要领的结论。虽然国际法院拒绝了 WHO 的请求，但是却接受了联合国大会提出的同样请求。

就联合国大会起初的请求，国际法院发表的意见是：习惯国际法和条约国际法都未特别准许也未全面、普遍地禁止核武器的威胁和使用；违反《联合国宪章》第 2 条第 4 项的规定以及不符合第 51 条的所有要求使用核武器进行武力威胁或使用核武器是非法的；以核武器相威胁或使用核武器也应符合适用于武装冲突的国际法的要求，尤其是那些国际人道主义法原则和规则，以及明确涉及核武器的条约义务和其他承诺；以核武器相威胁或使用核武器总的来说是违反适用于武装冲突的国际法规则的，尤其是违反人道主义法的原则和规则；但是就国际法目前的状况和国际法院所掌握的事实情况而言，国际法院对于在危及一国的生死存亡时进行自卫的极端情况下，以核武器相威胁或使用核武器是否合法不能作出确定的结论；各国有义务对达到在严格有效的国际管制下全面核裁军真诚地进行谈判。①

有西方学者认为，主张认定核武器违法的一方强调自然法的重要性，敦促国际法院要超越国际实在法规则。马尔顿条款②支持这一立场，因为该条款暗示武装冲突法不仅提供了实在的法律规范，而且提供了道德规范。它确保较小国家以及国际社会的个别成员的意见也可以影响武装冲突法的发展。武装冲突法的体系和发展不应只反映军事大国的主张，也应反映整个国际社会的意见，这一点是至关重要的。

推荐书目

1. 梁西：《梁西国际组织法（第七版）》，杨泽伟修订，武汉大学出版社2022年版。

2. 邵沙平主编：《国际法院新近案例研究（1990—2003）》，商务印书馆2006年版。

3. 〔美〕汉斯·凯尔森：《国际法原理》，王铁崖译，华夏出版社1989年版。

4. 〔奥〕阿·菲德罗斯等：《国际法（上、下）》，李浩培译，商务印书馆1981年版。

---

① 参见凌岩：《国际法院关于核武器的使用和威胁是否合法的咨询意见》，载中国国际法学会主编：《中国国际法年刊（1996年）》，法律出版社1997年版，第313—315，317页。See also Marco Sassoli & Antoine A. Bouvier (eds.), *How Does Law Protect in War? —Cases, Documents and Teaching Materials on Contemporary Practice in International Humanitarian Law*, Geneva, International Committee of the Red Cross, 1999, pp. 556-570.

② 国际人道法中的一条重要而特别的原则。在国际协定没有规定的情况下，平民和战斗员仍然受来自既定习惯、人道原则和公众良心要求的国际法原则的保护和支配。

5.〔英〕M. 阿库斯特：《现代国际法概论》，汪瑄等译，中国社会科学出版社1981年版。

6.〔英〕J.G. 梅里尔斯：《国际争端解决（第五版）》，韩秀丽等译，法律出版社2013年版。

思考题 》》

1. 请说明国际争端的概念和特点。
2. 解决国际争端的政治外交方法有哪些？相互间有何区别？
3. 仲裁和司法方法之间有何异同？
4. 试述国际法院的职权及其诉讼程序。
5. 试述联合国在和平解决国际争端中的重要地位和作用。
6. 试述中国在和平解决国际争端问题上的立场与实践。

第二编

国际私法

第六章
Chapter 6

国际私法总论

案例导读

　　国际私法调整的对象本质上属于民商事关系，因此对许多初学者而言，一个重要的问题在于：这种对国内国际民商事案件的区分是否有必要？为何不像刑法、行政法一样对发生在本国的案件适用本国的民商事法律解决？在此以一例进行说明。按照《中华人民共和国民法典》（以下简称《民法典》）的规定，缔结婚姻需要同时满足形式要件和实质要件。即双方符合自愿、性别、年龄等要件之外，还需要到婚姻登记机关申请结婚登记。而并非所有国家认为进行民事登记是结婚的必要要件，有些国家对婚姻形式允许采用宗教仪式、世俗仪式等方式。假设中国法院审判某涉外离婚案件，双方当事人一方为中国人，另一方为美国人。两人在美国结婚，婚后长期生活在中国。在诉讼过程中，首先需要判断婚姻关系是否成立，这是解决主问题的先决问题。而在该案中，由于当事人在外国缔结婚姻，仅仅是去教堂举办了仪式。如果对发生在境内的所有案件都要求适用中国《民法典》的规定，那么该婚姻将因为不符合中国法律中关于婚姻形式要件的规定而归于无效。这显然是一个较为荒谬的结论。本章将讨论国际私法不同于传统民法的特点，包括调整对象、调整方法、法律渊源等，以期学生学完本部分后对国际私法有一个基本的认识。

国/际/法/学/理/论/与/实/务

教学目标

通过学习本章内容,学生应对国际私法的调整对象和调整目标有基本的了解,从而形成对国际私法的初步认识。学习的重点包括涉外性判断、国际私法的渊源以及中国国际私法的发展史等。在涉外性判断问题上,学生应结合相应案例了解中国法院在实践中判断涉外性的一般做法。同时,在本章学习中还应当理解国际私法和国内民法调整对象的相同与不同之处,结合国际私法历史思考为什么会存在此区别。在学习国际私法的渊源时应注意,由于法律规定、法律传统的不同,各国对于国际私法渊源的理解也存在差别。

第一节　国际私法的调整对象

国际私法是调整涉外民商事法律问题的部门法。一般认为,国际私法的调整对象是含有涉外因素的民商事法律关系,也称"国际民商事法律关系""跨国民商事法律关系""含有国际因素的民商事法律关系"或"国际私法关系"。①

中国传统国际私法理论和立法、司法实践认为,判定某一案件是否属于国际私法的调整对象主要依据两个方面:一是该案是否存在涉外或国际因素;二是看该案调整对象是否为民商事法律关系。

一、对民商事关系的界定

通说认为,国际私法所调整的国际民商事法律关系是指发生在平等主体之间的人身财产关系和人身非财产关系。②按照国内学界和实务界的一般看法,

---

① 参见韩德培主编:《国际私法(第三版)》,高等教育出版社、北京大学出版社2014年版,第1页。
② 参见万鄂湘主编:《〈中华人民共和国涉外民事关系法律适用法〉条文理解与适用》,中国法制出版社2011年版,第12页。

对"民商事关系"通常会采用广义的扩大化理解。即民商事法律关系不仅包括涉外物权关系、涉外债权关系、涉外知识产权关系、涉外婚姻家庭关系和涉外继承关系,还包括涉外公司法律关系、涉外票据法律关系、涉外海商法关系、涉外保险法关系和涉外破产法关系等。[①]

二、对涉外或国际因素的界定

在涉外或国际因素的判断问题上,中国传统国际私法学界多采用三要素说,认为法律关系均由三要件构成,即主体、客体和法律事实(内容),只要其中任一要件存在涉外因素,即可认定该法律关系的涉外性。[②]

三要素说得到了早期立法和司法实践的普遍认同。1988年公布并施行的《关于贯彻执行〈中华人民共和国民法通则〉若干问题的意见(试行)》[③](以下简称《民通意见》)第178条即规定:"凡民事关系的一方或者双方当事人是外国人、无国籍人、外国法人的;民事关系的标的物在外国领域内的;产生、变更或者消灭民事权利义务关系的法律事实发生在外国的,均为涉外民事关系。"最高人民法院1992年发布的《关于适用〈中华人民共和国民事诉讼法〉若干问题的意见》[④]第304条也从程序法的角度对如何认定涉外民事案件作出了明确规定:"当事人一方或双方是外国人、无国籍人、外国企业或组织,或者当事人之间民事法律关系的设立、变更、终止的法律事实发生在外国,或者诉讼标的物在外国的民事案件,为涉外民事案件。"可以看出,两部司法解释对于涉外因素的判断标准是一致的,都采用了三要素说。

---

① 参见陈卫佐:《比较国际私法:涉外民事关系法律适用法的立法、规则和原理的比较研究》,法律出版社2012年版,第6页。

② 参见韩德培主编:《国际私法(第三版)》,高等教育出版社、北京大学出版社2014年版,第1页。

③ 法(办)发〔1988〕6号。最高人民法院审判委员会1988年1月26日讨论通过,1988年4月2日发布。根据《最高人民法院关于废止部分司法解释及相关规范性文件的决定(法释〔2020〕16号)》已于2021年1月1日废止。

④ 法发92(22)号。该司法解释为2015年《最高人民法院关于适用〈中华人民共和国民事诉讼法〉的解释》所取代,于2015年2月4日起失效。

国/际/法/学/理/论/与/实/务

在司法实践中,多数法官也据此来判定是否应将某一案件纳入国际私法范畴,尤其是主体涉外构成了绝大多数涉外案件的判断依据。根据一项有关中国涉外商事案件审判的实证研究,在1000起中国法院审结的涉外民商事案件中,主体涉及外国当事人的案件有483起,占全部涉外案件的48.3%;主体涉及中国港澳台地区当事人的案件463起,占全部涉外案件的46.3%;而诉讼各方都是中国当事人但案件事实发生在中国境外、标的物位于或来源于境外的涉外民商事案件只有54起,占全部涉外案件的5.4%,其中又以法律事实发生在境外的情况为主。[①]

然而,传统的三要素说和相关司法解释在实践中也逐渐暴露出一些问题,按照这一理论,在判断案件是否存在涉外因素时仅能依据主体、客体和法律事实三点进行判断。同时,早期的司法解释条文本身也存在不合理之处。《民通意见》在判断主体是否涉外时只考虑国籍要素;在规定客体和法律事实的涉外性时,采用了"外国领域内的""发生在外国"这样一些不是很准确的表达方式。这些都招致学者的批评,学界普遍认为应当将国际私法调整对象中的涉外因素标准理解得更为宽泛,而不能仅仅局限于主体、客体和法律事实这三个要素。[②] 有些学者则进一步指出了涉外因素的复杂性,认为还需要考虑特殊情况下的"隐藏的涉外案件""虚假的涉外案件"和"特殊类型的涉外案件"等情况。[③]

在中国现行立法层面上,2011年4月1日施行的《中华人民共和国涉外民事关系法律适用法》(以下简称《涉外民事法律适用法》)仅仅在第1条立法宗旨中指出该法的调整对象为"涉外民事关系",但并未直接规定如何判断涉外性。2012年最高人民法院推出的《最高人民法院关于适用〈中华人民共和国涉外民事关系法律适用法〉若干问题的解释(一)》(以下简称《涉外民事法律适用法解释(一)》)对如何判定涉外性进行了明确的规定。该解释第

---

① 参见徐锦堂:《当事人合意选法实证研究——以我国涉外审判实践为中心》,人民出版社2010年版,第28—30页。
② 参见肖永平:《国际私法原理》,法律出版社2003年版,第3页。
③ 参见杜涛:《国际私法原理(第二版)》,复旦大学出版社2018年版,第3—4页。

1条规定:"民事关系具有下列情形之一的,人民法院可以认定为涉外民事关系:(一)当事人一方或双方是外国公民、外国法人或者其他组织、无国籍人;(二)当事人一方或双方的经常居所地在中华人民共和国领域外;(三)标的物在中华人民共和国领域外;(四)产生、变更或者消灭民事关系的法律事实发生在中华人民共和国领域外;(五)可以认定为涉外民事关系的其他情形。"

相对于之前的司法解释,《涉外民事法律适用法解释(一)》的规定较为全面和完整。一方面,它仍沿用了传统的三要素说体系,并进行了扩展和部分完善。例如,在主体的判断上除了沿用之前的国籍标准之外,将经常居所地也作为判断的标准。又如,将以前的"外国"改为"中华人民共和国领域之外",更为严谨周密。另一方面,它增设了兜底条款,为法官在实践中判断涉外性问题提供了更多灵活操作的空间。

三、涉及香港、澳门和台湾地区的案件

作为一个多法域国家,中国在判定涉外性时一般会将"涉外"理解为"涉及外法域",因此对于涉及香港、澳门和台湾地区的案件也比照其他涉及外国因素的案件处理。《涉外民事法律适用法解释(一)》第17条规定:"涉及香港特别行政区、澳门特别行政区的民事关系的法律适用问题,参照适用本规定。"实践中,中国法院审判的大量涉外案件均属于此类。

第二节 中国国际私法的渊源

法律渊源是指法律的存在和表现形式。不同国家的国际私法各不相同,因此在表现形式上必然也存在不同。一般认为,基于其调整对象的涉外性,国际私法的渊源也存在双重性,既包括国内法渊源,也包括国际法渊源。[①] 具体而言,国际私法的国内法渊源主要包括国内立法、司法解释,而国际法渊源主要

---

① 参见韩德培主编:《国际私法(第三版)》,高等教育出版社、北京大学出版社2014年版,第20页。

包括国际条约、国际习惯和国际惯例。除此之外，法院判例和权威学者学说也被部分教材和专著纳入国际私法的渊源。

一、国内立法

国内立法是绝大多数以制定法为主要法源国家法律的主要表现形式，也是中国国际私法最主要的渊源。目前国际社会有关国际私法的立法体系可大致区分为法典式立法以及分散式立法。从比较法的角度看，早期各国少有专门的国际私法立法，相关规定多零散分布于各个民事法律之中。而近几十年随着国际私法法典化浪潮兴起，越来越多的国家开始制定专门的国际私法法典。①

中国现行国际私法立法早期也以分散式立法形式出现，主要体现在《中华人民共和国民法通则》②（以下简称《民法通则》）第八章"涉外民事关系的法律适用"之中，该章共9条，以冲突规范为主。除此之外，在包括《中华人民共和国继承法》③（以下简称《继承法》）、《中华人民共和国民用航空法》④（以下简称《民用航空法》）、《中华人民共和国海商法》⑤（以下简称《海商法》）、《中华人民共和国票据法》⑥（以下简称《票据法》）等单行法中也分散存在一些冲突法规范。

---

① See Symeon C. Symeonides, *Codifying Choice of Law Around the World: An International Comparative Analysis*, Oxford University Press, 2014, p. 3-26.

② 第六届全国人民代表大会（以下简称"人大"）第四次会议于1986年4月12日通过，自1987年1月1日起施行。随着《民法典》2021年1月1日起施行，《民法通则》业已废止。

③ 第六届全国人大第三次会议1985年4月10日通过，自1985年10月1日起施行。《继承法》第36条规定了有关涉外继承，但因与《涉外民事法律适用法》相关规定冲突，已为后者所取代。随着《民法典》2021年1月1日起施行，《继承法》业已废止。

④ 第八届全国人民代表大会常务委员会（以下简称"全国人大常委会"）第十六次会议1995年10月30日通过，并于2009年、2015年、2016年、2017年、2018年、2021年进行了六次修正。

⑤ 第七届全国人大常委会第二十八次会议1992年11月7日通过，自1993年7月1日起施行。

⑥ 第八届全国人大常委会第十三次会议1995年5月10日通过，2004年8月28日修正。

2010年10月28日，第十一届全国人大常委会第十七次会议通过了《涉外民事法律适用法》，该法自2011年4月1日开始施行。该法是新中国立法史上第一部单行的国际私法立法，共8章52条，内容包括一般规定、民事主体、婚姻家庭、继承、物权、债权、知识产权和附则。《涉外民事法律适用法》主要以冲突规范为主，较为集中和全面地规定了有关法律适用的问题。但是，该法仍不能被认为是一部完备的国际私法法典，还需要配合其他单行法中的冲突规范共同适用。

二、司法解释

在中国，对各级人民法院在审判工作中具体适用法律的问题，最高人民法院根据中国法律及有关立法精神，结合审判工作的需要制定了大量的司法解释。司法解释对法律规定的不明确之处予以具体化，对法律规定的空白之处予以补充。

《中华人民共和国立法法》第119条第1、2款规定："最高人民法院、最高人民检察院作出的属于审判、检察工作中具体应用法律的解释，应当主要针对具体的法律条文，并符合立法的目的、原则和原意。遇有本法第四十八条第二款规定情况的，应当向全国人民代表大会常务委员会提出法律解释的要求或者提出制定、修改有关法律的议案。""最高人民法院、最高人民检察院作出的属于审判、检察工作中具体应用法律的解释，应当自公布之日起三十日内报全国人民代表大会常务委员会备案。"基于此规定可以看出，最高人民法院在出台司法解释之前必须事先征求全国人大常委会的意见，在出台司法解释后还要报全国人大常委会备案审查，因此具备坚实的合法性基础。

司法解释的法源基础为《中华人民共和国人民法院组织法》。该法第18条第1款规定："最高人民法院可以对属于审判工作中具体应用法律的问题进行解释。"同时，《全国人民代表大会常务委员会关于加强法律解释工作的决议》第2条也规定，"凡属于法院审判工作中具体应用法律、法令的问题，由最高人民法院进行解释"。

基于以上原则，《最高人民法院关于司法解释工作的规定》第5条规定：

"最高人民法院发布的司法解释,具有法律效力。"第 27 条第 1 款规定:"司法解释施行后,人民法院作为裁判依据的,应当在司法文书中援引。"因此可见,由最高人民法院发布的有关司法解释应是中国国际私法的重要渊源之一。

目前,最高人民法院发布的与国际私法有关的司法解释可大致分为两大类,一类是针对法律适用领域的司法解释,最主要的是《涉外民事法律适用法解释(一)》。另一类是在国际民事程序法方面的司法解释,如《最高人民法院关于适用〈中华人民共和国民事诉讼法〉的解释》(以下简称《民诉法解释》)等。

根据最高人民法院 2010 年 12 月 2 日《关于认真贯彻执行〈中华人民共和国涉外民事关系法律适用法〉的通知》,《涉外民事法律适用法》实施后,最高人民法院制定的司法解释中关于涉外民事关系法律适用的内容,与《涉外民事法律适用法》的规定相抵触的将不再适用。

三、国际条约

国际条约是指由国际法主体缔结的、旨在规定它们相互间的权利义务的书面国际协议。在中国,国际条约是国际私法的重要渊源之一。

《民法通则》第 142 条第 2 款规定:"中华人民共和国缔结或者参加的国际条约同中华人民共和国的民事法律有不同规定的,适用国际条约的规定,但中华人民共和国声明保留的条款除外。"2021 年 1 月 1 日起,《民法典》正式施行,《民法通则》随之废止。虽然《民法典》未保留该规定,但《中华人民共和国民事诉讼法》(以下简称《民事诉讼法》)、《票据法》《海商法》《民用航空法》等多个部门法都作出了类似的规定。按照这些规定,在排除保留的情形之外,国际条约具有优先于国内法的效力。

《涉外民事法律适用法解释(一)》第 7 条进一步规定:"当事人在合同中援引尚未对中华人民共和国生效的国际条约的,人民法院可以根据该国际条约的内容确定当事人之间的权利义务,但违反中华人民共和国社会公共利益或中华人民共和国法律、行政法规强制性规定的除外。"就该规定而言,有学者认为不能简单根据本条认为承认那些尚未对中国生效的国际条约在中国具有法律渊源的地位，而应理解为该条约的内容可以被作为当事人之间的合同条款对待。①

从国际条约的类型来看，作为中国国际私法渊源的国际条约可以分为双边条约和多边条约。中国有关国际私法方面的双边条约主要集中在国际民事程序法领域，尤其是司法协助条约方面。这些条约虽然数量较多，但是对于国际私法的重要性从某种层面而言要低于多边条约。中国缔结的有关国际私法方面的多边条约所涵盖的内容也较为广泛，包括外国人民事法律地位、法律冲突、国际民事诉讼和国际商事仲裁等，其中以海牙国际私法会议（HCCH）所制定的统一冲突法公约的影响力较大。

四、国际习惯和国际惯例

《民法通则》第142条第3款规定："中华人民共和国法律和中华人民共和国缔结或参加的国际条约没有规定的，可以适用国际惯例。"该法虽随《民法典》生效而废止，但《海商法》第268条第2款、《民用航空法》第184条第2款以及《票据法》第96条第2款仍保留了相同的规定。传统上不少学者认为国际惯例也是中国国际私法的渊源。②

在讨论本问题时，有必要先区分相关的两个概念，即"国际习惯"和"国际惯例"。在现代汉语语境下，"习惯"和"惯例"两词有一定的相似性，但其定义仍存在区别。"习惯"是指在长时期里逐渐养成的、一时不容易改变的行为、倾向或社会风尚。而"惯例"意为一向的做法。由此可以看出，"习惯"的定义比"惯例"更为严格一些。

在国际法领域中探讨本问题通常会依据《国际法院规约》第38条来进行说明。该条第1款第2项规定："国际习惯，作为通例之证明而经接受为法律者。"也就是说，要构成国际习惯，需要满足经过长期反复实践而构成通例，同时还要求这一通例被各国接受为法律。这显然是一个较为严格的标准。

在国际私法层面，对于哪些属于国际习惯并没有统一的认识。更重要的是，很多被认为可能构成国际习惯的规定，如不动产适用不动产所在地法、当

---

① 参见杜涛：《国际私法原理（第二版）》，复旦大学出版社2018年版，第21页。
② 同上书，第27—29页。

事人可以协议选择合同所适用的法律等,随着立法的完善大都已被吸纳至成文法中。这样,即使仍将国际习惯认定为国际私法渊源之一,它能够发生作用的场景已基本不存在。

至于国际惯例,目前更多观点认为其根本不能构成国际私法的渊源。中国法律所规定的相关条款只能说明在中国法律以及中国批准、对中国生效的国际条约没有规定的情况下,国际惯例可以为法院所考虑,并不意味着其具有当然的法律拘束力。[①] 有学者更进一步认为,此类条款中规定的国际惯例并非国际私法意义上的国际惯例,而是指实体法意义上的国际惯例,之所以如此规定,是为了弥补国内民法中的漏洞。而如果当事人在实践中协议选择国际惯例,法院应认可当事人的选择,但当事人负有举证义务。因此,整体而言国际惯例在中国尚不构成国际私法的渊源,只能在特定的情况下成为法律适用的补充。

五、法院判例和权威学者学说

(一) 法院判例

在中国,无论是立法实践还是司法实践,均认为法院判例并非法律渊源。各级人民法院作出的判决仅对各该案具有拘束力,已生效的判决对于类似案件甚至相同案件都没有拘束力。《最高人民法院公报》会定期公布典型案例,但是这些案例对于其他法院也没有明确的拘束力。这种做法存在一些弊端,主要体现在不同法院对于类似案件的判决互不相同、存在矛盾甚至出现同一法院不同审判庭的判决存在不一致的情形。这使得当事人不能够根据以往的案例来推断自己可能承担的法律后果。

从世界范围来看,大陆法系虽然以成文法作为法律的主要渊源,但对于判例也逐渐采取开放的态度。受到这种趋势的影响,近些年来中国法院已经开始探索判例的指导作用。为总结审判经验,统一法律适用,提高审判质量,维护司法公正,根据《人民法院组织法》等法律规定,就开展案例指导工作,最高

---

① 参见陈卫佐:《比较国际私法:涉外民事关系法律适用法的立法、规则和原理的比较研究》,法律出版社 2012 年版,第 69 页。

人民法院制定了《最高人民法院关于案例指导工作的规定》。此后，最高人民法院发布了多批指导性案例。但从整体而言，目前法院判例并非中国国际私法的渊源。

（二）权威学者学说

在 2010 年《涉外民事法律适用法》出台之前，由于中国国内法中关于国际私法的规定主要散见于《民法通则》等部门法中，很多学者在进行学理论述时，经常会引用由中国国际私法学会起草的《中华人民共和国国际私法示范法》。① 该法由中国国际私法学会草拟，自 1993 年开始起草，经多次讨论修改，最后定稿为第六稿。该法共分 5 章 166 条，第一章总则、第二章管辖权、第三章法律适用、第四章司法协助、第五章附则。

必须强调的是，虽然该法的名称中有"法"字，但它本质上是学术性的，仅供立法、司法机关或其他从事涉外事务的政府部门以及法学院校、法学科研单位参考使用。同其他的学者学说一样，该法也不能作为中国国际私法的渊源，仅对于理解和阐释国际私法问题具有一定的参考价值。

第三节　中国国际私法的历史

一、中国古代国际私法史

中国国际私法学界普遍将中国国际私法的历史追溯到中国唐代的《永徽律》。② 该律于公元 651 年颁布，是中国现存最早、最完备的法典。整部法律共分 12 章、计 502 条。其"名例"篇第 6 条规定："诸化外人，同类自相犯

---

① 参见中国国际私法学会编：《中华人民共和国国际私法示范法》，法律出版社 2000 年版。
② 参见郭云观：《中国国际私法沿革概要》，载《清华法律评论》2015 年第 2 期。韩德培主编：《国际私法（第三版）》，高等教育出版社、北京大学出版社 2014 年版，第 53 页。杜涛：《国际私法原理（第二版）》，复旦大学出版社 2018 年版，第 12 页。

者，各依本俗法；异类相犯者，以法律论。"公元654年的《唐律疏议》对本条进行了进一步细化的解释："化外人，谓蕃夷之国，别立君长者，各有风俗，制法不同。其有同类自相犯者，须问本国之制，依其俗法断之。异类相犯者，若高丽之与百济相犯之类，皆以国家法律，论定刑名。"按照该规定，应将化外人和唐人进行区分，如果发生法律纠纷的化外人来自同一国家，则适用其共同的本国法，而如果发生法律纠纷的化外人来自不同国家，则适用唐律。[1] 根据史料记载，公元741年，唐政府在广州设立了专供阿拉伯和波斯商人侨居的社区"蕃坊"。在阿拉伯商人所撰写的中国游记中，有如下记载："中国商埠为阿拉伯人麇集者曰广府（即今广州）。其处多有伊斯兰教掌教一人，教堂一所……各地伊斯兰教商贾即多居广府，中国皇帝因任命伊斯兰教判官一人，依伊斯兰教风俗，治理穆斯林……判官为人正直，听讼公平。一切皆能依《古兰经》、圣训及伊斯兰教习惯行事。故伊拉克商人来此地方者，皆颂声载道也。"[2]

从以上记述中可以看出，在蕃坊的审判中，化外人相犯条款得以适用。中国国际私法学界的主流观点认为，由于中国古代法律民刑不分，这样的规定当然可以适用于涉外民事案件，至少应适用于涉外侵权案件。[3] 因此，可以将这些规定看成是世界上最早的冲突规范。

然而，近些年来将化外人相犯视为冲突规范的观点受到越来越多的挑战。有学者认为，《唐律疏议》是唐朝的一部刑法典而非诸法合体的法典，其内容与国际私法无关。化外人相犯条款被置于《唐律疏议》的第一篇"名例"，该部分类似现代的刑法总则，主要和"五刑"即刑罚联系在一起，即"名者，五刑之罪名；例者，五刑之体例"。在本部分不会安排国际私法的内容，宜将该

---

[1] 参见李双元等：《中国国际私法通论》，法律出版社2006年版，第82—83页。
[2] 转引自〔阿拉伯〕苏莱曼：《苏莱曼东游记》，刘半农、刘小蕙译，华文出版社2016年版，第17—18页。
[3] 参见韩德培主编：《国际私法（第三版）》，高等教育出版社、北京大学出版社2014年版，第53页。

条款视为《唐律》的一条刑法原则。① 也有观点认为，化外人相犯条款与其说是一个关于涉外法律适用的原则，不如说是涉外法律制度中一个原则性的宣示——它更主要体现的是一种宏观的对外政策，而并不仅仅是涉外问题处理上的具体方法。因为以当时的法律技术，无法将该条文严格贯彻到个案。就今日国际交往水平和技术条件而言，查明外国法尚为一个繁琐复杂的过程，更不论当时对所谓"本俗法"的查明和证明。②

《唐律》中有关化外人的规定后为宋代继承，《宋刑统》有关规定与《唐律疏议》相同。《宋刑统释义》对相关条文的解释为："同类相犯，此谓蕃夷之国，同其风俗，习性一类，若是相犯，即从他俗之法断之；异类相犯，此谓东夷之人与西戎之人相犯，两种之人，习俗既异，夷戎之法各又不等，不可以其一种之法断罪，遂以中华之法决之。"

而自元朝之后这种规定发生了变化。《大明律·名例律》规定："凡化外人犯罪者，并依律拟断。"该规定并未区分"化外人"，所有案件一律按照明律进行裁判。1646年的《大清律例》有关"化外人"的规定承袭了《大明律》，规定："凡化外来降人犯罪者，并依律拟断。"有观点认为，这种做法相对《唐律》是一种退步，从属人主义和属地主义结合退化为绝对的属地主义。

二、近代国际私法

1918年8月5日，民国北京政府推出了《法律适用条例》。该条例受到日本《法例》的影响很大，是中国法律近代化的产物。该条例共7章、27条，除名称不同，内容基本承袭了日本《法例》，具体包括：第一章"总则"（第1—4条）；第二章"关于人之法律"（第5—8条）；第三章"关于亲族之法律"（第9—19条）；第四章"关于继承之法律"（第20—21条）；第五章"关于财产之法律"（第22—25条）；第六章"关于法律行为方式之法律"（第26条）

---

① 参见王立民：《唐律"化外人相犯"条属于国际私法的质疑——兼论唐律的唐朝刑法典性质》，载《法学》2017年第8期。

② 参见白俊峰：《中国涉外法律发展考论》，中国政法大学2006年硕士学位论文，第8—10页。

及第七章"附则"(第 27 条)。①

《法律适用条例》虽然内容规定详细完备,在冲突规范的制定上也采纳了当时国际上先进的理论,但实际应用效果不佳。中国国际私法学界传统上将其归咎于领事裁判权的存在,认为由于西方国家在中国享有领事裁判权,因此其自然人和法人直接受本国领事裁判权管辖,《法律适用条例》因此在适用范围上受到了极大的限制。② 也有学者对此问题进行重新审视,认为不应过度夸大领事裁判权的影响,③ 而应当考虑到当时中国法律体系本身、中国司法人员的知识背景与思维特点、中国的司法目标与当时中外交涉的司法目标以及《法律适用条例》本身的内容,这些原因的合力导致《法律适用条例》无法在当时的司法实践中发挥其应有的作用。④

《法律适用条例》于 1927 年 8 月 12 日由南京国民政府暂准援用,在大陆地区随着 1949 年中华人民共和国成立被废止,但在台湾地区一直适用至 1953 年。

三、新中国国际私法

1949 年中华人民共和国成立后,废除了包括《法律适用条例》在内的国民党政府统治时期的相关法律以及和外国签订的不平等条约,开始全面学习苏联建设社会主义法制。但在新中国成立初期相当长的时间里,有关调整涉外民商事关系的法律在当时的法律体系中基本是缺失的,仅在 1951 年颁布的《关于外侨相互间及外侨与中国人之间的婚姻问题的暂行处理意见》和 1959 年《中苏领事条约》等法律文本中零星出现与国际私法有关的条款,中国国际私

---

① 李浩培:《李浩培文选》,法律出版社 2000 年版,第 45—46 页;李浩培:《李浩培法学文集》,法律出版社 2006 年版,第 463 页。

② 黄进主编:《国际私法》,法律出版社 1999 年版,第 163 页;杜涛:《国际私法原理(第二版)》,复旦大学出版社 2018 年版,第 13 页。

③ 宝道:《关于治外法权的误解》,载王建编:《西法东渐——外国人与中国法的近代变革》,中国政法大学出版社 2001 年版,第 281—284 页。

④ 参见白俊峰:《中国涉外法律发展考论》,中国政法大学 2006 年硕士学位论文,第 40—42 页。

法的立法长期处于基本空白状态。

1978年之后，由于中国的改革开放政策要求相应的法律保障，国际私法也在立法层面重新得到了重视。

在外国人民事法律地位上，1979年颁布的《中华人民共和国中外合资经营企业法》（以下简称《中外合资经营企业法》）率先确认了外国人在中国从事民事活动的法律地位。① 1982年《宪法》明确允许外国法人来华投资和保护在华外国人合法权益之后，相继出台的《中华人民共和国商标法》（以下简称《商标法》）、《中华人民共和国专利法》（以下简称《专利法》）等法律法规均就这一问题作出了相应的规定。

在法律适用上，1983年国务院颁布的《中华人民共和国中外合资经营企业法实施条例》第12条规定："合营企业合同的订立、效力、解释、执行及其争议的解决，均应当适用中国的法律。"② 尽管该条文属于单边冲突规范，但已显现出在涉外民商事法律活动中对冲突规范的重视。1985年相继颁布的《中华人民共和国涉外经济合同法》（以下简称《涉外经济合同法》）、《继承法》进一步针对涉外合同、涉外继承的法律适用作出规定，③ 开启了中国特色的涉外民事法律适用规则的构建。1986年，在总结改革开放以来民事活动经验的基础上，中国颁布了《民法通则》，其第八章专门针对涉外民事关系的法律适用作出规定，在明确一般规定和公共秩序保留的同时，该章内容还涉及民事行为能力、物权、债权、婚姻家庭等方面。该章尽管只有9条规定，但在一定程度上反映出立法者对国际私法的关注，有效填补了涉外民事案件无法可依的空白，也为之后《海商法》《票据法》《民用航空法》等法律中冲突规范的制定奠定了基础。此外，最高人民法院1987年《关于适用〈涉外经济合同法〉若干问题的解答》和1988年《民通意见》都针对涉外民商事案件的法律适用

---

① 第五届全国人大第二次会议1979年7月1日通过，1990年、2001年、2016年修正。

② 国务院1983年9月20日发布，分别于1986年、1987年、2001年、2011年、2014年修正。

③ 《涉外经济合同法》由第六届全国人大常委会第十次会议于1985年3月21日通过，该法于1999年3月15日为《中华人民共和国合同法》所取代。

作出了更为细致的规定。① 2010 年《涉外民事法律适用法》作为一部有关法律适用方面的专门立法，将意思自治、最密切联系和保护弱者等原则引入立法之中，大量使用多种连结点规定开放性的冲突规范，是中国国际私法立法史上具有里程碑意义的法律。

在涉外民事诉讼程序和国际商事仲裁制度的立法方面，中国也制定了相应的法律。在涉外民事诉讼程序上，1982 年颁布的《中华人民共和国民事诉讼法（试行）》便设专编对涉外民事诉讼程序作出了规定。而 1991 年颁布的《民事诉讼法》更是在第四编以 6 章、33 条的体例在外国人诉讼地位、管辖、司法文书的送达与期间、财产保全、涉外仲裁和司法协助等方面进行了规定，从而有效地保障了涉外民事案件程序的推进和外国当事人诉讼权利的行使。此后，中国更多次对《民事诉讼法》进行修订，以使其顺应时代的发展。在立法机关加强立法的同时，最高人民法院先后针对《民事诉讼法》以及涉港澳台地区的区际司法协助等问题出台了多项司法解释，对于完善中国国际私法立法体系发挥了重要作用。与此同时，中国还先后加入了《关于向国外送达民事或商事司法文书和司法外文书公约》（即《海牙送达公约》）、《关于从国外调取民事或商事证据的公约》（即《海牙取证公约》）等国际私法条约，也同不少国家和地区签署了有关司法协助等方面的双边条约。这些都构成了中国国际私法的渊源。

在国际商事仲裁制度上，第六届全国人大常委会第十八次会议于 1986 年 12 月 2 日决定中国加入《承认及执行外国仲裁裁决公约》（即《纽约公约》），标志着中国国际商事仲裁与世界接轨。1995 年 9 月 1 日起施行的《中华人民共和国仲裁法》（以下简称《仲裁法》）第七章专门针对涉外仲裁进行了规定。② 近些年来，中国政府更为重视推动包括仲裁在内的多元化争端解决机制的构建。最高人民法院出台多项司法解释，以理顺诉讼与仲裁关系，支持仲裁发展，并对国际商事仲裁问题作出了大量的解释、批复、通知和复函等。

---

① 《关于适用〈涉外经济合同法〉若干问题的解答》，1987 年 10 月 19 日，法（经）发（1987）27 号。该司法解释已于 2000 年 7 月 25 日废止。

② 第八届全国人大常委会第九次会议 1994 年 8 月 31 日通过，2009 年、2017 年修正。

西门子国际贸易（上海）有限公司诉上海黄金置地有限公司申请承认和执行外国仲裁裁决案[①]

一、案情介绍

在本案中，西门子国际贸易（上海）有限公司（以下简称"西门子公司"）与上海黄金置地有限公司（以下简称"黄金置地公司"）均为在上海自贸试验区区域内注册设立的外商独资企业。2005年9月23日，黄金置地公司与西门子公司通过招标方式签订了一份货物供应合同，约定西门子公司应于2006年2月15日之前将设备运至工地，如发生争议须提交新加坡国际仲裁中心（Singapore International Arbitration Centre）进行仲裁解决。后因双方在合同履行中发生争议，黄金置地公司在新加坡国际仲裁中心提起仲裁，要求解除合同、停止支付货款。西门子公司在仲裁程序中提出反请求，要求支付全部货款、利息并赔偿其他损失。2011年11月，新加坡国际仲裁中心作出裁决，驳回黄金置地公司的仲裁请求，支持西门子公司的仲裁反请求。黄金置地公司支付了部分款项，尚欠仲裁裁决项下未付款及利息合计人民币5133872.3元。

西门子公司依据《承认及执行外国仲裁裁决公约》（Convention on the Recognition and Enforcement of Foreign Arbitral Awards），向上海市第一中级人民法院请求承认和执行新加坡国际仲裁中心作出的仲裁裁决。黄金置地公司抗辩认为，应不予承认和执行该仲裁裁决，理由为：双方当事人均为中国法人，合同履行地也在中国境内，故案涉民事关系不具有涉外因素，双方约定将争议提交外国仲裁机构仲裁的协议无效，若承认和执行案涉裁决将有违中国的公共政策。

法院认为该案的焦点之一在于能否认定案件具有涉外因素。从表面看，本案中申请人西门子公司与被申请人黄金置地公司均为在中国注册的公司法人，

[①] 上海市第一中级人民法院（2013）沪一中民认（外仲）字第2号民事裁定书。

合同约定的交货地、作为合同标的物的设备目前所在地均在中国境内，该合同表面上看并不具有典型的涉外因素。

然而，综观本案合同所涉的主体、履行特征等方面的实际情况，该合同存在与普通国内合同明显差异的独特性，可以认定为涉外民事法律关系，主要理由有：第一，本案合同的主体均具有一定涉外因素。西门子公司与黄金置地公司虽然都是中国法人，但注册地均在上海自贸试验区区域内，且其性质均为外商独资企业。由于此类公司的资本来源、最终利益归属、公司的经营决策一般均与其境外投资者关联密切，故此类主体与普通内资公司相比具有较为明显的涉外因素。在自贸试验区推进投资贸易便利的改革背景下，上述涉外因素更应给予必要重视。第二，本案合同的履行特征具有涉外因素。合同项下的标的物设备虽最终在境内工地完成交货义务，但从合同的签订和履行过程看，该设备系先从境外运至上海自贸试验区（原上海外高桥保税区）内进行保税监管，再根据合同履行需要适时办理清关完税手续、从区内流转到区外，至此货物进口手续方才完成，故合同标的物的流转过程也具有一定的国际货物买卖特征。因此，本案合同的履行因涉及自贸试验区特殊海关监管措施的运用，与一般的国内买卖合同纠纷具有较为明显的区别。综合以上情况，法院认为，本案合同关系符合《涉外民事法律适用法解释（一）》第1条第5项规定的"可以认定为涉外民事关系的其他情形"，系争合同关系具有涉外因素，双方当事人约定将合同争议提交新加坡国际仲裁中心进行仲裁解决的条款有效。

二、主要法律问题

本案的核心法律问题在于认定案件是否存在涉外因素。根据中国现行司法实践，如果案件不具有涉外因素，则不能选择境外仲裁机构进行仲裁。因此，判定该案是否具有涉外性直接关乎法院是否会承认新加坡国际仲裁中心所作出的裁决。

三、案件评析

本案是法院灵活运用《涉外民事法律适用法解释（一）》第1条第5项关于涉外因素认定"可以认定为涉外民事关系的其他情形"的典型案例。如果用传统的三要素说来判断本案，会发现无论主体、客体以及法律事实均不存在涉外因素。但就本案的具体情况来看，将其视为纯粹的国内民法案件显然是不恰当的，法院综合考虑案件的多方事实，适用"其他情形"条款将本案归入国际私法的调整范畴。

推荐书目 》

1. 韩德培主编：《国际私法（第三版）》，高等教育出版社、北京大学出版社 2014 年版。
2. 万鄂湘主编：《〈中华人民共和国涉外民事关系法律适用法〉条文理解与适用》，中国法制出版社 2011 年版。
3. 陈卫佐：《比较国际私法：涉外民事关系法律适用法的立法、规则和原理的比较研究》，法律出版社 2012 年版。
4. 杜涛：《国际私法原理（第二版）》，复旦大学出版社 2018 年版。
5. 肖永平：《法理学视野下的冲突法》，高等教育出版社 2008 年版。
6. 徐冬根：《国际私法趋势论》，北京大学出版社 2005 年版。

思考题 》

1. 请说明国际私法和民法调整对象的区别。
2. 如何理解国际私法调整对象中的涉外性要求？
3. 试论权威学者学说能否构成中国国际私法的渊源。
4. 如何看待唐代《永徽律》中的化外人相犯条款？
5. 试论国际惯例能否构成国际私法的渊源。

第七章
Chapter 7

冲突法一般问题

> **案例导读**

涉外女同性恋监护权纠纷案从 2020 年 4 月 1 日由浙江省舟山市定海区人民法院受理立案之日起便广受关注，后因管辖权问题移送至北京市丰台区人民法院审理，并于 2020 年 11 月 10 日进行第一次开庭。基本案情为：2016 年，该案双方当事人 A 女士（原告）和 B 女士（被告）赴美国加州登记结婚，并在当地通过辅助生殖技术以"共同生育"（co-maternity）的形式于 2017 年分别分娩一子一女，两名子女的卵子均来自 B 女士，男孩的出生证明上记载 B 女士为母亲，女孩的出生证明上记载 A 女士为母亲，且两名子女均为美国国籍，但出生后随 A、B 两人回中国生活。2019 年，两人感情破裂并因子女抚养问题产生纠纷，B 女士拒绝让 A 女士探视子女，两人协商未果后，A 女士将 B 女士诉至法院，诉讼请求之一是确认 A 女士为一对子女的监护人，并随 A 女士一起生活；之二是请求判令被告 B 女士每月支付抚养费人民币一万元，至子女年满十八周岁止。根据 A 女士代理律师披露的案件进展，北京市丰台区人民法院现已将受理时拟定的抚养纠纷案由变更为监护权纠纷。①

---

① 根据该案代理律师微信公众号披露的信息，截至 2022 年 8 月，丰台区法院仍未作出一审判决。因涉及个人隐私（女同性恋监护权纠纷），该案信息不公开。

该案在涉外父母子女关系纠纷的司法实践中引发多个国际私法实然和应然的疑问：第一，该案的先决问题和主要问题分别是什么？第二，该案的先决问题和主要问题分别应当适用哪一条冲突规范去找法？第三，该案如何进行法律适用才能达致一个相对公平合理的结果？

同学们在学习完本章之后，对于前两个问题心中多少都会有一些基本的想法和观点，而对于第三个问题，则需要大家继续学习国际私法后面几章的内容，才能有进一步的认识。

[教学目标]

掌握冲突规范的概念、特点和结构；理解连结点的含义、种类、选择规律及其发展方向；理解系属公式的含义，了解各种常见系属公式的适用范围。深入理解准据法的概念和特征，能清楚辨析准据法的范围和内涵；了解国际私法中先决问题的构成要件及其准据法的确定方法；掌握区际法律冲突、时际法律冲突和人际法律冲突各自的含义。掌握识别、反致、外国法的查明、公共秩序保留、法律规避制度的内容。

第一节 冲 突 规 范

一、冲突规范概述

（一）冲突规范的概念

冲突规范，又称"法律适用规范"或"法律选择规范"，是由国内法或国际条约规定的，指明某一国际民商事关系应适用何种法律的规范。[1] 冲突规范是国际私法中最古老的一类规范，也是国际私法的特有规范、本体规范和核心

---

[1] 参见韩德培主编：《国际私法（第二版）》，高等教育出版社、北京大学出版社2007年版，第91页。

规范。在过去，它曾是国际私法唯一的规范形式。

(二) 冲突规范的特点

冲突规范是一种特殊的法律规范，与一般的法律规范相比，它具有以下几个特点：

第一，冲突规范不同于一般的实体法规范，它是法律适用规范。实体法规范是直接规定当事人具体权利义务的法律规范。与一般的实体法规范不同，冲突规范是一种法律适用规范，并不直接规定当事人的权利与义务，仅指明某种国际民商事关系应适用何种法律。

第二，冲突规范不同于一般的程序法规范，它是法律选择规范。程序法规范是一国法院或一个仲裁机构审理民商事案件时所专用的程序规范。与一般的程序法规范不同，冲突规范只是在互相冲突的法律中指定其中一个来调整国际民商事关系，或者说，它主要指导当事人或一国法院如何选择和适用法律，因而冲突规范是一种法律选择规范。

第三，冲突规范是一种间接规范，因而缺乏一般法律规范所具有的明确性和预见性。法院要解决当事人之间的纠纷，冲突规范只能将法官指引到某国的实体法，其作用到此结束。正因为如此，冲突规范对国际民商事关系只能起间接的调整作用，不能直接构成当事人作为或不作为的准则，当事人也很难据之预见到法律行为的后果。所以，冲突规范缺乏实体规范的明确性和预见性。

第四，冲突规范的结构不同于一般的法律规范。一般的法律规范包括三个既紧密联系又相对独立的部分，即规范适用的条件、概括的行为模式和法律后果。冲突规范作为法律规范的一种，理应包括上述三个部分，但事实上，无论是国内立法还是国际条约中的冲突规范，一般都没有明确规定法律后果，也没有将规范适用的条件和行为模式明确分开，而是将两者有机地结合在一起，形成了一种独特的结构——仅由范围和系属两部分组成。

(三) 冲突规范的结构

冲突规范在结构上由范围和系属两部分组成。

(1) 范围。范围又称为"连结对象""起作用的事实""问题的分类"等，是指冲突规范所要调整的民商事关系或所要解决的法律问题，通过冲突规范的范围可以判断该规范用于解决哪一类民商事关系。范围既可以是法律关系,也可以是法律事实,还可以是法律问题。

(2) 系属。系属是规定冲突规范中范围所应适用的法律。它指令法院在处理某一具体国际民商事关系时应如何适用法律,或允许当事人、法院在冲突规范规定的范围内选择应适用的法律。在典型的冲突规范中,系属一般位于冲突规范的后半部分。

冲突规范的语词结构常表现为"……适用……法律"或"……依……法律"。例如,在"权利质权,适用质权设立地法律"这条冲突规范中,"权利质权"是范围,"适用质权设立地法律"是系属,语词结构为"……适用……法律"。

二、连结点

(一) 连结点的含义

在冲突规范的系属中,有一个很重要的部分,被称为"连结点"或"连结因素",也有人将其称为"连结根据",是指冲突规范所要调整的某一国际民商事关系与调整这种关系所应该适用的法律之间的连结因素。例如,在"物权依物之所在地法"这条冲突规范中,"物之所在地"就是连结点,它就是这条冲突规范所要调整的国际物权关系与调整这种国际物权关系所应该适用的法律之间的连结因素。

(二) 连结点的意义

从一定意义上说,法律选择的过程就是把不同的国际民商事关系与不同国家的法律制度联系起来的过程,而这种联系正是通过连结点的选择与确定来实现的。这正是连结点在冲突规范中的意义之所在。

第一,从形式上看,连结点是一种把冲突规范中范围所指的国际民商事法律关系与一定地域的法律联系起来的纽带或媒介。因此,每一条冲突规范必须至少有一个连结点,没有这个连结点,便不能把一定的法律关系和应适用的法律连结起来。

第二,从实质上看,这种纽带或媒介反映了该法律关系与一定地域的法律之间存在着内在的、实质的联系或隶属关系，它表明某种法律关系应受一定国家法律的约束，应受一定主权者的立法管辖，如果违反这种约束或管辖，该法律关系就不能成立。因此，对不同的法律关系连结点的选择不是任意的，更不是虚构的，而必须在客观上确实能体现这种内在的联系。

（三）连结点的分类

根据不同的标准，连结点可作如下不同的分类：

(1) 客观连结点和主观连结点。其分类依据为连结点是否以人的意思为转移。客观连结点主要有国籍、住所、居所、物之所在地、法院地等，这种连结点是一种客观实在的标志。主观连结点主要有当事人之间的合意和最密切联系地等，这种连结点是根据当事人或法官的意思决定的标志，只不过当事人之间的合意由当事人商定，而最密切联系地由法官决定，它们主要被作为确定适用于合同关系的准据法的根据。

(2) 静态连结点和动态连结点。其分类依据为连结点是否能变更。静态连结点就是固定不变的连结点，它主要有不动产所在地以及涉及过去的行为或事件的连结点，如婚姻举行地、合同缔结地、法人登记地、侵权行为发生地等。由于静态连结点是不变的，故便于据此确定国际民商事关系应适用的法律。动态连结点就是可变的连结点，如国籍、住所、居所、法人的管理中心地等。动态连结点的存在一方面增强了冲突规范的灵活性，另一方面也为当事人规避法律提供了可能。

(3) 单纯事实上的连结点和法律概念上的连结点。其分类依据为连结点是否由法律规定。单纯事实上的连结点是单纯依据事实就能确定的连结点，主要有物之所在地和法院地。法律概念上的连结点是依据法律的规定才能确定的连结点，主要有国籍、住所、法律行为所在地等。

(4) 开放性连结点与硬性连结点。其分类依据为连结点指向的地域或场所是否确定。开放性连结点是指向的地域或场所不确定的连结点，如最密切联系地等。硬性连结点是指向的地域或场所确定的连结点，如侵权行为地、住所等。

(四) 连结点的选择

所谓连结点的选择，就是在一个法律关系的诸多构成要素中，选择一个最能反映范围中所要解决的问题的实质并与之有最重要联系的要素作为基础，以指引准据法的选择，从而公平合理地解决国际民商事纠纷。各国国际私法立法的实践表明：

第一，一个新的连结点的形成与发展有其客观依据，它与一国政治、经济特别是国际经济活动的发展密切相关。

第二，一国对某一法律关系连结点的选择不是一成不变，而是随着客观情况的变化而变化的。

第三，一国立法机关究竟选择哪一要素作为连结点，通常需要考虑下列因素：(1) 冲突规范的范围所要解决的法律问题的性质、种类与特点；(2) 根据连结点的不同作用，权衡有关连结点与特定的法律关系、争诉问题的联系紧密程度，以及它对特定问题的相对重要性；(3) 比较不同要素的稳定程度，判断其是否容易改变，越是稳定的、不容易改变的要素，越容易被选择作为连结点；(4) 有关连结点的国际认可程度；(5) 有关连结点必须便于认定、便于适用，并与特定的地域相联系；(6) 有关连结点的选择必须符合内国处理国际民商事关系的政策、利益和目的。

三、冲突规范的类型

冲突规范依其系属的不同，可以分为四种基本类型：

(一) 单边冲突规范

单边冲突规范是直接规定适用内国法或某一外国法的冲突规范。例如，中国《民法典》第467条第2款规定："在中华人民共和国境内履行的中外合资经营企业合同、中外合作经营企业合同、中外合作勘探开发自然资源合同，适用中华人民共和国法律。"这条冲突规范直接指明相关合同应适用中华人民共和国法律。

单边冲突规范具有两个明显的特点：(1) 它的连结点在指向适用内国法时就不能再指向适用外国法，或者在指向适用外国法时就不能再指向适用内国法；(2) 它对准据法的指定常常是附有条件的。

(二) 双边冲突规范

双边冲突规范是指并不明确规定适用内国法还是外国法，而只规定一个可推定的系属，再根据此系属，结合实际情况去寻找应适用某一个国家的法律的冲突规范。例如，中国《涉外民事法律适用法》第 36 条规定："不动产物权，适用不动产所在地法律。"双边冲突规范在法律适用上体现了对内外国法律的平等对待，因此是现代各国国际私法立法中最常用的一种冲突规范。

双边冲突规范与单边冲突规范既有联系又有区别。双边冲突规范一般用于解决普遍性的问题，因而具有普遍适用性并且比较完备；单边冲突规范一般只规定某一特殊问题应适用什么法律作为准据法，因而常留下立法缺口由司法机关补充。

(三) 重叠适用的冲突规范

重叠适用的冲突规范是指其系属中有两个或两个以上的连结点，它们所指引的准据法同时适用于某一国际民商事关系的冲突规范。例如，中国《涉外民事法律适用法》第 28 条规定，"收养的条件和手续，适用收养人和被收养人经常居所地法律"。

重叠适用的冲突规范具有以下特点：(1) 与单边冲突规范和双边冲突规范不同的是，重叠适用的冲突规范中的连结点有两个或两个以上，并且这两个或两个以上的连结点所指引的法律同时得到适用，国际民商事关系才能有效成立或解除；(2) 重叠适用的冲突规范指定须同时得到适用的法律中通常有一个是法院地法，这体现了维护法院地的公共秩序免遭破坏的立法意图；(3) 重叠适用的冲突规范的采用，反映了各国在某些国际民商事领域仍存在尖锐的利益冲突和立法分歧，而作为一种不得已的妥协，各国只能依重叠适用的冲突规范将存在冲突的有关法律同时适用于同一国际民商事关系之上，以求彼此之间的利益平衡。

(四) 选择适用的冲突规范

选择适用的冲突规范是指其系属中有两个或两个以上的连结点，但只选择其中之一来调整有关国际民商事关系的冲突规范。根据选择方式的不同，选择

适用的冲突规范又可分为两种:

(1) 无条件的选择适用的冲突规范。在这种规范中,人们可以任意或无条件地选择系属中的若干连结点中的一个来调整某一国际民商事关系。例如,中国《涉外民事法律适用法》第22条规定:"结婚手续,符合婚姻缔结地法律、一方当事人经常居所地法律或者国籍国法律的,均为有效。"

(2) 有条件的选择适用的冲突规范。它是指系属中有两个或两个以上的连结点,但只允许依顺序或有条件地选择其中之一来调整某一国际民商事关系的冲突规范。例如,中国《涉外民事法律适用法》第37条规定:"当事人可以协议选择动产物权适用的法律。当事人没有选择的,适用法律事实发生时动产所在地法律。"

在现代各国国际私法立法中,上述四类冲突规范常常交替出现,这涉及立法技术,但又不仅仅是立法技术问题。一般来说,国家如果认为某些国际民商事关系特别需要依本国法处理,就可采用单边冲突规范;国家如果需要对某些国际民商事关系从严掌握,就可采用重叠适用的冲突规范,而且常要求重叠适用法院地法;国家如果认为某些国际民商事关系可以从宽掌握,就可采用双边冲突规范或选择适用的冲突规范。①

四、系属公式

(一) 系属公式的含义

系属公式,又称"准据法表述公式"或"法律适用原则",就是把一些解决法律冲突的规则固定化,使其成为国际上公认的或为大多数国家所采用的处理原则,以便解决同类性质的法律关系的法律适用问题。由于单边冲突规范对于适用什么法律已作了明确规定,并不需要凭借某种公式加以表述。因此,系属公式是通过双边冲突规范发展起来的。不同的系属公式分别与不同的国际民商事关系或法律问题相对应。但是,系属公式又不同于冲突规范,它仅是冲突规范的系属部分,只有与冲突规范的范围部分结合起来,才构成完整的冲突

---

① 参见韩德培主编:《国际私法(修订本)》,武汉大学出版社1989年版,第53页。

规范。

(二) 常见的系属公式

常见的系属公式有属人法、物之所在地法、行为地法、法院地法、当事人合意选择的法律、旗国法、最密切联系地法等，一般用拉丁文表示。

1. 属人法

属人法是以法律关系当事人的国籍、住所或惯常居所作为连结点的系属公式。属人法一般用来解决人的身份、能力、亲属及继承关系等方面的民商事法律冲突。

属人法又可分为本国法（即国籍国法）和住所地法两大派别：(1) 本国法，即以当事人的国籍作为属人法的连结点；(2) 住所地法，即以当事人的住所地作为属人法的连结点。为了调和矛盾，越来越多的国家开始采用惯常居所地法代替住所地法或本国法作为属人法。此外，还有一种所谓的"法人属人法"的概念，它一般是指法人的国籍国法，常用来解决法人的成立、解散以及权利能力和行为能力等方面的问题。

2. 物之所在地法

物之所在地法是指民商事法律关系的客体物所在国家的法律，它常用来解决有关物权特别是不动产物权的法律冲突问题。以往一般是把物之所在地法作为解决不动产物权的冲突规范，后来许多国家也将其扩展适用于动产物权的法律冲突问题。

3. 行为地法

行为地法是指法律行为发生地所属法域的法律。它起源于"场所支配行为"这一法律古谚。由于法律行为的多样性，行为地法又派生出下列一些系属公式：合同缔结地法、合同履行地法、婚姻举行地法、侵权行为地法。在适用上述系属公式时，如当事人法律行为或侵权行为的实施地和损害结果发生地不一致时，则需要先解决行为地的问题。

4. 法院地法

法院地法是审理国际民商事案件的法院所在地国家的法律。实质上，适用法院地法就是在国际民商事案件中依据国内实体法，从而排除外国法的适用。

对各种实体问题尽可能地适用法院地的实体法，几乎是自国际私法产生以来一直存在的一种重要倾向。① 当然，在程序问题上适用法院地法，也一直是各国国际私法中的通例。

5. 当事人合意选择的法律

当事人合意选择的法律是指双方当事人自行选择的那个法域的法律。采用这一系属公式时，表明法律承认当事人有选择法律的自主权，故又称"意思自治原则"。它主要用来解决国际合同关系的法律适用问题，但近些年来该系属公式在侵权、继承等领域也越来越多被采用。

6. 旗国法

旗国法是指悬挂或涂印在船舶或航空器上的特定旗帜所属国家的法律。它常用来解决船舶、航空器在运输过程中发生纠纷的法律冲突问题。

7. 最密切联系地法

最密切联系地法是指与国际民商事关系具有最密切联系的国家的法律。它的起源可以追溯到萨维尼的"法律关系本座说"，目前它既是一个法律选择的指导原则，又作为一个系属公式大量出现在冲突规范之中，并适用于许多不同性质的国际民商事关系，尤其适用于国际合同关系。

第二节 准 据 法

一、准据法概述

（一）准据法的概念

准据法是指经冲突规范的指引用来确定国际民商事关系当事人具体权利义务的实体法规范。

（二）准据法的特点

准据法作为国际私法上的特殊法律范畴，具有以下特点：

---

① 参见李双元：《国际私法（冲突法篇）》，武汉大学出版社2001年版，第181页。

(1) 准据法必须是通过冲突规范所援引的法律。未经冲突规范的指定而直接适用于涉外民商事法律关系的法律不能被称为"准据法",那些直接适用于涉外民商事案件的国际条约、国际惯例或者国内法中的实体规范,都不能被称为"准据法"。

(2) 准据法是能够具体确定国际民商事法律关系当事人的权利与义务的实体法。虽经冲突规范的指定但不能用来直接确定当事人权利义务的法律,如在采用反致、转致等冲突法特殊制度时国内冲突规范所援用的外国冲突规范,不是准据法。

(3) 准据法是依据冲突规范中的系属并结合有关国际民商事案件具体情况确定的。例如,对于"合同方式适用合同缔结地法"这一冲突规范,如果合同的缔结地是英国,准据法即为英国的实体法;如果合同缔结地为中国,准据法即为中国的实体法。

(4) 准据法必须是一项具体的"法",即具体的实体法规范或法律文件,而非笼统的法律制度或法律体系。例如,根据冲突规范的连结点找到了应当适用的某一国家的实体法或国际条约,问题仍然没有解决,因为法院不能依据笼统的诸如"美国法"或"中国法"来处理具体案件,而必须是具体的法律规范或者法律条文。

二、先决问题

(一) 先决问题的概念

先决问题又称"附带问题",是与主要问题相对应的概念,是指一国法院在处理国际私法的某一争讼问题时,如果必须以解决另外一个问题为先决条件,便可以把该争讼问题称为"主要问题"或"本问题",而把需要首先解决的另外一个问题称为"先决问题"或"附带问题"。例如,妻子要求继承丈夫遗产的案件,主要问题是财产继承,而必须首先解决的先决问题是继承财产的女方与被继承人的男方是否存在有效的婚姻关系。

(二) 先决问题的构成要件

国际私法中的先决问题,应具备下述条件:

（1）主要问题依法院地国法的冲突规范必须以外国法作为准据法。只有在这种情况下，才需要考虑是依法院地国的冲突规范确定先决问题的准据法，还是依主要问题准据法所属国的冲突规范确定先决问题的准据法，否则有关问题的准据法都依法院地法的冲突规范确定，而无需考虑其他国家的冲突规范的规定。

（2）该先决问题本身含有涉外因素，具有相对独立性，可以作为单独一项争议向法院提出，并另有冲突规范适用之。如果某一问题不具有独立性，则不构成国际私法中的先决问题。比如，在合同关系中，合同的形式是否有效、当事人有无缔约能力、合同内容是否合法等，都只不过是合同关系的不同方面，而并不是独立于该合同关系之外的问题，因此法院只会依本国冲突规范确定这些问题的准据法，而不可能考虑以外国冲突规范确定这些问题的准据法。

（3）在确定该先决问题的准据法时，法院地国的冲突规范和解决主要问题的准据法所属国关于先决问题的冲突规范不同，并会导致不同的判决结果。如果两国的法律相同，也就没有讨论先决问题的必要了，因为不管适用法院地国的冲突规范还是适用主要问题准据法所属国的冲突规范，其结果都是一样的。

（三）先决问题准据法的确定

关于先决问题准据法的确定，理论界有不同的主张。

一种主张是，应以主要问题的准据法所属国的冲突规范确定先决问题的准据法。其理由是：先决问题和主要问题是两个相互联系的问题，在确定先决问题的准据法时，不应该人为割裂它们之间的关系；既然法院地国的冲突规范指定了主要问题的准据法，那么为解决主要问题而出现的先决问题也应同时依该准据法解决，只有这样才能求得与主要问题协调一致的判决结果，从而避免因诉讼地不同而判决结果不一致的情况发生。

另一种主张是，先决问题的准据法应依法院地的冲突规范来确定。其理由是：先决问题既然是一个独立的问题，就应该与解决主要问题的准据法一样，由法院地的冲突规范决定；先决问题往往涉及婚姻、继承及其他身份问题，这些问题对法院地来说甚至比主要问题更具意义，与法院地的关系也更为密切。

除上述两种观点之外，还有一些观点认为，不应当机械地采用某种绝对的方法去解决先决问题的准据法，而应根据具体情况，谋求个别解决。

中国《涉外民事法律适用法》没有对先决问题作出规定，但《涉外民事法律适用法解释（一）》第 10 条规定，"人民法院应当根据该先决问题自身的性质确定其应当适用的法律"，明确了先决问题的独立性，从而依照先决问题自身在法院地的冲突规范适用准据法。

三、特殊情况下准据法的确定

一般来说，经冲突规范连结点的指引，就可以找到一国的实体法作为准据法来调整具体的国际民商事关系。但是，如果该国存在区际法律冲突、时际法律冲突或人际法律冲突，准据法的确定就变得复杂起来。

（一）发生区际法律冲突时准据法的确定

区际法律冲突是指同一个国家内部不同地区民商事法律不一致或者抵触的现象。区际法律冲突产生的前提条件是一国内部存在着不同的法域。当冲突规范指定适用某一多法域国家的法律时，究竟以该国何地区的法律为准据法，国际上有三种不同的解决方法：

（1）由法院直接依据所适用的冲突规范中的连结点的指引，如住所、行为地或物之所在地等，径直适用该具体地点的法律为其准据法。这种确定的方法又被称为"直接指定"。

（2）按被指定为准据法的国家的区际私法确定准据法。这种确定方法又被称为"间接指定"。调整一个主权国家内部不同法域之间的法律冲突的法律为区际私法。

（3）依据最密切联系原则确定准据法。这是目前多数国家的国际私法立法所采用的补充做法。

（二）发生时际法律冲突时准据法的确定

在法律领域，时际法律冲突是一种普遍存在的现象。时际法律冲突是指先后于同一地区施行并涉及相同问题的新旧法律或前后法律规定之间在时间效力上的冲突。国际私法上的时际法律冲突的发生主要有三种情况：

第一，法院地的冲突规范在国际民商事法律关系发生后发生了变更，有可能是连结点发生了变化，也有可能是限定连结点的时间因素发生了变化，还有可能是上述两方面都发生了变化。这时需要确定适用什么时候的冲突规范去指定准据法。

第二，法院地的冲突规范未变，但其所指定的实体法发生了改变。这时需要确定是适用相关法律关系成立时的旧法还是适用改变了的新法。

第三，法院地的冲突规范及其所指定的实体法均未发生改变，但有关当事人的国籍或住所、动产的所在地等连结点发生了改变。这时需要确定是适用依原来的连结点所指引的法律还是适用新的连结点所指引的法律。

在第一、二种情况下，准据法的确定应根据时际冲突法的一般原则加以解决。时际冲突法主要有两大原则：（1）法律不溯及既往，即法律只适用于其施行后的事项，对于其施行前的事项不具有追溯力。不过，法律明确规定有溯及力的，应从其规定。（2）新法优于旧法或后法优于前法，即对于新法或后法施行后的事项以及施行时的未决事项，依新法或后法，不依旧法或前法。

第三种情况在国际私法理论上叫"动态冲突"。对这种情况，各国国际私法一般都根据国际民商事法律关系的不同性质分别采取可变和不可变两种做法。为了避免这种冲突，在实践中最为可取的做法是在立法时对冲突规范中的连结点作出时间上的限制。例如，中国《涉外民事法律适用法》第 33 条规定："遗嘱效力，适用遗嘱人立遗嘱时或者死亡时经常居所地法律或者国籍国法律。"

（三）发生人际法律冲突时准据法的确定

人际法律冲突是指在同一个国家内部，由于不同民族、种族或宗教群体受不同法律支配，从而发生法律冲突的情形。人际法律冲突产生的一个重要条件是，在一国内不同的法律制度基于属人性适用于不同群体的人。在理论和实践中，通常的做法是由该外国的人际冲突法确定。如果该外国没有人际冲突法，则适用与案件或当事人有最密切联系的法律。此外，有的国家的有关规定既适用于区际法律冲突，也适用于人际法律冲突。

第三节　冲突规范适用的一般问题

一、识别

（一）识别的概念及法律意义

国际私法中的识别是指依据一定的法律观点或法律概念，对有关事实情况的性质进行定性或分类，将其归入特定的法律范畴，从而确定应援用何种冲突规范的法律认识过程。识别包含两个相互制约的方面：（1）依据一定的法律正确解释某一法律概念或法律范畴；（2）依据这一法律概念或法律范畴正确判定特定事实的法律性质，如是不是法律问题、是实体问题还是程序问题、是合同问题还是侵权问题等，从而确定应援用何种冲突规范。

（二）识别冲突的产生

识别冲突是指，由于法院地国法律与有关外国法律对同一事实构成作出不同的分类，采用不同国家的法律观念进行识别就会导致适用不同冲突规范和不同准据法的结果。从法院地国的角度来看，识别冲突就是依内国法识别和依有关外国法识别之间的冲突。

一般认为，产生识别冲突的原因有如下几种：（1）不同国家对同一事实赋予不同的法律性质，因而可能援引不同的冲突规范；（2）不同国家把具有相同内容的法律问题分配到不同的法律部门；（3）不同国家对同一问题规定的冲突规范具有不同的含义；（4）不同国家有时有独特的法律概念。

（三）解决识别冲突的方法

为解决识别冲突，国际私法学家对识别的依据提出多种不同学说，至今仍未有统一的立法和主张。主要有法院地法说、准据法说、比较和分析法说、个案识别说、功能识别说、二级识别说等。其中，法院地法说是目前最普遍的识别依据。但是，这些理论均存在一些缺陷和不足。法院地法说、准据法说和二级识别说的缺陷在于试图用一种单一方法或固定模式来解决识别问题；个案识别说具有相当大的灵活性；比较和分析法说、功能识别说则对识别提出了较高的要求。

（四）中国关于识别的规定

中国《涉外民事法律适用法》对识别的依据作出了明确的规定，采用大多数国家立法普遍采取的依照法院地法进行识别的做法，其第8条规定："涉外民事关系的定性，适用法院地法律。"

二、反致

(一) 反致的概念和类型

反致是国际私法所特有的一种制度。广义的反致包括直接反致、转致、间接反致、完全反致。

(1) 直接反致，亦称"狭义的反致""一级反致"，是指对于某一涉外民商事案件，甲国法院根据本国的冲突规范应适用乙国法（包括乙国的冲突法），而依乙国的冲突规范却应当适用甲国法，最终甲国法院适用了本国的实体法。

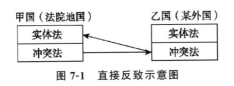

图 7-1　直接反致示意图

(2) 转致，亦称"二级反致"，是指对于某一涉外民商事案件，甲国法院根据本国的冲突规范应适用乙国法，而依乙国的冲突规范却应当适用丙国法，最终甲国法院适用了丙国的实体法。

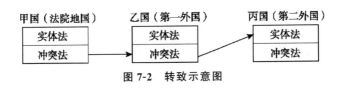

图 7-2　转致示意图

(3) 间接反致，是指对于某一涉外民商事案件，甲国法院根据本国的冲突规范应适用乙国法，而依乙国的冲突规范却应当适用丙国法，但依丙国的冲突规范却应当适用甲国法，最终甲国法院适用了本国的实体法。

图 7-3　间接反致示意图

(二) 反致问题的产生

总结各国法院关于反致问题的案件可以发现，其产生都是基于以下三个互相关联的条件：

(1) 审理案件的法院认为，其冲突规范指向的某外国法，既包括该国实体法，又包括该国冲突法。如果法院地国认为本国冲突规范援引的外国法仅包括该国实体法，则依该实体法就可确定双方当事人的权利义务，反致问题就不会发生。因此，认为本国冲突规范指引的外国法是该外国的全部法律制度，是反致产生的主观条件。

(2) 相关国家的冲突规则不一致，彼此存在冲突。也就是说，不同国家就同一国际民商事关系或法律问题制定的冲突规范的连结点不同，或在表面上连结点相同的情况下，各自对连结点有不同的解释。如果仅仅满足上述第一个条件，但相关国家的冲突规范相同，则不会产生反致。因此，相关国家冲突规范的冲突是反致产生的法律条件。

(3) 致送关系没有中断，这是反致产生的客观条件。即使相关国家都认为本国冲突规范指定的外国法包括对方国家的冲突法，如果致送关系中断，反致也无从产生。例如，对于不动产的法定继承，甲国规定适用不动产所在地法，乙国规定适用被继承人的本国法，且都认为本国冲突法指定的外国法律包括冲突法。假如一个乙国公民死于甲国并在甲国留下不动产，如在甲国提起继承诉讼，并不发生指定乙国法的情况；同样，如在乙国提起诉讼，也不发生指定甲国法的现象，反致问题也不会发生。

由此可见，反致问题的产生，必须同时具备上述三个条件，缺少其中任何一个，都不会产生反致问题。

(三) 反致制度的理论分歧

对于反致制度存在赞成和反对两种对立的态度，主要观点如下：

赞成者的理由主要有：(1) 采用反致可在一定程度上达到判决一致，即对同一国际私法案件，不论在哪个国家起诉，因适用的法律相同，可得到相同的判决；(2) 采用反致无损于本国主权，并可扩大内国法的适用；(3) 采用反致可保证外国法律的完整性；(4) 采用反致可作为国际礼让之表示；(5) 采用反致有时可得到更合理的判决结果。

反对者除了对赞成者提出的理由一一予以反驳外，还提出：(1) 采用反致会导致恶性循环；(2) 采用反致有损内国主权；(3) 采用反致于实际不便；(4) 采用反致有否定内国冲突规范妥当性之嫌；(5) 采用反致有悖法律的稳定性。

（四）中国关于反致的规定

中国《涉外民事法律适用法》采取了完全不接受反致的立场，该法第 9 条规定："涉外民事关系适用的外国法律，不包括该国的法律适用法。"

三、外国法内容的查明

（一）外国法内容的查明的概念

外国法内容的查明，也称"外国法的证明"或"外国法内容的确定"，是指一国法院在审理国际民商事案件时，依本国的冲突规范应适用某一外国实体法，如何查明该外国法关于这一特定问题的规定的问题。世界各国的法律千差万别、纷繁复杂，任何法官都不可能通晓世界各国的法律。因此，一国法院在审理国际民商事案件时，如依本国冲突规范的指引应适用外国法，就必须通过一定的方式和途径来查明外国法的内容。

（二）外国法的性质

从广泛的意义上来说，"外国法"就是在其他国家实施的所有法律。但在国际私法层面上，"外国法"是指被法院地国赋予法律效力的外国法律规则，是相对于"本国法"而言的。对于外国法的性质，不同国家的认识并不一致，主要有三种主张：(1) 事实说；(2) 法律说；(3) 折中说。

（三）外国法内容的查明的方式

由于各国对外国法性质的认识存在着上述分歧，外国法的查明方法也相应地大致分为三类：

(1) 当事人举证证明。英、美等普通法系国家和部分拉丁美洲国家采用这种做法。它们把外国法看作事实，用确定事实的程序来确定外国法的内容，即关于外国法中有无相关规定以及其内容如何，须由当事人举证证明，法官无依职权查明的义务。

（2）法官依职权查明，无须当事人举证。一些欧洲大陆国家，如奥地利、意大利、荷兰以及部分东欧国家，还有拉丁美洲的乌拉圭等国，认为冲突规范所指引的外国法也是法律，依法官知法原则，法官应当负责查明外国法的内容。

（3）法官依职权查明，当事人负有协助义务。采取这种做法的国家有德国、瑞士、土耳其、秘鲁等。它们主张，外国法内容的查明既不同于查明内国法律的程序，又不同于查明事实的程序，原则上应由法官负责调查，当事人也应负协助义务。这种做法更重视法官调查，对当事人提供的证据既可以确认，也可以拒绝或加以限制。

（四）外国法无法查明时的解决办法

通过上述查明途径以及经过适当时间，外国法仍不能查明或经查明外国法无有关规定的，各国采用以下不同的解决办法：（1）直接适用内国法；（2）类推适用内国法；（3）驳回当事人的诉讼请求或抗辩；（4）适用相近的法律；（5）适用一般法理。

（五）外国法的错误适用

外国法的错误适用存在两种情况：

（1）适用内国冲突规范的错误。即依内国冲突规范本应适用外国法却错误地适用了内国法，或本应适用甲国法却错误地适用了乙国法。这是对内国冲突规范的直接违反，在本质上与错误适用内国的其他法律相同，因此绝大多数国家的法律都允许当事人依法上诉，以纠正这种错误。

（2）适用外国法的错误。即虽依内国冲突规范适用了外国法，却对该外国法解释错误。这是对内国冲突规范的间接违反，是否允许上诉各国规定不一。禁止上诉的国家，如法国、德国、瑞士、西班牙等，一方面把外国法看作事实，另一方面上诉审又只是法律审，并不负审查与纠正下级法院认定事实错误的责任，因此不允许上诉。另一些国家，如意大利、葡萄牙、奥地利、英国、美国等，则允许对解释外国法错误上诉。而判断外国法的解释是否错误，理所当然应以该外国法所属的法律体系和解释方法为依据，各国立法均采用此立场。

(六) 中国关于外国法内容的查明的规定

在中国，民事诉讼遵循"以事实为根据，以法律为准绳"的原则，人民法院在审理涉外民事案件时，要作出切合实际、合理的判决，维护当事人的正当权益，促进对外民商事交往，不管是"事实"，还是"法律"，都必须查清。因此，把外国法看成是"法律"还是"事实"的争论，对中国的国际民商事诉讼影响不大。

中国《涉外民事法律适用法》第10条第1款规定："涉外民事关系适用的外国法律，由人民法院、仲裁机构或者行政机关查明。当事人选择适用外国法律的，应当提供该国法律。"这表明，除当事人选择适用外国法以外，中国法院负有查明外国法内容的主要责任。至于查明外国法的具体途径和方法，根据最高人民法院《涉外民事法律适用法解释（一）》第15条、第16条的规定，人民法院可通过由当事人提供、已对中华人民共和国生效的国际条约规定的途径、中外法律专家提供等合理途径查明外国法。人民法院应当听取各方当事人对应当适用的外国法律的内容及其理解与适用的意见，当事人对该外国法律的内容及其理解与适用均无异议的，人民法院可以予以确认；当事人有异议的，由人民法院审查认定。此外，中国与其他国家订立的双边司法协助条约大都涉及相互提供法律信息问题。

四、法律规避

(一) 法律规避的概念与构成要件

法律规避，又称"法律欺诈"或"欺诈设立连结点"，是指国际民商事关系的当事人为利用某一冲突规范，故意制造某种连结点的构成要素，避开本应适用的强制性或禁止性法律规则，从而使对自己有利的法律得以适用的一种逃法或脱法行为。

国际私法中有些连结点是能够随当事人的意思而变更的，如国籍、住所、所在地等。如果当事人为了某种特定目的，滥用设立和变更连结点的客观根据的自由，显然不利于法律秩序的稳定，也不利于内国法律政策的贯彻实施。

构成法律规避，必须具备下列要件：（1）从行为主体上看，法律规避是当事人自己的行为造成的；（2）从主观上讲，法律规避是当事人有目的、有意识造成的，也就是说，当事人有逃避某种法律规范的动机；（3）从规避的对象上讲，被规避的法律必须是依冲突规范本应适用的强制性或禁止性的法律；（4）从行为方式上看，当事人是通过人为地制造或改变一个或几个连结点的构成要素来达到规避法律的目的，这种行为表面上看是合法的，但实质上是非法的；（5）从客观结果上看，当事人的规避行为已经完成，如果按照当事人变更后的连结点的客观要素行事，就要适用对当事人有利的法律。

（二）法律规避的效力

对于法律规避行为是否有效尚存有争议。一般认为，法律规避是一种欺诈行为，根据"欺诈使一切归于无效"的原则，法律规避行为无效，应当排除当事人希望适用的法律。也有学者认为，既然冲突规范给予当事人选择法律的可能，那么当事人为达目的而选择法律就不应归咎于当事人；要防止冲突规范被人利用，应由立法者在冲突规范中作出规定。

各国关于法律规避的理论及立法可分三种：

（1）规避内国法及外国法均无效。在欧洲大陆国家，绝大多数学者都主张，只要法律上不能作出相反的解释，任何法律规避都属无效。

（2）规避内国法无效，对规避外国法不作规定。

（3）规避外国法有效。西方部分学者，如德国的韦希特尔（Waechter）、法国的魏斯（Weiss），以及英国的判例法均主张规避外国法律不能认定为无效行为。

（三）中国关于法律规避的规定

中国《涉外民事法律适用法》对法律规避问题未作明文规定，但最高人民法院《涉外民事法律适用法解释（一）》第 9 条规定："一方当事人故意制造涉外民事关系的连结点，规避中华人民共和国法律、行政法规的强制性规定的，人民法院应认定为不发生适用外国法律的效力。"但对于规避外国强行法的行为是否有效，该解释也没有规定。

依中国多数学者的意见，由于国际私法所调整的法律关系不仅涉及本国和某外国两个国家，还常常涉及三个或四个国家的法律，当事人既可适用外国法来规避本国法，也可适用第二国法来规避第三国法，而第二国法和第三国法对法院来说都是外国法。因此，国际私法上的法律规避应包括一切法律规避，既包括规避本国法，也包括规避外国法。至于法律规避的行为是否有效，应视不同情况而定。其一，规避本国法一律无效。其二，对规避外国法要具体分析、区别对待。如果当事人规避外国法中某些正当的、合理的规定，应该认定规避行为无效；反之，则应认定该规避行为有效。

五、公共秩序保留

(一) 公共秩序保留的概念

公共秩序保留在英美法中常称为"公共政策"，在大陆法中称为"公共秩序""保留条款"或"排除条款"，是指一国法院依冲突规范应该适用外国法，依法应该承认与执行外国法院判决或仲裁裁决，或者依法应该提供司法协助时，因这种适用、承认与执行或者提供司法协助会与法院地国的重大利益、基本政策、法律的基本原则或道德的基本观念相抵触而有权排除和拒绝的保留制度。

(二) 公共秩序保留的功能与适用情况

公共秩序保留能够从消极作用和积极作用两个方面实现其排除外国法适用的功能，具体包括以下几种情况：

(1) 按照内国冲突规范本应适用外国法，但如果适用该外国法将与内国关于道德、社会、经济、文化或意识形态的基本准则相抵触，或者与内国的公平、正义观念或根本的法律制度相抵触，这时，公共秩序保留起着安全阀的作用，它的作用是消极的，即可以据此不适用本应适用的外国法。

(2) 一国私法中的部分法律规则，由于其属于公共秩序法的范畴，在该国有绝对效力，从而可排除外国法的适用。在此种情况下，公共秩序保留肯定内国法的绝对效力，其作用是积极的。

(3) 按照内国冲突规则应适用外国法，但如果予以适用，将违反国际法的强行规则、内国所负担的条约义务或国际社会一般承认的正义要求,可以此为由不予适用。

(4) 一国法院在决定是否对国际私法案件行使管辖权时,也会考虑本国的公共秩序。

(5) 各国法律和有关的国际条约在规定承认与执行外国法院判决的条件时,都把不违反法院地的公共秩序作为一个基本的考虑因素。除了把它作为一个明确的兜底条款以外,其他具体的承认与执行条件也体现了公共秩序的要求。

(6) 在国际商事仲裁程序中,不管是仲裁员还是法官,在许多问题的考虑中也会涉及公共秩序。

(三) 公共秩序保留的立法实践与适用标准

由于公共秩序具有肯定和否定两方面的作用,各国规定公共秩序保留的立法方式可分为三种:

(1) 间接限制的立法方式。这种规定方式只指出内国某些法律具有绝对强行性或者是必须直接适用的,从而当然排除了外国法适用的可能性。

(2) 直接限制的立法方式。这种规定方式是在国际私法中明文指出,外国法的适用不得违背内国公共秩序,如有违背,则不得适用。

(3) 合并限制的立法方式。这种方式是在同一法典中兼采直接限制与间接限制两种方式。

对于何为违反公共秩序,即如何判断公共秩序保留的适用标准,学界提出了两种不同的主张:

第一,主观说。该说认为,法院依其本国的冲突规范本应适用某一外国法,如该外国法本身的规定与法院国的公共秩序相抵触,即可排除该外国法的适用,而不问具体案件适用该外国法的结果如何。

第二,客观说。该说不重视外国法本身是否不妥,而注重其适用是否违反法院地国的公共秩序,又可细分为两种:(1) 联系说。该说认为,外国法是否应排除适用,除了看该外国法是否违背公共秩序外,还须看个案与法院地国的联系如何;(2) 结果说。该说认为,在援用公共秩序保留时,应区分违反法院地国公共秩序的是外国法的内容还是外国法的适用结果。

总之,公共秩序是一个笼统的、含糊的概念,各国在什么情况下援用公共秩序保留制度,是随着时间、国际国内形势、所涉及的问题以及其他条件的不同而变化着的。

(四) 公共秩序保留的司法适用

援用公共秩序保留应注意以下问题:(1) 必须区分国内民法上的公共秩序和国际私法上的公共秩序;(2) 援用公共秩序保留不应与他国主权相抵触,并且不应与外国公法的排除混为一谈;(3) 对于条约中的统一冲突规范,是否可以援用公共秩序保留来限制其效力是一个颇有争议的问题;(4) 在排除本应适用的外国法以后,不能一概适用法院地法。

总而言之,由于公共秩序本身的灵活性,究竟在什么情况下才能援用,立法不可能也没有必要作出明确的硬性规定,它依赖于法官的自由裁量。但是,从近些年来各国法院的司法实践来看,适用公共秩序保留制度的限制越来越多,适用的机会越来越少。这种立法上的扩张与司法实践中的缩小并存的现象,表明公共秩序保留不再主要是调整各国实际利益和政策冲突的需要,而在很大程度上是各国主权观念的需要。[①]

(五) 中国关于公共秩序保留的规定

中国对公共秩序保留一向持肯定态度。早在 1950 年,中央人民政府法制委员会在《关于国人与外侨、外侨与外侨婚姻问题的意见》中就指出,对于中国人与外侨、外侨与外侨在中国结婚或离婚问题,婚姻登记机关不仅应适用中国的婚姻法,而且应在适当限度内照顾到当事人本国婚姻法,以免当事人结婚或离婚被其本国认为无效。但适用当事人本国婚姻法以无损于中国的公共秩序,即无损于中国的公共利益,也不违背中国目前的基本政策为限度。

此后,中国在一系列民事立法中都有关于公共秩序保留制度的规定。现行

---

① 参见肖永平:《法理学视野下的冲突法》,高等教育出版社 2008 年版,第 224 页。

有效的是：

《涉外民事法律适用法》第 4 条规定："中华人民共和国法律对涉外民事关系有强制性规定的，直接适用该强制性规定。"第 5 条规定："外国法律的适用将损害中华人民共和国社会公共利益的，适用中华人民共和国法律。"

《涉外民事法律适用法解释（一）》第 8 条进一步明确如下："有下列情形之一，涉及中华人民共和国社会公共利益、当事人不能通过约定排除适用、无需通过冲突规范指引而直接适用于涉外民事关系的法律、行政法规的规定，人民法院应当认定为涉外民事关系法律适用法第四条规定的强制性规定：（一）涉及劳动者权益保护的；（二）涉及食品或公共卫生安全的；（三）涉及环境安全的；（四）涉及外汇管制等金融安全的；（五）涉及反垄断、反倾销的；（六）应当认定为强制性规定的其他情形。"

《民法典》第 467 条第 2 款规定："在中华人民共和国境内履行的中外合资经营企业合同、中外合作经营企业合同、中外合作勘探开发自然资源合同，适用中华人民共和国法律。"

典型案例

案例一：施韦伯尔诉安加案[①]

一、案情介绍

施韦伯尔和安加是一对犹太人夫妻，他们在匈牙利拥有住所。后来，他们决定移居以色列。在去以色列途中，他们在意大利的一个犹太人居住区离婚。对他们的离婚，匈牙利法是不承认的（当时匈牙利仍是他们的住所地），但依以色列法则可以承认。随后，他们又均在以色列获得选择住所。取得这种住所的女方后来来到加拿大多伦多与第二个丈夫举行了结婚仪式，但她接着以第二

---

① 参见赵秀文主编：《国际私法学原理与案例教程（第四版）》，中国人民大学出版社 2016 年版，第 103 页。

次婚姻是重婚为由在加拿大安大略法院请求宣告该婚姻无效。

本案涉及的问题有两个：一个是该女子的再婚能力，根据加拿大的冲突规范，这个问题依以色列法解决。另一个是该女子与第一个丈夫离婚的有效性问题。依据加拿大的冲突规范指定的准据法，该离婚无效；但依照以色列的冲突规范指定的准据法，该离婚则是有效的。

二、主要法律问题

本案涉及国际私法中的先决问题及其准据法的确定。

先决问题又称"附带问题"，是指在国际私法中有的争讼问题的解决需要以首先解决另外一个问题为条件，这时，争讼问题称为"本问题"或"主要问题"，而把这个要首先解决的问题称为"先决问题"。

本案中该女子与第一个丈夫离婚的有效性问题为先决问题，女子的再婚能力为主要问题。在确定先决问题的准据法时，存在尖锐对立的两派：一派主张依主要问题准据法所属国的冲突规范来选择先决问题的准据法，另一派则主张以法院地国的冲突规范来解决先决问题的准据法。如依第一种观点，本案则应判决该女子的再婚有效。

三、案件评析

先决问题准据法有三种情形：（1）主要问题依法院地国的冲突规范应适用外国法作准据法。（2）先决问题具有相对独立性，有自己的冲突规范。（3）依主要问题准据法所属国适用于先决问题的冲突规范和依法院地适用于先决问题的冲突规范，会选择不同国家的法律作先决问题的准据法，并且会得出完全不同的结论，从而使主要问题的判决结果也会不同。

本案中，主要问题是该女子的再婚能力，依法院地（加拿大）的冲突规范，应适用外国法（以色列法）解决。先决问题是该女子与第一个丈夫离婚的有效性问题，该问题具有相对独立性，有自己的冲突规范（以色列冲突规范或加拿大冲突规范）。如适用主要问题（再婚能力）准据法所属国冲突规范（以色列冲突规范）来指定准据法，该婚姻有效。适用不同的冲突规范会导致主要问题的判决结果完全不同。一般而言，适用主要问题所属国的冲突规范来确定先决问题的准据法，可求得与主要问题协调一致的判决结果。

案例二：福尔果案[①]

一、案情介绍

福尔果是一个具有巴伐利亚国籍的非婚生子。从五岁开始随母生活在法国，在法国拥有巴伐利亚法所认为的事实上的住所，但至死未取得法国法意义上的住所。68岁时，福尔果在法国去世，生前未留遗嘱，其母亲、妻子先于他死亡，且无子女，但留有动产在法国。福尔果母亲在巴伐利亚的旁系亲属得知后，要求根据巴伐利亚法律享有继承权，向法国法院提起诉讼，法国法院受理了这个案件。

按照法国的冲突法，动产继承适用被继承人原始住所地法，因此，本案应适用巴伐利亚法，其旁系亲属可以继承福尔果留在法国的遗产。但是，巴伐利亚的冲突法则规定：无遗嘱的动产继承，应适用死者死亡时住所地法（且不分事实住所和法律住所）。于是，法国法院便认为福尔果的住所已在法国，故应适用法国法，判决福尔果旁系亲属对其遗产无继承权，其遗产作为无人继承的财产，收归法国国库所有。

二、主要法律问题

本案涉及国际私法中的反致。

反致是指对于某一涉外民事关系，甲国法院根据本国的冲突规范指引乙国的法律作准据法，该准据法应包括乙国的冲突法，而依乙国冲突规范的规定却应适用甲国的法律作为准据法，结果甲国应根据本国的法律判决案件。

三、案件评析

福尔果案是国际私法中关于反致的著名案例，自此以后反致制度即在法国判例中确定下来，引起法学界的重视。反致问题的产生基于以下三个条件：首先，审理案件的法院认为，本国的冲突规范指向的某个外国法，既包括该国的实体法，又包括该国冲突法。其次，相关国家的冲突法规则彼此存在冲突，即

[①] 参见李双元、欧福永主编：《国际私法（第6版）》，北京大学出版社2022年版，第116页。

对同一涉外民事关系相关国家规定了不同的连结点或对连结点的解释不同。最后，致送关系没有中断。

本案中，法国法院运用法国冲突规范，法国冲突规范指向的巴伐利亚法（原始住所地法）包括其实体法和冲突法；巴伐利亚的冲突规范反过来又指向法国法（事实住所地法）。法国法院接受了这种反致，适用法国实体法作为准据法对该案作出了判决。法国法院之所以接受这种反致，一方面是因为这样做可以作出对法国有利的判决；另一方面是因为法国法院熟悉本国法，适用起来更加方便。

案例三：鲍富莱蒙离婚案[①]

一、案情介绍

该案的原告鲍富莱蒙为法国王子，其妃子原为比利时人，因与鲍结婚取得法国的国籍。婚后，鲍妃又同罗马尼亚比贝斯柯王子相恋，要与鲍离婚。但当时，法国法律只允许别居不允许离婚。而德国的法律允许离婚。为了达到离婚的目的，鲍妃移居德国并归化为德国公民。随后，鲍妃在德国法院提起与鲍离婚的诉讼并获得离婚判决。鲍妃在离婚后与比贝斯柯王子结了婚，并以德国公民的身份回到了法国。鲍向法国法院起诉，要求宣告鲍妃加入德国籍及离婚、再婚无效。

法国法院受理了这一案件。按照当时法国冲突法的规定，婚姻能力适用当事人的本国法，由于鲍妃已归化为德国公民，其本国法为德国法。按德国法，鲍妃的离婚是有效的。但是，法国最高法院最终判决鲍妃在德国的离婚和再婚均属无效；至于其加入德国籍问题，法国法院无权审理。

二、主要法律问题

本案涉及国际私法中的法律规避。

法律规避是指当事人有意、人为地改变冲突规范的连结点，规避本来应该适用的对其不利的某国实体法，而适用对其有利的另一国实体法。

[①] 参见李双元、欧福永主编：《国际私法（第6版）》，北京大学出版社，2022年版，第133页。

三、案件评析

构成法律规避须满足四个要件：(1) 从主观上讲，当事人规避某一国的法律是出于主观上的故意；(2) 从规避的对象讲，当事人规避的是法院所在国的冲突规范指向的本应适用于当事人的强行法；(3) 从行为方式讲，法律规避是当事人通过人为地制造一个或几个连结点来实现的；(4) 从客观结果上讲，当事人的规避行为已经完成，达到了适用有利于自己法律的目的。

本案中，法国关于婚姻能力的冲突规范是"离婚能力依当事人的属人法"。鲍妃能否离婚，本该由法国法决定。为了避开法国法对其不利的规定，鲍妃故意改变国籍这一连结点，使对其有利的德国法得到适用，规避既遂。法国法院据此认为，用规避法国法的方法完成的行为是无效的。

推荐书目》

1. 韩德培主编：《国际私法（第三版）》，高等教育出版社、北京大学出版社 2014 年版。
2. 李双元、欧福永主编：《国际私法（第五版）》，北京大学出版社 2018 年版。
3. 〔美〕弗里德里希·K. 荣格：《法律选择与涉外司法（特别版）》，北京大学出版社 2007 年版。

思考题》

1. 如何判断涉外民事关系，如何理解"涉外性"？
2. 涉港澳台案件是否可以适用《涉外民事法律适用法》？
3. 《涉外民事法律适用法》中出现最多的是哪种类型的冲突规范？
4. 法律规避制度中规避的是何种"法"，包括部门规章吗？
5. 法律规避制度和公共秩序保留制度有哪些联系和区别？

第八章

Chapter 8

法律适用

案例导读

2011年1月2日，外国人比尔从中国某市某大酒店打的到火车站。车到站后，比尔将一装有贵重物品的手提包遗忘在出租车内。司机凌某发现皮包后，寻找失主，未果。比尔丢包后，在该地媒体上播发寻物启事，称送还丢失皮包将给予酬谢，并公布了联系方式。第二天，凌某将皮包送还比尔。比尔兑现承诺，付了酬金。比尔皮包失而复得后，委托中国籍的范女士向该市公管处投诉。同年3月10日，凌某将酬金交到公管处，由公管处交给失主。公管处以"举报待查"为由，暂扣凌某出租车上岗证，要求凌某在指定时间和指定地点接受处理。

凌某感到委屈，遂向某市某区人民法院提起民事诉讼，要求返还酬金。本案涉及何种涉外民事关系？应以何国法律作为准据法？

（1）比尔乘坐出租车，与凌某构成涉外运输合同关系。《涉外民事法律适用法》第41条规定："当事人可以协议选择合同适用的法律。当事人没有选择的，适用履行义务最能体现该合同特征的一方当事人经常居所地法律或者其他与该合同有最密切联系的法律"。因双方没有协议，故应适用"与该合同有最密切联系的法律"即中国法律。

（2）比尔发布悬赏广告，凌某归还皮包，构成悬赏合同关系，依据《涉外民事法律适用法》第41条，适用中国法律。

（3）比尔皮包失而复得后，委托代理人进行投诉，使凌某在违背真实意思表示的情况下交出酬金，比尔索要酬金构成不当得利。《涉外民事法律适用法》第47条规定："不当得利、无因管理，适用当事人协议选择适用的法律。当事人没有选择的，适用当事人共同经常居所地法律；没有共同经常居所地的，适用不当得利、无因管理发生地法律。"由于双方没有选择也没有共同经常居所地，故应适用不当得利发生地法律，即中国法律。

教学目标

通过本章的学习，学生能够全面、系统地认识和把握国际私法的法律适用。学习重点包括：物之所在地法原则及其例外；涉外合同法律适用中的意思自治；涉外侵权的法律适用原则；涉外婚姻的法律适用；涉外继承的法律适用等。

第一节　法律适用概论

一、国际私法意义上的法律适用

国际私法意义上的法律适用，是指在国际民商事交往中，国家主管行政机关、司法部门根据国际私法的规定适用法律，审批、管理国际民商事关系和处理国际民商事争议，或当事人根据国际私法的规定，应用内国和外国民商事法和民事诉讼法建立、变更、终止国际民商事关系及处理争议的方式和活动过程。[①]

简言之，国际私法意义上的法律适用是指在国际民商事交往中，根据国际

[①] 参见章尚锦主编：《国际私法》，中国人民大学出版社2000年版，第57—58页。

私法规范确定国际民事案件或国际民商事关系应适用何种法律的过程。[①]（1）国际私法意义上的法律适用内容，广义的包括国际私法规范本身的适用，即根据国际私法规范确定的某国实体民法、国际民事条约的适用，国际民事条约、国际民事惯例的直接适用，国际民事诉讼或国际商事仲裁程序法、程序性国际条约和程序性国际惯例的适用；狭义的仅指适用国际私法规范确定准据法的过程。[②]（2）国际私法意义上的法律适用主体，包括国家主管机关、公职人员、被授权单位以及当事人，所有主体对于法律的应用或运用都可称为"法律适用"，而不分"法律适用"和"遵守法律"。（3）国际私法意义上的法律适用所适用的法律部门是狭义的，只限于国际私法和作为准据法的民法、国际民事条约及惯例，不包括刑法等其他法律部门。

二、国际民商事关系的类型

法律适用的对象是国际民商事关系。在采用民商合一的国家，包括所有的民事关系；在采用民商分立的国家，包括所有的民事关系和商事关系。在中国，一般认为作为国际私法调整对象的国际民商事关系，既包括国际物权关系、国际知识产权关系、国际债权关系、国际婚姻家庭关系和国际继承关系等国际民事关系，也包括国际公司关系、国际票据关系、国际保险关系、国际破产关系、国际海事关系等国际商事关系。

三、法律适用的类型和过程

法律适用的过程也就是法律选择的过程。与国际私法的调整方法相一致，法律适用也分为三种：根据冲突规范适用准据法、适用国际统一实体法以及直接适用法律三类。与之相应，法律适用的过程即：

（1）采用冲突法确定准据法时，法律适用的过程就是通过冲突规范的指引，结合案件的事实确定准据法的过程。

[①] 参见章尚锦、徐青森主编：《国际私法（第 4 版）》，中国人民大学出版社 2011 年版，第 17 页。

[②] 同上。

（2）如果某些领域存在国际统一实体法，那么法律适用就是结合案件事实，寻找到应适用的国际条约或国际惯例的过程。

（3）如果存在直接适用的法律，那么这些强制性规范可以直接适用于国际私法案件，而不必经过冲突规范的指引。

第二节　国际物权关系的法律适用

国际私法中涉外物权关系的法律适用规则是为了解决不同国家在物权的种类、客体、内容、保护方法等方面作出不同规定而引发的法律冲突。物权关系适用物之所在地法是国际上解决涉外物权法律冲突的基本原则。该冲突规范适用范围非常广泛，一般用来解决物权客体的范围、动产和不动产的区别、物权的内容和种类、物权的取得和变动、物权的保护方法等方面的法律冲突问题。但一些特殊的动产，如运输途中的动产等，需要适用特殊的法律适用规则。此外，国有化法令的域外效力及其补偿标准以及信托的法律适用问题是与物权关系有密切联系的法律问题。

一、国际物权关系及其法律冲突

含有涉外因素的物权关系即为国际物权关系，具体包括以下三种情况：（1）物权主体一方或双方为外国自然人或法人，有时也可以是外国国家；（2）物权客体位于境外；（3）引起物权关系产生、变更或终止的法律事实发生在境外。

各国物权法关于物权的主体、客体的范围、种类、内容、动产和不动产的区分以及物权的取得与变动规则和保护方法等的规定均有所不同。在涉外物权关系中，依不同国家的法律处理就可能得到不同的结果，这势必导致有关国家在涉外物权领域的法律冲突。

二、物之所在地法原则及其例外

物权依物之所在地法即在涉外物权关系中适用客体物所在地的法律，是国际上解决涉外物权法律冲突的基本原则。这一原则产生于 13、14 世纪的意大利法则区别说，现已成为世界各国解决涉外物权法律冲突最普遍的一项基本准则。

物之所在地法是指作为民事关系客体的物在空间上所位于的国家的法律，常用于解决所有权与其他物权关系方面的法律冲突问题，具体包括：(1) 动产与不动产的区分；(2) 物权客体的范围；(3) 物权的种类和内容；(4) 物权的取得、转移、变更和消灭的方式及条件；(5) 物权的保护方法等。

物之所在地法原则并非解决一切物权法律关系的唯一原则，某些财产因其具有特殊性或处于特殊状态，因而适用该原则并不恰当，故各国根据其司法实践形成了一些特殊规则。(1) 运送中的物品，主要有适用送达地法、适用发送地法、适用所有人本国地法三种解决方案；(2) 船舶、飞行器运输工具，一般适用运输工具注册登记国或旗国法；(3) 外国法人终止或解散，一般依属人法；(4) 与人身关系密切的财产，适用规则各国有所不同；(5) 外国的国家财产，适用该财产所属国法律。

三、中国的立法与实践

在《涉外民事法律适用法》颁布之前，中国关于物权的法律适用规定散见于《民法通则》及其司法解释、《海商法》《民用航空法》等法律中，比较粗陋，体系也不健全，尤其是动产物权的法律适用长期处于空白状态。《涉外民事法律适用法》专设第五章"物权"，较为系统地规定了涉外物权的法律适用，标志着中国物权冲突法体系趋于完善。

(一) 涉外物权的法律适用

1. 涉外不动产物权的法律适用

《涉外民事法律适用法》坚持物之所在地法原则，第 36 条规定："不动产物权，适用不动产所在地法律。"

2. 涉外动产物权的法律适用

《涉外民事法律适用法》第 37—40 条，弥补了动产物权法律适用上的空白，不但规定了普通动产物权和运输中动产物权的法律适用，而且对有价证券和权利质权的法律适用也作了规定。

《涉外民事法律适用法》第 37 条规定："当事人可以协议选择动产物权适用的法律。当事人没有选择的，适用法律事实发生时动产所在地法律。"这一规定未作任何限制地将意思自治原则引入中国动产物权冲突规范，并列为动产物权法律选择方法之首。只有在当事人未选择法律的情况下，才适用物之所在地法。由于动产所在地会发生变化，因此将其限定为法律事实发生时的动产所在地。

第 38 条考虑到运输中的动产难以确定物之所在地法，故适用当事人意思自治原则确定准据法。"当事人没有选择的，适用运输目的地法律。"

第 39、40 条对两种特殊财产权利——有价证券和权利质权的法律适用作出了规定。有价证券适用"有价证券权利实现地法律"或者"其他与该有价证券有最密切联系的法律"，权利质权则适用"质权设立地法律"。这些规定遵循了场所支配行为的原则，同时引入最密切联系原则这一灵活连结点，体现出法律选择多元化的趋势。

《涉外民事法律适用法》第 2 条第 1 款规定，"其他法律对涉外民事关系法律适用另有特别规定的，依照其规定"。据此，《海商法》《民用航空法》《票据法》等关于法律适用的规定，在《涉外民事法律适用法》实施以后仍可适用。

《海商法》第 270—272 条就船舶物权作出了规定：（1）第 270 条规定："船舶所有权的取得、转让和消灭，适用船旗国法律。"（2）第 271 条第 1 款规定："船舶抵押权适用船旗国法律。"但该条第 2 款同时规定："船舶在光船租赁以前或者光船租赁期间，设立船舶抵押权的，适用原船舶登记国的法律。"（3）第 272 条规定："船舶优先权，适用受理案件的法院所在地法律。"

《民用航空法》第 185—187 条对民用航空器物权作了规定：（1）第 185 条规定："民用航空器所有权的取得、转让和消灭，适用民用航空器国籍登记国法律。"（2）第 186 条规定："民用航空器抵押权适用民用航空器国籍登记国法律。"（3）第 187 条规定："民用航空器优先权适用受理案件的法院所在地法律。"

以上两法规定基本一致，对船舶和航空器的所有权的取得、转让和消灭，抵押权等都适用船旗国法或航空器国籍登记国法律,并规定优先适用受理案件的法院所在地法律。

《票据法》第 94～101 条就"涉外票据的法律适用"作了专章规定,分别对票据债务人的行为能力以及出票、背书、承兑、追索等票据行为应该适用的法律作出了规定。

第三节 合同的法律适用

债是一种以请求和给付为内容的具有相对性的法律关系。根据发生原因的不同,可将债分为意定之债和法定之债。其中,意定之债又可分为合同之债和单方允诺之债;法定之债又可分为侵权之债、不当得利之债、无因管理之债以及缔约过失之债。涉外之债是含有涉外因素的债权债务法律关系,包括涉外合同之债、涉外侵权之债、涉外不当得利之债和涉外无因管理之债等。

一、合同的法律冲突

合同是债发生的最主要原因,是当事人之间设立、变更、终止民事关系的协议。现代社会,各国合同法律制度呈现趋同化趋势,但合同的法律冲突依然存在,主要表现为合同主体(当事人缔约能力)、合同形式、合同的成立和内容等方面的法律冲突。

各国有关合同的法律适用理论与实践存在各种分歧,既有分割论与单一论的矛盾,也有主观论与客观论的冲突。其中,单一论是指将国际合同看作一个整体受同一特定法律体系的支配;分割论是指将合同分成几个部分,不同环节或者事项分别适用不同的法律。主观论是根据合同当事人双方的意志来确定合同准据法;客观论是依场所因素确定法律的适用。即使在同一个国家的不同时期,也会采用不同的理论与实践。合同的种类繁多,不同种类的合同以及合同的不同方面是否适用不同的法律,各国尚未达成一致,合同的法律适用仍然是国际私法中重要议题。

二、合同法律适用的原则与方法

（一）意思自治原则

合同法律适用中的意思自治，是指当事人可以通过协商一致的意思表示选择支配合同关系的准据法。意思自治原则自16世纪法国人杜摩兰再次阐述后才获得广泛关注，现已成为各国确定合同准据法的首要方法。

意思自治原则在具体运用时涉及：（1）当事人选择法律的方式，各国普遍接受的是明示选择，对于默示选择则态度不一。（2）当事人选择法律的时间，多数国家不加严格限制。当事人可以在订立合同之前或者之后选择法律，有的国家甚至允许变更原来所选择的法律，但是这种变更不得使合同归于无效或者使第三人的合法利益受到损害。（3）当事人选择法律的范围仅限于实体法，而不包括冲突法。（4）当事人选择法律的效力应具有独立性，主合同的效力并不必然影响选择合同法律适用的效力。

意思自治原则的限制主要体现为：（1）当事人协议选择法律必须善意、合法，且不违反公共秩序。（2）受强行法的限制。（3）在某些特殊的合同（如雇用合同、消费合同和不动产合同）中呈现出受到限制或排除的趋势。

（二）客观标志说

客观标志说主张根据法律规定的客观标志来确定合同的准据法。常用的客观标志有：合同缔结地、合同履行地、当事人的国籍或住所、物之所在地以及法院地或者仲裁地。

（三）最密切联系原则

合同应适用的法律是合同在经济意义或其他社会意义上集中地定位于某一国家的法律。在当事人没有选择应适用的法律或者选择无效的情况下，由法院依据这一原则在与该合同关系有联系的国家中选择一个与该法律关系本质上有重大联系、利害关系最密切的国家的法律予以适用。许多国家（尤其是大陆法系国家）用"特征性履行方法"来判定合同最密切联系地。它是指在涉外合同当事人未作出法律选择时，法院应按在性质上足以使此种合同区别于其他各种合同从而使它特定化起来的一方的履行来确定适用于合同的法律。

（四）合同自体法

合同自体法是英国学者莫里斯首先提出的，但其具体内容尚存在争议。根据该理论，合同自体法可分解为三个规则：(1) 当事人已明示选择了法律，该法律一般应被适用；(2) 当事人没有明示选择法律，但依情况可以推断他们所选择的法律时，适用被推断的法律；(3) 当事人没有明示选择，又不能依情况推断他们所选择的法律时，适用与合同有最密切、最真实联系的法律。

合同自体法理论实现了合同法律适用问题上主观论与客观论的协调，平息了主观论与客观论的纷争，有利于维护当事人和有关国家的利益。

三、中国的立法与实践

中国关于合同法律适用的规定基本上采用合同自体法说。当事人意思自治原则为合同法律适用的首要原则，最密切联系原则为补充，以特征性履行作为确定最密切联系地的标准，同时肯定了国际条约优先原则、国际惯例补缺原则和公共秩序保留原则。

中国关于合同法律适用方面的立法与实践相对于其他领域更为完善，主要渊源包括《涉外民事法律适用法》《民法典》《海商法》《民用航空法》和《票据法》中的有关规定，以及最高人民法院的相关司法解释。另外，联合国《国际货物销售合同公约》在中国实践中也运用广泛。

（一）意思自治原则是国际合同法律适用的首要原则

《涉外民事法律适用法》第 41 条规定，"当事人可以协议选择合同适用的法律"。同时，《海商法》第 269 条和《民用航空法》第 188 条也作了同样的规定。适用这一原则时，应注意以下几个问题：

第一，当事人选择的法律不得违背中国的社会公共利益，否则将适用中国的法律。

第二，选择法律的方式。《涉外民事法律适用法》第 3 条规定："当事人依照法律规定可以明示选择涉外民事关系适用的法律。"

第三，法律选择的时间。《涉外民事法律适用法解释（一）》第 6 条第 1 款规定："当事人在一审法庭辩论终结前协议选择或者变更选择适用的法律的，人民法院应予准许。"但是，中国法律未对当事人变更法律施加必要的限制。

第四，选择法律的范围，仅限于一国的任意法，而不能选择其他国家的强行法。此外，中国《涉外民事法律适用法》第 9 条规定："涉外民事关系适用的外国法律，不包括该国的法律适用法。"《涉外民事法律适用法解释（一）》第 5 条规定："一方当事人以双方协议选择的法律与系争的涉外民事关系没有实际联系为由主张选择无效的，人民法院不予支持。"

第五，强制适用中国法律的规定。《涉外民事法律适用法》第 4 条规定："中华人民共和国法律对涉外民事关系有强制性规定的，直接适用该强制性规定。"《涉事民事法律适用法解释（一）》第 8 条除对何为中国法律的强制性规定进行了一般性描述，即"涉及中华人民共和国社会公共利益、当事人不能通过约定排除适用、无需通过冲突规范指引而直接适用于涉外民事关系的法律、行政法规的规定"，还以不完全列举的方式解决可操作性问题。有下列情形之一：（1）涉及劳动者权益保护的，（2）涉及食品或公共卫生安全的，（3）涉及环境安全的，（4）涉及外汇管制等金融安全的，（5）涉及反垄断、反倾销的，（6）应当认定为强制性规定的其他情形，人民法院应当认定为《涉外民事法律适用法》第 4 条规定的强制性规定。此外，《民法典》第 467 条第 2 款规定："在中华人民共和国境内履行的中外合资经营企业合同、中外合作经营企业合同、中外合作勘探开发自然资源合同，适用中华人民共和国法律。"这也属于强制性规定。

最密切联系原则是中国国际合同法律适用的补充原则。《涉外民事法律适用法》第 41 条规定，"当事人没有选择的，适用履行义务最能体现该合同特征的一方当事人经常居所地法律或者其他与该合同有最密切联系的法律"。据此，在适用时应首先采用特征性履行方法确定最密切联系地。此外，《海商法》第 269 条以及《民用航空法》第 188 条也有类似规定。

《涉外民事法律适用法》还规定了两类特殊合同的法律适用。一类是消费者合同。《涉外民事法律适用法》第 42 条规定："消费者合同，适用消费者经常居所地法律；消费者选择适用商品、服务提供地法律或者经营者在消费者经常居所地没有从事相关经营活动的，适用商品、服务提供地法律。"该条将消费者经常居所地作为消费者合同法律适用的基本原则，盖因消费者熟悉其经常居所地法。同时，作为理性的人，如消费者主动选择了商品、服务提供地法律，通常系因商品、服务提供地法比其经常居所地法更有利于保护其利益。而经营者在消费者经常居所地没有从事相关经营活动的，经营者不知晓消费者的"主动消费"，如适用消费者经常居所地法显失公平，因此适用商品、服务提供地法律。第二类是劳动合同。《涉外民事法律适用法》第43条规定："劳动合同，适用劳动者工作地法律；难以确定劳动者工作地的，适用用人单位主营业地法律。劳务派遣，可以适用劳务派出地法律。"该条第1款调整一般劳动合同，基于劳动者对工作地法律的熟悉，原则上适用工作地法律，符合劳动者的预期。但如难以确定工作地的，则适用用人单位主营业地法律。该条第2款调整劳务派遣合同，既可以适用劳动者工作地法律，也可以适用劳务派出地法律；难以确定劳动者工作地的，适用用人单位主营业地法律。

第四节 侵权行为之债的法律适用

一、一般侵权的法律适用

（一）一般侵权的法律冲突

侵权行为之债是指因不法侵害他人非合同权利或受法律保护的利益并造成损害而承担民事责任所构成的一种法定之债。侵权行为可分为一般侵权行为和特殊侵权行为。

各国关于一般侵权的法律冲突主要表现在以下几个方面：（1）侵权行为的范围规定不同。（2）侵权行为构成要件的冲突。（3）侵权行为案件中可获得赔偿的受害人范围不同。（4）损害赔偿的原则、标准、数额及限额不同。（5）诉讼时效的规定不同。（6）侵权责任与违约责任竞合时的法律选择不同。

（二）一般侵权的法律适用

各国做法不一：（1）适用侵权行为地法；（2）重叠适用侵权行为地法和法

院地法；（3）侵权自体法和最密切联系原则；（4）有限制的意思自治原则；（5）当事人共同属人法原则；（6）适用对受害人有利的法律。此外，有些国家采用选择适用侵权行为地法或当事人共同属人法的做法，有些国家采用重叠适用侵权行为地法和法院地法的做法，还有的国家重叠适用侵权行为地法、法院地法和当事人共同属人法。可以说，对于一般侵权行为的法律适用，各国差异非常显著。

二、特殊侵权的法律适用

随着现代技术的发展，侵权行为也发生了显著的变化，如运输中的交通事故引起的侵权行为、产品责任引起的侵权行为等。这些侵权行为与一般侵权行为不同，因而需要适用特殊的法律适用规则。

（一）海上侵权行为的法律适用

海上侵权行为主要包括以下几种情形：（1）船舶相撞或船舶与海上设施碰撞所发生的侵权行为；（2）船舶内部的侵权行为，比如发生在船舶与旅客之间或旅客之间的侵权行为；（3）因海上运输致旅客死伤、行李毁损所发生的侵权行为；（4）因船舶油污排放或泄漏造成污染损害所发生的侵权行为。

第一，船舶碰撞的法律适用。如果船舶碰撞发生于一国领海之内，各国一般规定适用碰撞地法律，即领海国法律。

第二，发生在船舶内部侵权行为的法律适用。对于发生在船舶内部的侵权行为，无论该船舶是处于公海或某国领海，各国多主张适用船旗国法。

第三，海上运输致旅客死伤、行李毁损所发生的侵权行为的法律适用。由于存在着运输合同关系，因此各国多主张以合同准据法为依据。但旅客安全常常受到相关国家强制性法律的保护，而这些强制性的法律规定又是必须适用的。

第四，油污损害赔偿的法律适用。国际海事组织于1992年在伦敦订立了《修正〈1969年国际油污损害民事责任公约〉的1992年议定书》，公约现已生效。该公约属于实体法公约，对油污损害的民事责任作了全面的规定。此外，1969年《国际干预公海油污事故公约》也是目前国际油污损害赔偿法律适用的重要依据。

(二) 空中侵权行为的法律适用

(1) 对于发生在航空器内部的侵权行为，多数国家主张适用航空器登记国法，而不是侵权行为地法。

(2) 因航空器碰撞或航空器与其他物体碰撞所发生的侵权行为，各国一般主张适用被碰撞或受害一方的航空器登记地法。

(3) 因航空器事故致旅客死亡或物品毁损的侵权行为，各国的航空立法和司法实践存在较大差别。为了统一各国的相关法律规则，出现了一些具有广泛影响的国际统一实体法公约，如 1929 年《关于统一国际航空运输某些规则的公约》（以下简称《华沙公约》）、1955 年《修订 1929 年华沙公约的议定书》、1952 年《罗马公约》和《1978 年在蒙特利尔修正的 1952 年罗马公约》。

(三) 公路交通事故的法律适用

公路交通事故中侵权法律适用的国内立法实践，一般适用侵权行为地法。有关国际公约如 1971 年《海牙公路交通事故法律适用公约》也对公路交通事故的法律适用作了全面规定。

(四) 涉外产品责任的法律适用

各国作出明文规定的不多，大多按照解决一般侵权的冲突规范来确定产品责任的准据法；也有国家主张适用侵权行为地法，如法国、意大利；或者主张适用侵权行为地法和法院地法，如英国。

为了统一产品责任法律适用的规定，海牙国际私法会议于 1972 年制定了《海牙产品责任法律适用公约》。该公约于 1977 年 10 月生效，目前成员包括奥地利、法国、比利时、荷兰、瑞士、卢森堡、葡萄牙等。

三、中国关于侵权行为之债法律适用的立法与实践

(一) 侵权责任法律适用的一般原则

中国关于一般侵权行为之债法律适用的规定，集中在《涉外民事法律适用法》第 44 条以及相关的司法解释中。《涉外民事法律适用法》第 44 条规定：

"侵权责任，适用侵权行为地法律，但当事人有共同经常居所地的，适用共同经常居所地法律。侵权行为发生后，当事人协议选择适用法律的，按照其协议。"据此，在涉外侵权纠纷中，确定准据法的顺序如下：侵权行为发生后，当事人协议选择适用法律的，按照协议；没有协议选择，有共同经常居所地的，适用共同经常居所地法律；没有协议选择，且无共同经常居所地的，适用侵权行为地法律。可见，《涉外民事法律适用法》第44条将侵权行为地法律作为侵权责任法律适用的基本原则，而当事人共同属人法和意思自治原则被确立为适用侵权行为地法的例外。需要注意的是，意思自治只能是当事人在侵权行为发生后进行选择。而当事人共同属人法的连接点是经常居所地。

（二）侵权责任法律适用的特殊规定

除了第44条规定了一般侵权责任的法律适用外，《涉外民事法律适用法》还专门规定了产品责任、人格权侵权的法律适用条款。

（1）产品责任侵权。《涉外民事法律适用法》第45条规定："产品责任，适用被侵权人经常居所地法律；被侵权人选择适用侵权人主营业地法律、损害发生地法律的，或者侵权人在被侵权人经常居所地没有从事相关经营活动的，适用侵权人主营业地法律或者损害发生地法律。"可见，关于产品责任的法律适用，中国以适用"被侵权人经常居所地法律"为原则，如被侵权人选择适用侵权人主营业地法律、损害发生地法律，或者侵权人在被侵权人经常居所地没有从事相关经营活动的，适用侵权人主营业地法律或者损害发生地法律。

（2）人格权侵权。《涉外民事法律适用法》第46条规定："通过网络或者采用其他方式侵害姓名权、肖像权、名誉权、隐私权等人格权的，适用被侵权人经常居所地法律。"可见，无论侵权人通过网络还是其他方式，只要侵害了他人的姓名权、肖像权、名誉权、隐私权等人格权的，都适用被侵权人经常居所地法律。

（三）特殊侵权行为的法律适用

对于海上侵权行为的法律适用，《海商法》第273条、274条和275条作出了若干规定：（1）船舶碰撞的损害赔偿，适用侵权行为地法律。船舶在公海上发生碰撞的损害赔偿，适用受理案件的法院所在地法律。同一国籍的船舶，不论碰撞发生于何地,碰撞船舶之间的损害赔偿适用船旗国法律。(2)共同海损理算,适用理算地法律。(3)海事赔偿责任限制,适用受理案件的法院所在地法律。

此外,《海商法》第268条规定:"中华人民共和国缔结或者参加的国际条约同本法有不同规定的,适用国际条约的规定;但是,中华人民共和国声明保留的条款除外。中华人民共和国法律和中华人民共和国缔结或者参加的国际条约没有规定的,可以适用国际惯例。"《海商法》第276条规定:"依照本章规定适用外国法律或者国际惯例,不得违背中华人民共和国的社会公共利益。"关于空中侵权行为的法律适用,《民用航空法》第189条规定:"民用航空器对地面第三人的损害赔偿,适用侵权行为地法律。民用航空器在公海上空对水面第三人的损害赔偿,适用受理案件的法院所在地法律。"但对于发生在航空器内的侵权行为以及因航空器事故给旅客的侵害及行李物品损毁的侵权责任的法律适用问题,该法未作规定。不过,中国加入了1929年《华沙公约》和1955年《修改1929年〈关于统一国际航空运输某些规则的公约〉的议定书》(以下简称《海牙议定书》),公约的规定对中国有效。

第五节 不当得利与无因管理的法律适用

一、不当得利及其法律适用

不当得利是指无法律上的原因而受利益、致他人受损害之事实。其法律性质,属于自然事实中之事件,为债权发生之原因。两大法系在不当得利法律制度上的冲突主要表现在以下几个方面:原因上的冲突、适用范围上的冲突、成立要件及效力上的冲突。

不当得利之债的法律适用原则,各国做法有:(1)适用事实发生地法,又称"事实发生地法主义"。这是目前比较通行的法律适用原则。(2)适用基本法律关系的准据法。(3)适用最密切联系原则。美国采用此规则。(4)适用当事人属人法。(5)适用有限的意思自治原则。(6)适用法院地法。综上所述,各国在不当得利法律适用问题上的相关立法主要采用事实发生地法或基本法律关系准据法与事实发生地法相结合的原则。

二、中国关于不当得利法律适用的规定

中国现行立法对不当得利法律适用问题作了与世界各国不同的规定。首先，适用意思自治原则；其次，当事人没有明确选择时适用当事人的共同属人法；最后，两者都不符合的，适用不当得利发生地法。即《涉外民事法律适用法》第47条规定，不当得利适用当事人协议选择适用的法律。当事人没有选择的，适用当事人共同经常居所地法律；没有共同经常居所地的，适用不当得利发生地法律。

三、无因管理及其法律适用

无因管理是指无法定的或者约定的义务而为他人管理其事务的行为。实施管理的人称为"管理人"，接受管理事务的人称为"本人"。管理人与本人之间构成无因管理之债。无因管理的构成要件包括：管理他人的事务；有为他人管理的意思；无法律上的义务。

无因管理之债的法律适用，各国做法有：（1）适用行为实施地法律。这是各国通行的做法。（2）适用与无因管理有关的另一法律义务或关系的准据法。（3）适用当事人属人法。（4）适用意思自治原则。无因管理的法律适用，适用行为实施地法是各国的普遍做法。但值得注意的是，已有越来越多的国家对无因管理的法律适用并不单纯采用一种原则，而是将上述法律适用原则结合使用，互为补充。这些国家或采取行为实施地法和与无因管理有关的另一法律关系的准据法相结合，或采取行为实施地法与当事人属人法相结合。

四、中国无因管理的相关规定

与不当得利一样，中国立法对于无因管理的法律适用作出了与世界各国不尽相同的规定。《涉外民事法律适用法》第47条规定，无因管理适用当事人协议选择适用的法律。当事人没有选择的，适用当事人共同经常居所地法律；没

有共同经常居所地的,适用无因管理发生地法律。

第六节　国际婚姻家庭关系的法律适用

随着各国人员交往的频繁,包括涉外结婚、离婚、夫妻关系、父母子女关系、扶养和监护等方面的国际婚姻家庭问题逐渐增多。各国关于婚姻家庭关系的立法不仅受到各国统治阶级意志的影响,而且还受到各国道德观念、宗教信仰、自然条件以及传统生活方式和风俗习惯的影响,在法律规定上存在较大差异,从而使得在这一领域的法律冲突相对于国际私法其他领域更为复杂。

一、结婚的法律适用

(一) 一般做法

各国在结婚问题上的立法歧异主要表现在结婚的实质要件和形式要件两方面。

结婚的实质要件是指法律规定的当事人结婚必须具备和必须排除的条件。前者如男女双方必须自愿、必须达到法定婚龄等;后者如男女双方不得在一定范围内的亲等间通婚、不存在有碍结婚的疾病和生理缺陷、不得重婚等。对这类法律冲突的解决,从各国立法及实践看,主要有以下法律适用原则:(1) 婚姻缔结地法,即婚姻缔结地法认为有效的婚姻,在婚姻缔结地之外的任何国家或地区均应认为有效;反之,婚姻缔结地法认为无效的婚姻,在缔结地外的任何国家或地区也无效。(2) 当事人属人法,即当事人所属国家的法律。不过,这里的属人法同样有住所地法和本国法之分。(3) 混合制,又分以下两种:第一以缔结地法为主,兼采当事人属人法。第二以属人法为主,兼采缔结地法。

结婚的形式要件是指男女双方结为夫妻必须履行的手续或经过的程序,是婚姻合法成立在形式上的必备条件。多数国家采取民事登记方式;西班牙、葡萄牙、希腊和塞浦路斯等国家奉行宗教仪式;英国、丹麦、瑞典等国家采取民事登记和宗教仪式相结合的方式;印尼、苏丹等少数国家采取事实婚姻方式,只要男女双方在事实上依习俗以夫妻身份同居,即构成有效婚姻。关于结婚形式要件的法律适用,主要做法有:(1) 较普遍做法是依婚姻缔结地法;(2) 当事人本国法;(3) 混合制,或以婚姻缔结地法为主兼采当事人属人法,或以当事人属人法为主兼采婚姻缔结地法。

(二) 领事婚姻

领事婚姻起源于 19 世纪的欧洲,是指在驻在国许可或不反对的前提下,一国授权其驻外领事或外交代表为本国侨民依内国法律规定的方式办理结婚手续,成立婚姻的制度。除美国等少数国家外,该制度已得到许多国家立法和国际条约的采纳。但在具体实施过程中,各国又有一定差别。领事婚姻制度虽然为当事人在国外结婚提供了诸多便利,但领事婚姻的效力却往往有赖于驻在国的承认,即如果驻在国承认领事婚姻,则领事婚姻在驻在国、派遣国和第三国都是有效的;如果驻在国对领事婚姻不予承认,则领事婚姻仅在派遣国国内有效,在驻在国和第三国均无效。

(三) 中国的立法与实践

《涉外民事法律适用法》第 21 条和第 22 条分别规定了结婚的实质要件和形式要件。

1. 实质要件

《涉外民事法律适用法》第 21 条规定:"结婚条件,适用当事人共同经常居所地法律;没有共同经常居所地的,适用共同国籍国法律;没有共同国籍,在一方当事人经常居所地或者国籍国缔结婚姻的,适用婚姻缔结地法律。"它是一条有条件选择适用的冲突规范,按先后顺序适用当事人共同经常居所地法、当事人共同国籍国法。如两者均不存在,在一方当事人经常居所地或者国籍国缔结婚姻的,适用婚姻缔结地法律。实际上等于适用一方当事人的经常居所地法律或国籍国法。可见,该规定相当重视当事人属人法的适用。

这条规定存在一个问题:如果双方当事人没有共同经常居所地,也没有共同国籍国,且结婚地点不在任何一方的经常居所地或者国籍国的,那么应适用哪一国的法律?如是,则只能求助《涉外民事法律适用法》第 2 条第 2 款:"本法和其他法律对涉外民事关系法律适用没有规定的,适用与该涉外民事关系有最密切联系的法律。"但是，由于最密切联系原则的适用缺少客观性衡量标准，这无疑会增加法律适用的主观性与不确定性。

2. 形式要件

《涉外民事法律适用法》第 22 条采用了无条件选择适用的冲突规范："结婚手续，符合婚姻缔结地法律、一方当事人经常居所地法律或者国籍国法律的，均为有效。"该条体现了尽量不因结婚的形式要件而否定婚姻效力的立法意旨，目的是减少"跛脚婚姻"和稳定涉外婚姻家庭。

3. 领事婚姻的规定

在中国与不少国家签订的条约中，均对领事婚姻制度予以了肯定。

二、离婚的法律适用

离婚是指在配偶生存期间解除婚姻关系的法律行为。由于受历史文化、宗教信仰、风俗习惯影响，各国关于离婚条件和离婚程序的规定存在明显差异，必然导致涉外离婚的法律冲突。

（一）一般做法

各国关于离婚的法律适用主要有：（1）以英、美等国为代表的国家及部分欧洲国家适用法院地法。（2）欧洲部分国家适用本国法，如法国、比利时、葡萄牙、希腊、西班牙、卢森堡等。其中，法国、比利时和葡萄牙适用夫妻双方的本国法，希腊适用夫妻最后共同本国法或丈夫本国法。（3）属人法和法院地法相结合。具体又分为两种：其一，重叠适用属人法和法院地法；其二，选择适用属人法和法院地法。（4）适用有利于离婚的原则。

（二）中国的立法与实践

《涉外民事法律适用法》之前，主要体现在《民法通则》第 147 条，中国公民和外国人"离婚适用受理案件的法院所在地法律"以及《民通意见》第 188 条的规定。但上述规定仅适用于诉讼离婚，协议离婚的法律适用长期处于空白状态。《涉外民事法律适用法》填补了这一空白，分别在第 26 条和第 27 条予以规定。

《涉外民事法律适用法》第 26 条规定："协议离婚，当事人可以协议选择适用一方当事人经常居所地法律或者国籍国法律。当事人没有选择的，适用共同经常居所地法律；没有共同经常居所地的，适用共同国籍国法律；没有共同国籍的，适用办理离婚手续机构所在地法律。"由于协议离婚是在夫妻自愿的基础上完成的，因此其法律适用也采用当事人意思自治原则，这符合协议离婚的本质特点。同时，鉴于婚姻不同于一般合同，无限制地允许当事人选择法律并不合理，故仅允许当事人在一方当事人经常居所地法律或者国籍国法律中进行选择；如当事人未选择，则依次适用当事人的共同经常居所地法律、共同国籍国法律。

实践中，当事人通常会对离婚涉及事项作直接约定，极少特别约定法律适用。这就会与《婚姻登记条例》第 10 条的规定发生冲突。按照该条例第 10 条的规定，协议离婚必须进行离婚登记，并符合中国法律规定的条件且只有在中国境内缔结的婚姻才能在中国境内进行离婚登记。对于在中国境外缔结的婚姻，如果当事人达成了离婚协议，但未取得任何国家的离婚登记或离婚判决，则该协议在中国原则上不会被承认。

《涉外民事法律适用法》第 27 条规定："诉讼离婚，适用法院地法律。"因循了《民法通则》147 条的规定，有利于维护法院地的社会稳定与伦理道德。但是，离婚准据法与婚姻财产制的准据法不一致，会导致实践中的冲突。

三、夫妻关系的法律适用

国际私法上的夫妻关系包括具有涉外因素的夫妻人身关系和夫妻财产关系，分别适用不同的原则。

（一）夫妻人身关系

夫妻人身关系是指夫妻双方在社会上、家庭中的身份、地位等权利义务关系。各国主要做法有：（1）适用夫妻属人法。有的国家适用夫妻本国法，对不同国籍的夫妻多采取妻从夫籍的原则。有的国家适用夫妻住所地法。（2）适用夫妻属人法兼行为地法。（3）多元化准据法。近些年来，许多国家在夫妻人身关系的调整上抛弃了传统的单一属人法原则，在立法技术上采取有序选择性法律适用规范。

(二) 夫妻财产关系

夫妻财产关系是指男女双方在婚姻存续期间对家庭财产的权利义务，包括婚姻对双方当事人婚前财产的效力、婚姻存续期间所获财产的归属以及夫妻对财产管理、处分和债务承担等方面的问题。各国主要做法有：

(1) 意思自治原则。大多数国家的国际私法立法都明确规定，可以依据合同法律适用原则，即意思自治原则来确定国际夫妻财产关系的准据法。不过，由于国际夫妻财产关系毕竟与夫妻双方的身份、法律地位问题之间有着非常密切的联系，因此各国的国际私法立法在适用意思自治原则时，一般又都对夫妻双方选择法律的范围作了一定的限制。一般来说，各国都规定夫妻双方应该在与夫妻双方身份有关的国籍国法、住所地法、居所地法、惯常居所地法等法律之间进行选择，只有对于夫妻财产中的不动产问题，才可以选择适用不动产所在地法。例如，《土耳其国际私法和国际民事诉讼程序法》第14条规定："对于调整夫妻财产关系所适用的法律，夫妻双方可以在他们的住所地法律或他们结婚地的本国法律中作中选择。"

(2) 属人法原则。又可分为两种：其一，不分约定财产制和法定财产制，规定适用同一法律适用原则。如《日本法例》第15条规定，夫妻财产制，如夫妻的本国法相同，则依该法律。其二，对约定财产制和法定财产制分别规定应适用的法律。如《波兰国际私法》第17条规定："夫妻之间的人身关系和财产关系，依夫妇双方的本国法"；"夫妇依契约而产生的财产关系，依缔结契约时夫妇所服从的本国法"。

(3) 最密切联系地法。采用这一原则的目前主要是1978年《海牙夫妻财产制法律适用公约》第4条之规定，"如果配偶双方既未在同一国家内设有惯常居所，也无共同国籍时，其夫妻财产制应在考虑各种情况后受其最密切的国家的国内法支配"。

(三) 中国的立法与实践

中国《涉外民事法律适用法》第23条规定："夫妻人身关系，适用共同经常居所地法律；没有共同经常居所地的，适用共同国籍国法律。"第24条规定："夫妻财产关系，当事人可以协议选择适用一方当事人经常居所地法律、国籍国法律或者主要财产所在地法律。当事人没有选择的，适用共同经常居所地法律；没有共同经常居所地的，适用共同国籍国法律。"以上规定存在一个问题，如果夫妻双方既没有共同经常居所地，也没有共同国籍国，如何适用？实际上，此时应适用最密切联系原则来兜底确定夫妻关系的法律适用。

四、父母子女关系的法律适用

父母子女关系又称"亲子关系"，是指基于子女出生或收养的事实而形成的亲权关系。国际私法所调整的涉外父母子女关系主要涉及婚生子女、非婚生子女的准正、收养、父母子女关系的效力等问题。

（一）婚生子女

婚生子女是指基于合法婚姻怀孕所生的子女。各国主要做法如下：（1）适用父母属人法；（2）适用子女属人法；（3）适用决定婚姻有效性的法律；（4）适用与子女和父母有最密切联系地的法律。

（二）非婚生子女准正

非婚生子女是指非婚姻关系受孕所生的子女。在中国和东欧国家，非婚生子女与婚生子女享有同等的法律地位，但在大多数国家，非婚生子女要取得婚生子女的地位需要准正。准正是指赋予非婚生子女以婚生子女地位的法律制度，方式主要有三种：父母事后婚姻、认领和法律措施，相应的法律适用原则也不同。对于非婚生子女准正的法律适用问题，中国立法并无明确规定。这是中国国际私法在婚姻家庭领域有待完善的地方。

（三）收养

收养是指依照法律规定的条件和程序，领养他人子女为自己子女的法律行为。涉外收养是指收养人和被收养人之间至少有一方具有外国国籍或在外国拥有住所或居所的收养。各国主要做法有：（1）适用法院地法；（2）适用收养人或被收养人属人法。

中国《涉外民事法律适用法》第28条采取"分割法"规定："收养的条件和手续，适用收养人和被收养人经常居住地法律。收养的效力，适用收养时收养人经常居住地法律。收养关系的解除，适用收养时被收养人经常居所地法律或者法院地法律。"这符合当代国际私法的立法潮流。第一，收养条件和手续重叠适用收养人经常居所地法和被收养人经常居所地法律，体现了法律适用的从严要求，可以防止"跛脚收养"。第二，成立收养关系基于收养人开始其收养行为，故确定收养的效力适用收养人经常居所地法律是合理的，能够较好地保护收养人的积极性。同时，鉴于经常居所地是可变连接点，将其限定为"收养时"更具稳定性。第三，收养关系的解除采用无条件选择适用的冲突规范。一方面，这主要基于被收养人处于弱势地位，一旦解除收养关系，被收养人可能回到孤儿状态，因此适用收养时被收养人经常居所地法谨慎解除收养关系，更具合理性。另一方面，适用法院地法有利于维护本国的道德和法律秩序。

（四）父母子女关系效力

父母子女关系的效力是指基于婚生、非婚生子女准正和收养而形成的亲权关系。各国主要做法有：（1）适用父母属人法。（2）适用子女属人法。（3）适用父母子女共同属人法。

中国《涉外民事法律适用法》填补了涉外父母子女关系的法律适用规则的空白，该法第 25 条规定："父母子女人身、财产关系，适用共同经常居所地法律；没有共同经常居所地的，适用一方当事人经常居所地法律或者国籍国法律中有利于保护弱者权益的法律。"该规定体现了保护弱者利益的理念，但实践中会增加法官查明外国法的负担。

五、扶养的法律适用

扶养，是指根据身份关系，在特定亲属之间一方给予另一方生活上的扶助。国际上调整涉外扶养的做法一般有：（1）适用扶养义务人的属人法。（2）适用被扶养人属人法。1973 年《海牙扶养义务法律适用公约》以确保被扶养人利益为宗旨，在立法技术上采用有序选择性冲突规范，以便法律适用的结果尽量保障被扶养人获得扶养。

中国《涉外民事法律适用法》重构了扶养的法律适用规则，该法第 29 条规定："扶养，适用一方当事人经常居所地法律、国籍国法律或者主要财产所在地法律中有利于保护被扶养人权益的法律。"这是保护弱者利益原则在涉外扶养领域的体现。实践中,适用政策定向的分类选择规范比最密切联系原则对法官的要求更高,但是否具有可操作性仍有待商榷。

六、监护的法律适用

监护是指对无行为能力人和限制行为能力人的人身、财产权益依法实行监督和保护。由于监护制度是为了保护受监护人的利益,因此各国大多以被监护人属人法为主,有的国家适用有利于被监护人的法律,有的国家采用分割法,而英美法系国家多适用法院地法。

在颁行《涉外民事法律适用法》之前,中国仅在《民通意见》第190条对监护法律适用作出规定。《涉外民事法律适用法》第30条规定:"监护,适用一方当事人经常居所地法律或者国籍国法律中有利于保护被监护人权益的法律。"该规定体现了保护弱方当事人的立法意旨。同时,鉴于监护与当事人居所地法律、国籍国法律通常有实质性联系,该规定将法律选择限定在二者范围内。

近些年来,法律领域中注重保护弱方当事人利益的原则在涉外婚姻家庭领域得到了充分体现。《涉外民事法律适用法》在这一问题上已取得可喜的进步,该法分别在父母子女关系、扶养和监护的法律适用规定中加入了保护弱者利益的因素,但如何在司法实践中让这些规定落到实处,却是我们需要进一步思考的问题。

第七节 国际继承关系的法律适用

继承是指将死者生前的财产和其他合法权益转归有权取得该项财产的人所有的法律制度。按照财产继承方式的不同,继承可分为法定继承和遗嘱继承。国际私法上一般分别就法定继承和遗嘱继承的法律适用问题作出规定。

一、法定继承的法律适用

法定继承也称"非遗嘱继承",是指在被继承人没有对其遗产的处理立有遗嘱的情况下，由法律直接规定继承人的范围、继承顺序、遗产分配原则的一种继承形式。各国立法中对于法定继承都有明确的规定，但在具体内容上则存在着较大的差别，即在有关继承人的范围、继承人的顺序、应继份额以及有关代位继承、继承权的丧失、继承权的放弃等问题的规定上都存在着差异。由于各国对法定继承立法规定不同，在涉及多国的跨国继承关系中，依据不同国家的法律就会得到不同的甚至是截然相反的结果，就会产生涉外法定继承的法律冲突。这也要求相关冲突法规范对其进行相应的调整。

（一）法定继承的法律适用

法定继承的法律适用主要有同一制和区别制两种做法，但从发展趋势而言，同一制取得了明显的优势。

1. 同一制

同一制是指，在涉外法定继承中不区分遗产是动产还是不动产，统一适用同一冲突规范所指向的准据法。一般而言，同一制适用被继承人的属人法。同一制源于罗马法中的总括继承理论（继承为基于亲属关系对财产和身份的总括继承），反映了继承的身份法性质，并在19世纪后期逐渐取得优势。如今世界上多数国家采用同一制，一些国际条约，如《布斯塔曼特法典》、1989年海牙《死者遗产继承的准据法公约》和《欧洲议会和欧盟理事会关于继承问题的管辖权、法律适用、判决的承认与执行和公文书的接受与执行以及创建欧洲继承证书的2012年第650号条例》也采取这种做法。同一制的优势在于便利，但同时也会导致判决的承认与执行问题。

2. 区别制

区别制是指，在涉外继承中将遗产区分为动产和不动产，分别适用不同的冲突规范来确定准据法。一般而言，动产适用被继承人的属人法，而不动产适用不动产所在地法。区别制受法则区别说原则的影响，在相当长的历史时期中是有关法定继承法律适用的主导原则。目前仍有许多国家采用区别制，包括中国、英国、美国、法国、泰国、加拿大、澳大利亚、比利时、卢森堡等国。采用区别制便于判决的承认和执行，但其结果可能是遗产由几个国家的法律支配，使得继承关系复杂化。

(二) 中国有关法定继承的法律适用

中国《涉外民事法律适用法》第 31 条规定："法定继承，适用被继承人死亡时经常居所地法律，但不动产法定继承，适用不动产所在地法律。"由此可以看出，该法对法定继承采用区别制的做法，即法律适用区分遗产中的动产和不动产。对于动产的法定继承，采用被继承人死亡时的经常居所地法作为连结点进行法律适用，而不动产法定继承则以不动产所在地作为连结点进行法律适用。

二、遗嘱继承的法律适用

(一) 遗嘱继承及其法律冲突

遗嘱是立遗嘱人在生前将其财产进行处分并于死后发生法律效力的单方法律行为。遗嘱继承是指继承人按照被继承人的遗嘱，继承被继承人财产的法律制度。各国对遗嘱各项实质要件（包括遗嘱能力和遗嘱内容）以及形式要件（包括公证遗嘱、自书遗嘱、代书遗嘱、录音遗嘱、口头遗嘱）的规定存在较大的差别，从而导致这方面的法律冲突时有发生。

(二) 遗嘱继承的法律适用

(1) 立遗嘱能力的法律适用，一般是依立遗嘱人的属人法来处理。

(2) 遗嘱方式的法律适用，大致有两种做法：单一制，统一采用立遗嘱人的属人法、立遗嘱行为地法或遗产所在地法。区别制，是为大多数国家所采用的做法，即区分动产和不动产分别确定其准据法，不动产遗嘱方式适用不动产所在地法，而动产的遗嘱方式则比较灵活，一般可在立遗嘱人立遗嘱时的属人法或立遗嘱地法之间进行选择。1961 年海牙《遗嘱处分方式法律冲突公约》的相关条款对遗嘱方式的准据法持较为宽泛的态度，各国晚近以来的立法也都受这一公约的影响，对遗嘱方式的准据法尽量放宽。

(3) 遗嘱内容的法律适用，一般适用属人法。也有部分国家比照法定继承的做法，区分动产遗嘱和不动产遗嘱，分别适用不同的准据法。

(4) 遗嘱的变更和撤销的法律适用，多适用立遗嘱人的属人法，也有部分国家适用遗嘱变更或撤销行为地法、法院地法。

(三) 中国现行立法规定

《涉外民事法律适用法》第 32 条规定:"遗嘱方式,符合遗嘱人立遗嘱时或者死亡时经常居所地法律、国籍国法律或者遗嘱行为地法律的,遗嘱均为成立。"该条规定的遗嘱方式是遗嘱的形式要件,即有关遗嘱的成立、变更与撤销等问题,体现了有利于遗嘱形式生效原则。

《涉外民事法律适用法》第 33 条规定:"遗嘱效力,适用遗嘱人立遗嘱时或者死亡时经常居所地法律或者国籍国法律。"该条规定遗嘱的实质要件,具体包括立遗嘱人的立遗嘱能力和遗嘱内容的效力。值得一提的是,本条采用了同一制,没有区分遗产中的动产和不动产。

(四) 无人继承财产

1. 无人继承财产及其法律适用

无人继承财产又称"绝产",是指被继承人未立遗嘱,在继承开始时无法确定继承人,或虽有继承人(包括受遗赠人)但全部放弃继承、遗赠或丧失继承资格。对于无人继承财产,各国一般规定应当收归国家所有。少数国家对于此问题有着特殊的规定,如英国规定无人继承财产归王室所有,西班牙规定由学校或慈善机构获得这些无人继承财产。无人继承财产归属的法律适用,主要有两种做法:(1) 适用被继承人属人法;(2) 适用遗产所在地法。

2. 中国关于无人继承财产的规定

中国《民法典》第 1160 条规定:"无人继承又无人受遗赠的遗产,归国家所有,用于公益事业;死者生前是集体所有制组织成员的,归所在集体所有制组织所有。"《涉外民事法律适用法》对涉外无人继承的财产应当如何处分进行了明确的规定,该法第 35 条规定:"无人继承遗产的归属,适用被继承人死亡时遗产所在地法律。"该规定的依据是先占权理论。根据这一规定,法院在处理无人继承财产时,应当依据被继承人死亡时的遗产所在地的法律。

国/际/法/学/理/论/与/实/务

中化国际（新加坡）有限公司诉蒂森克虏伯冶金产品有限责任公司国际货物买卖合同纠纷案①

一、案情与判决简介

2008年4月11日，中化国际（新加坡）有限公司（以下简称"中化新加坡公司"）与蒂森克虏伯冶金产品有限责任公司（以下简称"德国克虏伯公司"）签订了购买石油焦的《采购合同》，约定本合同应当根据美国纽约州当时有效的法律订立、管辖和解释。中化新加坡公司按约支付了全部货款，但德国克虏伯公司交付的石油焦HGI指数仅为32，与合同中约定的HGI指数典型值为36—46之间不符。中化新加坡公司认为德国克虏伯公司构成根本违约，请求判令解除合同，要求德国克虏伯公司返还货款并赔偿损失。

江苏省高级人民法院一审认为，根据《联合国国际货物销售合同公约》有关规定，德国克虏伯公司提供的石油焦HGI指数远低于合同约定标准，导致石油焦难以在国内市场销售，签订买卖合同时的预期目的无法实现，故德国克虏伯公司的行为构成根本违约。江苏省高级人民法院于2012年12月19日作出（2009）苏民三初字第0004号民事判决：（1）宣告蒂森克虏伯冶金产品有限责任公司与中化国际（新加坡）有限公司于2008年4月11日签订的《采购合同》无效。（2）蒂森克虏伯冶金产品有限责任公司于本判决生效之日起三十日内返还中化国际（新加坡）有限公司货款2684302.9美元并支付自2008年9月25日至本判决确定的给付之日的利息。（3）蒂森克虏伯冶金产品有限责任公司于本判决生效之日起三十日内赔偿中化国际（新加坡）有限公司损失520339.77美元。

宣判后，德国克虏伯公司不服一审判决，向最高人民法院提起上诉，认为

---

① 最高人民法院（2013）民四终字第35号民事判决书，该案例入选最高人民法院第21批指导性案例。

本案一审判决适用法律认定错误。最高人民法院认为，本案一审判决认定事实基本清楚，但部分法律适用错误，责任认定不当，应当予以纠正。最高人民法院于2014年6月30日作出判决：（1）撤销江苏省高级人民法院（2009）苏民三初字第0004号民事判决第一项。（2）变更江苏省高级人民法院（2009）苏民三初字第0004号民事判决第二项为，蒂森克虏伯冶金产品有限责任公司于本判决生效之日起三十日内赔偿中化国际（新加坡）有限公司货款损失1610581.74美元，并支付自2008年9月25日至本判决确定的给付之日的利息。（3）变更江苏省高级人民法院（2009）苏民三初字第0004号民事判决第三项为，蒂森克虏伯冶金产品有限责任公司于本判决生效之日起三十日内赔偿中化国际（新加坡）有限公司堆存费损失98442.79美元。（4）驳回中化国际（新加坡）有限公司的其他诉讼请求。

二、主要法律问题

本案的争议焦点在于，德国克虏伯公司是否根本违约。

最高人民法院认为，本案为国际货物买卖合同纠纷，双方当事人均为外国公司，案件具有涉外因素。最高人民法院《涉外民事法律适用法解释（一）》第2条规定："涉外民事关系法律适用法实施以前发生的涉外民事关系，人民法院应当根据该涉外民事关系发生时的有关法律规定确定应当适用的法律；当时法律没有规定的，可以参照涉外民事关系法律适用法的规定确定。"涉案《采购合同》签订于2008年4月11日，在《涉外民事法律适用法》实施之前，当事人签订《采购合同》时的《民法通则》第145条规定："涉外合同的当事人可以选择处理合同争议所适用的法律，法律另有规定的除外。涉外合同的当事人没有选择的，适用与合同有最密切联系的国家的法律。"本案双方当事人在合同中约定应当根据美国纽约州当时有效的法律订立、管辖和解释，该约定不违反法律规定，应认定有效。由于本案当事人营业地所在国新加坡和德国均为《联合国国际货物销售合同公约》缔约国，美国亦为《联合国国际货物销售合同公约》缔约国，且在一审审理期间双方当事人一致选择适用《联合国国际货物销售合同公约》作为确定其权利义务的依据，并未排除《联合国国际货物销售合同公约》的适用，江苏省高级人民法院适用《联合国国际货物销售合同公约》审理本案是正确的。而对于审理案件中涉及的问题，《联合国国际货物销售合同公约》没有规定的，应当适用当事人选择的美国纽约州法律。《〈联合国国际货物销售合同公约〉判例法摘要汇编》并非《联合国国际货物销售合同公约》的组成部分，不能作为审理本案的法律依据，但在如何准确理解《联合国国际货物销售合同公约》相关条款的含义方面可以作为适当的参考资料。

双方当事人在《采购合同》中约定的石油焦 HGI 指数典型值在 36—46 之间，而德国克虏伯公司实际交付的石油焦 HGI 指数为 32，低于双方约定的 HGI 指数典型值的最低值，不符合合同约定。江苏省高级人民法院认定德国克虏伯公司构成违约是正确的。

关于德国克虏伯公司的上述违约行为是否构成根本违约的问题。第一，从双方当事人在合同中对石油焦需符合的化学和物理特性规格约定的内容看，合同对石油焦的受潮率、硫含量、灰含量、挥发物含量、尺寸、热值、硬度（HGI 值）等七个方面作出了约定。而从案件事实看，对于德国克虏伯公司交付的石油焦，中化新加坡公司仅认为 HGI 指数一项不符合合同约定；对于其他六项指标，中化新加坡公司并未提出异议。结合当事人提交的证人证言以及证人出庭的陈述，HGI 指数表示石油焦的研磨指数，指数越低，石油焦的硬度越大，研磨难度越大。中化新加坡公司一方提交的上海大学材料科学与工程学院出具的说明亦不否认 HGI 指数为 32 的石油焦可以使用，只是认为其用途有限。故可以认定，虽然涉案石油焦 HGI 指数与合同约定不符，但该批石油焦仍然具有使用价值。第二，本案一审审理期间，中化新加坡公司为减少损失，经过积极的努力将涉案石油焦予以转售，且其在将相关问题致德国克虏伯公司的函件中明确表示该批石油焦转售的价格"未低于市场合理价格"。这一事实说明涉案石油焦是可以以合理价格予以销售的。第三，综合考量其他国家裁判对《联合国国际货物销售合同公约》中关于根本违约条款的理解，只要买方经过合理努力就能使用货物或转售货物甚至打些折扣，质量不符就不是根本违约。故应当认定，德国克虏伯公司交付 HGI 指数为 32 的石油焦的行为，并不构成根本违约。江苏省高级人民法院认定德国克虏伯公司构成根本违约并判决宣告《采购合同》无效，适用法律错误，应予以纠正。

三、案例评析

本案的法律适用首先依据有管辖权的法院所在地国的涉外合同的冲突规范寻找相应的准据法。由于涉案《采购合同》签订于 2008 年 4 月 11 日，在《涉外民事法律适用法》实施之前，当事人签订《采购合同》时的《民法通则》第 145 条规定："涉外合同的当事人可以选择处理合同争议所适用的法律，法律另有规定的除外。涉外合同的当事人没有选择的，适用与合同有最密切联系的国家的法律。"

本案当事各方所在国新加坡和德国均为《联合国国际货物销售合同公约》的缔约国，故应优先适用公约的规定。在一审审理期间，双方当事人一致选择适用《联合国国际货物销售合同公约》作为确定其权利义务的依据，并未排除《联合国国际货物销售合同公约》的适用，故应适用《联合国国际货物销售合同公约》。公约没有规定的内容，适用合同中约定适用的法律。双方在合同中约定应当根据美国纽约州当时有效的法律订立、管辖和解释，该约定不违反法律规定，应认定有效。

在国际货物买卖合同中，卖方交付的货物虽然存在缺陷，但只要买方经过合理努力就能使用货物或转售货物，不应视为构成《联合国国际货物销售合同公约》规定的根本违约的情形。

第九章
Chapter 9

国际民事诉讼

案例导读

2015年5月，BY.O与豫商公司签订《并购财务顾问服务协议》，该协议第6条关于法律适用与管辖的约定为："6.1 本协议根据中国法律订立、执行和解释；本协议争议的解决适用中国法律。6.2 因本协议所引起的或与本协议有关的任何纠纷或争议，首先通过新加坡国际仲裁中心进行仲裁解决。若双方对新加坡国际仲裁中心的仲裁结果无法达成一致，任何一方均有权将争议提交于豫商公司住所所在地有管辖权的商业法庭以诉讼方式解决。"2020年5月，BY.O起诉至上海市浦东新区人民法院，请求判令豫商公司支付服务费860270欧元及利息损失。豫商公司提出异议，认为本案应通过新加坡国际仲裁中心仲裁解决。[①]

本案涉及国际民事诉讼程序中的诸多问题，如该案是否具有涉外性？BY.O作为外国法人是否具有诉讼权利？浦东新区人民法院是否对本案具有管辖权？如若浦东新区人民法院具有管辖权并作出判决，该判决能否在外国得到承认与执行？如若浦东新区人民法院不具有管辖权，新加坡国际仲裁中心依据

[①] 上海市第一中级人民法院（2020）沪01民辖终780号民事裁定书。该案例入选2021年第11期《最高人民法院公报》案例。

仲裁协议作出仲裁裁决，该裁决能否在外国得到承认与执行？上述这些问题是国际民事诉讼涵盖的主要问题。

教学目标

通过学习本章内容，学生应系统掌握国际民事诉讼的基础理论和基本知识以及有关国际民事诉讼的各项制度和程序规则，如国际民事诉讼的基本原则、外国人的民事诉讼地位、国际民事诉讼管辖权制度、国际民商事司法协助制度、判决的承认与执行制度以及仲裁裁决的承认与执行制度。此外，学生应初步掌握国际民事诉讼案件的实务流程，为成为多层次、复合型、务实创新型法学专业人才奠定基础。

第一节 国际民事诉讼概述

一、国际民事诉讼的概念

民事诉讼是指国家司法机关根据当事人的请求而进行的保护其民事权益的程序。民事诉讼中如果涉及国际因素，则构成国际民事诉讼或涉外民事诉讼。[①] 国际民事诉讼法又称"涉外民事诉讼程序法"，是指一国法院在审理涉外民事案件时，法院和诉讼参与人在诉讼活动中所必须遵守的特别程序规范的总和。

从法律规范的性质来看，由于国际民事诉讼法并不直接调整国际民事关系中有关当事人之间的民事实体权利义务关系，因而它属于程序法，而不是实体法。在民事诉讼中，既可能因实体法律关系含有国际因素而需要适用国际民事诉讼规范，也可能因诉讼程序本身含有国际因素而需要适用国际民事诉讼规范。2022年3月22日，最高人民法院审判委员会审议通过《最高人民法院关

---

① 在中国目前的立法中，一般称为"涉外民事诉讼"，但在国际私法的相关著作、文章中，则多称为"国际民事诉讼"。

于修改〈最高人民法院关于适用《中华人民共和国民事诉讼法》的解释〉的决定》，其中第520条具体规定了司法实践中认定涉外民事案件的标准："有下列情形之一，人民法院可以认定为涉外民事案件：（一）当事人一方或者双方是外国人、无国籍人、外国企业或者组织的；（二）当事人一方或者双方的经常居所地在中华人民共和国领域外的；（三）标的物在中华人民共和国领域外的；（四）产生、变更或者消灭民事关系的法律事实发生在中华人民共和国领域外的；（五）可以认定为涉外民事案件的其他情形。"

总的来说，国际民事诉讼的内容主要包括以下几个方面：（1）规定国际民事诉讼中外国当事人的法律规范；（2）规定国际民商事案件中管辖权的法律规范；（3）规定国际民事诉讼程序中有关诉讼和非诉讼文书的域外送达、域外取证、诉讼期间的法律规范；（4）规定有关法院判决以及仲裁裁决在相关国家的相互承认与执行的法律规范。[①]

二、国际民事诉讼的基本原则

国际民事诉讼的基本原则是指制定和实施国际民事诉讼法规范、处理国际民事法律争议时必须遵循的基本准则。它们贯穿于国际民事诉讼法的整个领域，并在各个诉讼阶段、对任何诉讼参与人都具有普遍的指导意义。也就是说，任何部门、机关、个人在参与任何国际民事诉讼活动时，都必须严格按照这些原则来实施其诉讼行为；违背这些基本原则，就不可能妥善地处理好有关的国际民事法律争议。[②]

（一）国家主权原则

现代国际法就是建立在国家主权原则基础之上的，国际民事诉讼因涉及国家因素，会涉及不同国家的司法管辖权，因而国家主权原则当然成为国际民事诉讼法的首要基本原则。国家主权原则在国际民事诉讼中主要体现在一国具有属地管辖权和属人管辖权。属地管辖权意味着一国有权通过立法形式对于位于

[①] 参见韩德培主编：《国际私法（第三版）》，高等教育出版社、北京大学出版社2014年版，第476页。

[②] 同上书，第478页。

其境内的一切人、物以及诉讼活动作出规定，但依据国际法享有司法豁免者除外。属人管辖权意味着一国可以根据国籍原则对境外的本国法人或自然人行使管辖权。此外，国家主权原则还体现在一个国家及其财产在国外享有司法豁免权。非经有关国家明确表示放弃，其他国家的法院无权受理以外国国家作为被告的诉讼。

（二）国民待遇原则

国民待遇原则是指一国给予外国人的待遇与本国人的待遇相等。该原则在国际民事诉讼领域中表现为，一国赋予本国国民的诉讼权利，也同样地给予外国人。这就要求，一国不能因为当事人具有外国国籍或者无国籍而限制其在本国境内的诉讼权利。具体包括两方面内容：第一，外国人在一国境内享有与本国国民同等的诉讼权利，承担同等的诉讼义务；第二，外国人在一国境内享受的诉讼权利不能超出本国国民所能享受的权利范围。各国往往通过立法对该原则进行规定，如中国《民事诉讼法》第5条第1款规定："外国人、无国籍人、外国企业和组织在人民法院起诉、应诉，同中华人民共和国公民、法人和其他组织有同等的诉讼权利义务。"

（三）平等互惠原则

平等互惠原则是国民待遇原则在国际民事诉讼领域中的具体体现，它要求各个国家在平等的基础上赋予对方国家和国民以同样的民事诉讼权利、同样的司法协助以及包括相互承认和执行对方法院的判决与仲裁裁决等。简而言之，平等互惠原则要求各国在处理国际民事法律争议时应当给予互惠待遇。世界各国普遍认可在有关国家作出限制本国国民诉讼权利时，一国可以作出对等的限制。中国《民事诉讼法》第5条第2款规定："外国法院对中华人民共和国公民、法人和其他组织的民事诉讼权利加以限制的，中华人民共和国人民法院对该国公民、企业和组织的民事诉讼权利，实行对等原则。"

（四）国际条约优先原则

国际条约是当今国际法最主要的法律渊源，是国际法主体之间以国际法为准则为确立其相互权利义务而缔结的书面协议。国际民事诉讼领域中存在着大量双边、多边的国际条约，如海牙国际私法会议通过的一系列有关国际民事诉讼主要条约。① 根据国际法上的"条约必须遵守"的原则，有关条约的缔结国和参加国必须遵守相关条约。为履行"条约必须遵守"这一国际法原则，中国《民事诉讼法》第267条规定："中华人民共和国缔结或者参加的国际条约同本法有不同规定的，适用该国际条约的规定，但中华人民共和国声明保留的条款除外。"

第二节　外国人的民事诉讼地位

一、外国人的诉讼权利能力和诉讼行为能力

外国人的民事诉讼地位，是指一国根据其国内法或者有关国际条约的规定，赋予外国人在本国境内进行民事诉讼时享有民事诉讼权利、承担民事诉讼义务的实际状况。这里的"外国人"应作广义解释，包括无国籍人、外国法人和其他组织。外国人的民事诉讼权利能力，是指外国人在内国依法行使民事诉讼权利和承担民事义务的资格。民事诉讼权利能力与民事权利能力具有十分密切的联系，并且在通常情况下保持一致，具有民事权利能力者，也具有民事诉讼权利能力。自然人的民事权利能力始于出生，终于死亡，其民事诉讼权利能力亦然。

当事人的诉讼行为能力，是指当事人自己或通过自己委托的代理人进行诉讼的能力。民事诉讼行为能力与民事行为能力相对应，通常民事诉讼行为能力

---

① 例如1954年《民事诉讼程序公约》；1958年《扶养儿童义务判决的承认和执行公约》；1958年《国际有体动产买卖协议管辖权公约》；1965年《收养管辖权、法律适用和判决承认公约》；1965年《海牙送达公约》；1965年《协议选择法院公约》；1970年《民商事案件国外调取证据公约》；1971年《国际民商事案件中外国判决的承认和执行公约》及其《附加议定书》；1973年《扶养义务判决的承认和执行公约》；1980年《国际司法救助公约》；1996年《关于父母责任和保护儿童措施的管辖权、法律适用、承认、执行和合作公约》；2005年《协议选择法院公约》。

也是实体民事行为能力在诉讼领域的延伸。①具有民事行为能力,就具有民事诉讼行为能力;无民事行为能力人和限制行为能力人,其民事诉讼行为要由其监护人代为实施。

鉴于当事人民事诉讼权利能力、民事诉讼行为能力与民事权利能力、民事行为能力之间的密切关联性,其准据法通常也是一致的,即适用属人法。例如,《俄罗斯联邦民事诉讼法典》第 399 条第 1 款规定:"外国公民、无国籍人的民事诉讼权利能力依其属人法。"同时,各国在适用属人法的同时,也会作出补充规定以保护善意当事人的正当权益。例如,中国《涉外民事法律适用法》第 12 条第 2 款规定:"自然人从事民事活动,依照经常居所地法律为无民事行为能力,依照行为地法律为有民事行为能力的,适用行为地法律,但涉及婚姻家庭、继承的除外。"据此,如果有关外国人依据其属人法无民事诉讼行为能力,而依中国法律具有民事诉讼行为能力时,应当认定其在中国具有民事诉讼行为能力。

二、诉讼费用的担保

诉讼费用担保是指外国人或在内国未设住所的人在内国法院提起民事诉讼时,应被告的请求或根据内国法律的规定,由内国法院责令原告提供的担保,其目的是防止一方当事人滥用诉讼权利或防止原告败诉后逃避缴纳诉讼费用的义务。从国际实践来看,不同的国家对于作为原告的外国人提供诉讼费用担保的前提条件并不相同,有以国籍为原则的(如法国、比利时、荷兰等国),有以实质性互惠为基础的(如德国、日本、奥地利等国),有以住所地为考量因素的(如瑞士、挪威、摩纳哥等国),有以可扣押财产为考量因素的(如土耳其、古巴等国),也有不要求提供诉讼担保的国家(如埃及、智利、芬兰等国)。

在此问题上,中国经历了一个从要求外国人提供担保到实行互惠条件下互免担保的转变过程。1984 年最高人民法院发布的《民事诉讼收费办法(试

---

① 参见屈广清、欧福永主编:《国际民商事诉讼程序导论》,武汉大学出版社 2016 年版,第 23 页。

行）》第14条第2款规定："外国人、无国籍人、外国企业和组织在人民法院进行诉讼，应当对诉讼费用提供担保。"根据中国对外开放的需要和国际社会的普遍实践，中国已经改变了这一做法。2007年施行的《诉讼费用交纳办法》第5条规定："外国人、无国籍人、外国企业或者组织在人民法院进行诉讼，适用本办法。外国法院对中华人民共和国公民、法人或者其他组织，与其本国公民、法人或者其他组织在诉讼费用交纳上实行差别对待的，按照对等原则处理。"

三、诉讼代理

诉讼代理是指代理人依照法律规定或者当事人的委托，以当事人的名义实施诉讼行为，其后果由当事人承担的制度。诉讼代理一般分为法定代理、指定代理和委托代理等。国际民事诉讼程序涉及的主要是委托代理和领事代理。

（一）委托代理

国际民事诉讼中的委托代理主要涉及律师代理。在国际实践中，各国都允许外国当事人委托律师进行诉讼活动，但同时出于维护司法主权的考量，各国一般都规定外国当事人只能委托在法院地国执业的律师担任诉讼代理人。

中国《民事诉讼法》第270条规定："外国人、无国籍人、外国企业和组织在人民法院起诉、应诉，需要委托律师代理诉讼的，必须委托中华人民共和国的律师。"同时，结合中国《民诉法解释》第526、527条的相关规定，在中国法院参与诉讼的外籍当事人可以委托的诉讼代理人范围包括：该外籍当事人所属国公民或中国公民、驻华使领馆官员、当事人本国律师和中国律师。其中，委托公民代理诉讼的，该公民必须是完全民事行为能力人或不会损害被代理人利益的人；委托驻华使领馆官员或当事人本国律师代理诉讼的，委托代理人只能以个人名义代理诉讼，且该使领馆官员不得享有外交特权或豁免权；外籍当事人要求诉讼代理人以律师名义参与诉讼的，则该委托代理人只能是中国律师。

（二）领事代理

领事代理是国际民事诉讼中一种特殊的代理制度，是指一国的领事可以根据驻在国的国内法和有关国际条约的规定，在其管辖范围内的驻在国法院，依职权代理派遣国国民或法人参与国际民事诉讼，以保护派遣国国民或法人在驻在国的合法权益。中国作为《维也纳领事关系公约》的缔约国，也采用领事代理制度。

第三节 国际民事诉讼管辖权

一、国际民事诉讼管辖权概述

国际民事诉讼管辖权是指一国法院或具有审判权的其他司法机关受理、审判具有国际因素的民事案件的权限。国际民事案件诉讼管辖权问题是国际民事诉讼法领域特有的现象，它要解决的是究竟哪一国法院对某一特定的国际民事案件具有管辖权的问题。

国际民事诉讼管辖权具有十分重要的意义。首先，国际民事诉讼管辖权是进行国际民事诉讼程序的前提。其次，国际民事诉讼管辖权是一国主权在国际民事诉讼领域的体现。最后，国际民事诉讼管辖权直接影响当事人的权利义务和案件的判决结果。

二、国际民事诉讼管辖权确定的一般原则

（一）属地管辖原则

属地管辖原则，也称"地域管辖原则"，是国家主权原则在国际民事诉讼领域的体现，以有关国际民事案件中的案件事实、当事人双方与有关国家的地域联系作为确定国际民事诉讼管辖权的标准；强调一国法院基于领土主权原则，对本国领域内一切人和物以及法律事件和行为具有管辖权。

（二）属人管辖原则

属人原则同样是国家主权原则在国际民事诉讼管辖权问题上的体现，以诉

讼当事人的国籍作为确定国际民事诉讼管辖权的标准，一国法院对于涉及本国国民的所有涉外民事案件都享有管辖权。在大陆法系中，以法国为代表的拉丁法系国家一般都采用属人管辖原则。

（三）专属管辖原则

专属管辖原则是国家主权原则在国际民事管辖权领域的突出表现。它强调一国法院对于那些与国家利益有关的民事案件，如有关国家公共政策或重大的政治经济问题的案件，应享有专属管辖权，从而排除其他国家法院对相关案件的管辖权，或排除当事人协议选择管辖权。无论是大陆法系还是英美法系国家，都在民事诉讼法中规定本国对某些领域的民事案件具有专属管辖权。

（四）协议管辖原则

协议管辖原则是意思自治原则在国际民事管辖权领域的体现。它主张对国家利益影响不大的国际民事案件，可以由双方当事人协议选择管辖法院。目前，这一原则已被大多数国家采纳。一些国家立法倾向于在一个相当广泛的范围内尊重当事人的意思表示，在不与内国专属管辖权规定相抵触的前提下，双方当事人可以协议选择管辖法院。

三、中国的涉外民事诉讼管辖权

（一）中国涉外民事诉讼管辖权的立法规定

中国涉及国际民事诉讼管辖权的有关立法包括国际立法和国内立法。在国际立法方面，中国已经参加的涉及国际民事管辖权的国际条约有1953年参加的《国际铁路货物联运协定》、1958年参加的《华沙公约》和1980年参加的《国际油污损害民事责任公约》。在国内立法方面，中国《民事诉讼法》除在第二章就民事案件诉讼管辖作了一般规定以外，还特别在第四编"涉外民事诉讼程序的特别规定"之第二十四章就国际民事诉讼管辖作出一些特别规定。其中，《民事诉讼法》第266条规定："在中华人民共和国领域内进行涉外民事诉讼，适用本编规定。本编没有规定的，适用本法其他有关规定。"

(二) 管辖权的种类

1. 一般管辖

一般管辖是以地域管辖为原则,以被告所在地作为确定管辖权的标准。中国《民事诉讼法》第 22 条规定:"对公民提起的民事诉讼,由被告住所地人民法院管辖;被告住所地与经常居住地不一致的,由经常居住地人民法院管辖。对法人或者其他组织提起的民事诉讼,由被告住所地人民法院管辖。同一诉讼的几个被告住所地、经常居住地在两个以上人民法院辖区的,各该人民法院都有管辖权。"按照中国《民诉法解释》第 3、4 条的规定,自然人的住所地是指其户籍所在地,经常居住地是指其离开住所地至起诉时已连续居住一年以上的地方。

2. 特殊管辖

除一般管辖外,在被告不在中国境内的情况下,中国根据国际民事案件的不同性质规定了一些特殊的管辖原则。例如,关于合同问题,《民事诉讼法》第 272 条规定:"因合同纠纷或者其他财产权益纠纷,对在中华人民共和国领域内没有住所的被告提起的诉讼,如果合同在中华人民共和国领域内签订或者履行,或者诉讼标的物在中华人民共和国领域内,或者被告在中华人民共和国领域内有可供扣押的财产,或者被告在中华人民共和国领域内设有代表机构,可以由合同签订地、合同履行地、诉讼标的物所在地、可供扣押财产所在地、侵权行为地或者代表机构住所地人民法院管辖。"关于人的身份问题,《民事诉讼法》第 23 条第 1 项规定,"对不在中华人民共和国领域内居住的人提起的有关身份关系的诉讼",由原告住所地或原告经常居住地法院管辖。此外,《民事诉讼法》第 24—33 条还对一些特殊的民事案件的管辖问题作出了专门规定。

3. 专属管辖

为了切实保护国家和公民的根本利益,中国《民事诉讼法》第 34 条规定了专属管辖:"下列案件,由本条规定的人民法院专属管辖:(一)因不动产纠纷提起的诉讼,由不动产所在地人民法院管辖;(二)因港口作业中发生纠纷提起的诉讼,由港口所在地人民法院管辖;(三)因继承遗产纠纷提起的诉讼,由被继承人死亡时住所地或者主要遗产所在地人民法院管辖。"此外,该法第

273 条还规定:"因在中华人民共和国履行中外合资经营企业合同、中外合作经营企业合同、中外合作勘探开发自然资源合同发生纠纷提起的诉讼,由中华人民共和国人民法院管辖。"

4. 协议管辖

中国《民事诉讼法》第 35 条明确规定了协议管辖:"合同或者其他财产权益纠纷的当事人可以书面协议选择被告住所地、合同履行地、合同签订地、原告住所地、标的物所在地等与争议有实际联系的地点的人民法院管辖,但不得违反本法对级别管辖和专属管辖的规定。"该条款确定了中国协议管辖的范围、形式、限制以及可选择的法院。

5. 推定管辖

推定管辖也被称为"无抗辩应诉管辖",是对当事人协议管辖的一种补充。中国《民事诉讼法》第 130 条第 2 款规定:"当事人未提出管辖异议,并应诉答辩的,视为受诉人民法院有管辖权,但违反级别管辖和专属管辖规定的除外。"①

第四节 国际民商事司法协助

一、国际民商事司法协助的概念

国际民商事司法协助,是指一国法院或其他主管机关根据另一国法院或其他主管机关、有关当事人的请求,代为或者协助实施与诉讼有关的一定的司法行为。在理论上,司法协助有狭义、广义之分。狭义的司法协助是指与国之间进行的送达文书、代为询问当事人和证人以及证据收集等行为。广义的司法协助在前述内容之外,还包括外国法院判决和仲裁裁决的承认与执行。中国采纳的是广义的司法协助概念,这具体体现在中国《民事诉讼法》第二十七章对于司法协助的专门规定上,其内容不仅包括送达文书、调查取证,还包括法院

---

① 相关案例可以参见天津海事法院(2002)海商初字第 144 号民事判决书。

判决和仲裁裁决的承认与执行。

二、域外送达

(一) 域外送达概述

国际民事诉讼中的域外送达，是指一国法院根据国际条约、本国法律或互惠原则将司法文书和司法外文书送交给居住在外国的诉讼当事人或其他诉讼参与人的行为。在中国，司法文书是指起诉状副本、上诉状副本、反诉状副本、答辩状副本、传票、判决书、调解书、裁定书、支付令、决定书、通知书、证明书、送达回证以及其他司法文书。[①]

司法文书域外送达的方式有直接送达和间接送达两种。直接送达，是指内国法院根据内国法律或国际条约的相关规定通过一定的方式直接送达；间接送达，是指内国法院依据内国法律和国际条约的有关规定通过一定的途径委托外国的主管机关代为送达，即通过国际司法协助途径施行的送达。

(二) 域外送达方式

1. 直接送达

直接送达的具体方式，一般有以下几种：

(1) 外交代表或领事送达，即由内国法院将需要在域外送达的司法文书委托给内国驻有关国家的外交代表或领事代表代为送达。这种方式已为国际社会所普遍认可和采用。1963年《维也纳领事关系公约》第5条和1954年《海牙民事诉讼程序公约》第6条都规定了这种送达方式，但此方式的送达对象只能是本国国民，且不得采取强制措施。

(2) 邮寄送达，即国内法院通过邮局直接将法律文书寄给域外的诉讼当事人或其他诉讼参与人。上述几个公约也都规定了这种送达方式。美国、法国等多数国家在批准和加入相关公约时认可了这一规定，但德国、瑞士、卢森堡、挪威、土耳其、埃及等国则明确表示反对，中国1991年批准加入《海牙送达

[①] 参见《最高人民法院关于涉外民事或商事案件司法文书送达问题若干规定》第2条。

公约》时也明确表示反对采用公约第 10 条所规定的方式在中国境内送达司法文书。

（3）个人送达，即内国法院将司法文书委托给具有一定身份的个人代为送达。这里的"个人"可以是有关当事人的诉讼代理人、当事人选定的人或与当事人关系密切的人。这种方式一般为英美法系国家所采用。

（4）公告送达，即内国法院将需要送达的司法文书的内容以张贴公告或登报的方式告知有关当事人或其他诉讼参与人，自公告之日起一定期限届满后视为已送达。这一方式为许多国家的民事诉讼法有条件地认可和采用。

（5）以当事人协商的方式送达。这一方式主要为英美法系国家所采用。在美国，对外国国家的代理人或代理处、外国国家或外国政治实体的送达，可依诉讼当事人之间特别协商的方式进行；在英国，合同当事人甚至可以在合同中约定送达方式。

2. 间接送达

由于间接送达需要通过国际司法途径进行，即需要有关国家主管机关的参与，因而它必须经过特别程序。1965 年《海牙送达公约》第 3 条将提出请求的机关规定为"依文书发出国法律有权主管的当局或司法助理人员"。在中国送达文书属于法院的职权范围，因而法院为中国有权向外国提出请求的机关。送达文书请求一般应依据条约的规定进行，相关国家之间没有条约关系的，通过外交途径进行。

三、域外调查取证

域外取证是指当与诉讼有关的证人或证据位于域外时，受诉法院国的有关机构或人员通过一定程序在法院国域外提取证据的行为。法院的调查取证行为同样是行使国家司法主权的行为，同文书的送达相比，它更具有属地性，因而未经有关外国的同意，域外调查取证是不能在其境内实施的。

为了协调各国不同的取证制度，以便于域外调查取证，国际社会通过努力，缔结了大量的双边条约和多边条约。多边条约中较有影响的有 1954 年《海牙民事诉讼程序公约》（该公约第二章是关于域外调查取证的专门规定）和

1970 年《海牙取证公约》。

域外调查取证有直接取证和间接取证两种方式。直接取证包括：(1) 外交或领事人员取证。这种取证方式是指一国法院通过该国驻他国的外交或领事人员在驻在国直接调查取证。在中国，外国领事取证的对象只能是领事所属国国民而不能是中国公民或第三国国民，且领事取证不得采取强制措施。(2) 特派员取证。1970 年《海牙取证公约》规定了特派员取证制度，即法院在审理涉外民商事案件时委派专门的官员去外国境内提取证据。中国《民事诉讼法》第 284 条第 3 款规定，"未经中华人民共和国主管机关准许，任何外国机关或者个人不得在中华人民共和国领域内送达文书、调查取证"。可见，中国原则上不允许外国特派员在中国境内取证。因此，中国在加入《海牙取证公约》时对公约第 17 条等条款提出了保留。(3) 当事人或诉讼代理人自行取证。这种取证方式被称为"审判前取证程序"，主要存在于英美法系国家，尤其是美国。《海牙取证公约》第 23 条规定，各缔约国可以声明不执行"普通法系国家的旨在进行审判前文件调查"的程序。虽然公约原则上并未否认这一取证方式，但美国以外的其他所有缔约国都对这一方式予以了保留。间接取证是以请求书方式，通过司法协助途径进行域外取证。因此，以这一方式取证必须经过一些特别程序。《海牙取证公约》对此作了较为详细的规定。中国缔结的一系列双边司法协助条约都规定了这一取证制度，而且规定的内容也基本上与《海牙取证公约》一致。

第五节　国际民事诉讼中的期间及诉讼保全

一、期间

期间是指法律规定的或法院依职权决定的法院、当事人及其他诉讼参与人为一定诉讼行为的时间期限。期间可分为法定期间和指定期间。法定期间是指一国民事诉讼性立法所规定的进行某类诉讼行为的时间期限，法院、当事人及其他诉讼参与人都不得变更，故又称"不变期间"；指定期间是指法院依职权决定的进行某项诉讼行为的时间期限，其长短要视案件的客观情况而定，故又称"可变期间"。[①]

国际民事诉讼同样也会涉及期间问题，而且在国际民事诉讼中，由于当事人位于域外或某些诉讼行为需要在域外完成，因而国际民事诉讼的期间理应长于国内民事诉讼的期间。这一点已为各国的民事诉讼法所肯定，如中国《民事诉讼法》第 277 条规定："人民法院审理涉外民事案件的期间，不受本法第一百五十二条、第一百八十二条规定的限制。"

二、诉讼保全

诉讼保全是指对于可能因当事人一方的行为或者其他原因使判决难以执行或者造成当事人其他损害的案件，根据对方当事人的申请或者依职权，法院可以裁定对相关当事人的财产进行保全、责令其作出一定行为或者禁止其作出一定行为。在国际民商事诉讼中，尤其是那些涉及贸易、运输和海事争议的案件，不但案情复杂、争议金额大，而且诉讼周期长。因此，各国都规定了诉讼保全制度。中国《民事诉讼法》第 103 条规定，财产保全既能基于当事人的申请或起诉前利害关系人的申请，也能由人民法院在必要时依职权主动实施。

对于财产保全的范围和方法，各国的规定不尽相同。中国《民事诉讼法》第 105 条规定："财产保全限于请求的范围，或者与本案有关的财物。"第 106 条还规定，"财产保全采取查封、扣押、冻结或者法律规定的其他方法"。另外，《民事诉讼法》规定了两种解除财产保全的情况：（1）人民法院裁定准许财产保全后，被申请人提供担保的，人民法院应当裁定解除保全。（2）人民法院裁定准许诉前财产保全后，申请人应当在 30 日内提起诉讼。逾期不起诉或申请仲裁的，人民法院应当解除保全。

对财产保全申请人权利的限制问题，中国《民事诉讼法》规定了三个方面的限制：（1）财产保全申请必须在具有前述《民事诉讼法》第 103、104 条规定的条件时才能提出；（2）《民事诉讼法》第 107 条规定，人民法院裁定准许

[①] 参见王祥修、裴予峰主编：《国际私法——理论·实务·案例（第 2 版）》，中国政法大学出版社 2016 年版，第 272 页。

财产保全后，被申请人提供担保的，人民法院应当解除保全；（3）《民事诉讼法》第 108 条规定，申请有错误的，申请人应当赔偿被申请人因财产保全所遭受的损失。

第六节 外国法院判决的承认与执行

一、外国法院判决在中国的承认与执行

在外国法院判决的承认与执行方面，中国法院目前采用的是类似于法国、德国等大陆法系国家的执行令程序。《民事诉讼法》第 289 条对于中国承认与执行外国法院判决的条件作出规定："人民法院对申请或者请求承认和执行的外国法院作出的发生法律效力的判决、裁定，依照中华人民共和国缔结或者参加的国际条约，或者按照互惠原则进行审查后，认为不违反中华人民共和国法律的基本原则或者国家主权、安全、社会公共利益的，裁定承认其效力，需要执行的，发出执行令，依照本法的有关规定执行。违反中华人民共和国法律的基本原则或者国家主权、安全、社会公共利益的，不予承认和执行。"

此外，中国《民事诉讼法》第 288 条规定："外国法院作出的发生法律效力的判决、裁定，需要中华人民共和国人民法院承认和执行的，可以由当事人直接向中华人民共和国有管辖权的中级人民法院申请承认和执行，也可以由外国法院依照该国与中华人民共和国缔结或者参加的国际条约的规定，或者按照互惠原则，请求人民法院承认和执行。"根据这一规定，需要在中国得到承认与执行的判决，可以由当事人直接申请，也可以由外国法院向中国法院提出申请。

二、中国法院判决在国外的承认与执行

中国《民事诉讼法》第 287 条第 1 款对此作出专门规定："人民法院作出的发生法律效力的判决、裁定，如果被执行人或者其财产不在中华人民共和国领域内，当事人请求执行的，可以由当事人直接向有管辖权的外国法院申请承

认和执行，也可以由人民法院依照中华人民共和国缔结或者参加的国际条约的规定，或者按照互惠原则，请求外国法院承认和执行。"从申请的主体来看，当事人和法院都可以申请；从申请执行的条件来看，判决、裁决是已发生法律效力的；从执行标的条件来看，被执行人或财产不在中国境内。此外，法院申请承认和执行的，需依据中国缔结的条约或互惠原则提出。

三、互惠原则的适用

（一）互惠原则概述

互惠原则一般被理解为对等原则，即相关国家相互给予对方国家或国民平等的待遇。在国际民事诉讼领域，互惠原则在判决的承认与执行方面主要包含两方面的内容：第一，外国法院承认本国法院的判决，本国法院也同样承认外国法院的判决。第二，本国承认与执行外国法院判决的条件与外国承认与执行本国法院判决的条件必须相对等，即如果在同样的情况下，外国承认与执行本国法院判决的条件与本国法律规定的条件相一致或更宽松，则本国就承认与执行该外国法院判决；否则，本国将拒绝承认与执行该外国法院判决。[①] 在司法实践中，中国法院对于外国法院的判决实行形式审查，即不对判决的事实认定和法律适用进行审查，仅审查外国法院判决是否符合中国法律对于判决承认与执行的条件。但是，如果外国法院对于中国法院判决实行实质性审查，则中国可以认为该国与中国不存在互惠关系，从而拒绝承认与执行该外国法院判决。

（二）互惠原则的弊端与发展

互惠原则同样存在着一些弊端，如果将互惠原则的适用推向极致，则会出现一国一旦未率先承认与另一国存在互惠关系，则相关国家法院的判决就无法在未签订国际条约的情况下在彼此法院得到承认和执行。这不仅会严重影响当事人的合法权益，也会阻碍国际民事诉讼的发展。因此，对于一国法院严格要求互惠原则的做法也越来越多地受到批评。为此，各国谋求发展出新型的互惠

---

① 参见杜涛：《互惠原则与外国法院判决的承认与执行》，载《环球法律评论》2007年第1期。

关系，以弥补这一不足。例如，德国学者近些年提出"合作的互惠原则"理念，即只要能确定外国没有拒绝承认本国法院判决的先例，就推定两国存在互惠关系。另外，委内瑞拉1998年《国际私法》和比利时2004年《国际私法典》对互惠关系不再作出要求，美国的绝大多数州在承认和执行外国判决的问题上也不再过问是否存在互惠关系。

近些年来，中国对于互惠原则的认识也发生了转变。2017年6月8日，第二届中国-东盟大法官论坛通过《南宁声明》，在中国与东盟成员国之间达成八项共识。其中，声明第七项后半段明确宣示："尚未缔结有关外国民商事判决承认和执行国际条约的国家，在承认与执行对方国家民商事判决的司法程序中，如对方国家的法院不存在以互惠为理由拒绝承认和执行本国民商事判决的先例，在本国国内法允许的范围内，即可推定与对方国家之间存在互惠关系。"中国长期司法实践中一直强调实存互惠、事实互惠，《南宁声明》首次提出推定互惠关系共识，是对既有理解的重大突破，将有助于扩大国际司法合作，有利于推进"一带一路"纠纷解决机制的发展。[①]

第七节 国际商事仲裁裁决的承认与执行

一、中国涉外仲裁机构作出的裁决

中国《民事诉讼法》第280条规定："经中华人民共和国涉外仲裁机构裁决的，当事人不得向人民法院起诉。一方当事人不履行仲裁裁决的，对方当事人可以向被申请人住所地或者财产所在地的中级人民法院申请执行。"此外，该法第281条规定："对中华人民共和国涉外仲裁机构作出的裁决，被申请人提出证据证明仲裁裁决有下列情形之一的，经人民法院组成合议庭审查核实，裁定不予执行：（一）当事人在合同中没有订有仲裁条款或者事后没有达成书

---

① 参见张勇健：《"一带一路"背景下互惠原则实践发展的新动向》，载《人民法院报》2017年6月20日第2版。

面仲裁协议的；（二）被申请人没有得到指定仲裁员或者进行仲裁程序的通知，或者由于其他不属于被申请人负责的原因未能陈述意见的；（三）仲裁庭的组成或者仲裁的程序与仲裁规则不符的；（四）裁决的事项不属于仲裁协议的范围或者仲裁机构无权仲裁的。人民法院认定执行该裁决违背社会公共利益的，裁定不予执行。"

二、外国仲裁机构作出的裁决

中国《民事诉讼法》第290条规定："国外仲裁机构的裁决，需要中华人民共和国人民法院承认和执行的，应当由当事人直接向被执行人住所地或者其财产所在地的中级人民法院申请，人民法院应当依照中华人民共和国缔结或者参加的国际条约，或者按照互惠原则办理。"1986年，中国正式加入联合国1958年《纽约公约》，该公约于1987年4月22日对中国生效，目前已有168个缔约国。[①] 中国在加入该公约时，作出了"互惠保留"和"商事保留"，即中国只承认和执行《纽约公约》缔约国作出的仲裁裁决；中国仅对按照本国法律属于契约性和非契约性商事法律关系所引起的争议适用该公约。对于在非《纽约公约》缔约国领土内作出的仲裁裁决，需要中国法院承认与执行的，应按照《民事诉讼法》第290条规定的互惠原则办理。

三、拒绝承认与执行外国仲裁裁决的理由

（一）由当事人提出的理由

《纽约公约》第5条规定了被请求承认与执行国可以拒绝承认与执行外国仲裁裁决的七项条件，可以分为由当事人提出的理由和由法院提出的理由。其中，该公约第5条第1款规定，如果执行程序的被申请人能举证证明外国仲裁裁决有下列情形之一的，被请求执行的法院可以依据被申请人的请求，拒绝承认与执行该项裁决：（1）仲裁协议当事人依对其适用的法律无行为能力，或根

---

① 2021年3月15日，伯利兹（Belize）加入《纽约公约》，成为该公约第168个缔约国。

据仲裁协议选择的准据法无效，或在未指明准据法时，依裁决作出地国家的法律，该仲裁协议无效；（2）被执行人未得到关于指定仲裁员或进行仲裁程序的适当通知，或由于其他原因不能对案件提出申辩；（3）裁决所处理的争议事项超出仲裁协议所规定的范围，但如果交付仲裁的事项的裁决可以与未交付仲裁的事项作出划分，裁决中关于交付仲裁事项的裁决可以得到执行；（4）仲裁庭的组成或仲裁程序与当事人的仲裁协议不符，或当事人之间无仲裁协议，与仲裁地国家的法律不相符合；（5）仲裁裁决对当事人尚未发生约束力，或者仲裁裁决已被仲裁地国家的主管机关撤销或停止执行。

以上可以概括为：当事人不适格或仲裁协议无效，未有效通知仲裁员或组成仲裁庭，仲裁员超越权限，仲裁庭组成不符合仲裁协议或仲裁地法律以及仲裁裁决不具约束力或已被撤销。

（二）由法院提出的理由

《纽约公约》第5条第2款规定，如果被请求执行的法院认定存在以下情形，也可以拒绝承认与执行仲裁裁决：（1）依据该国法律，争议事项不能通过仲裁解决；（2）承认与执行该仲裁裁决有违该国公共政策。关于可仲裁性的问题，国际商事仲裁的可仲裁性问题具有独特性和变化性的特点，一国法院认为不可仲裁的事项，可能在其他国家可以仲裁；一国法院现在认为不可以仲裁的事项，并不意味着在将来不可仲裁。[①] 关于公共政策问题，由于该公约并未界定公共政策的定义与范围，因此对于公共政策的理解完全取决于承认与执行地国法院。这样的好处是各缔约国有权根据本国国情并参照本国法律来捍卫本国的基本原则，然而其问题在于，过大的弹性解释空间可能导致公共政策在适用上过大的不确定性。

中国在1986年正式加入《纽约公约》，并于1995年9月1日起实施《仲裁法》，初步建立了国内的商事仲裁制度。然而，在中国商事仲裁的起步阶段，部分地方法院由于业务水平不足、地方保护主义严重等原因，对于仲裁裁决和

---

① 例如，在1985年三菱汽车公司案之前，在美国反垄断争议不具有可仲裁性，该案确立了反垄断争议的可仲裁性。

仲裁协议的司法审查较为严格甚至存在滥用公共政策不予执行仲裁裁决的情况，极大地影响了仲裁裁决的终局效力和确定性。

为此，1995 年 8 月 28 日，最高人民法院发布《最高人民法院关于人民法院处理与涉外仲裁及外国仲裁事项有关问题的通知》，正式建立了涉外仲裁司法审查的报告制度。"凡一方当事人向人民法院申请执行我国涉外仲裁机构裁决，或者向人民法院申请承认和执行外国仲裁机构的裁决，如果人民法院认为我国涉外仲裁机构裁决具有民事诉讼法第二百六十条情形之一的，或者申请承认和执行的外国仲裁裁决不符合我国参加的国际公约的规定或者不符合互惠原则的，在裁定不予执行或者拒绝承认和执行之前，必须报请本辖区所属高级人民法院进行审查；如果高级人民法院同意不予执行或者拒绝承认和执行，应将其审查意见报最高人民法院。待最高人民法院答复后，方可裁定不予执行或者拒绝承认和执行。"报告制度的实施虽有助于统一涉外仲裁裁决的承认与执行标准，并在一定程度上遏制地方保护主义，但由于地方法院并未严格执行，以及并无审核期限限制，导致效率低下等饱受诟病的问题。最高人民法院于 2017 年年底颁布了《最高人民法院关于仲裁司法审查案件报核问题的有关规定》，对原有报告制度进行了重大调整，实现了国内仲裁和涉外仲裁司法审查的"并轨制"。

刘某与陶某等申请承认和执行外国法院民事判决案[①]

一、案情介绍

申请人刘某和被申请人陶某、童某均系旅居美国加利福尼亚州（以下简称"加州"）的中国公民。2013 年 9 月，刘某与陶某在加利福尼亚州签订《股权转让协议》一份，约定陶某将其持有的在美国加州注册登记的 JIA JIA MAN-

---

① 湖北省武汉市中级人民法院（2015）鄂武汉中民商外初字第 00026 号民事裁定书。

AGEMENT INC 之 50％股权转让于刘某。签订协议后，刘某分两次向童某（系陶某丈夫）在美国银行的账户付款 12.5 万美元。后刘某发现受让公司的资产不实，以陶某、童某利用虚假股权转让事由获取其钱款为由，于 2014 年 7 月 17 日向加州洛杉矶县高等法院（以下简称"洛杉矶法院"）提起诉讼，案件编号 EC062608。因有关两被申请人的行踪调查报告显示两被申请人在起诉前仍在加州，洛杉矶法院法官 William D. Stewart 作出公告命令，决定该案相关传票、通知通过报纸公告方式送达。2015 年 7 月 24 日，该法官作出缺席判决，判决两被申请人连带偿还刘某 12.5 万美元并承担判决前利息 20818 美元，且应支付费用 1674 美元，判决金额共计 147492 美元。判决后，刘某的委托律师就判决办理了登记通知手续，并按两被申请人在加州的最新活动地址邮寄了判决书。

2015 年 10 月 19 日，刘某以两被申请人在湖北省武汉市有可供执行财产为由，向湖北省武汉市中级人民法院提出承认并执行洛杉矶法院第 EC062608 号判决的申请，请求承认洛杉矶法院第 EC062608 号判决在中国境内具有法律效力，并依洛杉矶法院判决内容强制被申请人给付申请人 147492 美元以及 2015 年 5 月 25 日至执行终结前的逾期利息。为证明中美两国之间存在相互认可民事判决的互惠关系，申请人向法院提交了湖北省高级人民法院作出的湖北葛洲坝三联实业股份有限公司、湖北平湖旅游船有限公司诉美国罗宾逊直升机有限公司产品侵权纠纷案民事判决在美国获得承认和执行的案例报道。

二、主要法律问题

本案争议焦点在于申请人所申请执行的判决是否真实有效，如有效，法院可否在外国法院已承认与执行中国法院判决后，依据互惠原则承认该国法院的判决。对此问题，被申请人陶某和童某陈述意见称：（1）美国加州洛杉矶法院第 EC062608 号判决在中华人民共和国境内不具有法律效力，被申请人在美国法院诉讼时并未接到参加诉讼的通知；（2）申请人与被申请人签订的《股权转让协议》真实、合法、有效，被申请人不应当向申请人返还股权转让价款。

湖北省武汉市中级人民法院经审查认为，本案系申请承认和执行外国法院判决纠纷案件。《民事诉讼法》第 281 条规定，外国法院作出的发生法律效力的判决、裁定，需要中华人民共和国人民法院承认和执行的，可以由当事人直接向中华人民共和国有管辖权的中级人民法院申请承认和执行，也可以由外国法院依照该国与中华人民共和国缔结或者参加的国际条约的规定，或者按照互惠原则，请求人民法院承认和执行。《民事诉讼法》第282条规定，人民法院对申请或者请求承认和执行的外国法院作出的发生法律效力的判决、裁定，依照中华人民共和国缔结或者参加的国际条约，或者按照互惠原则进行审查后，认为不违反中华人民共和国法律的基本原则或者国家主权、安全、社会公共利益的，裁定承认其效力，需要执行的，发出执行令，依照本法的有关规定执行。违反中华人民共和国法律的基本原则或者国家主权、安全、社会公共利益的，不予承认和执行。本案中，被申请人陶某、童某在湖北省武汉市内拥有房产，本院作为被申请人财产所在地和经常居住地法院，对本案依法享有管辖权。

申请人刘某在向本院递交申请承认和执行申请书时，已向本院提交经证明无误的美国加州洛杉矶法院作出的编号EC062608判决副本及中文译本，符合申请承认和执行外国法院判决的形式要件。因美国同中国之间并未缔结也未共同参加相互承认和执行民事判决的国际条约，申请人的申请应否予以支持应依据互惠关系原则进行审查。经审查，申请人提交的证据已证实美国有承认和执行中国法院民事判决的先例存在，可以认定双方之间存在相互承认和执行民事判决的互惠关系。同时，上述美国加州洛杉矶法院判决系对申请人与被申请人之间有关股权转让的合同关系作出，承认该民事判决并不违反中国法律的基本原则或者国家主权、安全、社会公共利益。对两被申请人辩称的未接到美国法院参加诉讼通知的理由，经审查，上述判决中已明确记载该案判决系缺席判决，且申请人已向本院提交了对被申请人进行调查、法院准许公告送达命令、报纸刊登的送达公告等证明文件，可以确定美国加州洛杉矶法院已对两被申请人进行了合法传唤，对两被申请人的该项辩称理由不予支持。对两被申请人主张的有关《股权转让协议》真实、合法、有效，不应当向申请人返还股权转让价款的辩称主张，因本案属于司法协助案件，并不涉及对双方实体权利义务关系的审查，在相关美国法院已就此作出判决的情况下，对被申请人的该项辩称主张本院亦不予以支持。因此，对申请人提出承认和执行美国法院判决的请求，本院予以支持。对申请人主张的 2015 年 5 月 25 日美国法院判决日至执行终结前的逾期利息，不属于申请承认和执行外国法院判决的范畴，本案中不予支持。

经合议庭评议，依照《民事诉讼法》第 154 条第 1 款第 11 项、第 281 条、第 282 条，《民诉法解释》第 543 条第 1 款、第 546 条第 1 款的规定，裁定如下：（1）承认并执行美国加州洛杉矶法院第 EC062608 号判决；（2）驳回申请人刘某的其他请求。

三、案件评析

本案系中国法院依据互惠原则承认和执行美国法院商事判决的案件，该裁定书公开后即受到国内外法律界的高度关注。有学者评价该案不仅开创了美国法院判决在中国获得承认和执行的先例，更为中国完善外国法院判决承认和执行制度提供了实践素材，在中国承认和执行外国法院判决制度完善和实践发展过程中具有里程碑意义。

互惠原则通常有事实互惠与法律互惠之分，事实互惠一般指外国法院判决在中国法院得到承认和执行的前提是该外国法院所在国已有承认和执行中国法院判决的先例，否则拒绝予以承认和执行；而法律互惠则将外国法院承认和执行中国法院判决的条件与中国法院承认和执行外国法院判决的条件相比较，如果在同样情况下该外国法院承认和执行中国法院判决的条件与中国法律规定的条件相一致或更宽松，则中国法院就承认和执行该外国法院判决。①

中国现行《民事诉讼法》第 288 条、第 289 条对互惠原则进行了规定，却并未就互惠原则的具体含义予以进一步的明确。但从最高人民法院（2006）民四他字第 45 号复函有关"我国与澳大利亚联邦之间没有缔结或者参加相互承认和执行法院民事判决、裁定的国际条约，亦未建立相应的互惠关系"的规定来看，中国法律体系下的"互惠原则"实为"事实互惠"。本案亦是如此，武汉市中级人民法院是以存在美国法院承认和执行中国法院判决的先例为前提，

---

① 参见李旺：《国际民事诉讼法》，清华大学出版社 2003 年版，第 137 页。

而非在没有事实互惠的情况下主动承认和执行美国法院判决。因此，将民事诉讼法下的互惠原则解读为要存在他国先行承认和执行中国法院判决的事实互惠，很有可能造成中外双方在承认和执行外国法院民商事判决问题上陷入互不信任的局面。

对于坚守事实互惠的理念，德国柏林高等法院在 2006 年承认中国无锡市中级人民法院判决案中的评述切中要害："在相互承认民商事判决问题上，如果双方都等待对方先迈出一步，自己再跟进给予对方互惠的话，事实上永远不可能发生相互间的互惠，互惠原则也只能是空谈而已，而这种情况并不是立法者和执法者所希望的。"

值得注意的是，中国适用互惠原则承认外国法院判决的立场也发生了十分积极的变化。最高人民法院 2015 年颁发的《关于人民法院为"一带一路"建设提供司法服务和保障的若干意见》第 6 条提出，"要在沿线一些国家尚未与我国缔结司法协助协定的情况下，根据国际司法合作交流意向、对方国家承诺将给予我国司法互惠等情况，可以考虑由我国法院先行给予对方国家当事人司法协助，积极促成形成互惠关系，积极倡导并逐步扩大国际司法协助范围"。2017 年 6 月通过的《南宁声明》也明确提出："在承认与执行对方国家民商事判决的司法程序中，如对方国家的法院不存在以互惠为理由拒绝承认和执行本国民商事判决的先例，在本国国内法允许的范围内，即可推定与对方国家之间存在互惠关系。"

通过上述文件可以看出，中国至少在与"一带一路"沿线国家、东盟国家就民商事判决的承认与执行问题上正建立以"推定互惠"为核心的新型互惠关系。这种情况下，中国法院将无需审查这些国家是否存在承认与执行中国法院判决的先例，更无需将该先例与待审查案件作详细的比对研究，以考证其是否满足所谓认定事实互惠的具体标准。可以预见的是，推定互惠的适用不仅可以减少平行诉讼的发生，同时还将有利于中国法院判决的域外执行，从而提高中国司法制度的国际信誉和国际竞争力。

推荐书目

1. 韩德培主编：《国际私法（第三版）》，高等教育出版社、北京大学出版社 2014 年版。

2. 李旺：《国际民事诉讼法》，清华大学出版社 2003 年版。

3. 李双元、谢石松、欧福永：《国际民事诉讼法概论（第三版）》，武汉大学出版社 2016 年版。

4. 屈广清、欧福永主编：《国际民商事诉讼程序导论》，武汉大学出版社 2016 年版。

5.《德国民事诉讼法》，丁启明译，厦门大学出版社 2016 年版。

6.《日本民事诉讼法典》，曹云吉译，厦门大学出版社 2017 年版。

思考题

1. 简述国际民事诉讼程序的基本原则。
2. 简述国际民事诉讼管辖权的一般原则。
3. 试述中国的涉外民事管辖权制度。
4. 简述域外送达的方式及定义。
5. 试述互惠原则的内容、发展与弊端，并谈谈你的看法。
6. 简述中国承认与执行外国法院判决的相关规定。
7. 试述中国对于国际商事仲裁的承认与执行制度。

第十章 Chapter 10

区际私法

案例导读

某甲称，某甲通过朋友介绍于 2011 年 11 月 27 日在广东省珠海市向某乙借出人民币 260 万元，全部借款本金均为现金形式一次性给付，资金来源为某甲在珠海市设立的公司，但某甲无法向法院提供该公司的详情。某甲当庭提交的《借据》内容为："本人向某甲（澳门籍）借款港币贰佰伍拾玖万贰仟元整，并承诺于二〇一二年十二月三十一日前还款。特此借据！借款人签名：某乙，2012 年 9 月 15 日"。该《借据》为影印件，并非原件。某乙称涉案"借款"实为赌债，即 2011 年 11 月 27 日、28 日两天某乙在澳门路氹城望德圣母湾大马路的银河酒店银河娱乐场赌厅进行赌博时，通过澳门籍朋友周某某累计向某甲借取折合港币 180 万元的赌博筹码并用于现场赌博，某乙提交的《来往港澳通行证》的海关边检记录显示其确实于 2011 年 11 月 27 日从拱北海关进入澳门、2011 年 11 月 29 日返回内地。后经某甲向某乙催还，某乙先后将两张金额分别为人民币 100 万元（支票号码：12066942）、人民币 160 万元（支票号码：12066943）的广州农村商业银行支票交付某甲，但某甲分别于 2013 年 3 月、7 月被银行以"账户余额不足"为由退票，无法兑现这两张支票。故某甲诉至广州市番禺区法院。

本案中，当事人分别为中国内地、澳门籍，案件属于区际法律纠纷。涉及的问题有：(1) 区际民事借款关系应当如何适用法律？(2) 本案中广州市番禺区法院是否具有管辖权？(3) 如果法院受理此案并作出裁决，那么应当如何跨地域执行此案件判决？(4) 本案中涉及的赌债合同效力是否应予以承认？上述问题均为本章节所涉及的区际私法中的法律适用、管辖权、司法协助等基本问题。

教学目标

通过本章的系统研习，学生应从理论体系层面掌握区际私法的本体，即认识何为区际私法、区际私法面对的主要法律问题、涉及区际私法的法律法规和区际协定，尤其是在新形势下认识和理解中国区际私法中的新变化。此外，本章还结合具体的案例，着重培养学生灵活运用区际私法基本原理和知识点解决区际私法实际案例的能力。

第一节 区际私法概述

一、区际法律冲突的产生

本编重点讨论的是国际私法，即国家之间（民商法）有关管辖权、准据法、判决的承认与执行问题，以及诸如送达、取证等民商事司法协助相关问题的法律规范。而本章所讨论的是"区际私法"（Inter-Regional Private Law），它与国际私法的核心区别在于主体不同，前者的主体是不同的国家，而后者则是同一国家内的不同区域。这里的"区域"即"法域"（Law District），是指适用独特法律制度的特定地域范围。

国家是国际法最基本的、当然的主体，国家主权原则是国际法的基本原则。同时，主权与法域的概念是不相重叠的。在一国主权范围内运行一套统一的法律制度，这类国家被称为"单一法域国家"；在一国主权范围内运行多套不同的法律制度，这类国家被称为"复合法域国家"。自中国政府相继对香港、澳门恢复行使主权开始，中国形成了内地、香港、澳门、台湾四套不同的法律制度，又称为"一国四域"，因此中国属于复合法域国家。

二、区际法律冲突与区际私法

所谓区际法律冲突，是指在一个主权国家范围内不同法域之间的不同法律制度在管辖权和法律适用过程中发生的冲突。区际法律冲突仅存在于复合法域国家，单一法域国家不存在区际法律冲突，因此也不存区际私法的问题。

（一）区际法律冲突的特征

区际法律冲突是发生在一国主权范围内的实施不同法律制度的不同法域之间的法律冲突，因此从法律性质上看，区际冲突法属于国内法律规范。例如，美国各州之间的法律冲突属于美国国内法律规范的范畴，不同于发生在不同主权国家之间的国际冲突法。

区际法律冲突是不同法律在空间上的冲突。区际冲突法的存在意味着一个主权国家存在实施不同法律制度的空间法域，如果在一个空间法域内法律对不同人或不同时间适用不同的规范，则不属于区际冲突法。

区际法律冲突是不同法律在效力上的冲突。不同的法域适用不同的法律制度，当不同法域的民商事主体之间产生社会交往，进而引发民商事法律纠纷时，何种法域之民商事法律对纠纷发生效力就成为该法律冲突的具体表现。

（二）区际私法的概念与性质

所谓区际私法，即用来解决区际法律冲突的法律。学界对区际私法有着不同的表述。一般而言，大陆法系国家，如德国，将区际私法称为"地方间私法"（Private Interlocal Law）；英美法系国家，如美国，习惯称"州际私法"（Interstate Law）；中国台湾地区至今还是用"准国际私法"（Quasi-Private International Law）这种表述。

1. 区际私法是法律适用法

区际私法的主旨是确定一国内部不同法域民商事法律关系应该如何适用法律，从功能上说，它既不直接调整民商事法律关系当事人的实体权利义务关系，也不调整诉讼主体之间的诉讼权利义务关系。因此，一般认为区际私法既非管理当事人实体权利义务关系的实体法，也非协调诉讼双方诉讼权利义务的程序法，从法律性质上讲，它与国际私法一致，属于法律适用法，或称"冲突法"。

2. 区际私法是国内法

学术界对于国际私法属于国内法还是国际法存在二元对立的争论，但是就区际私法而言，这个问题则简单许多。其一，无论采用何种形式制定区际私法规范，其制定主体均局限在一国主权范围之内；其二，区际私法也仅在一国域内产生效力。因此，区际私法无疑是一国国内法的组成部分。

第二节 中国区际民商事管辖权冲突与协调

一、区际民商事管辖权概述

香港、澳门回归之后，"一国两制"顺利施行，中国的法律制度随之产生了深刻变化，内地、香港、澳门和台湾地区均有各自独立的法律体系，形成各有特色的四个不同法域。就中国区际法律冲突而言，区际管辖权是指中国内地与港澳台法院受理区际民商事案件的权限范围及法律依据。由于历史原因，四个法域均有自己审理涉外案件所适用的程序规则，却均未制定或完善审理区际案件的管辖权冲突规则。现阶段，内地关于涉及港澳案件的诉讼程序适用涉外民事管辖权规则，[①] 而海峡两岸关系的现状也决定了两岸法院依照各自的民事诉讼法确定和行使互涉民事案件的管辖权。[②] 由于不存在统一的管辖权冲突规范，客观上中国各法域之间管辖权存在冲突。

二、内地涉外民商事管辖权立法与司法实践

2001年12月25日最高人民法院审判委员会第1203次会议通过、2020年

---

① 参见《最高人民法院关于如何确定涉港澳台当事人公告送达期限和答辩、上诉期限的请示的复函》（〔2001〕民四他字第29号）中相关规定。

② 参见冯霞：《中国区际私法论》，人民法院出版社2006年版，第217页。

12月23日修正的《最高人民法院关于涉外民商事案件诉讼管辖若干问题的规定》第5条规定:"涉及香港、澳门特别行政区和台湾地区当事人的民商事纠纷案件的管辖,参照本规定处理。"据此,中国内地对于涉港澳台民商事案件比照涉外案件处理。

三、香港特别行政区域外民商事诉讼管辖权的司法实践

香港地区对于涉外民事管辖权没有一个具体的成文法规加以规定,由法官在司法实践中根据成文法和已有的判例法或者其参加的国际条约、法理以及著名法学家的学说、当事人意思自治决定对具体案件行使管辖权。由于历史原因香港地区属于普通法系,其主要的管辖权规则的法律渊源也是来自普通法案例。

(一) 一般管辖

对于一般涉外民事诉讼,香港地区奉行英国法中的实际控制理论,即法院对案件行使管辖权,并且必须对其所管辖的案件有实际的支配力,如被告能够被传唤到庭、判决能够获得有效执行等。香港地区将诉讼分为对人诉讼和对物诉讼两类,前者是指当事人之间的诉讼,要求被告作为或不作为一定行为,以解决当事人之间的权利义务问题,判决仅对当事人有约束力。后者则大致包括三种类型:(1) 决定物之所有权的诉讼;(2) 海商诉求,如决定船舶作为货物的权利,对船舶或货物有任何请求权的诉讼等;(3) 有关身份行为的诉讼,如婚姻效力、婚后子女归属问题等。

(二) 特别管辖

对于无法在香港地区对被告送达传票的诉讼,当原告向香港地区法院起诉并单方申请许可令,请求法院对在香港地区之外的被告送达传票时,香港地区法院也可以行使域外(扩大)管辖权。但是,这一管辖权的行使是由法院依据自由裁量权决定的。

(三) 协议管辖

香港地区也认可当事人之间的协议管辖。香港地区法院将当事人选择法院

的协议分为排他性管辖协议和非排他性管辖协议。前者是指当事人排他地将案件授予某个法院专属管辖,香港法院一般认可当事人专属管辖协议的绝对效力。后者是指非专属管辖协议,香港法院根据当事人举证、案件同所选择法院的关系、选择的合理性等因素决定协议的有效性。①

(四)不方便法院原则

为了解决区际和国际民事诉讼管辖权冲突,中国香港地区法院确立了不方便管辖原则。即外国法院或者其他法域法院是审理该案件的"自然法院"(Natural Forum),并且中国香港地区法院判定其他法院与案件或者当事人有更为密切及真实的联系,则中国香港地区法院可以拒绝受理或者中止已经受理的案件。

四、澳门特别行政区域外民商事诉讼管辖权的立法现状

1987年中葡《关于澳门问题的联合声明》宣布,中国政府于1999年12月20日对澳门恢复行使主权,澳门地区法律本土化自此开始,逐步形成《澳门刑法典》《澳门刑事诉讼法典》《澳门民法典》《澳门民事诉讼法典》和《澳门商法典》这五大法典。其中,《澳门民事诉讼法典》以1961年《葡萄牙民事诉讼法典》为蓝本进行本土化改造,其第二编"法院"第一节规定了民事诉讼管辖权,将管辖权分为:一般地域管辖(第15条),特殊地域管辖(第16条、第17条),专属管辖(第20条),协议管辖(第29条)。

五、区际管辖权冲突的应对

管辖权冲突使得同一案件在不同法域的法院审理会因相关法域的法院对案件的定性不同而适用不同的冲突规则,进而适用不同的准据法,导致同案不同判的现象产生。因此,有必要通过法律的发展消除这一问题。目前,各法域在

---

① 参见董立坤主编:《中国内地与香港地区法律的冲突与协调》,法律出版社2004年版,第425页。

涉及管辖权冲突问题时，普遍确立以"有效管辖"为原则的解决模式，即除涉及当事人协议管辖外，对案件实行"实际和有效管辖"的原则。

管辖权冲突的协调应当参考如下几点原则：第一，在尊重专属管辖的基础上，协商确立一致的专属管辖范围；第二，确立协议管辖优先原则；第三，确立一事不再理原则；第四，有条件地扩大不方便法院原则的适用范围；第五，增加必要管辖法院的规定，以避免消极管辖权冲突问题。

第三节 区际私法中的法律适用与法律冲突化解

一、中国区际私法中法律适用问题概述

中国关于国际私法中的法律适用问题主要由2011年4月开始实施的《涉外民事法律适用法》作出规定，就涉及香港、澳门地区的法律适用问题，《涉外民事法律适用法解释（一）》第17条规定："涉及香港特别行政区、澳门特别行政区的民事关系的法律适用问题，参照适用本规定。"这一规定表明，涉及香港、澳门地区的法律适用问题，类推适用涉外民事关系法律适用之规定；涉及台湾地区的法律适用，虽然法律未明确规定，但基本也遵循此项原则。

二、区际法律冲突的解决方法

总体而言，解决区际私法冲突的方法主要有冲突法方法和实体法方法。其中，利用冲突法方法解决区际法律冲突的模式主要有区际冲突法解决模式与统一实体法解决模式两种。

（一）区际冲突法解决模式

1. 类推适用国际私法

在各国立法中，类推适用国际私法解决区际法律冲突是一种重要路径。例如，1948年捷克《国际私法和区际私法典》第5条规定："区际法律冲突类推

适用国际私法解决。"1888年《西班牙民法典》第 14 条也有类似规定。目前，中国学者大多数赞成使用此模式解决区际法律冲突。[1] 同时，也有学者指出，采用此模式应当考虑香港、澳门地区和内地不属于同一法系，以及国际私法上采用的冲突法则和规范内容所反映的国际习惯。[2]

2. 各个法域分别制定区际冲突法

即一国内的不同法域各自制定专门的区际冲突法。这种解决模式不仅为诸多学者所主张，而且已经为多个法域所采用，如《中华人民共和国香港特别行政区基本法》（以下简称《香港基本法》）、《中华人民共和国澳门特别行政区基本法》（以下简称《澳门基本法》）等。在中国，这种解决模式虽然能够兼顾各个法域的立法习惯，但是由于内地和港澳台分属不同的社会制度，这种模式无疑会增加法律适用的复杂程度，因此这种模式遭到部分学者的反对，但是在全国统一的区际冲突法未制定的情况下，这种局面将不可避免地持续一段时间。

3. 制定全国统一的区际冲突法

这种模式要求国家最高立法机关制定统一适用于全国的区际冲突法，采用这种模式的国家有波兰等国家。从效果上来看，制定全国统一的区际冲突法是一种较为理想的法律冲突解决途径。因为全国性的统一区际冲突法能够最大程度上为区际法律冲突的解决提供确定的和可靠的法律选择对象，不同法域间当事人可对争议法律后果提前进行预判，并且增强了判决的可执行性，契合了各方当事人的根本利益。但在中国，由于《香港基本法》和《澳门基本法》中没有确定区际法律冲突原则解决条款，以及只有全国人大有权制定全国统一的区际冲突法等情况，制定全国统一的区际冲突法虽然比较理想，但在现阶段仍然存在较大的立法阻碍，短期内难以实现。

---

[1] 参见涂广建：《港、澳回归后的我国区际私法：成就、反思与展望》，载《国际法研究》2021 年第 2 期。

[2] 参见曾陈明汝：《国际私法原理》，三民书局 1999 年版，第 32 页。

(二) 统一实体法解决模式

1. 制定全国统一的实体法

是指在全国不同法域内推行统一的私法法典,以期从根本上消除区际法律冲突。例如,美国曾成立"统一州法律全国委员会",该委员会于1958年与美国法学会合作,制定并通过《美国统一商法典》。除了路易斯安那州以外,该法典目前已为美国其他各州所统一采用。在中国,尽管解决区际法律冲突的最直接且最根本途径是制定统一的实体法,但是由于内地、香港、澳门和台湾地区的法律和社会制度差异巨大,因此目前要实现统一的实体法并不现实。

2. 制定适用于部分法域的实体法

制定适用于部分法域的实体法相较于制定全国统一的实体法似乎较为容易,但是这种方法并未得到广泛推广,因为这一方式只能局部地和在某些问题上解决问题,而不能彻底解决区际法律适用的冲突。

3. 共同加入国际统一实体法公约

复合法域国家可根据本国宪法的规定,决定是否通过各法域共同参与或缔结某一国际统一的实体法公约,间接获得制定统一实体法的效果。

第四节 区际民商事司法协助

一、区际司法协助概述

区际司法协助是指基于法律或者协议,一法域法院接受另一法域法院的请求,代为履行某种诉讼行为的制度。提出司法协助请求的一方为委托方,接受委托并且代为履行某些诉讼行为的一方为协助方。区际民商事司法协助是一国内部不同法域之间在民事诉讼中的相互协助,即代为履行某些诉讼行为的制度,这些行为包括诉讼文书送达、传唤证人、收集证据、承认和执行外国法院判决和仲裁机构裁决。

区际司法协助产生于一国内部的不同法域之间,因此不存在主权因素。例如,《香港基本法》第95条规定:"香港特别行政区可与全国其他地区的司法机关通过协商依法进行司法方面的联系和相互提供协助。"中国区际司法协助安排一般是以最高人民法院发布司法解释的形式作出。

二、中国区际民商事司法文书送达

(一) 中国区际民商事司法文书送达概述

中国区际民商事司法文书送达是指内地与香港、澳门、台湾地区基于各法域代表间的平等协商,达成关于代为送达司法文书的双边安排的司法互助活动。代为送达的司法文书具体包括:起诉状副本、上诉状副本、授权委托书、传票、判决书、调解书、裁定书、决定书、通知书、证明书、送达回证;在香港地区包括:起诉状副本、上诉状副本、传票、状词、誓章、判案书、判决书、裁决书、通知书、法庭命令、送达证明。

(二) 中国内地与港澳地区司法文书送达的规定与实践

迄今为止,中国内地与港澳地区关于司法文书送达共达成三项安排:内地与香港之间的《关于内地与香港特别行政区法院相互委托送达民商事司法文书的安排》(《内地与香港送达安排》);内地与澳门之间的《关于内地与澳门特别行政区法院就民商事案件相互委托送达司法文书和调取证据的安排》(《内地与澳门送达和取证安排》);香港与澳门之间的《澳门特别行政区与香港特别行政区对民商事案件相互委托送达司法文书安排》(《香港与澳门送达安排》)。上述三项安排为中国区际送达提供了路径,并在具体案件中提升了区际送达的效率。关于上述三项安排的法律属性,《内地与香港送达安排》一般被认为是非强制性的,如香港地区法院曾经驳回安排中的路径是强制性和专属性的抗辩。① 而《内地与澳门送达和取证安排》第1条规定,内地与澳门之间的民商事程序送达和取证"均适用本安排",这似乎暗示着该安排具有强制性。此外,2009年《最高人民法院关于涉港澳民商事案件司法文书送达问题若干规定》

---

① See Deutsche Bank Ag, Hong Kong Branch v. Zhang Hong Li,[2016] 3 HKLRD 303, para. 50.

明确规定，在特定情况下，可以采用其他适当方式送达香港、澳门地区的受送达人。依此可以确定，上述安排都是非专属性的。

（三）区际送达安排的合作路径

与《海牙送达公约》和《欧盟送达条例》要求缔约国（成员国）依据各自的域内法指定中央机关来相互转递送达请求，并以此作为主要合作路径不同，中国区际送达安排的核心是，不同法域间的法院系统直接实现对接与互助。在对《内地与澳门送达和取证安排》修订前，在内地一般只有高级人民法院才有权直接转递送进或者送出司法文件。修订后的《内地与澳门送达和取证安排》第 2 条第 2 款扩充性规定："经与澳门特别行政区终审法院协商，最高人民法院可以授权部分中级人民法院、基层人民法院与澳门特别行政区终审法院相互委托送达和调取证据。"增强了区际送达合作路径的广度与灵活性。

（四）信息技术的使用

在《内地与澳门送达和取证安排》修订前，中国区际文件传输方式仍然比较传统，即以盖有正式印章的委托函和司法文书的纸质版为传输对象。在新修订的《内地与澳门送达和取证安排》中，电子方式获得正式接纳，并成为区际法院间传递文件的首要方式。这一修订对其他两项安排也具有参考意义。

三、中国区际民商事司法协助中的调查取证

（一）区际调查取证概述

证据是当事人维护自己民事权益的武器，是法院查明案件事实真相的手段，是使判决具有公信力的基础。调查取证是指产生民商事纠纷并引起诉讼后，为查明纷争的事实而进行调查、搜集证据的活动。调查取证是国家司法主权的重要体现，具有严格的属地性。调查取证的属地性与不同国家间的取证制度差异必然会造成调查取证冲突。区际调查取证是在一国内跨法域的调查取证活动，虽然不存在域外取证的主权对抗问题，但是由于制度差异仍然会存在取证规则的冲突问题。

（二）内地与港澳地区之间的调查取证问题

在 1997 年 7 月 1 日香港回归之前，英国是 1970 年《海牙取证公约》的成

员国，而中国于 1997 年 7 月 3 日加入《海牙取证公约》，因此，在香港回归之前，内地与香港地区之间的域外调查取证参照《最高人民法院、外交部、司法部关于中国法院和外国法院通过外交途径相互委托送达法律文书若干问题的通知》办理。在香港回归之后，由于香港地区与内地属于同一主权国家的两个法域，彼此之间的域外调查取证不应再适用 1970 年《海牙取证公约》。

2017 年，根据《香港基本法》第 95 条的规定，最高人民法院与香港特别行政区经协商，达成《关于内地与香港特别行政区法院就民商事案件相互委托提取证据的安排》，该安排自 2017 年 3 月 1 日起生效。加上前述《内地与澳门送达和取证安排》，至此，内地与港澳之间的调查取证进入了有法可依的时代。这两项安排的实施，无疑能为跨内地与港澳之间的诉讼带来程序上的便利，进而促进证据的收集，提高案件裁判的准确性和质量。

从取证路径上分析，上述两项安排规定了指定机关与法院间或者两地法院间通过转递、执行请求书的方式实现区际取证合作，此外别无其他路径。实际上，中国可以在上述安排下允许和接纳更多的取证方式，如可以效仿《欧盟取证条例》，将自愿证人直接取证的许可写进安排之中。此外，在信息技术的应用上，如果法律允许，即时传讯、视频通信等手段也应当得到运用，以提升区际取证的效率。值得一提的是，在 2019 年修订的《内地与澳门送达和取证安排》中，电子方式很大程度上得到了接纳。其中，该安排第 3 条规定两地法院间可以通过电子方式传输委托取证文件，第 23 条更是详细规定："受委托方法院可以根据委托方法院的请求，并经证人、鉴定人同意，协助安排其辖区的证人、鉴定人通过视频、音频作证。"

（三）大陆与台湾地区之间的调查取证问题

《最高人民法院关于民事诉讼证据的若干规定（2019 修正）》第 16 条第 3 款规定："当事人向人民法院提供的证据是在香港、澳门、台湾地区形成的，应当履行相关的证明手续。"据此，无论是"委托手续"还是"证据材料"，都应当首先应提交至台湾地区法院公证处或法院所属民间公证人事务所办理公（认）证，公证人会将公（认）证书正本交由当事人保管，而副本将由海基会发往至对应的大陆地区公证协会。一直以来，对于台湾地区当事人提交的在台湾地区形成的证据，如已办理台湾地区公（认）证，大陆地区法院一般会认可其法律效力。

四、中国区际民商事判决的认可和执行

（一）区际民商事判决认可和执行概述

区际民商事判决的认可和执行，是指一国内不同法域之间具有司法管辖权的法院对其他法域业已生效的民商事法律判决的司法确认，这种确认将直接导致其他法域的判决在其法域内获得认可和执行。区际民商事判决的认可和执行不同于对外国判决的认可和执行，它并不涉及一国的司法主权，属于一国司法主权下的相互协助措施。

（二）中国内地与港澳关于民事判决认可和执行司法实践

为了解决区际民商事判决的认可和执行问题，内地与澳门签订了一个非常宽泛的安排，即《内地与澳门特别行政区关于相互认可和执行民商事判决的安排》（以下简称《内地与澳门判决安排》）。而内地与香港为了达到同一目的，先后签订了三个安排，即《关于内地与香港特别行政区法院相互认可和执行当事人协议管辖的民商事案件判决的安排》（以下简称《内地与香港协议管辖安排》）、《关于内地与香港特别行政区法院相互认可和执行婚姻家庭民事案件判决的安排》（以下简称《内地与香港家事安排》）、《关于内地与香港特别行政区法院相互认可和执行民商事案件判决的安排》（以下简称《内地与香港判决安排》）。

有两个值得注意的问题：第一，上述针对区际判决的认可和执行的安排均为单一安排，[①] 这意味着判决的认可和执行安排并不涉及管辖权等诉讼前期的问题。第二，《内地与澳门判决安排》实施中有一个赌债纠纷判决是否可以获得认可和执行的问题，虽然至今未发生一起澳门法院关于赌债纠纷判决拒绝认

[①] 参见涂广建：《港、澳回归后的我国区际私法：成就、反思与展望》，载《国际法研究》2021年第2期。

可和执行的先例,但依据内地法院针对涉及澳门的赌债纠纷判例,拒绝认可和执行澳门赌债判决的概率很高。然而,由于博彩业是澳门支柱性产业,一旦不明确支持认可和执行涉及赌债纠纷的澳门判决,《内地与澳门判决安排》的效力与影响力或将大打折扣。

(三) 区际仲裁裁决认可和执行

在国际商事仲裁领域,认可和执行外国仲裁裁决的问题已经经由 1958 年《纽约公约》解决,但由于中国四大法域之间关系属于一国内部的不同法域之间的关系,并不能直接适用《纽约公约》,因此对于区际仲裁裁决问题,应当适用各法域之间的双边安排。例如,内地与香港地区之间的《最高人民法院关于内地与香港特别行政区相互执行仲裁裁决的安排》于 2000 年 2 月 1 日起施行;内地对台湾地区仲裁裁决的认可和执行,则依据《最高人民法院关于认可和执行台湾地区法院民事判决的规定》予以纾解。区际仲裁裁决的认可和执行在实践层面已经基本获得各法域主体的司法确认。

案例一:圳通公司诉协成公司加工合同纠纷案[①]

一、案情介绍

2015 年 5 月 8 日,原告圳通公司与被告协成公司就"友盟青衣厂石矢厂"工程项目签订了《钢结构加工合同》,约定原告圳通公司为被告协成公司提供加工产品与加工服务;合同总金额暂为人民币 13375863.63 元,具体结算总金额以实际采购金额为准。2015 年 11 月 30 日,原、被告双方就该《钢结构加工合同》进行结算,结算结果为:"友盟 HUG 青衣厂工程主体工程"项目中,被告协成公司尚需支付人民币 1581324.30 元;"友盟 HUG 青衣厂工程增加工程"项目中,被告协成公司尚需支付人民币 3391107.41 元。因此,被告协成

---

① 广东省深圳前海合作区人民法院(2017)粤 0391 民初 1967 号民事调解书。

公司共需支付人民币 7494529.31 元。被告协成公司只支付了人民币 4960299.92 元，尚拖欠人民币 2534229.39 元。2016 年 1 月 15 日至 2016 年 5 月 25 日期间，原告圳通公司与被告协成公司之间又以报价单形式成立了七次加工合同关系，合同总金额为人民币 143683.86 元。虽经原告圳通公司多次催收，被告协成公司仍拒绝支付任何款项。原告圳通公司为维护自身合法权益，向法院提起诉讼。2017 年 7 月 24 日，深圳前海合作区人民法院受理此案并依法适用普通程序组成合议庭，2018 年 1 月 19 日召开庭前会议，2018 年 1 月 25 日公开开庭审理本案。后双方均希望能获得便捷高效的纠纷解决途径，通过调解解决彼此纠纷。星辰前海律师事务所调解中心及特邀调解员陈方律师尊重当事人关于调解地点的选择，并经法院同意，分别于 2018 年 1 月 31 日、2018 年 3 月 8 日在香港特别行政区香港麦家荣律师事务所对本案加工合同纠纷进行了两次调解。后双方达成调解协议，法院判决对调解协议内容予以确认。

二、主要法律问题

（一）案件管辖权问题

原告圳通公司与被告协成公司均为香港特别行政区公司，本案系涉港加工合同纠纷案件。根据原告圳通公司与被告协成公司签订的《钢结构加工合同》第 9 条"解决合同纠纷的方式：依法向合同签订地人民法院起诉"的约定，此案合同争议由合同签订地人民法院管辖。该合同已约定签订地点是深圳市福田区，故本案属于深圳市辖区应由其他基层法院管辖的第一审涉外、涉港澳台商事案件。根据《广东省高级人民法院关于指定深圳市前海合作区人民法院集中管辖深圳市辖区一审涉外、涉港澳台商事案件的批复》，深圳前海合作区人民法院集中管辖深圳市辖区应由其他基层法院管辖的第一审涉外、涉港澳台商事案件。因此，本案属深圳前海合作区人民法院集中管辖的案件范围。

（二）案件准据法问题

双方当事人在本案《钢结构加工合同》及后续结算单、报价单等材料中都未对合同争议所适用的法律进行约定。本案《钢结构加工合同》是在深圳市福田区签订，而涉案钢材产品是在深圳市加工完成后运至香港，因此，深圳市是本案加工合同法律关系的最密切联系地。法院根据《涉外民事法律适用法》第

2 条第 2 款规定："本法和其他法律对涉外民事关系法律适用没有规定的，适用与该涉外民事关系有最密切联系的法律。"因此，本案委托调解及调解协议的司法审查均应适用中国内地法律作为准据法。

（三）诉调结合——引入外部调解机制

本案中，双方当事人均为香港特别行政区居民，依据管辖权相关规定，本案交由深圳前海合作区人民法院集中管辖。双方当事人为谋求更高效率，寻求外部调解机制予以调解，获得法院认可。本案中，调解是由法院特邀调解员陈方律师在香港特别行政区主持进行的，当事人双方均有代理律师参与并提供专业法律服务，调解过程中各方均充分表达了诉辩主张，在事实清楚基础上对纠纷解决达成共识，并在调解协议上签字确认。本案中，法院引入外部调解具备法律和制度依据，根据《民事诉讼法》第 95 条的规定，人民法院进行调解，可以邀请有关单位和个人协助。由于案件的特殊性，本案邀请的调解人均具备香港背景，这为涉港纠纷解决提供了很好的经验。

三、案件评析

本案是一起涉港经济纠纷，本案经典之处在于它一方面处理了区际私法中的管辖权和法律选择这两方面问题，另一方面创新性地引入了第三方调解机制，且调解机构具有香港地区争端解决丰富经验。值得一提的是，前海"一带一路"国际商事诉调对接中心是深圳前海合作区人民法院与境内外商事调解组织、行业调解组织共建共享的多元纠纷解决平台，拥有前海合作区以及自贸区内联动的国际、区际解纷资源，聘请了外国及中国港澳台地区法律、金融、保险、贸易、投资等领域的专家调解员，致力于服务和满足"一带一路"沿线国家和地区商事主体的司法需求，高效便捷化解国际区际商事纠纷。本案正是通过前海"一带一路"国际商事诉调对接中心，于 2018 年 1 月 27 日将本案委托星辰前海律师事务所调解中心及任职于该中心的法院特邀调解员陈方律师承办。通过引入诉前调解机制，诉调结合，并在调解过程中融入其他法域因素的做法，无疑能够提高裁判的说服力和接受度，这种解决区际私法案件的做法值得进一步探索和推广。

国/际/法/学/理/论/与/实/务

案例二：上海信辉诉 Willis Group Limited 等股东资格确认纠纷案[①]

一、案情介绍

2003 年，第三人时名上海浦东保险经纪有限公司，注册资本为人民币 3000 万元。当时原告上海信辉投资咨询有限公司持有第三人 40% 股权，上海东仪汽车贸易有限公司等 7 家中国公司持有第三人 60% 股权。中国加入 WTO 后，被告 Willis Group Limited 为进入中国市场积极寻找收购机会，但根据当时的政策，中国加入 WTO 至 2004 年 12 月 11 日期间，外资在保险经纪公司持股比例不得超过 50%。被告为实现收购第三人 60% 股权的目的，除在 2003 年以受让人的身份直接受让上海东仪汽车贸易有限公司等 5 家中国股东合计持有的第三人 50% 股权外，还与原告达成私下合意，由原告在 2003 年 9 月 8 日代被告受让上海万递网络科技有限公司等 2 家中国股东出让的第三人 10% 股权。为实现上述安排，被告与原告实际控制人马波涛签署借款文件，向马波涛出借资金以及使用该资金对原告进行增资扩股，并以增资扩股的资金由原告代被告购买并持有第三人 10% 股权。之后，由于对保险经纪行业的外资监管政策逐步放开，被告分别在 2005 年（转让 1%）、2009 年（转让 9%）将其委托原告代为持有的第三人 10% 股权变更登记至自己名下。后原告认为，被告与原告之前关于股权代持的安排违反了国家法律及行政法规的禁止性规定，损害国家金融监管秩序，应属无效。故请求判令：（1）确认原告为被告持有第三人 10% 股权的代持无效；（2）被告将其已经显名持有的第三人 10% 股权变更登记至原告名下；（3）第三人配合办理前述股权变更登记手续。本案中，用以证明股权代持行为的证据为被告与原告实际控制人马波涛签订的《借款函》《借款协议》《债务结算协议》以及两份原、被告签订的《股权转让协议》。

一审法院经审查查明：2004 年 6 月 14 日，上海信辉投资咨询有限公司、Willis Group Limited、第三人、马波涛、卜某签订《股东协议》，其中马波涛与卜某作为投资方经理在协议上签字。该协议签约时，上海信辉投资咨询有限

[①] 上海市第一中级人民法院（2021）沪 01 民终 6348 号民事裁定书。

公司、Willis Group Limited 各持有第三人50％股权，该协议明确规范了上海信辉投资咨询有限公司、Willis Group Limited 作为第三人的股东的权利义务关系。其中，该协议第21.1条约定，该协议及解释应适用中国已公布的法律；第21.2.2条约定，任何因该协议产生的或与该协议有关的争端、争议或索赔，或对该协议的违约、终止或其无效，应按现时有效和根据本条其他规定修改的联合国国际贸易法委员会仲裁规则通过仲裁来解决，仲裁地点应为香港并应在香港国际仲裁中心举行。

二、主要法律问题

（一）仲裁协议准据法问题

本案中，法院对于仲裁协议准据法问题明确作出澄清。一审法院认为，因Willis Group Limited 为外国法人，故本案属于涉外民事案件。虽然涉案《债务结算协议》《股东协议》及两份《股权转让协议》对合同适用法律作出约定，但对涉外仲裁协议效力适用的法律并无明确约定，故根据《涉外民事法律适用法》第18条的规定，本案应适用仲裁机构所在地即香港特别行政区的法律审理涉案仲裁条款的效力。二审法院肯定了一审判决，并未对本问题作进一步澄清。

（二）管辖权问题——法院是否应当受理本案争议

本案中，当事人签订的《股东协议》中明确约定双方会将争议递交仲裁解决。二审法院认为，上海信辉投资咨询有限公司诉请1涉及的股权代持行为，属于双方履行《股东协议》项下的权利义务的行为，应受《股东协议》争议解决条款的约束，上海信辉投资咨询有限公司用以证明代持关系的《债务结算协议》中明确约定通过香港仲裁委员会仲裁解决，故代持行为是否有效，不属本院受理范围。本案中，法院没有直接面对被告行为是否违反了强制性规定这一实体问题，而是从双方权利义务的起点，即《股东协议》和后续相关合同中的仲裁条款入手，肯定了仲裁协议的有效性，继而判断法院对案件的实体争议并不具备管辖权。

三、案件评析

在面对复杂的区际法律纠纷案件时，法院会主动地审查案件中争议双方递交的证据，如《股东协议》《借款协议》等核心证明文件中是否存在仲裁条款，如果存在仲裁条款，法院将根据仲裁条款准据法规则判断仲裁条款的有效性。一旦认定仲裁条款有效，法院会进一步驳回起诉，将案件交由适格的仲裁机构审理。这种做法在区际法律纠纷案件中具有典型意义。

推荐书目》

1. 黄进：《区际冲突法研究》，学林出版社1991年版。
2. 冯霞：《中国区际私法论》，人民法院出版社2006年版。

思考题》

1. 请结合《香港仲裁条例》《高等法院规则》检索具体案例，分析并回答在香港地区申请承认与执行内地仲裁裁决和民事判决分别需要提交哪些材料，基本程序和时效是什么？

2. 结合近年来内地仲裁裁决在香港的承认与执行历史与现状，论述内地与香港民商事法律合作的实际效果怎样。

第三编

国际经济法

第十一章
Chapter 11
国际经济法总论

案例导读

A 公司系营业地在中国的公司，B 公司系营业地在罗马尼亚的公司，中国和罗马尼亚均系《联合国国际货物销售合同公约》的缔约国。2018 年，A 公司与 B 公司签订合同约定：B 公司向 A 公司采购钢材，总金额为 80 万美元，B 公司应于合同签订之日起 7 日内电汇支付合同金额 20% 的预付款，其余款项开立信用证。A 公司应在收到预付款后 2 个月内发货，延迟发货需要按照合同总金额 0.05% 的标准支付迟延违约金。后因原材料价格上涨、生产周期等原因，双方无法就货物支付达成补充协议，A 公司也未能在约定的时间内发货，双方发生争议，B 公司向 A 公司发出通知，宣告合同无效。后 B 公司向 A 公司所在地的人民法院提起诉讼，要求 A 公司承担违约责任。

本案涉及国际经济条约和本国的涉外经济立法在涉外商事案件中的适用问题。本章将对国际经济法的概念、调整对象、主体、法律渊源以及基本原则进行系统阐释，为后续国际经济法律实务学习奠定理论基础。

教学目标

学生应理解国际经济法的概念、调整范围及其与相邻学科的关系，掌握国际经济法的主体类型及各自内涵，掌握国际经济法的法律渊源，理解国际经济法的基本原则的内涵。

随着人类活动的不断拓展、科学技术的发展以及国际分工的不断深化，国家间的经济交往日趋紧密，国际经济合作逐渐成为国际合作的重要维度，也成为促进国际经济合作参与方经济发展与全球经济增长的重要动力。相应地，与国家间经济合作相伴而生的国际经济关系成为国际关系的重要内容，需要通过相应的法律制度对其进行规范、协调，以保障国际经济活动的有序、高效运行。因此，国际社会逐渐形成了以国际经济关系为调整对象的跨学科、强交叉、高复合的国际经济法律制度体系。

第一节 国际经济法的基本界定

一、国际经济法的概念

国际经济法律规范具有较长的历史，最早可以追溯到中世纪时期出现于欧洲的商人习惯法和一些通商条约。通说认为，"国际经济法"（International Economic Law）作为一个独立的法律概念产生于二战之后，该观点目前已为国际法学界所广泛认可与使用。

然而，关于国际经济法的具体含义，法学界却存在诸多不同的认识。姚梅镇教授在20世纪80年代初期便对国际社会关于国际经济法概念的不同认识作了比较，认为国外关于国际经济法概念的认识主要可以分为两大类：一类是将国际经济法理解为调整国家政府之间、国际组织之间以及国家政府与国际组织之间经济关系的法律规范，认为国际经济法属于国际公法的范畴，实际上将国际经济法理解为"经济的国际法"，持该观点的学者以欧洲法学界为代表（如施瓦曾伯格、布朗利等)，也包含部分日本学者（如金泽良雄、横川新）。另一类是对国际经济法作了更为广泛的理解，认为国际经济法不仅包括国际法规范（条约、协定），也包括涉外经济的国内法规范——即涉外关系法或涉外经济法，如外贸法、外资法、外汇管理法、涉外税法、国际私法等，持该观点的学者以美国法学界的杰赛普、卡兹、布鲁斯特、弗里曼等为代表。① 此外，也有部分美国学者倾向于将国际经济法指称为调整国家间经济规制关系的法律。②

中国国际法学界关于国际经济法的内涵也存在不同的认识。例如，王铁崖先生认为，国际经济法是调整国际经济关系的原则、规则和规章、制度的总和，是现代国际法的一个重要的组成部分；作为国际法的一个分支，国际经济法的主体与一般国际法的主体是一致的，主要是各主权国家，另外还有类似国家的政治实体以及政府间国际组织和国际机构。③史久镛先生认为，国际经济法是国际公法的特殊部门，是调整国家之间经济关系的公法体系，其法律规则是通过国家间协议制定的，国际贸易中的货物买卖、运输、保险、支付等方面的规则不应属于国际经济法的范围。④姚梅镇先生认为，国际经济法规范不仅包含国际公法，也包含国内法，但又不仅限于所谓的"公法"，也包含所谓的"私法"，因而不能简单地将其理解为国际公法的一支或所谓的"经济的国际法"。⑤曹建明先生认为，国际经济法是调整国际经济关系的法律规范的总称，是调整自然人、法人、国家和国际组织之间各种经济法律关系的法律规范的总和。⑥此外，还有许多学者对国际经济法作出了界定，此处不再一一列举。总体上来看，国内学者对国际经济法的理解主要形成了两种观点：第一种观点认为国际经济法是"经济的国际法"，是国际公法的分支，这是较为狭义的观点；第二种观点认为国际经济法是"关于国际经济的法"，是调整一切跨国经济关系的法律规范的总和，这是较为广义的观点，也是当前关于国际经济法认识的主流观点。

随着中国参与全球经济活动的进一步深入，国际经济交往的各个层面都出

---

① 参见姚梅镇：《关于国际经济法概念的几个问题》，载《法学评论》1981年第6期。
② 参见左海聪主编：《国际经济法（第二版）》，武汉大学出版社2014年版，第4页。
③ 参见王铁崖主编：《国际法》，法律出版社1981年版，第421页。
④ 参见史久镛：《论国际经济法的概念和范围》，载中国国际法学会主编：《中国国际法年刊（1983年）》，中国对外翻译出版公司1984年版，第362页。
⑤ 参见姚梅镇：《关于国际经济法概念的几个问题》，载《法学评论》1981年第6期。
⑥ 参见曹建明主编：《国际经济法概论》，法律出版社1994年版，第1页。

现相应的法律调整需求，将国际经济法理解为国际公法的分支已经无法满足当前的现实需求。因此，本书从广义的角度来理解国际经济法，认为国际经济法是调整国际经济关系的各种法律规范、原则和制度的总称，是调整自然人、法人、国家和国际组织之间国际经济关系的多维度、多层次的法律规范的总和。

二、国际经济法的调整对象

传统法理学的一般观点认为，划分法律部门的主要依据是法律的调整对象，即法律所调整的特定的社会关系。任何法律部门都有自身的调整对象，例如，民法调整平等主体之间的人身关系和财产关系，经济法调整国家协调本国经济运行过程中发生的经济关系，国际法主要调整国家之间的关系等。相应地，国际经济法的调整对象就是国际经济关系。具体而言，国际经济关系是指在国际贸易、国际投资、国际融资、国际税收、国际开发合作等各种国际经济活动中形成的关系。

国际经济关系有狭义和广义之分，狭义的国际经济关系仅指国家与国家之间、国际组织与国际组织之间、国家与国际组织之间形成的国际经济关系，这类国家、国际组织及其相互之间形成的国际经济关系属于传统国际关系的范畴；广义的国际经济关系超出了国家、国际组织之间的经济关系的范畴，同时还包括不同国家的自然人、法人、其他组织之间以及国家与他国私人主体之间形成的经济关系。在广义的国际经济关系上，不能仅将"国际"理解为"国家间"，而应作广义理解，即应将其理解为"跨国"，相应地国际经济关系实质上是跨国经济关系。

基于上述的广义理解，我们认为，国际经济法所调整的国际经济关系具有如下特点：

第一，国际经济关系的内容具有限定性。国际关系的内容包罗万象，包括政治、经济、军事、文化等各个方面的内容，但国际经济关系仅仅是国际关系中与经济活动相关的社会关系，主要包含因商品、资本、技术等的跨境流动、结算、税收、规制等形成的经济关系，其内容具有特定性和限定性。

第二，国际经济关系的参与主体具有广泛性。国际经济关系的参与主体与国际关系的参与主体存在较大的区别，不仅包含国家和国际组织，还包含自然人、法人、其他私人组织以及单独关税区。尽管随着国际法理论的发展，国际关系的参与主体从国家拓展到国际组织，进而继续拓展到民族解放运动组织和个人，但国家作为国际关系参与主体的主要角色并没有改变。从国际经济关系的起源和发展来看，自然人和经济组织始终是国际经济关系的主体，在一定意义上说，自然人和经济组织实施的跨国经济活动是国际经济关系的起源和动力，不仅早于民族国家的产生，也同样是现代国际经济关系不断演进的内在动能。

第三，国际经济关系具有纵横交叉性。现代国际经济关系不仅包含自然人、法人、非法人经济组织间的国际商业交易或国际经济交往形成的横向国际经济关系，也包含主权国家政府、经济共同体或单独关税区当局间对国际经济关系的管理和协调形成的纵向国际经济关系，这两方面关系纵横交叉、无法分割，[1]凸显出国际经济关系的综合性、多样性与交叉性。

三、国际经济法与相邻部门法的关系

国际经济法是一种多门类、跨学科的边缘性综合体，其内容涉及国际公法、国际私法以及各国的涉外经济立法等内容，国际经济法分别涉及上述各种有关门类法律规范的部分内容，但并不囊括这些有关门类法律规范的全部内容，只是各相关法律部门的部分法律规范内容的综合。[2]这种边缘性兼综合性的特征，决定了其既与相关法律部门之间存在密不可分的联系，也具有独立于相邻法律部门的独立地位。具体而言，国际经济法与相关部门法之间存在如下关系：

（一）国际经济法与国际公法的关系

国际公法是主要调整国家间关系的原则和准则，主要是主权国家之间的

---

[1] 参见董世忠主编：《国际经济法（第二版）》，复旦大学出版社2009年版，第11页。

[2] 参见陈安主编：《国际经济法学专论（上编 总论）（第二版）》，高等教育出版社2007年版，第52页。

法,是国与国之间的法。国际经济法是调整国际经济关系的国际法规范和国内法规范的总称,既包含国家与国家之间的法律,也包含国内立法。两者之间既有联系又有区别,由于国际经济法和国际公法在调整对象上存在一定程度的交叉重叠,因而国际经济法的一部分法律规范(如国际经济协定等)也同样属于国际公法的范畴。同时,国际经济法和国际公法的区别也是明显的,虽然国际经济法调整的国际经济关系与国际公法调整的国际关系存在一定的重合,但国际经济法调整的国际经济关系参与主体更为多元,相应地其调整的国际经济关系的层次和内容具有多维性,因而国际经济法的主体、法律渊源的类型较国际公法更为丰富。

(二)国际经济法与国际私法的关系

国际私法是调整涉外民商事关系的法律规范的总称,调整的是在国际交往中形成的平等主体之间的财产关系和人身关系。国际私法的调整对象又可进一步细分为跨国私人财产关系和跨国私人人身关系,其中跨国私人财产关系的部分属于跨国经济关系的范畴,相应地该部分国际私法规则也属于国际经济法的范畴,这是国际经济法与国际私法之间存在的联系。

国际经济法与国际私法之间存在的区别也同样显而易见:第一,主体不同。国际私法的主体是私人主体,主要包含自然人、法人及非法人组织,而国际经济法的主体范围更为广泛。第二,调整对象不同。国际经济法与国际私法的调整对象存在一定程度的交叉,但国际私法调整的涉外人身关系并不属于国际经济法的调整范围,而国际经济法不仅调整横向的国际经济流转关系,还调整纵向的国际经济规制关系,因而二者的调整对象存在一定的重叠,存在的差异则更多集中于国内部分。第三,法律渊源不同。尽管一部分国际私法规范来源于国际条约、国际惯例,但其主要部分来源于各国相关的国内法律、法规;从来源来看,国际经济法规范融合了大量有关经济活动的国际公法规范、各国涉外经济立法以及国际商事惯例,与以国内法律规范为主的国际私法规范结构存在较大差异。

(三)国际经济法与国内经济法的关系

国内经济法是调整国家协调本国经济运行过程中发生的经济关系的法律规

范的总称，其调整对象主要是宏观调控关系和市场规制关系，即纵向的经济规制关系，其法律渊源以国内经济立法为主。国内经济法中的涉外经济法律规范与国际经济法存在一定的重合，但其与国际经济法也存在着根本性差异：第一，主体不同。国内经济法的主体包含自然人、法人、其他组织及政府部门，而国际经济法的主体还包含本国政府以外的主权国家、国际组织。第二，调整对象不同。国内经济法的调整对象为国内的纵向经济调制关系，一般不涉及跨国的横向经济交易关系和国家间的经济规制关系，国际经济法的调整对象则既包含横向的国际经济交易关系，也包含纵向的国际经济规制关系。第三，法律渊源不同。国内经济法的法律渊源以国内法为主，国际经济法的法律渊源则不仅包含国内经济法的涉外规范，也包含国际经济协定、国际经济惯例等诸多来源。

第二节　国际经济法的主体

国际经济法的主体是指能够享有国际经济法上的权利，承担国际经济法上的义务，并且有能力参与国际经济活动的个人或组织体。国际经济法的主体包括私人（自然人、法人、非法人组织等）、国家、单独关税区与国际组织。

一、私人

（一）自然人

按照民法上的一般观点，自然人是指按照自然规律出生的人。从历史上看，自然人是国际经济法的基本主体，尽管由于近代以后法人制度的发展，法人相较于自然人更多地参与到国际经济交往活动之中。然而，在实践中自然人仍然是国际经济关系的积极参与者，同样也是国际经济法的主体。

作为国际经济法主体的自然人，不仅应当具有民事权利能力，而且应当具有从事国际经济关系的能力或资格。对于自然人从事国际经济交往活动的资格，一般根据属人法予以确定，具体按照本书第二编国际私法部分的规则予以确定。实践中，自然人参与国际经济关系可能受到两个方面的限制：一方面是来源于各国国内法对本国自然人和外国自然人参与国内经济活动存在的区别规定，即一国法律有可能对外国人参与本国境内的经济活动作出部分资格上的限制。另一方面是来源于相关国家的国内法对自然人从事某些国际经济交往活动的资格限制，主要是基于自然人参与部分国际经济活动的能力方面的考虑，限制自然人对部分国际经济活动的参与或者准入。

（二）法人

法人是指按照法定程序设立，具有独立的组织机构和独立的财产，能够以自己的名义享有权利、履行义务和独立承担责任的经济组织。随着国际经济交往活动越来越频繁，相对于自然人而言，法人在资本筹集、交易成本以及承担责任等方面具有一定优势，已经成为国际经济关系中最为重要的参与方。世界各国一般通过其国内立法对法人的概念、类型、权利能力、组织机构、责任承担等方面的问题作出规定，并就法人参与国内经济关系和国际经济关系的能力与资格作出相应规定。

当然，法人参与国际经济活动的资格和能力也受到相应的限制。一方面是受到本国法的资格限制，本国法律往往根据实际需要对法人参与国际经济活动的资格进行限制，如规定参与特殊的国际经济活动以取得特定的资质为前提。另一方面，法人参与国际经济活动还受到外国法律的限制。例如，外国法人到东道国开展经济活动需要得到东道国国内法的认可，只有被东道国国内法认可之后，外国法人才能够在该东道国参与经济活动。有些情况下，即使外国法人开展经济活动得到东道国法律的认可，也并不意味着外国法人与本国法人具有相同的法律地位，东道国往往会通过国内立法对外国法人在本国参与经济活动的资格进行相应的限制。

（三）非法人组织

实践中，各国法律除了允许自然人和法人组织参与经济活动之外，通常也在国内立法中规定不具有法人资格的社会组织可参与经济活动，这类不具有法人资格的组织通常称为"非法人组织"。不同国家的国内立法可能对非法人组织具有不同称谓、存在不同界定，也可能对非法人组织承担责任的能力以及参与经济活动的资格作出不同的限制。

从中国的法律规定来看，2020年5月28日第十三届全国人大通过的《民法典》第102条对非法人组织作出了专门规定："非法人组织是不具有法人资格，但是能够依法以自己的名义从事民事活动的组织。非法人组织包括个人独资企业、合伙企业、不具有法人资格的专业服务机构等。"《民法典》第104条进一步规定："非法人组织的财产不足以清偿债务的，其出资人或者设立人承担无限责任。法律另有规定的，依照其规定。"可见，在中国立法上非法人组织是重要的主体形态，现实中中国也存在着大量的非法人组织参与经济活动。

非法人组织参与国际经济活动也存在着来自本国国内立法和东道国国内立法的限制。但是，中国对非法人企业参与国际经济活动持积极态度，并未在国内立法中就非法人组织参与国际经济活动作出一般性的资格限制。同时，从外资立法上看，中国也认可其他国家的非法人组织与中国的各类经济主体合作并开展经济活动。例如，《中华人民共和国中外合资经营企业法》（已废止）第1条明确规定允许外国公司、企业和其他经济组织或个人按照平等互利的原则，经中国政府批准，在中国境内，同中国的公司、企业或其他经济组织共同举办合营企业；《中华人民共和国中外合作经营企业法》（已废止）第1条也明确规定允许外国的企业和其他经济组织或者个人按照平等互利的原则，同中国的企业或者其他经济组织在中国境内共同举办中外合作经营企业。此外，2019年3月15日第十三届全国人大第二次会议通过的《中华人民共和国外商投资法》（以下简称《外商投资法》）第2条明确，外商投资是指外国的自然人、企业或者其他组织直接或者间接在中国境内进行的投资活动，同样没有将非法人组织排除在外国投资者之外。尽管大多数国际经济法教材并未将非法人组织作为独立的国际经济法主体，但中国目前的《民法典》、相关的涉外立法均将非法人组织作为自然人、法人以外的第三种重要的经济主体，因而有必要将非法人组织作为国际经济法的主体类型。

（四）跨国公司

跨国公司，又称"多国公司""国际公司"或者"世界公司"等，是由设立于两个或两个以上国家的企业实体组成的企业联合体。跨国公司具有如下几个方面的特征：

首先，跨国公司经营管理活动的跨国性。跨国公司通常在一个国家设立母公司并以此为总部所在地，在其他一个或多个国家设立子公司、分公司等不同的企业实体，在多个国家开展生产经营活动。

其次，跨国公司具有全球战略性。即跨国公司在作出经营决策时，往往不仅仅要考虑其分支机构在东道国的个别利益，更要着眼于跨国公司的整体利益来制定经营战略与方案。

再次，跨国公司通过企业关联性实现经营管理一体化。尽管跨国公司的各个分支机构设立于不同的国家，但跨国公司通过股权、协议等方式实现跨国公司内部实体之间的相互管理、控制关系，以此保证处于不同东道国的分支机构能够在母公司的统筹安排之下围绕全球性战略开展经营活动。

最后，跨国公司影响的广泛性。随着经济全球化的发展，不少跨国公司的分支机构已经遍布世界各地，在资产总量、话语表达、资源调动、技术研发等方面都具有举足轻重的影响力，既能成为促进全球增长的重要力量，也可能因其经营利益与东道国存在冲突而引发东道国在跨国公司治理方面的担忧。

当然，从法律上而言，尽管跨国公司具有跨国性和全球战略性，但跨国公司的各个组成部分仍然需要依托于其所属国的企业法律制度设立，因而其各个组成部分在所属国仍然属于普通的企业法人或者企业非法人组织，如跨国公司在东道国设立的子公司与东道国内的其他公司具有相同的法律地位，在东道国设立的分公司也与东道国内的其他分公司具有相同的法律地位。这也决定了跨国公司本身属于一种普通的商业组织，并未因投资的跨国性而成为一种新的国际经济法主体。

然而，由于跨国公司的全球战略、价值观、经营方式并不能完全契合东道国的发展取向，因而可能导致两者之间的冲突与矛盾，而跨国公司由于其雄厚的财力、资源与影响，致使世界各国可能无法对跨国公司的行为进行有效规制。例如，部分跨国公司为了实现自身利益最大化，忽视东道国当地的劳工权益保护，造成一系列"血汗工厂"的出现；部分跨国公司忽视东道国当地生态环境保护，通过牺牲东道国生态环境来实现自身增长；部分跨国公司肆意干涉东道国内政，参与国家间的政治对抗。此外，跨国公司子公司在东道国的社会责任、母公司对子公司侵权责任的承担等问题，也是当前跨国公司规制涉及的重要议题。

二、国家

国家是指定居在特定的领土之上的居民，结合于一个主权政治实体之下形成的人的集合体。按照前述国际公法部分的介绍，国家一般由定居的居民、确定的领土、政府和主权四个要素所组成。国家是国际法的基本主体，是政府间国际经济关系的基本主体，能够独立享有国际经济权利、履行国际经济义务，并能独立承担因国际经济活动产生的责任。

国家参与国际经济活动具有一定的复杂性和特殊性。第一，国家作为主权者，管理国内基本经济活动是其基本职能，因而必然会与国际经济法的私人主体之间形成管理与被管理的关系，并且可以通过制定对外贸易法、外国投资法、涉外金融法等立法对涉外经济活动进行规制，形成相应的涉外经济规制关系。第二，国家基于其经济管理职能的行使，可能与其他主权国家形成经济管理职权上的交叉或冲突，也可能需要与其他国家或者国际组织就经济事务开展各个领域的合作，这就需要主权国家相互之间、国家与国际组织之间就经济管理职能进行协调。因而，国家可以依据其国际法主体资格与其他国家或者国际组织签订国际经济条约，形成相应的政府间国际经济法律关系。第三，国家可以作为特殊的民事主体参与经济活动。例如，主权国家可以以政府名义与外国商事主体签订国际贸易合同，从国际市场采购各类商品或者服务；主权国家也可以以政府名义与外国投资者签订特许协议，进行自然资源或公用事业开发合作等。考虑到主权国家以自身名义参与国际经贸活动时可能涉及国家财产豁免问题，一方面，应尽量将国家的主权行为和国家的经贸活动行为进行严格区分；另一方面，也可以考虑通过设立具有独立资格的国有企业对外开展经贸合作。

三、单独关税区

单独关税区是除私人、国家以外的一种国际经济法主体。按照《关税与贸易总协定》第 33 条的规定，单独关税区是指"一个与其他领土之间的大部分贸易保持着单独税率或其他单独贸易规章的领土"。《关税与贸易总协定》缔结时正值亚非拉殖民体系瓦解之时，有些殖民地当时并没有完全独立成为主权国家，如果不接纳这些关税领土成为其缔约方，《关税与贸易总协定》适用范围的扩大将受到限制，不利于国际贸易自由化，因而，为了便利这些殖民地政府成为缔约方，《关税与贸易总协定》专门创设了"单独关税区"的概念。[①]但是，单独关税区仅仅是从经贸关系方面相对独立于其所属的主权国家，自身没有包括经济主权在内的绝对主权，属于非国家实体。随着非殖民运动的发展，这些原先作为单独关税区的殖民地国家纷纷取得独立而成为独立的主权国家，并以主权国家的身份参与国际经济活动。

《马拉喀什建立世界贸易组织协定》继承了《关税与贸易总协定》关于单独关税区的规定，明确"任何国家或在处理其对外贸易关系及本协定和多边贸易协定规定的其他事项方面拥有完全自主权的单独关税区，可按它与 WTO 议定的条件加入本协定"。目前，世界贸易组织存在四个单独关税区，分别是欧盟、中国香港、中国澳门和中国台湾。当然，这四个单独关税区的国际法主体地位有所不同。欧盟是一个国际组织，既是国际法主体，同时也是国际经济法主体，而中国香港、中国澳门和中国台湾地区都是中国不可分割的组成部分，仅仅在对外经济贸易方面享有和承担世界贸易组织相关协定下的权利和义务，并不具有独立的国际法主体地位。

四、国际组织

国际组织又分为政府间国际组织和非政府组织。一般认为，政府间国际组织具有国际法主体资格，但其国际法主体地位也不是一开始就得到国际社会的认可的，而是随着政府间国际组织的数量迅速增加，在国际关系中发挥的作用日益重要，因而国际社会逐渐认为政府间国际组织应当享有国际法律人格。政府间国际组织的国际法律人格往往在其创立条约中作出规定，如《马拉喀什建

---

① 参见臧立：《论 WTO 与单独关税区》，载《外交评论（外交学院学报）》2001 年第 3 期。

立世界贸易组织协定》第 8 条规定："1. 世界贸易组织具有法人资格，各成员应赋予世界贸易组织享有执行其职责所需要的法律资格。2. 各成员应赋予世界贸易组织为履行其职责所需要的特权和豁免。3. 各成员应同样给予世界贸易组织官员和各成员代表在其独立行使世界贸易组织有关职责时必要的特权和豁免权。4. 每一成员所赋予世界贸易组织及其官员的特权和豁免权，应当和 1947 年 11 月 21 日联合国大会通过的《专门机构特权和豁免权公约》之规定相似。5. 世界贸易组织可以缔结一个总部协定。"总体上来看，目前政府间国际组织具有取得和处置财产、缔结条约、参与国际诉讼、享受特权与豁免等方面的法律行为能力。

作为国际法主体的政府间国际组织，一般而言也同样具有国际经济法主体资格，能以自己的名义参与国际经济活动，享有国际经济法上的权利，承担国际经济法上的义务。特别是诸如世界银行、国际货币基金组织、世界贸易组织、亚洲基础设施投资银行、亚洲开发银行、石油输出国组织、欧亚经济联盟等以稳定经济秩序、促进经济增长、协调经济运行为基本宗旨的专门的政府间国际经济组织，是国际经济关系的重要参与者，也是国际经济秩序变革的重要推动者，还是国际经济法的重要塑造者，在国际经济关系中具有举足轻重的地位。即使是国际经济组织以外的其他国际组织，由于国际经济联系已经渗透到国际事务的方方面面，加之国际组织自身运营的需要，也必然要直接或者间接地参与国际经济治理或者国际经济贸易之中，因而不可避免地成为国际经济法的主体。

至于非政府组织，虽然对于其是否具有国际法主体地位仍然存在较大的争议，但非政府组织在国际关系中所发挥的作用也日益重要。如前所述，国际经济关系的维度较国际关系更为广泛和丰富，因而即使在非政府组织无法被认定为具有国际法律人格的情况下，也并不必然意味着非政府组织不具有国际经济法主体地位。实际上，尽管非政府组织往往具有非营利性特征，但在业务开展过程中它们往往通过跨国筹资、跨国采购、提供跨国服务等方式参与国际经济活动，因而今后有必要进一步探讨非政府组织的国际经济法主体地位。

第三节　国际经济法的渊源

法律渊源可以分为实质渊源和形式渊源,实质渊源是指法律规则的起源,形式渊源是指法律规则的表现形式,此处是从形式渊源的角度理解法律渊源。国际经济法的法律渊源就是国际经济法的表现形式,即国际经济法是以何种形式表现出来的。国际经济法的法律渊源主要有如下几类:

一、国际经济条约

国际经济条约是国家之间、国家与国际组织之间或者国际组织相互之间缔结的用以调整国际经济关系的国际协定。国际经济条约是调整国际经济关系的主要法律渊源,可以按照不同的标准进行不同的分类。按照参与主体的多寡,可以分为多边国际经济条约和双边国际经济条约;按照适用区域的差异,可以分为全球性经济条约和区域性经济条约;按照条约规范的性质,可以分为涉及私人国际经济交易关系的条约和涉及经济协调与管制关系的条约。

随着经济全球化的发展和国家间相互依赖关系的提升,为应对国际经济关系新发展的需求,国际社会达成了大量的国际经济条约。在国际贸易领域,已经存在诸如《关税与贸易总协定》《国际货物买卖统一法公约》《国际货物买卖合同成立统一法公约》《联合国国际货物销售合同公约》《马拉喀什建立世界贸易组织协定》等大量的多边经贸条约。在国际投资领域,除了《关于解决各国和其它国家国民之间投资争端的公约》《多边投资担保机构公约》及世界贸易组织框架下的《与贸易有关的投资措施协定》等被广泛接受的多边投资协定之外,还存在着大量的区域或者双边投资协定。在国际金融领域,除了布雷顿森林体系建立时形成的《国际货币基金组织协定》《国际复兴开发银行协定》和世界贸易组织框架下的《金融服务协定》等全球性金融协定之外,还有《建立亚洲开发银行协定》《建立非洲开发银行协定》《亚洲基础设施投资银行协定》等大量区域性金融协定及国家间的双边贷款条约。在国际税收领域,国际社会已经通过《实施税收协定相关措施以防止税基侵蚀和利润转移（BEPS）的多边公约》，并通过签订双边税收协定的方式来应对双重征税及国际逃避税问题。

二、习惯国际法与国际经贸惯例

按照《国际法院规约》第 38 条的规定，习惯国际法是国际法的法律渊源，类推之，有关国际经济关系的习惯国际法同样是国际经济法的法律渊源。从目前的实际情况来看，各国通过征收将外国人在本国的财产进行国有化、国家主权豁免原则等习惯国际法可以被认为是国际经济法的渊源。然而，由于习惯国际法的形成需要满足广泛、持续、一致的国家实践和法律确信等主客观要件，而各国的经济利益往往存在着直接冲突，导致经济领域的习惯国际法的确立较为困难。

国际经贸惯例，也称"国际商务惯例"或"国际商事惯例"。国际经贸惯例与习惯国际法不同，习惯国际法一般以国家为主体，是经国家的广泛实践而形成的习惯法规则，习惯国际法一旦确立，即具有强制适用效果。国际经贸惯例一般是指私人所遵行的适用于国际货物买卖、国际技术转让、国际投资等国际商业活动的惯例，[①]是商人们在长期的国际经贸实践中形成的习惯做法，并不具有强制约束力，供国际经贸关系当事人在国际经贸实践中选择适用。国际经贸惯例只有在被选择适用之后，才能产生相应的法律效力。为克服国际经贸惯例难以证明的缺陷，便于其在国际经贸实务中的适用，一些民间组织或专业团体对国际经贸惯例加以编撰整理，形成成文化的国际经贸惯例。例如，《国际贸易术语解释通则》《华沙—牛津规则》《跟单信用证统一惯例》《国际商会国际销售示范合同》《见索即付保函统一规则》等都是具有广泛影响的国际经贸惯例。

三、国际组织关于国际经济关系的决议

由于国际组织的决议并未为《国际法院规约》第 38 条所确认，因而在国际公法理论上，国际组织的决议是否能够成为国际法的法律渊源长期存在较大

---

① 参见车丕照：《国际惯例辨析》，载《法商研究》1996 年第 5 期。

的争议。然而，随着国际关系的不断发展，国际组织的决议在国际关系和国际经济关系中发挥着日益重要的作用，关于国际组织决议的国际法渊源属性也日益明确。一般认为，国际组织的决议能否产生法律约束力应以该国际组织的创立条约为依据。[①]也就是说，国际组织的决议能否产生直接的法律约束力取决于该国际组织的成员在建立该国际组织时是否愿意赋予其"国际造法"功能。基于这一基本出发点，联合国、欧盟、国际货币基金组织等可以以其创立条约的规定为限直接通过具有约束力的决议。大多数国际组织只是初步草拟文件或者宣告文件，即使这些文件在国际会议上通过，由于其不具备条约的形式，因此不具有直接约束力，也不是真正意义上的国际法渊源，但国际组织的这种运作模式自然而然地促成了软法的大规模出现。[②]当然，欧盟、国际货币基金组织等作出的具有法律约束力的国际经济决议，属于国际经济法的渊源。

四、各国涉外经济立法

各个国家制定的调整涉外经济关系的国内立法也是国际经济法的重要渊源。作为国际经济法渊源的各国涉外经济立法又可以分为三大类：第一类是各国立法中的涉外民商事法律规范，主要调整涉外经济交易关系，既有制定专门涉外经济立法来调整经济交易关系的立法例，如中国1985年制定的《中华人民共和国涉外经济合同法》（已废止），也有融合于综合性立法中的立法例，如中国1999年制定的《中华人民共和国合同法》（已废止）、2020年制定的《民法典》以及美国统一州法委员会和美国法学会联合拟定并被各州广泛采用的《美国统一商法典》均属这一类，既调整国内经济交易关系，也调整涉外经济交易关系。第二类是各国国内立法中的涉外经济管制法，即通过国内立法对外国人的跨国经营活动进行管理与规范。根据经贸合作需要，中国在对外贸易和对外投资领域制定了专门的对外管理立法，前者主要有《中华人民共和国对外贸易法》《中华人民共和国海关法》《中华人民共和国进出口商品检验法》等，

---

① 参见李浩培：《国际法的概念和渊源》，贵州人民出版社1994年版，第131页。
② 参见何志鹏、孙璐：《国际软法何以可能：一个以环境为视角的展开》，载《当代法学》2012年第1期。

后者主要有《外商投资法》等。在涉外金融和税收管理领域，中国目前主要采用统一的立法模式，如《中华人民共和国商业银行法》《中华人民共和国证券法》《中华人民共和国企业所得税法》《中华人民共和国个人所得税法》等均就国内金融、税收问题及涉外金融、税收问题作了统一规定，其中的涉外金融、税收法律规范属于国际经济法的渊源。第三类是各国国内立法中用以调整国际经济关系的法律规定，典型的立法例有美国的《对外援助法》、韩国的《国际发展合作基本法》、中国的《中华人民共和国反外国制裁法》等。此外，中国商务部制定的《阻断外国法律与措施不当域外适用办法》以及国际发展合作署、外交部、商务部制定的《对外援助管理办法》等部门规章也属于这一类法律规范，因此也属于国际经济法的渊源。

五、有关判决及学说

按照国际法的基本理论，国际司法判例及权威国际法学家的学说并不能成为国际法的渊源，仅仅是确定国际法渊源的证明资料。因而，严格意义上讲，涉及国际经济关系处理的国际司法判决、仲裁及国际法学家学说均不能成为国际经济法的渊源。应当指出的是，在私人跨国经济关系处理上，国内法院的涉外民商事判决或仲裁机构的仲裁裁决能否成为国际经济法的渊源，取决于相关判决、裁决在其国内立法中的地位，如在英美法系国家及地区，判例是主要的法律渊源，但在大陆法系国家及地区，判例并非其国内法律的组成部分。因而，英美法系国家及地区作出的涉外经济判决或裁决，显然也能构成该国家或地区国际经济法的渊源。

第四节　国际经济法的基本原则

国际经济法的基本原则是指那些为世界各国所公认的、被贯彻到国际经济法各领域的、已构成国际经济法的基础而成为国家行为根本标准的规则。国际社会并未能通过国际经济条约来确定国际经济法的基本原则，1974年联合国大会通过的《各国经济权利和义务宪章》所列举的 15 项国际经济关系指导原则被广泛认为是当前国际经济关系基本原则的来源,当前国际经济法理论关于国际经济法基本原则的归纳也主要以此为依据。由于国际经济法的基本原则是构成国际经济法基础的基本准则,因而,《各国经济权利和义务宪章》列举的 15 项原则并未全部成为国际经济法的基本原则。结合各个原则的现实作用和国际经济关系的不断发展,编者认为,国际经济法的基本原则主要有国家经济主权原则、国际合作原则以及公平互利原则。

一、国家经济主权原则

主权国家是构成近现代国际关系的基础,相应地,国家主权原则也成为国际法中的基本原则,并被《联合国宪章》及《国际法原则宣言》等国际文件所确立。一国享有主权意味着,该国在处理国内事务上具有最高的权力,在处理国际事务上具有完全的自主权。

国家经济主权是国家主权在经济领域的表现,是指国家在国际经济活动中有权选择国家经济制度,以及在参与、协调国际经济秩序等重大经济问题上的最高独立决策权。[①]国家经济主权原则既是国家参与国际经济关系的基础,同时也是国家管理国内国际经济活动的基本依据。根据《各国经济权利和义务宪章》《关于自然资源之永久主权的决议》《建立新的国际经济秩序宣言》等国际文件,国家经济主权原则包含如下几个方面的内容:第一,每个国家有依照其人民意志选择经济制度以及政治、社会和文化制度的不可剥夺的主权权利,不容任何形式的外来干涉、强迫或威胁;第二,各国对其境内全部财富、自然资源和经济活动享有充分的永久主权,包括拥有权、使用权和处置权;第三,各国对在其境内的外国投资及跨国公司的活动享有管理权;第四,每个国家有权将在其境内的外国财产的所有权收归国有、征收或转移,在收归国有、征收或转移时,应给予适当的赔偿;第五,各国对于国际经济事务应具有平等的参与权和决策权。

中国是国家经济主权原则的坚定支持者。一方面,中国的发展经验表明,

---

① 参见徐泉:《经济主权原则的发展趋向论析》,载《现代法学》2005 年第 6 期。

中国必须坚持独立自主的发展道路，完全照搬西方的发展模式是行不通的，只有结合本国实际、总结经验教训，才能走出一条独立自主的发展道路。另一方面，中国也坚决反对强权政治和霸凌主义，反对干涉别国内政的行为，尊重世界各国自主选择发展道路的权利，主张通过"共商、共建、共享"的模式推进新型国际关系。

二、国际合作原则

资源的有限性和国际社会的"无政府"状态，决定了冲突不可避免。[①]但是，我们又处于一种相互依赖的状态之下，尤其是社会、经济、文化等各方面的全球化不断深入的同时，每个国家所要应对的风险也不断增大，使得任何一个国家都无法单独胜任这种挑战。正是出于国际实践的需要，国家间的相互依赖促使国家之间进行合作，并借此实现国际社会共同之价值追求。国际合作的特征就是在这样一种利益冲突和利益趋同中并存。寻求国际合作，并不是因为希望与他国共同分享利润，而是"认识到共同利益（避免战争、保护环境），以及各自的利益（追求每个国家和社会的福利），所要求的不仅仅是禁止单个国家的行为"[②]，许多利益也不是单个国家所能谋求到的。基于这一认识，国际合作是指国际法主体（主要是国家）在地位平等的基础上，以本国的利益（在各个领域中）为出发点，通过协调自身政策、调整自身行为以适应其他国家所追求的利益，在满足自身利益的同时促进国际法价值实现的国际交往行为。

国际合作先于国际法而存在，但国际合作作为一项原则为国际社会所承认却只不过是最近几十年间的事情。《国际联盟盟约》虽然有类似的表达，但并未明确确立国际合作在国际法中的基本原则地位。《联合国宪章》虽然极度重视国际合作的作用，将"促成国际合作"作为联合国的宗旨之一，并将国际合作作为一种工具性宗旨，"以达到联合国的各种目的"，但也并未将国际合作确

[①] 参见宋伟：《国际合作的理论：概述与思考》，载《东南亚研究》2001年第4期。
[②] 〔美〕路易斯·亨金：《国际法：政治与价值》，张乃根等译，中国政法大学出版社2005年版，第158页。

立为国际法的基本原则。真正将国际合作作为基本原则予以确立的是 1970 年联合国大会通过的《国际法原则宣言》，该文件规定："各国不问在政治、经济及社会制度上有何差异均有义务在国际关系之各方面彼此合作，以期维持国际和平与安全，并增进国际经济安定与进步、各国之一般福利，及不受此种差异所生歧视之国际合作。为此目的：（a）各国应与其他国家合作以维持国际和平与安全；（b）各国应合作促进对于一切人民人权及基本自由之普遍尊重与遵行，并消除一切形式之种族歧视及宗教上一切形式之不容异己；（c）各国应按照主权平等及不干涉内政原则处理其经济、社会、文化、技术及贸易方面之国际关系；（d）联合国会员国均有义务依照宪章有关规定采取共同及个别行动与联合国合作。各国应在经济、社会及文化方面以及在科学与技术方面并为促进国际文化及教育进步，彼此合作。各国应在促进世界尤其发展中国家之经济增长方面彼此合作。"可以说，《国际法原则宣言》所确立的国际合作原则不仅是促进国际和平与安全的重要手段，同时也是处理和协调国际经济关系的重要方式。

《各国经济权利和义务宪章》在《国际法原则宣言》的基础上进一步丰富了国际合作原则的内涵。按照《各国经济权利和义务宪章》处理国际经济关系时，应从如下三个方面理解国际合作原则的内涵：第一，发展是国际合作的目标。具体而言，各国应通过国际合作，促进较为公平合理的国际经济关系，促进世界贸易稳定的、日益增加的发展和自由化，提升各国人民特别是发展中国家人民的福利和生活水平。第二，国际合作具有多维性。既包含发达国家之间的合作，也应包含发展中国家相互之间的南南合作，还应通过发达国家与发展中国家的合作，帮助发展中国家实现经济发展；既包含双边的国际经济合作，也应包含区域和次区域的国际经济合作，还应包含全球经济合作，以谋求全球经济和社会发展。第三，国际合作的范围应具有广泛性。各国应在经济、社会、文化、科学和技术领域进行合作，以促进全世界尤其是发展中国家的经济发展和社会进步。

长期以来，中国一直是国际合作原则的积极倡导者。中国发展进入新时代以来，提出的人类命运共同体理念和"一带一路"倡议等实际上就是中国期待通过广泛的国际经济合作，寻求发展机遇，谋求发展动力，拓展发展空间，携手应对世界经济面临的挑战，推动构建人类命运共同体。

三、公平互利原则

公平互利原则也是国际经济法的基本原则。公平一般是指"公正平等"，其含义有时与平等相似，但若细究，则可发现两者之间同样存在差异：平等是指不同主体的地位、权力、能力、资格以及权利义务方面是相同的，注重客观的、形式上的一致性；公平则是指不同的利益主体在现实收益分配上的主观感受或评价，注重实质上的合理性。互利，是指国家在参与国际事务或者国际交往中都能享受惠益。因而，公平互利是指国际经济法主体在参与国际经济活动时，既应平等地享有国际经济事务的参与权和决策权，又应能依据实际情况公平合理地享有国际经济权利、履行国际经济义务，共同而又公平地享受国际经济合作产生的利益与成果。

由于国际社会中存在着现实的地位、权力与能力的不对等，而公平互利原则不仅强调形式平等，更讲究实质公平，因而也逐渐被接纳为处理国际经济关系的基本原则。例如，《建立新的国际经济秩序宣言》指出，国际社会的全体成员国在公平基础上进行的广泛合作，由此消除差距并保证大家享受繁荣是建立新的国际经济秩序的原则和基础。《各国经济权利和义务宪章》更是明确将"公平互利"列为国际经济关系的 15 项原则之一，并在其第 10 条进一步规定："所有国家在法律上一律平等，并作为国际社会的平等成员，有权充分和有效参加——包括通过有关国际组织并按照其现有的和今后订定的规则参加——为解决世界经济、金融和货币问题作出国际决定的过程，并公平分享由此产生的利益。"

中国是公平互利原则的积极推动者。无论是在新中国成立之初，还是在改革开放以后，抑或是在进入 21 世纪以来，中国都主张在公平互利的基础上推进国际经济合作。中国发展进入新时代之后，国务院新闻办发布《新时代的中国与世界》白皮书，明确指出："构建新型国际关系，应秉持相互尊重、公平正义、合作共赢原则"；"公平正义，就是各国应摒弃单纯的物质主义取向和竞争至上法则,确保资源禀赋和发展水平不同的国家能够获得平等的发展权利和机会,缩小彼此发展差距";"合作共赢,就是各国应摒弃一味谋求自身更大相对利益的理念,纠正'赢者通吃'的过时做法,坚持以双赢、多赢、共赢为目标,在追求本国利益时兼顾各国合理关切,在谋求本国发展时促进各国共同发展"。可以说,只有坚持公平互利原则,才能确保发展资源和发展机遇的合理分配,从而促进世界经济的整体、均衡、持续发展,共同构建人类命运共同体。

典型案例

无锡湖美热能电力工程有限公司与新加坡星展银行信用证纠纷案[①]

一、案情介绍

2013年6月10日,新加坡星展银行(住所地为新加坡,以下简称"星展银行")以无锡湖美热能电力工程有限公司(住所地为中国无锡,以下简称"湖美公司")为受益人,开立了553-01-1165349号即期付款信用证。信用证32B规定:信用证总金额为8938290.98美元;31D规定:信用证到期日为2013年12月5日;44C规定:最晚装船日期为2013年11月20日;46A单据要求规定:湖美公司交单时应当提交商业发票、原产地证明等单据;40E规定:适用最新版UCP;44E规定:装货港为中国上海;44A货物描述为:合同HWM12-002下用于PT DABI OLEO 2X90T/H+15MW电站的一套电厂设备,CIF印度尼西亚杜迈。

星展银行于2013年10月8日及2013年10月12日分别发出信用证修改通知,将最晚装船日期及信用证到期日分别修改为2013年11月30日和2013年12月16日。

2013年11月29日,湖美公司经通知行中国建设银行无锡分行将信用证

---

① 最高人民法院(2017)最高法民终327号民事判决书。

所要求的全套单据通过 DHL 快递寄送给星展银行。商业发票显示涉案交易的价格条件为 CIF 印度尼西亚杜迈，价值 8938290.98 美元。原产地证明第七栏包装件数及种类、产品名称（包括相应数量及进口方 HS 编码）除其他相关内容外，还填写有"合同 HWM12-002 下用于 PT DABI OLEO 2X90T/H＋15MW 电站的电厂设备，CIF 印度尼西亚杜迈"；第九栏毛重或其他数量及价格（FOB）项下除其他相关内容外，还填写有"USD：8938290.98"。

2013 年 12 月 5 日，星展银行通过通知行中国建设银行无锡分行发出拒付通知称："原产地证明第 9 栏所列 FOB 价格为 8938290.98 美元，而发票显示 CIF 价格与之相同，即 8938290.98 美元，构成了冲突。前述的不符点我行无法接受，故我行拒绝支付信用证下款项。"

湖美公司认为星展银行拒付信用证项下款项的理由不能成立，故向江苏省高级人民法院提起诉讼，请求判令星展银行支付 553-01-1165349 号信用证下全部款项，共计 8938290.98 美元，折合人民币 55448732.79 元（按湖美公司与中国建设银行无锡分行汇率掉期合同约定的汇率即 1∶6.203505 计算）及其自 2013 年 12 月 6 日起至 2014 年 5 月 1 日（暂定）止按中国人民银行同期贷款基准利率 6% 计算的利息 1321654.7 元。

二、主要法律问题

本案是国际货物买卖纠纷，案件处理的要点在于：第一，本案系国际货物买卖合同纠纷，应当如何适用法律？第二，本案系信用证纠纷，系开证行因审单过程中发现存在提交的单据与信用证规定不符并拒绝付款导致的纠纷，是否存在不符点成为本案处理的关键点。

三、案件评析

（一）关于本案的法律适用

星展银行为在新加坡登记注册的法人，故本案信用证关系属于国际经济关系的范畴。国际经济关系由国际经济法予以调整，但国际经济法的渊源既包含国际条约，也包含国际惯例、部分国际组织的决议以及各国的涉外经济立法等。那么，本案中应当如何适用法律呢？

一方面，星展银行所开立的信用证第 40E 明确约定适用"最新版 UCP"，即

《跟单信用证统一惯例》(国际商会第 600 号出版物,以下简称"UCP600")。根据《最高人民法院关于审理信用证纠纷案件若干问题的规定》第 2 条的规定,本案应首先适用 UCP600 的相关规定。

另一方面,由于信用证关系属于合同关系且当事人未协议选择信用证关系中 UCP600 未规定部分应适用的法律,根据中国《涉外民事法律适用法》第 41 条的规定,该部分应适用履行义务最能体现该合同特征一方当事人经常居所地法律或其他与该合同有最密切联系的法律。在信用证关系中,受益人的义务是提交相符单据,开证行的义务是在确定交单相符时承付,即受益人只要提交相符单据即可获得信用证项下的款项。因此,受益人履行交付相符单据的义务最能体现信用证关系的特征,故对涉案信用证关系中 UCP600 未规定的部分应适用湖美公司住所地法律,即中华人民共和国法律。

(二) 星展银行主张的不符点是否能够成立

本案中,如果认定星展银行主张的不符点成立,那么星展银行可以依法拒付;反之,星展银行的拒付理由不成立,应当依法向湖美公司支付信用证项下的全部款项。本案一审法院为江苏省高级人民法院,二审法院为最高人民法院。一审、二审法院分别比较了 UCP600 第 14 条规定的审单标准和《最高人民法院关于审理信用证纠纷案件若干问题的规定》第 6 条规定的审单标准,并结合本案中"原产地证书系格式文本,当事人无法就其中的栏目名称进行修订"的特殊情况,最终认定本案所涉原产地证书上第九栏数据与信用证及其单据要求的 CIF 价格数据一致,但单据之间并不矛盾,不会导致对该单据的理解产生歧义。因此,法院最终认定开证行星展银行主张的不符点不能成立,在受益人湖美公司交单相符的情况下,星展银行应当向湖美公司付款。

推荐书目》》

1.《国际经济法学》编写组:《国际经济法学(第二版)》,高等教育出版社 2019 年版。

2. 陈安:《中国特色话语:陈安论国际经济法学》,北京大学出版社 2018 年版。

3. 董世忠主编:《国际经济法(第二版)》,复旦大学出版社 2009 年版。

4. 左海聪主编:《国际经济法(第二版)》,武汉大学出版社2014年版。

思考题 》》

1. 国际经济法的主体有哪些?
2. 国际经济法的渊源有哪些?
3. 国际经济法与国际商法之间有什么区别?

第十二章
Chapter 12

国际货物买卖法

案例导读

甲公司（卖方）与乙公司（买方）于2007年10月签订了两份同一种农产品的国际贸易合同，约定交货期分别为2008年1月底和3月中旬，采用付款交单方式。甲公司依约将第一份合同项下的货物发运后，乙公司以资金周转困难为由，要求变更付款方式为货到后30天付款。甲公司无奈同意该变更。后乙公司未依约付款，并以资金紧张为由再次要求延期付款。甲公司未再发运第二份合同项下的货物并提起仲裁。根据《联合国国际货物销售合同公约》，对于第一份合同，甲公司依约将该合同项下的货物发运后，乙公司以资金周转困难为由要求变更付款方式，即要求由付款交单方式变更为货到后30天付款，甲公司同意了这一变更，因此，乙公司应以货到后30天付款的方式支付货款。对于第二份合同，乙公司的行为构成预期违约，甲公司可以中止履行义务，不构成违约。该公约规定，中止履行的一方当事人不论是在货物发运前还是发运后，都必须通知另一方当事人，如经另一方当事人对履行义务提供充分保证，则中止履行的一方必须继续履行义务。

> **教学目标**

通过学习本章内容,学生能够比较系统、全面地认识和把握国际货物买卖法。学习重点包括了解和掌握国际货物买卖合同,《国际贸易术语解释通则》的主要内容,《联合国国际货物销售合同公约》的适用范围、国际货物买卖合同的订立、国际货物买卖合同双方的义务、风险转移、违反合同的补救办法等方面的内容,全面、综合地掌握国际货物买卖法。

第一节 国际货物买卖法概述

一、国际货物买卖合同的概念

国际货物买卖合同是指营业地位于不同国家的当事人之间就有关货物买卖的权利义务关系达成的协议。国际货物买卖合同的国际性以当事人的营业地位于不同国家为准,而不考虑当事人的国籍。

在国际贸易中常常使用某个国际民间组织或国际行业性协会拟定的空白的标准合同,是根据买卖合同应具备的基本内容所拟定的详细而固定的条文,所以叫作"格式合同"。格式合同具有针对性和简化性的特点。

二、国际货物买卖合同的当事人

1980年《联合国国际货物销售合同公约》要求适用公约的货物销售合同当事人应为双方营业地位于不同缔约国的当事人。如果当事人双方的国籍不同,但营业地位于同一个国家,则不适用公约;如果只有一方的营业地位于缔约国,也不适用公约。值得一提的是,公约第1条对通过国际私法规则的扩大适用进行了规定。对此,中国提出了保留。

2004年,《中华人民共和国对外贸易法》在对外贸易经营者方面主要作出下列修改:其一,外贸经营权的获得由原来的审批制改为登记制。其二,可以从事外贸的主体扩大到自然人。

第二节 《国际贸易术语解释通则》

一、《国际贸易术语解释通则》概述

(一) 国际贸易术语的概念

国际贸易术语是在国际贸易中逐渐形成的,是在不同的交货条件下买卖双方关于交易中的费用、责任及风险划分等以英文缩写表示的专门用语。国际贸易术语是国际惯例的一种,由当事人选择适用,国际上使用最为广泛的是国际商会于1936年编纂的《国际贸易术语解释通则》(以下简称《通则》),该《通则》分别于1953年、1967年、1976年、1980年、1990年、2000年、2010年、2020年进行了八次修改和补充。

(二) 通则的选用

《2020年通则》与以往版本不是替代与被替代的关系,即以往版本的《通则》并不失效,合同当事人仍可以选用以往版本的《通则》。但是,由于不同版本术语的具体权利义务不同,当事人在选择适用时应注意注明具体的修订年份。另外,国际商会已将《2020年通则》注册为商标,所以在选用时要注意加上"®"符号。

二、《2010年通则》对《2000年通则》的主要修改

(一) 术语结构上的变化

1. 《2000年通则》的结构

与《2010年通则》不同,《2000年通则》涉及13种国际贸易术语,分为E、F、C、D四组术语,具体包括:

(1) E组(内陆交货合同)。E组只有一个贸易术语,即EXW,英文全称是"Ex Works(named place)",意为"工厂交货(指定地点)"。此术语为卖方义务最小的贸易术语,卖方只要将货物在约定地点(通常是卖方所在地)

交给买方处置即可。此"约定地点"是指卖方的工厂、仓库等。由于是在卖方的内陆完成交货,因此 EXW 又称"内陆交货合同"。在此术语下,货物的风险自交货时转移。

(2) F 组(主要运费未付,装运合同)。F 组共有三个贸易术语,即 FCA,英文全称"Free Carrier",意为"货交承运人"(指定地点);FAS,英文全称"Free Alongside Ship",意为"船边交货"(指定装运港);FOB,英文全称"Free on Board",意为"船上交货"(指定装运港)。F 组术语多用于装运合同,即卖方均在货物的装运地、启运地或出口地完成其在销售合同中的交货义务,因此主要运费应由买方来承担,对于卖方来说则是"主要运费未付"。

(3) C 组(主要运费已付,装运合同)。C 组由四个贸易术语组成,即 CFR,英文全称"Cost and Freight",意为"成本加运费"(指定目的港);CIF,英文全称"Cost Insurance and Freight",意为"成本加运费加保险费"(指定目的港);CPT,英文全称"Carriage Paid to",意为"运费付至"(指定目的地);CIP,英文全称"Carriage and Insurance Paid to",意为"运费和保险费付至"(指定目的地)。该组术语的特点是卖方须订立运输合同和承担运费,对买方而言"主要运费已付"。同时,尽管卖方承担到目的港或目的地的运费,但其交货义务仍然是在卖方一边的装运地完成的,因此 C 组术语多用于装运合同。

(4) D 组(到货合同)。D 组由五个贸易术语组成,即 DAF,英文全称"Delivered at Frontier",意为"边境交货"(指定地点);DES,英文全称"Delivered Ex Ship",意为"目的港船上交货"(指定目的港);DEQ,英文全称"Delivered Ex Quay",意为"目的港码头交货"(指定目的港);DDU,英文全称"Delivered Duty Unpaid",意为"未完税交货"(指定目的地);DDP,英文全称"Delivered Duty Paid",意为"完税交货"(指定目的地)。该组术语的特点是卖方须承担把货物交至目的地国所需的全部费用和风险,卖方是在目的地,如边境、港口、进口国内地履行交货义务,因此 D 组术语多用于到货合同。

2.《2010 年通则》的结构

2010 年修改将国际贸易术语整合为 11 种,并且按照所适用的运输方式划分为两大类:

(1) 适用于任何运输方式的术语。包括 EXW(工厂交货)、FCA(货交承运人)、CPT(运费付至)、CIP(运费和保险费付至)、DAT(运输终端交货)、DAP(目的地交货)、DDP(完税后交货)等术语。

(2) 适用于水上运输方式的术语。包括 FAS(船边交货)、FOB(船上交货)、CFR(成本加运费)、CIF(成本、保险费加运费)等术语。

(二)适用范围

《2010 年通则》同时适用于国际和国内贸易问题,即术语的适用不再限于国际贸易。

(三)术语义务项目上的变化

在《2010 年通则》中每种术语下买卖双方各自的义务虽然仍列出十个项目,但其与《2000 年通则》还是存在不同之处,即卖方在每一项目中的具体义务不再"对应"买方在同一项目中相应的义务,而是改为分别描述,并且各项目内容也有所调整。

(四)新增 DAT 和 DAP 两个术语

与《2000 年通则》相比,在 D 组术语中,《2010 年通则》以两个新术语取代了原来的 4 个术语,新术语为 DAT(Delivered at Terminal)(中文意为"运输终端交货")和 DAP(Delivered at Place)(中文意为"目的地交货")。两个新术语的主要差异是,在 DAT 术语下卖方需要承担把货物由目的地(港)运输工具上卸下的费用,在 DAP 术语下卖方只需在指定目的地把货物置于买方控制之下,而无须承担卸货费。

(五)增加了与安全有关的内容

《2010 年通则》要求卖方和买方要分别帮助对方提供包括与安全有关的信息和文件,因此发生的费用由受助方承担。

(六)"船舷"的变化

在《2010 年通则》中三种术语的风险转移不再设定"船舷"的界限,只强调卖方承担货物至装上船为止的一切风险，买方承担货物自装运港装上船起的一切风险，强调在 FOB、CFR 和 CIF 术语下买卖双方的风险以货物在装运港口被装上船时为界。

（七）链式销售的补充

《2010 年通则》在 FAS、FOB、CFR 和 CIF 等几种适用于水上运输的术语的指导性说明中首次提及"链式销售"（String Sales），在 CPT 和 CIP 术语的 A3 项中也有提及。在大宗货物买卖中，货物常在一笔连环贸易下的运输期间被多次买卖，由于连环贸易中货物由第一个卖方运输，作为中间环节的卖方就无须装运货物，只是因"获得"所装运的货物而履行其义务，因此，《2010 年通则》对这种连环贸易模式下卖方的交付义务作了细分，弥补了以前版本中在此问题上未能反映的不足。

（八）赋予电子讯息与纸质讯息同等的效力

《2010 年通则》将《2000 年通则》中原本分散的涉及电子讯息效力的阐述进行了集中，对有关"符合销售合同规定的有同等作用的电子讯息"的内容集中阐述，将电子讯息的使用范围扩大到双方所有义务中所涉及的单证，还将"符合销售合同法规定"的要求放宽至"在双方约定或符合惯例的情况下"，更加尊重商业惯例。

（九）统一了承运人的概念

《2010 年通则》在引言中明确承运人是与卖方签订运输合同的一方。《2010 年通则》不再像《2000 年通则》那样区分第一承运人和其他承运人、缔约承运人和实际承运人，卖方只要将货物交给缔约承运人，就是完成了"货交承运人"的交货义务。

三、《2020 年通则》的主要修改

《2020 年通则》的主要变化如下：

（一）装船批注提单和 FCA 术语条款的修改

虽然买方负责运输，但买方和卖方可以同意买方指定的承运人在装货开始

后向卖方签发已装船提单，然后再由卖方向买方进行交单。应该强调的是，即使采用这种可选机制，卖方对买方也不承担运输合同条款的义务。

（二）CIP 对投保险别的规定

在选择适用 CIP 术语时，除双方当事人另有约定外，卖方有义务将投保的保险险别提高到"一切险"。而在 CIF 术语下的保险级别仍为最低险别的平安险。

（三）在 FCA、DAP、DPU、DDP 术语下，卖方或买方可使用自己的运输工具安排运输

《2020 年通则》规定，当采用 FCA、DAP、DPU 和 DDP 术语进行贸易时，买卖双方可以根据运输义务使用自有运输工具，而不再像《2010 年通则》那样，推定使用第三方承运人进行运输。

（四）将 DAT 改为 DPU

《2020 年通则》将之前的 DAT 术语更名为"DPU"（Delivered at Place Unloaded），并且含义也发生了相应的变化，即运输终端交货。在《2020 年通则》中，DPU 术语的货物交付地点仍旧是目的地，但这个目的地不再限于"运输的终端"，而可以是任何地方，但是如果该地点不在"运输终端"，卖方应确保其准备交付货物的地点是能够卸货的地点。其余内容均和之前《2010 年通则》中的 DAT 术语完全一致。

（五）在运输义务和费用中加入与安全有关的要求

在《2020 年通则》中，与安全相关的义务的明确分配现已添加到每个规则的 A4 和 A7 项下。这些要求所产生的费用也被更明确地标明，放在每条规则的 A9 和 B9 项下。

四、《2020 年通则》的主要内容

《2020 年通则》的贸易术语分为两类：

（一）适用于任何运输方式或多种运输方式的术语

第一类包括了七个术语，不论选用何种运输方式，也不论是否使用一种或

多种运输方式，均可适用。在船舶用于部分运输时，也可使用此类术语。具体包括 EXW、FCA、CPT、CIP、DPU、DAP、DDP 术语。

1. EXW（工厂交货）

依该术语，卖方在其所在地或其他指定地点，如工厂、车间或仓库等将货物交由买方处置，即完成交货。该术语的特点是，卖方在内陆完成交货，且没有装货（即不需要将货物装上任何前来接收货物的运输工具）的义务，卖方也无须办理出口清关手续。在此术语下，货物的风险自交货时转移。

依该术语，卖方的义务主要是：(1) 履行交货义务，即在其所在地（一般为工厂或仓库）将货物交买方；(2) 承担交货前的风险和费用。买方的义务主要是：(1) 买方必须承担在卖方所在地受领货物的全部费用和风险；(2) 办理出口清关手续。该术语适用于各种运输方式。

2. FCA（货交承运人）

依该术语，卖方在其所在地或其他指定地点将货物交给买方指定的承运人或其他人，并办理完出口清关手续，即完成交货。该术语适用于各种运输方式，包括多式联运。"承运人"可指在运输合同中承诺通过铁路、公路、空运、海运、内河运输或联合方式履行运输或由他人履行运输的任何人。

(1) 交货。交货地点的选择对在该地点装货和卸货的义务会产生影响。如在卖方所在地交货，则卖方应负责装货；如在其他地点交货，则卖方可以在自己的运输工具上完成交货，而不负责将货物从自己的运输工具上卸下。

(2) 风险转移。货物的风险在卖方所在地交货时发生转移，因此运输途中的风险均在买方。虽然买方对卖方没有订立保险合同的义务，但买方为自己的利益需要办理保险。另外，为满足卖方适用 FCA 术语的情况下对已装船批注提单的可能需求，《2020 年通则》首次提供了可选机制，即双方可在合同中约定，买方必须指示承运人出具已装船批注提单给卖方。即使采用该可选机制，卖方对买方也不承担运输合同条款下的义务。

(3) 双方义务。第一，卖方义务：卖方必须提供符合销售合同的货物和单据；办理出口手续，在指定的地点和约定的时间将货物交付给买方指定的承运人或其他人；承担交货以前的风险和费用。第二，买方义务：支付货款；办理进口手续；订立运输合同并承担运费；承担交货以后的风险和费用，包括办理保险。

中国甲公司（买方）与 A 国乙公司（卖方）签订适用 FCA 术语的货物进口合同，货物采用陆海联运，双方在合同中约定中国甲公司应通知海运承运人向 A 国乙公司签发已装船提单，货款以信用证方式支付。货物在海运途中因强热带风暴湿损，依据《2020 年通则》及国际经济法的相关规则和实践，即使买卖双方在合同中约定，买方通知海运承运人向卖方签发已装船提单，以解决卖方需要向信用证下的银行交单以获得货款的需求，但此项约定没有改变 FCA 术语货交第一承运人时风险即转移至买方的基本内容。本案货物损失发生在风险已经转移到买方的海运途中，故买卖合同关系中的损失应由买方自行承担，信用证下银行是否付款只考虑单证、单单是否表面相符，货物的实际情况与银行付款无关。

3. CPT（运费付至）和 CIP（运费和保险费付至）

在 CPT 术语下，卖方将货物在双方约定地点交给其指定的承运人或其他人，卖方必须签订运输合同并支付将货物运至指定目的地所需的费用。

在 CIP 术语下，卖方将货物在双方约定地点交给其指定的承运人或其他人，卖方必须签订运输合同并支付将货物运至指定目的地的所需费用，卖方还必须签订保险合同，除双方当事人另有约定外，卖方有义务将投保的保险险别提高到"一切险"。

以上两术语的特点是卖方须订立运输合同和承担运费，因此称为"主要运费已付"。尽管卖方承担到目的地的运费，但其交货义务仍然是在卖方一边的装运地完成的，因此以上两术语多用于装运合同。两者的区别是，对于卖方来说，卖方在 CIP 术语下比在 CPT 术语下多了承担保险费的义务。

在双方的义务上，卖方的义务是：（1）办理运输的手续和承担运费，在 CIP 术语下，卖方还须办理投保手续和承担保险费；（2）办理出口清关手续；（3）提交与货物有关的单据或相等的电子单证；（4）办理出口手续。买方的义务是办理进口手续，在 CPT 术语下投保虽然不是买方的合同义务，但买方为了自己的利益应当办理投保并支付保险费。

在风险的划分上，适用 CPT 和 CIP 术语时货物的风险在货交承运人时转移。

在适用的运输方式上，CPT 和 CIP 术语适用于各种运输方式。

法国埃尔斯公司与中国仙林公司签订适用 CIP 术语的货物出口合同，从法国出口货物到中国，依据《2020 年通则》，法国埃尔斯公司应负责安排货物的运输，在 CIP 术语下货物风险自货交第一承运人转移，卖方"包运也包险"，卖方负责办理运输的手续和承担运费，和办理投保手续和承担保险费，如果双方合同约定投保平安险，法国埃尔斯公司只需投保平安险，根据《2020 年通则》下 CIP 术语的变化，除双方当事人另有约定外，卖方有义务将投保的保险险别提高到"一切险"。但贸易术语性质上属于国际惯例，具有任意性特点，因此当事双方有约定一定尊重约定优先。

4. DPU（运输终端交货）

在 DPU 术语下，卖方在指定港口或目的地的指定运输终端将货物从抵达的载货运输工具上卸下，并交由买方处置，即为交货。"运输终端"指任何运输终端，如码头、仓库、集装箱堆场或公路、铁路、空运货站等。该术语的具体内容如下：

（1）交货。卖方必须在约定日期或期限内，在指定港口或目的地运输终端，将货物从抵达的运输工具上卸下，并交由买方处置的方式交货。

（2）风险。卖方承担交货完成前货物灭失或损坏的一切风险。

（3）手续。第一，卖方自负风险和费用，取得所有出口许可和其他官方授权办理出口，办理交货前从他国过境运输所需的一切海关手续。第二，买方必须自负风险和费用，取得所有进口许可或其他官方授权，办理货物进口的一切海关手续。

（4）一般义务。第一，卖方提供符合买卖合同约定的货物和商业发票，以及合同可能要求的其他与合同相符的单证；买方应收取货物和交货凭证。第二，买方必须按买卖合同约定支付价款。

（5）运输。卖方自付费用签订运输合同，将货物运至约定港口或目的地的指定运输终端，如无特别约定，卖方可在约定港口或目的地选择最适合其目的的运输终端。

（6）保险。双方均无订立保险合同的义务，但应对方要求，双方均应向对方提供取得保险所需信息。由于在 DPU 术语下交货是在买方所在地，卖方需要将货物运输过去，运输途中的风险都由卖方承担。因此，虽然卖方对买方没有保险的义务，但为了成功交货，卖方应当办理保险。

（7）安全有关的信息。卖方和买方分别要帮助对方提供包括与安全有关的信息和文件，受助方应承担因此发生的费用和风险。

中国华泰公司从甲国埃拉公司以 DPU 术语进口一批货物，依据《2020 年通则》和 1980 年《联合国国际货物销售合同公约》，埃拉公司没有义务为中国华泰公司投保货物运输险，但埃拉公司应承担运输中的风险。因为在 DPU 术语下卖方必须在约定日期或期限内、在指定目的地的约定地点将货物从抵达的运输工具上卸下并交由买方处置，卖方承担交货完成前货物灭失或损坏的一切风险，所以卖方可以通过投保将运输中的风险转嫁给保险公司，也可以不投保而自行承担运输中的风险。埃拉公司可在目的地完成交货而不限于运输终端，在 DPU 术语下卖方需要将货物运到约定目的地并卸下，目的地可以是任何地点。中国华泰公司应在发现或理应发现货物存在质量问题后的一段合理时间通知埃拉公司。该公约第 39 条要求，对于货物不符合同，买方必须在发现或理应发现不符情形后一段合理时间内通知卖方，说明不符合同情形的性质，否则就丧失声称货物不符合同的权利。

5. DAP（目的地交货）

在 DAP 术语下，卖方在指定目的地将仍处于抵达的运输工具上且已做好卸载准备的货物交由买方处置时，即为交货。DAP 与 DPU 术语的主要区别是，在 DPU 术语下卖方需要承担把货物由目的地（港）运输工具上卸下的费用，而在 DAP 术语下卖方只需在指定目的地把货物处于买方控制之下，而无须承担卸货费。

6. DDP（完税后交货）

在 DDP 术语下，卖方在指定目的地将仍处于抵达的运输工具上但已完成进口清关、已做好卸载准备的货物交由买方处置时，即为交货。其特点是卖方须承担把货物交至目的地国所需的全部费用和风险。卖方是在目的地，如边境、港口、进口国内地履行交货义务，因此称为"到货合同"。

（二）适用于海运和内河水运的术语

该类术语主要包括《2000年通则》中的两个F组术语和两个C组术语，其特点是都适用于水运，四个术语都适用于装运合同，即应在卖方所在地完成交货。与《2000年通则》相比，《2010年通则》中的FOB、CIF和CFR术语最大的改变就是风险不再是在船舷转移，而是在卖方将"货物置于船上"时转移。

1. FAS（船边交货）

在FAS术语下，卖方在指定的装运港将货物交到买方指定的船边时，即为交货。该术语适用于装运合同时，主要运费应是由买方承担的，对于卖方来说则是"主要运费未付"。

在双方的义务上，卖方的义务是：（1）履行交货义务，卖方必须在买方指定的装运港将货物置于买方指定的船舶旁边，完成交货；（2）办理出口清关手续；（3）向买方提交与货物有关的单证或相等的电子单证。买方义务是：（1）办理货物的运输并为自己的利益投保；（2）办理货物进口手续。

在风险转移上，适用FAS术语时风险以装运港船边为界线。

2. FOB（船上交货）

在FOB术语下，卖方以在指定装运港将货物装上买方指定的船舶或通过取得已交付至船上货物的方式交货。该术语适用于装运合同时，主要运费应是由买方承担，对于卖方来说则是"主要运费未付"。

（1）交货。卖方必须在买方指定的装运港将货物置于买方指定的船舶上，才算完成交货。

（2）双方义务。第一，卖方义务：提供符合合同规定的货物及单证；办理出口手续；在装运港将货物装上买方指定的船舶并通知买方；承担货物在装运港船上交货前的风险和费用。第二，买方义务：支付货款并接受卖方提供的单证；办理进口手续；租船或订舱并将船名和装货地点及时间给予卖方充分通知；承担货物在装运港交货后的风险和费用。

在风险转移上，卖方承担装运港船上完成交货前货物灭失或损坏的一切风险。

假设 A 公司和 B 公司于 2011 年 5 月 20 日签订合同，约定 A 公司将一批平板电脑售卖给 B 公司。A 公司和 B 公司营业地分别位于甲国和乙国，两国均为《联合国国际货物销售合同公约》缔约国。合同项下的货物由丙国 C 公司的"潇湘"号商船承运，装运港是甲国某港口，目的港是乙国某港口。在货物运输途中，B 公司与中国 D 公司就货物转卖达成协议。在贸易术语适用上，A、B 公司在双方的买卖合同中仅约定适用 FOB 术语。在货物越过装运港船舷时，货物的风险由 A 公司转移给 B 公司，B 公司必须自付费用订立从指定装运港运输货物的合同。虽然当事人选择了贸易术语，该种情形仍适用《联合国国际货物销售合同公约》。

3. CIF（成本、保险费加运费）

在 CIF 术语下，卖方在装运港船上交货。但卖方须支付将货物运至指定目的港所需的运费，并办理运输中的保险（卖方仅需投保最低险别）。此贸易术语适用于海运及内河运输。一般来说，CIF 术语后标明的是卸货港的名称，如"CIF 大连"表明该批货物的卸货港是大连。

（1）交货。卖方必须在装运港、在约定日期或期限内将货物交至船上。

（2）风险转移。货物的风险在卖方于装运港完成交货时即由卖方转移给买方。

（3）双方义务。第一，卖方义务：提供符合合同规定的货物和单证；办理出口许可证及其他货物出口手续；订立运输合同，支付将货物运至指定目的港所需的运费；办理货物的保险并缴纳保险费；承担在装运港船上交货前的风险和费用。第二，买方义务：支付货款并接受卖方提供的单证；取得进口许可证并办理进口手续；承担在装运港船上交货后的风险以及除运费和保险费以外的费用。

中国甲公司以 CIF 价向某国乙公司出口一批服装，信用证方式付款，有关运输合同明确约定适用《统一提单的若干法律规定的国际公约》（又称《海牙规则》）。甲公司在装船并取得提单后，办理了议付。两天后，甲公司接乙公司来电，称装船的海轮在海上因雷击失火，该批服装全部烧毁。在 CIF 术语下，货物的风险在装运港船舷即由卖方转移给买方。本案例中，货物已经装船，风险已转移给乙公司。因此，甲公司没有过错，不需要退还货款给乙公司。此外，根据《海牙规则》，由于雷击失火，承运人免责。所以，应由乙公司向保险公司提出索赔。

4. CFR（成本加运费）

在 CFR 术语下，卖方在装运港船上交货，并须支付将货物运至指定目的港所需的运费，但货物的风险在装运港船上交货时即转移给买方。该术语适用于海运或内河运输。CFR 术语与 CIF 术语相比，在价格构成中少了保险费，因此，除了保险是由买方办理外，双方其他的义务与 CIF 术语基本相同。应该注意的是，在 CFR 术语下，卖方负责装船而投保的却是买方，因此卖方在装船后应给买方以充分的通知。否则，因此而造成买方漏保引起的货物损失应由卖方承担。

第三节　《联合国国际货物销售合同公约》

《联合国国际货物销售合同公约》[①]（以下简称《公约》）1980 年在联合国维也纳外交会议上通过，1988 年正式生效。中国于 1986 年批准加入《公约》。《公约》共有 101 条，分四个部分，第一部分"适用范围和总则"；第二部分"合同的订立"；第三部分"货物销售"，包括卖方义务、买方义务、违约的补救及风险转移的内容；第四部分"最后条款"，是关于《公约》的批准、生效、保留和退出的内容。

---

① 本书所引《公约》条款译文主要参照联合国中文网之中译版，https://www.un.org/zh/documents/treaty/UNCITRAL-1980，少量译文有调整。

一、《公约》的适用范围

(一) 适用《公约》的货物销售合同

1. 适用《公约》的货物销售合同

《公约》第 1 条第 1 款规定:"本公约适用于营业地在不同国家的当事人之间所订立的货物销售合同:(a) 如果这些国家是缔约国;或 (b) 如果国际私法规则导致适用某一缔约国的法律。"此条款包含下列内容:

(1)《公约》只适用于国际货物销售合同,国际因素以当事人的营业地位于不同国家为标准,而不考虑当事人的国籍。

(2) 依国际私法规则的扩大适用。依 (a) 项的规定,本来《公约》只适用于双方营业地所在国均为缔约国的情况,双方均不位于缔约国或只有一方位于缔约国的,不适用《公约》。而依 (b) 项的规定,即使双方或一方的营业地不在缔约国,但只要依国际私法规则应适用缔约国的法律,则适用《公约》。考虑各国加入《公约》时的态度,《公约》允许对此项扩大适用进行保留。中国加入《公约》时即对此进行了保留。

2. 不适用《公约》的合同

《公约》第 2 条从合同的种类上排除了六种不适用《公约》的合同:(1) 购供私人、家人或家庭使用的货物的销售,除非卖方在订立合同前任何时候或订立合同时不知道而且没有理由知道这些货物是购供任何这种使用;(2) 经由拍卖的销售;(3) 根据法律执行令状或其他令状的销售;(4) 公债、股票、投资证券、流通票据或货币的销售;(5) 船舶、船只、气垫船或飞机的销售;(6) 电力的销售。

《公约》第 3 条还排除了提供货物与提供服务相结合的合同的适用,即下列两种合同不适用《公约》:其一,通过劳务合作方式进行的购买,如补偿贸易;其二,通过货物买卖方式进行的劳务合作,如技贸结合。

3.《公约》未涉及的法律问题

《公约》没有涉及的法律问题主要有:(1)《公约》不涉及有关货物销售合

同的效力或惯例的效力问题。(2)《公约》不涉及货物销售合同中所售出的货物的所有权转移问题。(3)《公约》不涉及卖方对货物引起的人身伤亡的责任问题。

(二)《公约》适用的任意性

依《公约》第6条的规定:"双方当事人可以不适用本公约,或在第十二条的条件下,减损本公约的任何规定或改变其效力。"本条表明,《公约》的适用并不是强制性的,主要表现为下列两点:

(1) 当事人可以通过选择其他法律而排除《公约》的适用。也就是说,即使双方当事人的营业地分处两个缔约国,本应适用《公约》,但如果他们在合同中约定适用其他的法律,则排除了《公约》的适用。如果双方没有排除《公约》的适用,则《公约》自动适用于他们之间的买卖合同。

(2) 当事人可以在买卖合同中约定部分地适用《公约》,或对《公约》的内容进行改变。但当事人的此项权利是受到一定限制的,即如果当事人营业地所在国在加入《公约》时已提出保留的内容,当事人必须遵守,而不得排除或改变。

(三) 中国加入《公约》时的保留

(1) 合同形式的保留。合同形式的保留针对的是《公约》第11条。该条规定:"销售合同无须以书面订立或书面证明,在形式方面也不受任何其他条件的限制。销售合同可以用包括人证在内的任何方法证明。"中国在核准《公约》时对此进行了保留,即认为国际货物买卖合同应采用书面的方式订立,《公约》有关口头或书面以外的合同也有效的规定对中国不适用。中国政府已正式通知联合国秘书长,撤回对《公约》所作"不受公约第11条及与第11条内容有关的规定的约束"的声明。

(2) 因国际私法规则扩大适用的保留。扩大适用的保留针对的是《公约》第1条第1款(b)项的规定。该条款允许通过国际私法的引用而使《公约》适用于非缔约国。对此,中国在核准《公约》时也提出了保留,即中国仅同意双方营业地所在国均为缔约国的当事人之间订立的国际货物销售合同适用《公约》。

中国甲公司与法国乙公司商谈进口特种钢材，乙公司提供了买卖该种钢材的格式合同，两国均为《公约》缔约国。但是，《公约》具有合同适用任意性的特点，最大限度地尊重当事人的意思自治，当事人可以通过选择准据法而排除《公约》的适用。同时，双方也可以通过选择贸易术语，构成约定排除对《公约》的适用，但不能完全排除。

二、国际货物买卖合同的订立

国际货物买卖合同是当事人之间意思表示一致的结果。在磋商的过程中，要约与承诺是两个重要的法律步骤。《公约》第14—24条对此进行了规定。

（一）要约

要约是一方当事人以订立合同为目的向对方所作的意思表示。提出要约的一方称为"要约人"或"发价人"，在实践中也称为"发盘人"，对方则称为"受要约人""被发价人"或"受盘人"。要约可以书面方式提出，也可以口头方式提出。

1. 构成要约的条件

依《公约》第14条的规定，符合下列三个条件，即构成要约：（1）向一个或一个以上特定的人提出订立合同的建议。（2）要约的内容应十分确定。依该第14条的规定，如果建议写明货物并且明示或暗示地规定数量和价格或规定如何确定数量和价格，即为十分确定。（3）要约必须送达受要约人。依《公约》第15条的规定，要约送达受要约人时生效。

2. 要约的撤回与撤销

（1）要约的撤回。要约人在要约未送达受要约人前取消要约的行为称为"要约的撤回"。只要撤回要约的通知先于要约到达受要约人，即可撤回要约。

（2）要约的撤销。要约人在要约送达受要约人后取消要约的行为称为"要约的撤销"。

要约分为可撤销的要约和不可撤销的要约，对于不可撤销的要约，只有撤回的问题。依《公约》第16条的规定，如果撤销通知于受要约人发出接受通知之前送达受要约人,在未订立合同之前,要约得予撤销。但在下列情况下,要约不得撤销:第一,要约写明接受要约的期限或以其他方式表示要约是不可撤销的;第二,受要约人有理由信赖该项要约是不可撤销的,而且受要约人已本着对该要约的依赖行事。

3. 要约的失效

在要约失效后,无论是要约人还是受要约人,均不再受要约的拘束。要约失效的原因主要有以下几种情况:(1)要约期间已过,即要约因受要约人没有在要约规定的期间内作出有效的承诺而失去效力。(2)要约因要约人的撤销而失效。(3)要约因受要约人的拒绝而失效。受要约人的拒绝可以是明示的,也可以是默示的。默示的拒绝主要表现为对原要约内容的改变。对原要约内容的改变称"反要约"。

(二) 承诺

承诺是受要约人按照要约所规定的方式,对要约的内容表示同意的一种意思表示。要约一经承诺,合同即成立。承诺又被称为"接受"。

1. 有效的承诺须具备的条件

(1)承诺须由受要约人作出。依《公约》第18条的规定,承诺的作出可以声明或行为表示,但缄默或不行为本身不等于承诺。在多数情况下,受要约人同意要约的内容时会明确地通知要约人其接受该要约。在某些情况下,受要约人也可能通过行为来表示同意。如果当事人之间存在长期的贸易关系,如发展到买方发出订单后,卖方不再回电确认,而是直接发货,这种发货的行为有判例认为也构成承诺。

(2)承诺须在要约规定的有效期间内作出。理论上迟到的承诺或逾期的承诺,不是有效的承诺,而是新的要约,一般须经原要约人承诺后才能成立合同。但是,《公约》第21条并没有一概地否定逾期承诺的效力,依该条规定:第一,对于逾期的承诺,如果要约人毫不迟延地用口头或书面将接受的意思通知受要约人,则该逾期的承诺仍为有效的承诺;第二,如果载有逾期承诺的信件或其他书面文件表明,它是在传递正常、能及时送达要约人的情况下寄发的,则该项逾期承诺具有承诺的效力,除非要约人毫不迟延地用口头或书面通知受要约人,他认为其要约已经失效。

(3)承诺须与要约的内容一致。如果受要约人的意思表示对要约的内容有变更,则为反要约,或称为"还价"。反要约是对要约的拒绝,不能发生承诺的效力,它必须经原要约人承诺后才能成立合同。《公约》第19条对附条件的承诺进行了规定:第一,反要约的定义:对要约表示接受但载有添加、限制或其他更改的答复,即为拒绝该项要约,并构成反要约。第二,对要约表示接受但含有非实质上的更改要约的答复,除非要约人在不过分迟延的期间内以口头或书面通知反对其间的差异外,仍构成承诺。如果要约人不作出此种反对,则合同的条件就以该项要约的条件以及承诺通知内所载的更改为准。第三,实质上的变更。有关货物价格、付款、货物质量和数量、交货地点和时间、一方当事人对另一方当事人的赔偿责任范围或解决争端等的添加或不同条件,均视为在实质上变更要约的条件。

2. 承诺生效的时间

承诺一旦生效,合同即告成立。对于承诺生效的时间,英美法系国家和大陆法系国家分别采用的是投邮生效主义和到达生效主义,《公约》采纳的是到达生效主义。此外,对于口头要约应当立即承诺,但情况表明有不同要求者除外。

3. 承诺的撤回

依《公约》第22条的规定,承诺得予撤回,只要撤回的通知能在承诺生效之前或同时送达要约人。撤回承诺是受要约人阻止其承诺发生法律效力的一种意思表示,撤回的通知必须采用更为快捷的方式传递以先于承诺或同时到达要约人,才能阻止承诺发生效力。

三、国际货物销售合同双方的义务

(一)卖方的义务

1. 交付货物

交付货物既是卖方的主要义务,也是其行使收取货款的权利的前提条件。

交付货物既包括实际交货，即由卖方将货物置于买方的实际占有下；也包括象征性交货，即由卖方将控制货物的单据交给买方，由买方在指定地点凭单向承运人提货。

（1）交货地点。关于交付货物的地点，双方当事人有约定的依约定，《公约》的规定主要针对的是当事人没有约定的情况。依《公约》第31条的规定，第一，当国际货物销售合同涉及货物的运输，则交货地点即为卖方将货物交给第一承运人的地点；第二，如果合同指的是特定货物从特定存货中提取的或尚待制造或生产的未经特定化的货物，而双方当事人在订立合同时已知道这些货物是在某一特定地点或将在某一特定地点制造或生产，则卖方应在该地点交货；第三，在其他情况下，卖方应在其订立合同时的营业地交货。

（2）交货时间。关于提前交货的情况，依《公约》第37条的规定，如卖方在约定的时间提前交货，则可以在交货日期前交付任何缺漏部分或补足所交付的货物的不足数量，或交付用以替换所交付不符合同规定的货物，或对所交付货物中任何不符合同规定的情形作出补救，但这项权利的行使不能造成买方不合理的不便或承担不合理的开支，也不影响买方依据《公约》规定要求损害赔偿的任何权利。

2. 质量担保

货物的质量担保义务指卖方必须保证其交付的货物与合同的规定相符。依《公约》第35条第1款的规定，卖方交付的货物必须与合同规定的数量、质量和规格相符，并须按照合同所规定的方式装箱或包装。除双方当事人另有协议外，货物须符合以下规定，否则即为与合同不符：

（1）货物适用于同一规格货物通常使用的目的。

（2）货物适用于订立合同时曾明示或默示地通知卖方的任何特定目的，除非情况表明买方并不依赖卖方的技能和判断力，或者这种依赖对买方是不合理的。

（3）货物的质量与卖方向买方提供的货物样品或样式相符。

（4）货物应按照同类货物通用的方式装箱或包装，如果没有此种通用方式，则按照足以保全和保护货物的方式装箱或包装。

《公约》除了规定卖方对货物质量的担保责任外，还规定了卖方对货物质量责任的例外。依第 35 条第 3 款的规定：如果买方在订立合同时知道或者不可能不知道货物不符合同，卖方就无须按上述四项负不符合同的责任。

《公约》第 38 条对货物质量的检验分三种情况进行了规定：（1）买方应在实际可行的最短时间内检验货物或由他人检验货物；（2）如果合同涉及货物的运输，检验可推迟到货物到达目的地后进行；（3）如果货物在运输途中改运或买方须再发运货物，没有合理机会加以检验，而卖方在订立合同时已知道或理应知道这种改运或再发运的可能性，检验可推迟到货物到达新目的地后进行。

3. 权利担保

（1）权利担保的内容。权利担保可以概括为所有权担保和知识产权担保两个方面：第一，所有权担保，是指卖方保证对其出售的货物享有完全的所有权，必须是第三方不能提出任何权利或要求的货物，如不存在任何未向买方透露的担保物权等。第二，知识产权担保，是指卖方所交付的货物，必须是第三方不能依工业产权或其他知识产权主张任何权利或要求的货物。如果在买方接受货物后，任何第三人通过司法程序指控买方所购的货物侵犯了其知识产权，卖方应承担代替买方辩驳第三人指控的责任。

（2）对知识产权担保义务的限制。① 地域限制。《公约》第 42 条第 1 款规定，卖方所交付的货物，必须是第三方不能根据工业产权或其它知识产权主张任何权利或要求的货物，但以卖方在订立合同时已知道或不可能不知道的权利或要求为限，而且这种权利或要求根据以下国家的法律规定是以工业产权或其它知识产权为基础的：第一，货物使用地或转售地国家的法律，即第三人的请求必须是依货物使用地或转售地国家的法律提出的。第二，依买方营业地所在国法律，即第三人的请求必须是依买方营业地所在国的法律提出的。② 主观限制。《公约》在确定卖方的知识产权担保上还规定了时间的标准，依《公约》第 42 条第 2 款的规定，卖方在下列两种情况下，免除其知识产权担保的义务：第一，买方在订立合同时已知道或不可能不知道此项权利或要求；第二，此项权利或要求的发生，是由于卖方遵照买方所提供的技术图样、图案、程式或其他规格的结果。

营业地在中国的甲公司向营业地在法国的乙公司出口一批货物。乙公司本拟向西班牙转卖该批货物，但却转售到意大利，且未通知甲公司。意大利丙公司指控该批货物侵犯其专利权。关于甲公司的权利担保责任，根据《公约》的规定，卖方承担的知识产权担保义务仅及于货物使用地或转售地国家和买方营业地所在国两个地方。本案例中，法国为乙公司（买方）营业地，西班牙是合同预期的转售地，因此卖方的知识产权担保义务仅限于法国和西班牙。由于乙公司在甲公司不知情的情况下将该批货物转售到意大利，因此对于意大利的丙公司针对该批货物专利的侵权指控及其导致的乙公司损失，甲公司无须承担知识产权担保义务。

(3) 买方的及时通知义务。《公约》第43条规定了买方的及时通知义务，即当买方已知道或理应知道第三方的权利或要求后一段合理时间内，应将此项权利或要求的性质通知卖方，否则就丧失了买方依《公约》本来可以享有的权利，即要求卖方承担辩驳第三方的权利。

4. 交付单据

《公约》第34条对卖方交付单据的义务进行了规定，如果卖方有义务移交与货物有关的单据，他必须按照合同规定的时间、地点和方式移交这些单据。

(二) 买方的义务

买方的义务主要有两项，即支付货款和接收货物。

1. 支付货款

(1) 准备步骤。依《公约》第54条的规定，买方支付货款的义务包括依合同或任何有关法律和规章规定的步骤和手续。

(2) 支付的地点。依《公约》第57条第1款的规定，支付的地点首先应以当事人在合同中的约定为准，在合同对此没有确定的情况下，公约对支付地点进行了下列补充规定：第一，卖方营业地为支付地，在卖方有一个以上营业地的情况下，买方的支付地点为卖方与合同及合同的履行关系最密切的营业地。第二，如凭移交货物或单据支付货款，则移交货物或单据的地点为支付地。

（3）支付的时间。依《公约》第58条的规定，如果双方当事人未在合同中具体约定付款的时间，则买方应依《公约》规定的下列时间支付货款：第一，在卖方将货物或单据置于买方控制下时付款。第二，在合同涉及货物运输时，卖方可以在支付价款后方可把货物或控制货物处置权的单据移交给买方作为发运货物的条件。第三，在买方没有机会检验货物前，无义务支付货款。

2. 接收货物

依《公约》的规定，买方接收货物的义务由以下两部分组成：

（1）采取一切理应采取的行动。《公约》第60条（a）项规定，买方应采取一切理应采取的行动，以期卖方能交付货物。

（2）提取货物。这要求买方将货物置于自己的实际控制下，买方应按时提取货物。应注意的是，接收不等于接受，接受表明买方认为货物的质量符合买卖合同的规定，而接收并不表明买方对货物的质量没有异议。依《公约》第77条的规定，声称另一方违约的一方，必须按情况采取合理措施，减轻由于该另一方违约引起的损失，包括利润方面的损失。如不采取措施，则违约一方可要求从损害赔偿中扣除原可以减轻的损失数额。

四、风险转移

依《公约》第66条的规定，货物在风险转移到买方承担后遗失或损坏的，买方支付货款的义务并不因此解除，除非这种损坏或遗失是由于卖方的行为或不行为造成的。

（一）《公约》确定的风险转移的时间

依《公约》第67—69条的规定，风险转移的时间有下列几种情况：

（1）合同中有运输条款的货物买卖的风险转移。依《公约》第67条的规定，应依下列方式转移风险：如该运输条款规定卖方有义务在某一特定地点把货物交给承运人运输，则卖方履行义务以后，货物的风险就随之转移给买方；

如合同中没有指明交货地点，卖方只要按合同规定把货物交给第一承运人，货物的风险就转移给买方承担。

（2）对于在运输中销售的货物的风险转移，依《公约》第 68 条的规定，自订立合同时起，风险就转移给买方承担。

（3）其他情况下货物的风险转移。依《公约》第 69 条的规定，在不属于上述两条规定的其他情况下，如在卖方营业地交货，或在卖方营业地以外的地点交货，此时的风险从买方接收货物时起或货物交由买方处置时起转移给买方承担。

（二）风险转移与卖方违约的关系

货物的风险指的是货物因自然原因或意外事故所致的损坏或灭失的危险，如果货物的损坏或灭失是由于卖方违反合同所致，则依《公约》第 70 条的规定，买方仍然有权向卖方提出索赔，并可采取因此种违反合同而可以采取的各种补救办法。

甲公司与乙公司依 CIF 安特卫普价格订立出口一批布料的合同。货物运输途中，乙公司将货物转卖给丙公司。关于这批布料两次交易的风险转移时间，依《2010 年通则》及《公约》的规定，在 CIF 术语下，甲公司与乙公司的布料交易，货物灭失或损坏的风险在货物交到船上时发生转移。而乙公司与丙公司之间的布料交易，根据《公约》第 68 条的规定，运输途中销售的货物，其风险原则上自双方订立合同时起转移给买方承担。

五、违反合同的补救办法

（一）卖方违反合同时适用于买方的补救办法

（1）要求实际履行。《公约》第 46 条第 1 款规定，卖方违反合同的，买方可以要求其实际履行，除非买方已采取与此一要求相抵触的某种补救办法。《公约》以实际履行作为第一种补救办法，目的是保证合同履行的稳定性。另外，《公约》第 47 条第 1 款还规定了一个合理的履约宽限期，即买方可以规定一个合理时限的额外时间，让卖方履行其义务。

（2）交付替代物。《公约》第 46 条第 2 款规定了交付替代物的补救办法。交付替代物是在货物与合同不符时的一种补救办法，即要求卖方替代交付与合同相符的货物。依该条款的规定，买方只有在货物与合同不符构成根本违反合同时，才可以要求交付替代货物，而且关于替代货物的要求，必须与说明货物与合同不符的通知同时提出，或者在该项通知发出后一段合理时间内提出。

（3）修理。《公约》第 46 条第 3 款对修理的补救办法进行了规定。修理是卖方对所交付与合同不符的货物进行的修补、调整或替换有瑕疵部分等。买方的修理要求须与发出的货物不符的通知同时提出，或在该通知发出后一段合理时间内提出。

（4）减价。依《公约》第 50 条的规定，如货物与合同不符，不论货款是否已付，买方都可以减低价格。减价按实际交付的货物在交货时的价值与符合合同的货物在当时的价值两者之间的比例计算。

（5）解除合同。依《公约》第 49 条第 1 款规定，买方有权在下列情况下解除合同：第一，卖方根本违反合同。第二，卖方在买方规定的宽限时间内没有交货或声明不交货。根本违反合同，是指因一方当事人违反合同而使另一方当事人遭受损害，实际上剥夺了其依合同规定期待取得的东西。即合同的存在对他期待的利益已没有什么意义了，此时买方可以解除合同。如卖方只交付了一部分货物或交付的货物中只有一部分相符，则前述有关实际履行、交付替代物、修理、减价等补救办法适用于未交付的部分和不符合同规定部分的货物。

买方解除合同的权利由于下列情况而丧失：第一，对于迟延交货，买方没有在迟延交货后的一段合理的时间内解除合同。第二，对于其他情况的违约，在他已经知道或应当知道后的一段合理时间内没有解除合同；或者，当买方给予额外交付货物期限时，在该额外期限届满后的一段合理时间内没有解除合同；或者，当卖方对自己的不履行义务向买方声明将在额外期限内进行补救，而该期限已经超过或买方不接受卖方的补救的情况下，买方仍没有解除合同。

2006 年 6 月，佛易纳公司与晋堂公司签订了一项买卖运动器材的国际货物销售合同。晋堂公司作为买方在收到货物后发现其与合同约定不符。依据

《公约》的规定，如果货物与合同不符的情形构成根本违反合同，晋堂公司可以解除合同。根据货物与合同不符的情形，损害赔偿的违约救济方式既可单独使用，也可和任何一种违约救济方式并用，晋堂公司可以同时要求减价和赔偿损失。如果收到的货物数量大于合同规定的数量，即卖方多交货，则买方有权拒收，也有权接受（按合同价款支付）。此种情况下，拒收是买方的权利而非义务，晋堂公司可以拒绝接受多交部分的货物。

（二）买方违反合同时适用于卖方的补救办法

（1）要求履行义务。依《公约》第61—63条的规定，如果买方不履行其在合同中和《公约》中规定的任何义务，卖方可以要求其履行义务，并可以要求买方支付货款、收取货物以及履行其他相应的义务，只要卖方没有采取与此要求相抵触的某种补救办法。卖方也可以规定一段合理时限的额外时间，让买方履行义务。除非卖方收到买方的通知，声称其将不在所规定的时间内履行义务，卖方不得在这段时间内对违反合同采取任何补救办法。当然，卖方并不因此而丧失因买方迟延履行要求损害赔偿的权利。

（2）解除合同。依《公约》第64条的规定，卖方在下列情况下可以解除合同：第一，买方没有履行合同或《公约》规定的义务，构成根本违反合同；第二，买方不在卖方规定的额外时间内履行支付价款的义务或收取货物，或买方声明他将不在所规定的时限内履行。但是，如果买方支付了全部货款，卖方原则上就丧失了解除合同的权利。

（三）适用于买卖双方的一般规定

1. 预期违反合同和分批交货合同

预期违反合同是指，在合同订立后、履行期届满前，一方明示拒绝履行合同，或通过其行为推断其将不履行义务。当一方出现预期违反合同的情况时，依《公约》的规定，另一方可以采取中止履行义务的措施。《公约》第71条对中止履行义务的内容进行了规定。

（1）中止履行义务的适用条件：第一，必须是被中止方当事人履行义务的能力或信用方面存在严重缺陷；第二，被中止方当事人必须在准备履行或履行合同的行为方面表明他将不能履行合同中的大部分重要义务。

(2) 中止履行义务的结束。依《公约》第 71 条第 3 款的规定，中止履行义务的一方当事人不论是在货物发运前还是发运后，都必须通知另一方当事人，如经另一方当事人对履行义务提供充分保证，则中止履行的一方必须继续履行义务。当然，中止除了因继续履行而结束外，也可以因中止方当事人解除合同而结束。

(3) 预期违反合同与解除合同。依《公约》第 72 条第 1、2 款的规定，如果在履行合同日期之前，明显看出一方当事人将根本违反合同，另一方当事人可以解除合同。在时间许可的情况下，准备解除合同的一方应向对方发出合理的通知，使其可以对履行义务提供充分保证。

(4) 分批交付的货物无效的处理：第一，一方当事人不履行任何一批货物的义务，构成对该批货物的根本违约，另一方当事人可以对该批货物解除合同。第二，如有充分理由断定对今后各批货物将会发生根本违反合同，则可在一段合理时间内宣告合同今后无效，即解除合同对以后各批货物的效力。第三，买方宣告合同对任何一批货物的交付为无效时，可以同时宣告合同对已交付的或今后交付的各批货物均为无效，如果各批货物是相互依存的，另一方当事人可以解除整个合同。

2. 损害赔偿

(1) 损害赔偿的概念。依《公约》的规定，损害赔偿是指对由于一方当事人违反合同给另一方当事人造成的损害或损失给予金钱上的补偿。

(2) 赔偿金额的计算。赔偿金额的计算是损害赔偿的中心内容，依《公约》第 74 条的规定，赔偿金额计算的原则是，"一方当事人违反合同应负的损害赔偿额，应与另一方当事人因他违反合同遭受的包括利润在内的损失额相等"。依《公约》的这一原则，计算损害赔偿金的目的是要使受损害一方当事人获得合同被履行后所应有的经济地位，补偿其实际损失。另外，依《公约》第 74 条的规定，损害赔偿还应以违约方能够预见的损失为限。例如，卖方在订立合同时对于买方购买货物的正常市场利润是能预料的，但卖方对买方由于异常天气等原因造成的脱销而价格猛涨等不正常的价格变化是不能预料的。超过正常范围的损失，卖方不承担赔偿责任。

（3）要求损害赔偿的一方减少损失的责任。依《公约》第77条的规定，声称另一方违约的当事人，必须按情况采取合理措施，以减轻由于另一方违约而引起的损失。如果他不采取这种措施，违约的一方可以要求从损害赔偿中扣除原可以减轻的损失数额。

3. 支付利息

《公约》第78条是关于支付利息的补救办法的规定。支付利息是指拖欠价款或其他金额的一方当事人应向另一方当事人支付上述款项的利息。支付利息有两种，一种是货款的利息，另一种是拖欠金额的利息。同时，采用支付利息的补救办法后，仍然可以要求损害赔偿。

4. 免责

《公约》第79条、第80条对免责的情况进行了规定。

（1）免责的条件：第一，不履行必须是由于当事人不能控制的障碍所致，如战争、禁运、风暴、洪水等。第二，这种障碍是不履行一方在订立合同时不能预见的。第三，这种障碍是当事人不能避免或不能克服的。

（2）免责的通知。依《公约》第79条第4款的规定，不履行义务的一方必须将障碍及其对他履行义务能力的影响通知另一方。如果对方在不履行义务的一方已知道或理应知道此一障碍后一段合理时间仍未收到通知，则不履行义务的一方对由于对方未收到通知而造成的损害应负赔偿责任。

（3）免责的后果。依《公约》第79条第5款的规定，免责一方所免除的是对另一方损害赔偿的责任，但受损方依《公约》采取其他补救措施的权利不受影响。

甲公司（买方）与乙公司订立了一份国际货物买卖合同，后因遇到无法预见与不能克服的障碍，乙公司未能按照合同履行交货义务，但未在合理时间内将此情况通知甲公司。甲公司直到交货期过后才得知此事。乙公司的行为使甲公司遭受了损失。依《公约》，乙公司在履约时遭遇不可抗力导致不能履行交货义务，对此乙公司可以免责并解除合同，但应当在合理时间内通知甲公司。由于乙公司遭遇不可抗力后未履行对合同他方的及时通知义务，甲公司有权对由此造成的损失请求乙公司赔偿。

5. 解除合同的效果

依《公约》的规定，解除合同的效果主要有三个：

（1）合同一经被解除，即解除了买卖双方在合同中的义务。但它并不免除违约一方损害赔偿的责任，以及合同中有关解决争议和双方在合同解除后的权利义务的规定。

（2）买方必须按实际收到货物的原状归还货物。如果买方归还的货物不具有交货时的使用价值，买方就会丧失解除合同或要求卖方交付替代货物的权利。

（3）解除合同后，买卖双方必须归还因接受履行所获得的收益。即卖方应归还所收取的货款的利息，买方应归还由于使用货物或转卖货物所得的收益。

6. 保全货物

《公约》第85—88条是关于保全货物的规定。

（1）保全货物的概念。保全货物是指在一方当事人违约时，另一方当事人仍持有货物或控制货物的处置权时，该当事人有义务对他所持有的或控制的货物进行保全。保全货物的目的是减少违约一方当事人因违约而给自己带来的损失。

（2）履行保全货物义务的条件。买卖双方都有保全货物的义务，但条件不同。其中，卖方保全货物的条件是：买方没有支付货款或接收货物，而卖方仍拥有货物或控制着货物的处置权。买方保全货物的条件是：买方已接收货物，但打算退货。

（3）保全货物的方式：第一，将货物寄放于仓库。即有义务采取措施以保全货物的一方当事人，可以将货物寄放于第三方的仓库，由对方承担费用，但该费用应合理。第二，将易坏货物出售。对易坏的货物，保全会发生不合理的费用，可以出售货物，并应将出售货物的打算在可能的范围内通知对方。出售货物的一方可从出售货物的价款中扣除保全货物和销售货物发生的合理费用。

中国甲公司从美国乙公司进口一批水果，合同约定货到验收后付款。货物到达目的港后，甲公司提货验收发现，货物总重量短少12%，单个体积和重量也不符合合同规定。根据《公约》，若卖方交付的货物存在质量缺陷，无论是否构成根本违约，买方都有接收货物的义务，甲公司应接收货物。但是，接收不等于接受，接受表明买方认为货物的质量符合买卖合同的规定；而接收并不表明买方对货物的质量没有异议，若卖方交货不符构成根本违约，买方甲公司仍然有权要求退换货。根据《公约》关于保全货物的规定，一方当事人违约时，另一方当事人仍持有货物或控制货物的处置权时，该当事人有义务对他所持有的或控制的货物进行保全。若卖方交货不符构成根本违约，买方有权要求退换货，但应当根据货物的性质采取寄放或出售等保全措施，保全费用可要求违约方承担。据此，甲公司可以将货物寄放于第三方仓库，其费用由乙公司承担；甲公司也可以将货物出售，并从出售价款中扣除保全货物和销售货物发生的合理费用。

典型案例

美国哈迪公司诉英国庞德公司松节油买卖案

一、案情介绍

美国哈迪公司以"FOB里斯本"条件向英国庞德公司购买300吨葡萄牙松节油，而实际上该批货物由葡萄牙供货人供货，并规定由该供货人取得出口许可证。但当作为买方的美国船只到达里斯本港口时，葡萄牙政府拒绝签发货物发往美国的出口许可证，卖方松节油因此未能装船。买方向英国法院提起诉讼。

英国法院判决，根据FOB合同规则，英国公司应承担未能装船的全部责任。英国庞德公司败诉。

二、主要法律问题

国际货物买卖合同的履行应遵循全面履行原则，即合同当事人须按照合同约定的标的、质量、数量、价款、期限、地点、方式履行合同项下之义务。不履行或不完全履行合同义务则构成违约。

价格术语是确定买卖双方风险、责任和费用划分的国际惯例，是在国际贸易实践中逐步形成和发展的，常见的 FOB、CFR、CIF 三种术语都属于象征性交货方式。其中，FOB 术语是最重要的国际贸易价格术语之一。按照 FOB 术语的一般解释及《2010 年通则》的有关规定，在 FOB 术语下卖方承担的主要义务包括但不限于：办理报关、商检等出口手续；及时向买方发出装船完毕通知并提交单据等。

三、案例评析

在《2000 年通则》中，FOB、CFR 和 CIF 术语的风险划分点是"船舷"。而在《2010 年通则》中这三种术语的风险转移不再设定"船舷"的界限，只强调卖方承担货物装上船为止的一切风险，买方承担货物自装运港装上船开始起的一切风险，强调在 FOB、CFR 和 CIF 术语下买卖双方的风险以货物在装运港口被装上船时为界。

在 FOB 术语下，货物在装运港装上船以后，风险就全部转移给了买方。《2010 年通则》与《2000 年通则》相比，买卖双方风险责任划分更为科学合理，更加具有实践层面的可操作性。在 FOB 术语下，卖方需要承担的义务包括：提供符合合同规定的货物及单证；办理出口手续；在装运港将货物装上买方指定的船舶并通知买方；承担货物在装运港船上交货前的风险和费用。卖方与供货方之间的约定不影响其在 FOB 术语下对买方应承担的义务。本案中，卖方英国庞德公司与供货方葡萄牙商家虽不在同一国家，但并不影响其承担在葡萄牙取得出口许可证的义务。卖方因未申请到出口许可证致使货物无法装船，已构成违约，应承担违约责任。

推荐书目 》》

1. 陈百助、晏维龙：《国际贸易理论：政策与应用》，高等教育出版社 2006 年版。

2. 冯德连、邢孝兵主编：《国际经济学教程》，高等教育出版社 2010 年版。

3. 海闻、施建淮：《国际经济学》，高等教育出版社 2011 年版。

4. 郝国胜、杨哲英、关宇主编：《新编国际经济学（第二版）》，清华大学出版社 2008 年版。

5. 黄梅波、熊爱宗主编：《国际金融实务》，高等教育出版社 2011 年版。

6. 朱榄叶编著：《世界贸易组织国际贸易纠纷案例评析》，法律出版社 2000 年版。

思考题 》》

2006 年 7 月 27 日，中国某公司应荷兰 A 商号的请求，报出某初级产品 100 吨、每吨鹿特丹到岸价格（CIF）人民币 3900 元即期装运的实盘。荷方接收到中方报盘后，没作承诺表示，而是再三请求中方增加数量，降低价格一并延长要约有效期。中方曾将数量增至 300 吨，价格每吨 CIF 鹿特丹减至人民币 3800 元，并两次延长了要约的有效期，最后延至 8 月 30 日。

荷兰 A 商号于 8 月 26 日来电接受该盘。中方公司在接到对方承诺电报时，发现巴西因受灾而影响到该产品的产量，国际市场价格暴涨，因而中方拒绝成交，并复电称："由于世界市场价格变化，货物在接到承诺电报前已售出。"但荷方不同意这一说法，认为承诺是在要约有效期内作出，因而是有效的，坚持要求中方按要约的条件履行合同，并提出，要么执行合同，要么赔偿对方差价损失 40 余万元人民币，否则将提起诉讼。

思考：

1. A 商号有无正当理由对中国某公司提起诉讼？

2. 双方间的买卖合同是否成立？

第十三章
Chapter 13

国际投资法

案例导读

1990年以来，中国企业赴美国投资并购频繁遭遇无端的国家安全审查。三一重工并购美国风电项目受挫就是一例。美国Ralls公司是一家在特拉华州注册的公司，属段大为（三一重工CFO）和吴佳梁（三一重工CEO）两个中国公民所有。2012年2月28日，Ralls公司与一家希腊公司Terna US签订资产收购合同，正式收购Terna US公司的Butter Creek项目。Butter Creek项目位于美国俄勒冈州西南12英里处，由4个独立的风电站组成。这些项目地点在威比岛美国海军航空站之外，但与美国军用飞机所使用的一个空中禁区和轰炸区域相重合。在收购之前，Terna US就已获得并网协议，并履行了美国航空局要求的合法手续。在双方就收购合同达成一致后，三一集团取得了项目建设融资，开始各项准备建设。2012年6月，在交易完成后，Ralls公司意识到美国外国投资委员会（Committee on Foreign Investment in the United States，CFIUS）将对其收购行为启动审查，于是向后者提出了申报。根据美国《1950年国防生产法》第721节的规定（经《2007年外国投资和国家安全法》修订，第721节又被称为《埃克森-弗洛里奥修正案》），虽然Ralls公司为美国公司，但该公司为两名三一集团的中国籍高层管理人员所控制，因此，

CFIUS对该交易进行了审查，并确定Ralls公司收购项目公司的行为威胁到美国国家安全，为此签发了临时减轻损害措施令，限制Ralls公司进入并阻止其在项目公司的风电场地点施工。这一结果在CFIUS提交给美国时任总统奥巴马之后没有改变。奥巴马随后根据CFIUS的建议签发总统令，永久禁止该收购交易，要求Ralls公司必须在90日内完成对项目公司的剥离。2012年9月12日，Ralls公司在三一集团的支持下作出了史无前例的回应，向美国哥伦比亚特区联邦地区法院提起诉讼，对CFIUS的最终决定和美国总统签发的永久禁止令提出异议，主张这些决定和永久禁止令违反美国《宪法》第五修正案的正当程序条款。一审法院驳回了Ralls公司的主张。Ralls公司随后提起上诉。2014年7月15日，美国哥伦比亚特区联邦巡回上诉法院作出判决，认为以签发总统令收场的CFIUS审查程序没有给予当事人提供任何程序保障，将案件发回重审。[①] 2015年11月，双方正式达成和解，Ralls公司被允许将项目转让给第三方，CFIUS也认定Ralls公司在美进行的其他风电项目收购交易不涉及国家安全问题。

本案涉及资本输入国在外资准入环节实施的基于国家安全的管制问题，是资本输入国外国投资法的重要内容。

教学目标

本章介绍和阐述国际投资法的概念、特征、渊源、资本输出国海外投资法以及保护国际投资的国际法制。通过学习本章内容，学生应对国际投资法形成比较系统全面的认识。学生应当掌握的基本知识点包括国际投资法的概念、特征和渊源、资本输入国外资法的主要内容、资本输出国海外投资法的主要内容以及国际投资争端解决的主要方式等。其中，学生应当重点掌握的内容包括特许协议的法律性质、国有化与征收的补偿规则、海外投资保险制度的承保险别与对象、多边投资担保机构（Multilateral Investment Guarantee Agency，MI-

---

[①] 参见黄晋：《三一重工在美诉讼赢了什么》，载《经济参考报》2014年8月5日第6版。

GA）的承保险别与对象、解决投资争端国际中心（International Center for Settlement of Investment Disputes，ICSID）的仲裁规则。

第一节　国际投资法概述

一、国际投资的概念与形式

国际投资法意义上的国际投资通常指的是国际私人直接投资。其一，国际私人直接投资主体是自然人或法人。其二，投资者有效控制了企业的经营管理权与决策权。国际私人直接投资的表现形式有企业、资产和项目等。例如，中国《外商投资法》第 2 条规定，外商投资包括下列情形：（1）外国投资者单独或者与其他投资者共同在中国境内设立外商投资企业；（2）外国投资者取得中国境内企业的股份、股权、财产份额或者其他类似权益；（3）外国投资者单独或者与其他投资者共同在中国境内投资新建项目；（4）法律、行政法规或者国务院规定的其他方式的投资。

二、国际投资法的概念与特征

国际投资法是调整国际私人直接投资关系的法律规范的总和，是国际经济法的一个重要分支。具体来说，它主要有三方面的特征：

第一，国际投资法调整的是国际私人投资关系。以投资主体为标准，国际投资可划分为官方投资与非官方投资（即国际私人投资）。前者发生于政府或政府间国际组织之间，后者则由自然人、法人或其他经济组织等非官方实体主导。国际投资法的调整对象，仅限于基于国际私人投资行为形成的相关当事人之间的关系。基于官方投资行为形成的资金融通关系一般由国际经济组织法或有关政府间贷款协定等调整。至于一国的国家公司、国有企业或类似的经济实体在海外进行的投资，东道国一般把它们视作私人投资。另外，一国政府在商业活动基础上参与的投资活动，通常也被视为私人投资。

第二，国际投资法调整的是国际私人直接投资关系。一般来说，国际投资法的调整对象主要是基于国际私人直接投资行为形成的相关当事人之间的关系。国际私人间接投资关系一般属于民商法、公司法、票据法、证券法等法律、法规的调整范畴。

第三，国际投资法的调整对象——国际私人直接投资关系既包括纵向的关系，也包括横向的关系。前者是指私人投资者与东道国政府和母国政府之间的关系，后者是指私人投资者在投资经营过程中与其他平等主体之间形成的关系，以及各国政府就国际投资的保护与促进形成的协调与合作关系。

三、国际投资法的渊源

（一）国际法渊源

国际投资法的国际法渊源主要包括国际投资条约、国际习惯、一般法律原则和其他辅助性渊源。

国际投资条约（International Investment Agreement，IIA）不仅包括专门调整投资事项的国际条约，也包括综合经贸协定中的投资章节。专门的国际投资条约以双边国际投资条约（Bilateral Investment Treaty，BIT）为主，BIT 是在两国之间就国际投资的保护、促进与管理缔结的条约。除此之外，还有少量的全球性国际投资条约，如 WTO 框架下的《与贸易有关的投资措施协议》（Agreement on Trade-Related Investment Measures，简称《TRIMs 协议》）、《多边投资担保机构公约》（Convention Establishing the Multilateral Investment Guarantee Agency，简称《MIGA 公约》）和《关于解决各国和其它国家国民之间投资争端的公约》（Convention on the Settlement of Investment Disputes between States and Nationals of Other States，简称《ICSID 公约》）。含投资章节的综合经贸协定以双边和区域性协定为主，如《区域全面经济伙伴关系协定》（Regional Comprehensive Economic Partnership Agreement，RCEP）、《全面与进步跨太平洋伙伴关系协定》（Comprehensive and Progressive Agreement for Trans-Pacific Partnership，CPTPP）和《美墨加协定》（United States-Mexico-Canada Agreement，USMCA）等。

截至 2021 年 3 月，全球范围内 BIT 数量达到 2896 份，含投资章节的综合经贸协定数量达到 416 份。[①] 其中，传统 IIA 数量是新一代 IIA 数量的近十倍。[②] 传统 IIA 片面强调投资的促进和保护，严重忽视了东道国的主权和公共利益，对东道国的公共政策空间造成了严重挤压。新一代 IIA 重视投资者和东道国利益的平衡，在继续推动投资自由化和便利化的同时，兼顾东道国的公共利益和可持续发展目标。

就国际投资的保护与促进而言，发达国家与发展中国家之间历来存在着激烈的冲突与矛盾，所以国际习惯的形成十分不易。对于目前有关国际投资的国际习惯有哪些，也是极具争议，如"用尽当地救济原则""对征收应进行充分、及时、有效的补偿"是否构成国际习惯，发达国家与发展中国家即持截然相反的主张。但总的来说，国际习惯在国际投资法中的地位并不是十分突出。

一般法律原则是各国国内法律体系中共有的法律原则，如善意原则、禁止反言原则、既判力原则等。[③] 一般法律原则是国际条约和国际习惯的重要补充。

此外，联合国的有关规范性决议、国际司法判例以及权威专家学者的学说也构成国际投资法的辅助性渊源。

（二）国内法渊源

国际投资法的国内法渊源主要包括资本输入国法制和资本输出国法制。

资本输入国有关国际投资的立法统称"外国投资法"，主要起到保护、鼓励和管制外国私人直接投资的作用，其内容广泛覆盖外资准入和经营的全过程。各国外资法所采用的形式和体系不尽相同，有的颁布专门的外资法典，有的以单行法规为主，同时辅之以其他相关法律，有的则内外资统一适用相关法律。

---

① See UNCTAD, International Investment Agreements Navigator, https：//investmentpolicy. unctad. org/international-investment-agreements, visited on Dec. 1, 2021.

② See UNCTAD, World Investment Report 2019：Special Economic Zones, 2019, p. 109.

③ 参见王虎华：《国际法渊源的定义》，载《法学》2017 年第 1 期。

资本输出国有关国际投资的立法统称"海外投资法",主要起到保护、鼓励和管制本国私人对外直接投资的作用。其中,用于政治风险救济的海外投资保险制度是其最为重要的组成部分。

第二节　资本输入国的外国投资法

外国投资法的制定与执行是各资本输入国对外资进行管理与规制的主要手段,也是影响各国外资流量的重要因素之一。基于经济实力、经济发展目标与战略、政治文化背景等等的不同,各国的外资立法模式与发展历程呈现出不同的特点。

发达国家的经济实力普遍比较强大,对外资的吸纳能力较强,所以在通常情况下,内外资是统一适用相关法律法规的,整体上相对宽松和自由。除日本、澳大利亚和加拿大外,发达国家基本上没有关于外国投资的基本法或专门法规,只在少数问题上,对外资区别对待,如国家安全、环境保护和劳工权利等。

大多数发展中国家在历史上长期是帝国主义国家的经济附庸、廉价的投资场所,这种地位在它们取得政治独立后并没有立刻得到改观,所以发展中国家对外资的态度是矛盾的。一方面,它们需要外资的注入以弥补国内建设资金的不足;另一方面,它们又不希望本国的经济命脉掌控在外国资本手中。相应地,发展中国家在外资立法上是十分谨慎的。它们大多对外资单独立法,或制定统一的外资法典,或制定单行法规,以强化对外资的管理与规制,尽量将外资带来的消极影响降到最小。

改革开放以来,中国逐渐形成了以《中外合资经营企业法》《中外合作经营企业法》和《外资企业法》三部法律为主、《外商投资产业指导目录》为配套、其他国务院行政法规和部门规章为补充的外商投资法律体系。2020年1月1日,《外商投资法》开始施行,三资企业法同时废止。该法体现了高水平投资自由化和便利化导向,旨在营造稳定、透明、可预期和公平竞争市场环境。①

综合来看,资本输入国的外国投资法主要包括以下内容。

一、外资准入

外资准入是资本输入国针对外资立法的第一个环节,是确保良好投资进入本国的第一道屏障。它主要包括以下四方面的内容:

(一) 出资方式

资本的形式是多样的,各国允许外国资本进入的形式一般包括外汇、有形资产和无形资产等。其中,外汇是东道国最为欢迎的出资方式,有形资产和无形资产作为出资方式则一般会受到不同程度的限制。有形资产主要包括机器设备、原材料、零部件等,无形资产主要有专利、商标、专有技术等形式。

(二) 投资范围

为防止本国的经济命脉为外资所控制,确保外资流向与本国的经济发展目标和战略保持一致,各资本输入国都对投资范围进行了相应的规定,主要有三种情形。一是禁止或限制外资进入的行业,通常都是关系到国计民生的关键行业,如国防、通信、能源、交通、金融等。二是鼓励外资进入的行业,通常是急需资金和先进技术投入的新兴产业以及面向出口或进口替代的产业,如电子及通信设备制造业、交通运输设备制造业等。三是允许外资进入的行业,也就是除上述两类行业之外的所有其他行业。

总的来说,发达国家除了某些关键性行业禁止外资进入外,一般不对外资流向进行人为干预,以充分发挥市场的调节作用。这是由发达国家自身强大的经济实力所决定的。而发展中国家基于保护本国经济主权、幼稚产业和民族产业的需要,往往比较注重对外国投资范围的控制。不过,自 20 世纪 90 年代以来,大多数国家在外资准入领域都进行了程度不同的自由化改革,逐渐增加允

---

① 参见孔庆江、丁向群:《关于〈中华人民共和国外商投资法〉立法过程及其若干重大问题的初步解读》,载《国际贸易问题》2019 年第 3 期。

许和鼓励外资进入的行业、逐渐减少禁止或限制外资进入的行业。

依据《外商投资法》第 4 条和第 28 条，中国对外资准入实施负面清单管理制度，即以清单方式明确列出在中国境内禁止和限制投资经营的行业、领域、业务等。清单禁止投资的领域，外国投资者不得投资。清单规定限制投资的领域，外国投资者进行投资应当符合清单规定的条件。清单以外的领域，外商投资者皆可进入。

（三）外资比例

外资所占的比例直接关系到企业控制权的分配，从而影响到企业重大经营策略的制定。对资本输入国而言，对外资比例的控制可以实现多种政策目标，如引导外资流向、防止转移定价、防止以较少的外资投入享受外资优惠待遇等。

对于外资比例的规定，各国主要采取两种模式。一是规定一个适用于所有行业的比例范围；二是对不同的行业设定不同的外资比例范围。就外资比例范围的设定而言，具体有三种方式：有上限而无下限，有下限而无上限，既有上限也有下限。

（四）审批与审查制度

对外资的审批，是资本输入国政府依照法律规定对拟进入的外资进行审查并决定是否给予许可的一种行政行为。相关法律规定主要包括四方面的内容：审批标准、审批机构、审批范围和审批程序等。对于外国投资者而言，审批过程是需要一定的成本投入的，而不当的审批制度会起到阻碍外资输入的消极作用。

近些年来，各国就审批制度进行的改革主要涉及以下几方面：（1）精简审批机构，简化审批程序，提高审批效率。不少国家设立"一站式"审批机构，让投资者进入该审批机构便可完成全部或大部分审批手续。（2）缩小审批范围，如仅要求外资进入负面清单中限制外资进入的领域时接受审批等。（3）放宽审批标准，如不再将投资措施与外资准入捆绑在一起，或仅在外资准入问题上施加"鼓励性"投资措施，同时将审批标准具体化、透明化。（4）增加行政复议或申诉程序，确保外国投资者不服审批决定时有充分的救济途径。

此外，针对外资并购，资本输入国还可能进行反垄断审查和国家安全审查，以确保本国的产业安全、经济安全和国家安全。基于正当目的的审查无可厚非，应当警惕的是某些国家借审查之名高筑投资壁垒或实现政治目的，如前述三一重工并购美国风电项目受挫案。

据 CFIUS 公布的年度报告，从 2005 年到 2007 年，313 份交易审查报备通知中仅有 4 份与中国公司有关。但从 2017 年到 2019 年，中国公司为收购方的审查报备共有 140 起，占总数的近 20%，居各国之首。[①] 国家安全审查已成为中国企业赴美投资的重要壁垒。

（五）特许协议

特许协议是指一国政府同外国投资者个人或法人约定，在一定期间和指定地区内，允许其在一定条件下享有专属于国家的某种权利，投资从事公用事业建设或自然资源开发等特殊经济活动，基于一定程序，予以特别许可的法律协议。它是一国在建设资金缺乏的情况下利用外资开发自然资源、进行公用基础设施建设通常采取的方法，主要特征为：（1）协议的一方为国家，另一方为外国个人或法人；（2）协议的投资项目通常限于自然资源开发和公用事业建设，因而具有周期长、耗资巨大的特点；（3）协议须由东道国行政机关或立法机关审批，有些协议的内容甚至会成为法律、法令或行政命令的一部分。在法律性质上，特许协议仍然是国内法上的合同。

二、外资待遇

外资待遇是指外国投资者（包括投资）在东道国从事投资活动享有权利和承担义务的状况，它明确了外国投资者在东道国的法律地位、权利义务的标准、投资及其收益等管理上的保护程度，以及在特殊情况下国家征用投资财产时的补偿标准等。外资待遇的确定是统领资本输入国外资立法的基本原则，具有十分重要的意义。

---

① See CFIUS, Annual Report to Congress：CY 2019, p. 21, https：//home.treasury.gov/system/files/206/CFIUS-Public-Annual-Report-CY-2019.pdf, visited on Dec.1, 2021.

目前，有关外资待遇的标准主要有两大类：一是绝对标准，如公平公正待遇、国际法标准等；二是相对标准，如最惠国待遇、国民待遇等。在绝对标准的界定上，发达国家与发展中国家向来存在较大分歧，因而在各国的国内立法中尚不多见。相比之下，相对标准更具有可操作性和合理性。

传统上，国民待遇仅适用于准入后阶段的投资。近年来，随着投资自由化的进一步推进，越来越多的国家将国民待遇的适用阶段从准入后延伸到准入前，在投资准入阶段即给予外国投资者及其投资不低于本国投资者及其投资的待遇。中国现行《外商投资法》即采取这种规定。

三、外资保护

外资保护主要包括两方面的内容。一是国有化与征收的保证，二是投资原本及利润汇出的保证。

（一）国有化与征收

国有化与征收一般是指国家将原属私人或外国政府所有的财产收归国有的强制性措施。在国际投资领域，它直接关系到私人投资者所有资产的安全，构成一国投资环境的重要组成部分。资本输入国一般会通过各种方式，包括国内立法，为外国投资者提供关于国有化与征收及其补偿的保证。例如，中国现行《外商投资法》第 20 条规定："国家对外国投资者的投资不实行征收。在特殊情况下，国家为了公共利益的需要，可以依照法律规定对外国投资者的投资实行征收或者征用。征收、征用应当依照法定程序进行，并及时给予公平、合理的补偿。"

（二）投资原本及利润汇出

外国投资者到东道国来投资，根本目的在于获取利润，所以他们基于投资行为所获取的利润等合法收益以及投资原本能否兑换成可自由兑换货币或其本国货币以及自由地汇出境外，也是投资者非常关心的问题。风险主要发生在实行外汇管制的国家。

所谓外汇管制，是指一国为维护本国的国际收支平衡以及国民经济稳定发展，通过法律法规对本国的外汇买卖及外汇输出入行为进行的管理与限制。根据管制的外汇项目不同，外汇管制可分为仅针对资本项目的管制以及同时针对资本项目和经常项目的管制。因为外资原本及利润汇出属于资本项目，所以不管在实行哪种外汇管制方式的国家，投资原本及利润汇出都会受到不同程度的限制。目前，大多数发达国家及一些发展中国家已完全取消外汇管制，如美国、英国、德国、沙特阿拉伯等。而大多数发展中国家仍然需要实行程度不同的外汇管制。在这些国家，外资原本及利润汇出受到的限制主要包括外汇自行平衡，外汇汇出时间、金额或比例的限制，以及其他方面的限制。

为了消除外国投资者的顾虑，实行外汇管制的国家通常都会在其外资法中对投资原本及利润汇出作出有条件的保证。例如，中国现行《外商投资法》第21条规定："外国投资者在中国境内的出资、利润、资本收益、资产处置所得、知识产权许可使用费、依法获得的补偿或者赔偿、清算所得等，可以依法以人民币或者外汇自由汇入、汇出。"

四、投资争议解决——东道国当地救济

对基于国际私人直接投资行为产生的争议，在东道国的司法机构或行政机构依东道国的法律来解决，称为"东道国当地救济"。在习惯法中，用尽当地救济是外国私人投资者寻求母国外交保护的前提条件。也有一些 IIA 将当地救济作为投资者启动投资仲裁的前提条件。概括来说，东道国当地救济的法律依据主要有以下四点。

一是国家属地管辖原则。该原则是东道国对国际投资争议享有管辖权的最基本的法律依据，其他一些依据可以说都是由此派生而出的。根据属地管辖原则，外国投资者必须首先服从于东道国的管辖，包括司法管辖。因此，外国投资者同东道国政府或国民发生的争议，理应接受东道国的司法管辖，依照东道国的法律处理。

二是卡尔沃主义。卡尔沃主义（Calvo Doctrine）是南美著名国际法学家卡尔沃（曾任阿根廷外长）于19世纪60年代提出的一种学说，以对抗当时欧洲列强滥用外交保护权的行径。其基本原则有三个：（1）各主权国家是自由和独立的，在平等的基础上享有不受其他国家通过武力或外交干涉的自由；

(2) 外国人对于投资或其他商事争端,只能在当地法院寻求救济;(3) 外国人无权要求比本国国民更优惠的待遇。

三是用尽当地救济原则。依据该原则,受到东道国侵害的外国人在未用尽东道国法律对其仍然适用的所有救济手段之前,其本国政府不得行使外交保护权,追究东道国的国际责任。用尽当地救济规则除了得到广大国际法学家的普遍赞同外,长期以来还得到国家实践、国际判例、国际组织以及私人学术团体的肯定和支持。

四是自然资源永久主权原则。自然资源永久主权原则是现代国际法为东道国对国际投资争议行使管辖提供的一个有力法律依据,旨在强调和维护国家尤其是发展中国家对自然资源永久主权的充分自由的行使。

第三节 资本输出国的海外投资法

资本输出国的海外投资法主要以鼓励、保护和管理海外投资为目的。一方面通过鼓励和保护措施以促进资本输出,另一方面通过管理和限制措施以消除和减少资本输出所带来的负面影响。

一、对海外投资的鼓励与保护措施

(一) 税收优惠

从事国际私人直接投资的投资者基于其投资经营行为所获取的同一笔所得往往会受到东道国和母国的双重税收管辖,从而对投资者造成双重税收负担。为消除这一障碍,资本输出国一般采取两种方法:一是抵免法,即海外投资者在东道国已纳税款,可以在本国应纳税额中抵扣,美国、日本、英国等就是采取这种方式;二是免税法,即承认东道国的独占征税权,海外投资者的所得在东道国已纳税款者,在本国免予纳税。

此外,还有一种针对海外投资者的税收优惠措施被称为"税收饶让",是指居住国政府(即投资者母国政府)对本国纳税人(即投资者)所得因来源国

（即东道国）给予的税收减免而未实际缴纳的税款视同已缴而给予抵免。这一措施的目的并不在于消除国际双重征税，而是使海外投资者真正从东道国的税收优惠政策中受益，从而对海外投资者起到鼓励作用。

（二）资金援助

资本输出国政府对投资者的资金援助包括对投资前调查的资助和对投资项目的资助。前者如对与投资计划有关的可行性研究或投资前调查所需资金予以全部或部分资助；后者如通过各种开发性的金融机构（银行等）向海外投资者提供条件优惠的融资等。

（三）情报与技术支持

大部分发达国家都十分重视向本国的海外投资者提供情报和技术方面的帮助。它们通过各种途径让投资者更方便快捷地了解东道国的经济情况、投资机会、经营费用、行政程序及法律框架等；为海外投资企业培训技术人员；接受从发展中国家派来的政府后备练习生；对训练发展中国家技术人员的培训机构提供政府津贴。

（四）海外投资保险制度

海外投资保险制度，是指资本输出国政府对本国海外投资者在国外可能遇到的政治风险提供保证或保险，投资者向本国投资保险机构申请保险后，若承保的政治风险发生，致使投资者遭受损失，则由国内保险机构补偿其损失的制度。它形成于二战之后，由美国在实施马歇尔计划的过程中首创，以保护美国投资者在欧洲的直接投资免遭政治风险所带来的损失。此后，一些主要的发达国家先后于20世纪五六十年代效仿美国设立海外投资保险制度，以保护本国的海外私人投资。

1. 承保机构

海外投资保险由于其高风险性，使得一般私营保险公司都不愿承保，因此各国的海外投资保险业务基本上都是由政府部门经营的。有的虽是以公司名义经营，但也处在政府密切监控之下，有的甚至本身就是国有公司，受政府直接控制。在中国，负责经营海外投资保险业务的中国出口信用保险公司就是由国家出资设立的国有政策性保险公司。

2. 承保险别

目前,各国海外投资保险的险别主要限于政治风险,包括征收险、外汇险、战争与内乱险等。

(1) 征收险

征收险是指东道国政府的征收行为给投资者直接造成损失的风险。对于征收的概念,各国的规定不尽相同,一般是指剥夺投资者在某一项目中的基本权利或财政利益的政府行为,它可体现为国有化、没收或征用等。但是,东道国政府合法的管理或征税行为导致的投保人的损失以及基于投保人自身的过错或不当行为造成的损失,不属此类风险范畴。

(2) 外汇险

外汇险包括禁兑险和转移险。禁兑险是指作为被批准投资项目的利润或其他收益、因投资回收或处分投资财产而获得的当地货币或其他货币无法在东道国兑换成外汇的风险。转移险是指作为被批准投资项目的利润或其他收益、因投资回收或处分投资财产而获得的收益无法从东道国汇回本国的风险。外汇险发生的原因有多种,如东道国实行外汇管制,停止或限制外汇,或发生其他突发事件,如革命、战争、内乱等,致使投资者无法在一定期间内进行外汇业务等。

(3) 战争与内乱险

战争与内乱险是指由于战争、革命、暴动或内乱等致使投资者在东道国的投保财产受到损害的风险。一般的劳资纠纷、经济矛盾所引起的骚乱冲突风险和一般恐怖活动或国内轻微骚乱所致的损失,均不属于战争与内乱险,除非是国内或国际有组织的武装力量的敌对行动对投保财产的蓄意破坏。对于投保人由于战争与内乱行为所遭受的损失达到何种程度才构成战争与内乱险,各国的规定有一定的差异。日本、德国、法国对战争与内乱险的担保基本上限于全损或实质性损失的情形,美国则没有此种限制。另外,在决定赔付金额时,应将战争与内乱行为给投资者直接造成的损失与其他原因造成的损失区别开来。

除上述三种各国普遍承保的主要险别外,还有一些险别是个别或少数国家承保的,包括营业中断险、迟延支付险、政府违约险和信用险等。

3. 保险对象

作为保险对象的海外投资一般需满足以下五项要求。

（1）投资者

各国海外投资保险制度一般都要求投保人和本国有相当密切的关系。合格的投保人主要有两种类型。一是自然人。各国一般只接受具有本国国籍的自然人的投保申请，有些国家还附加住所或居所的要求。二是公司、合伙或其他组织。大多数国家都允许依本国法律设立的、具有或不具有法人资格的、营利或非营利的公司、企业、合伙或其他组织作为投保人。另外，有些国家还附加有资本控制的要求。

外国公司、合伙或组织作为投保人，一般有严格的限制。依美国法律规定，依外国法设立的外国公司、合伙或其他组织，其资产的全部或至少95％为美国公民、公司、合伙或其他组织所有者，才可作为合格的投保人。有些国家则不允许外国公司、合伙、社团投保。澳大利亚、加拿大的规定则较为宽松，凡在其本国经营的计划去海外投资者，均可投保。

（2）投资发生的时间

各国海外投资保险机构一般只承保新的投资，包括在提出投保申请后创建新的企业以及现有企业的扩大、现代化和重建等。

（3）投资形式

对于投资形式的规定，各国宽严不一。例如，美国海外私人投资公司承保股权投资、贷款、租赁、技术援助协议、许可证协议及其他契约性安排等多种形式的投资，在投资形式方面的限制较少。德国只承保股权投资、与股权投资密切相关的贷款、向海外分公司提供的资金以及某些再投资。日本则规定，合格的投资形式包括直接股权投资、与股权投资相关的长期贷款、为在海外开发日本所需资源提供的长期贷款以及为进行直接投资而在东道国取得的不动产权以及采矿权等权利。

（4）投资与相关国家利益的一致性

资本输出国鼓励和保护海外投资，首先考虑的是对本国的效益。例如，美国规定，海外私人投资公司在承保一项投资时，必须考虑该投资项目最终是否有利于美国的经济,包括对美国工人的就业、国际收支平衡及对美国经济发展目标的影响。此外,从投资的安全性考虑,资本输出国一般还要求投保的投资能对东道国产生良好的社会经济效益,为东道国政府所同意或批准。

(5) 投资的东道国

对于合格的东道国,日本、澳大利亚、挪威等国规定得比较宽松,不要求以本国政府同东道国政府订有双边投资保护协定为前提。但从安全角度考虑,它们仍要求东道国的外资保护政策较为完备,政治、经济等状况比较安定,同时积极利用双边投资保护协定作为改善投资环境的重要手段,以确保国内投资保险的效力。德国的海外投资保险机构虽然也不以东道国与德国签有双边投资保护协定作为承保的法定前提,但实践中私人投资者多向与德国签订了上述协定的发展中国家投资。相对而言,美国对合格东道国的规定更为详细和严格,其条件主要有:必须是事先已与美国政府订有双边投资保证协定的国家,以确保在保险事故发生后,美国政府可依条约进行代位索赔;必须是友好的发展中国家,且国民人均收入较低,其中最不发达国家得予以优先考虑;尊重人权和国际上公认的劳工权利。

二、对海外投资的管理与限制措施

(一)信息披露

为了使政府和社会大众充分和全面地了解和监督上市公司的财务状况和经营状况,各国公司法、证券法均为上市公司设定了信息披露义务,如定期公布资产负债表及其他重要商业情报等。各国从事海外投资的公司大多是本国的股票上市公司,它们同样必须遵守本国的证券法、公司法的规定,履行信息披露义务。

(二)反逃税与避税

海外投资者的逃避税行为会直接导致其母国财政收入的减少,并且会影响国际收支的平衡。所以,反逃税与避税是资本输出国管制海外投资的一个重要内容。各国通常采取的反逃税与避税措施包括:按逃税情节轻重给予相应的行政处罚和刑事处罚;实行正常交易原则,防止关联企业通过转移定价行为避税；开展国际合作，以交换情报和进行税收征管协助等。

（三）反垄断

有些国家十分重视通过反托拉斯法或反垄断法来抑制海外投资对其国内市场的消极影响。例如，美国反垄断法便适用于对美国商业产生不利效果的域外行为。若两个或两个以上的美国公司同时在某外国进行投资建立新的公司，而其生产与销售排除或限制了其他美国公司在美国市场的竞争，便可能受到反垄断法的追究。海外投资企业间各种协议和安排，若限制了美国国内或对外贸易，也会因违反反垄断法而受到制裁。1945年的美国诉美洲铝公司案[1]就是一例。在该案中，美国美洲铝公司在加拿大的子公司参与了一个主要由欧洲企业组成的地域卡特尔，限制了对美国出口铝锭的数量，从而被指控违反了美国《谢尔曼法》，但该子公司既非美国公司，也没有在美国境内组织卡特尔。负责审理本案的美国联邦上诉法院第二巡回法庭汉德（Hand）法官指出，《谢尔曼法》不仅适用于美国国内，也同样适用于外国企业在美国境外订立垄断协议的情况，只要其意图是影响对美国的出口，而且事实上也影响了对美国的出口。

第四节 保护、促进和管理投资的国际法制

一、国际投资条约的发展趋势

进入21世纪以来，传统IIA面临的正当性危机促使各国采取一系列的变革措施，催生了新一代在更高水平实现平衡化的IIA。[2] 主要表现在以下四个方面：

（1）在序言中引入有关环境、劳工、可持续发展和尊重东道国公共规制权

---

[1] United States v. Aluminum Co. of America, et al., 148 F. 2d 416 (2d Cir. 1945), March 12, 1945.

[2] 参见王彦志：《新自由主义国际投资法律机制：兴起、构造和变迁》，法律出版社2016年版，第251页。

的规定。

（2）对"投资"和"投资者"定义进行限缩，如将基于欺诈性陈述、腐败等不法行为而获准设立的投资排除在外，通过利益拒绝条款将未在缔约国从事实质性经营活动或不具有真实经济联系的投资者排除在外。

（3）在外资准入方面推行负面清单加准入前国民待遇管理模式，增加履行要求条款、透明度条款、投资便利化条款等，对非歧视待遇条款设置一定的例外，对公平公正待遇条款进行更为细致的规定，对汇兑与转移、征收与补偿条款进行限定以保障东道国的公共规制权，增加或扩充例外条款的适用范围，增加环境、公共健康、劳工权利、企业社会责任等专门条款或章节。

（4）构建多元化争端解决机制，在既有投资者与国家间仲裁之外，倡导灵活运用磋商谈判、调解、调停等替代性争端解决方法。同时，突出国家间仲裁的作用。进一步完善投资者与国家间仲裁规则，限缩适用的争端范围，设立先期驳回制度，提升透明度，为东道国提供反诉机会，尝试建立常设性国际投资法院和上诉机制。

二、《MIGA 公约》

1985 年，世界银行年会通过《MIGA 公约》，该公约于同年 10 月在汉城开放供世界银行成员和瑞士签字，故又被称为《汉城公约》。《MIGA 公约》于 1988 年 4 月 12 日生效，MIGA 作为实施公约的常设性机构同时成立。目前，该公约共有 182 个成员国。MIGA 有关政治风险担保的规则如下：

（一）承保险别

1. MIGA 承保四种主要的政治风险

（1）货币汇兑险。货币汇兑险是指可归因于东道国政府的限制将货币兑换成可自由使用货币或投保人可接受的另一种货币并汇出东道国境外的任何措施，包括东道国政府未能在合理的时间内对该投保人提出的汇兑申请采取行动。

（2）征收和类似措施险。征收和类似措施险是指可归因于东道国政府的任何立法上的作为或行政上的作为或不作为，实际上剥夺了投保人对其投资的所有权或控制权，或其从该投资中应得的收益，但政府为管理其境内的经济活动而正常采取的普遍适用的非歧视性措施不在此列。其中，"征收"是指直接征收，而"类似措施"指的是间接征收。直接征收一般理解为剥夺投保人对其投资及其收益的所有权或控制权的措施，间接征收一般是指阻碍投保人行使对其投资及其收益的所有权或控制权的措施，它们不同于东道国政府所采取的正常经济管理措施。两者的区别在于，后者具有非歧视性、正常性和公益性。

（3）违约险。违约险是指东道国政府不履行或违反与投保人签订的合同，并且投保人无法求助司法或仲裁机关对毁约或违约的索赔作出裁决；或该司法或仲裁机关未能在根据本机构条例订立的担保合同规定的合理期限内作出裁决；或虽有这样的裁决但未能执行。这意味着，东道国政府只有在违约的同时拒绝司法，才会构成违约险。

（4）战争与内乱险。战争与内乱险是指因东道国境内任何地区军事行动或内乱而给投资者造成的损失。其中，战争险在对外战争的情况下，及于不同国家政府力量之间的敌对行动；在内战的情况下，及于同一国家相互对抗的各政府力量之间的敌对行动，包括经宣战或未经宣战的战争。内乱险通常指直接针对政府的旨在推翻该政府或将该政府驱逐出某个特定地区的有组织的暴力行动，包括革命、暴乱、叛乱和军事政变。对于下列形式的内乱，MIGA 也可以提供担保：第一，骚乱，即聚众采取蔑视合法当局的暴力行动；第二，民众动乱，指具有骚乱的全部特征且范围广、持续时间更长但尚未达到内战、革命、叛乱或暴动程度的事件。

2. 其他政治风险

应投资者与东道国政府的联合申请，经 MIGA 董事会特别多数票通过，可将 MIGA 担保的范围扩大到上述四种常规政治风险以外的其他政治风险。

3. 除外情形

《MIGA 公约》明确规定了不予承保的三种情形：（1）投保人认可或负有责任的东道国政府的任何作为或不作为。这种除外责任尤其出现在投保人及其代理人违法或违约的场合。（2）发生在担保合同缔结之前的东道国政府的任何作为、不作为或其他任何事件。但是，对于已发生的事件，如果 MIGA 与投保人在缔结合同时均不知道，或者缔结担保合同时已存在的有关情况导致以后某一特定的担保事件发生而造成损失，则不因为有上述的除外规定而影响担保合同的有效性。(3) 基于货币贬值给投保人造成的损失。

(二) 承保对象

MIGA 所承保的投资在投资的形式、性质、时间、投资者和东道国方面都有一定的要求。

1. 形式要求

在形式上，合格的投资主要指股权投资，包括股东为该投资企业发放或担保的中长期贷款，以及董事会确定的其他形式的直接投资。另外，董事会经特别多数票通过，可将合格投资扩大到其他任何中长期形式的投资，其中贷款必须与机构承保或即将承保的特定投资有关。

2. 投资性质要求

在性质上，合格的投资必须具有经济上的合理性、发展性和合法性。经济上的合理性是指在担保期限内，投资项目投入的技术必须可行，在经济上和财政上必须具有生存能力。投资的发展性是指该投资项目应对东道国的经济和社会发展有所贡献、与东道国的发展目标和重点一致。合法性则是指投资还必须得到东道国的同意并符合东道国的法律和条例。

3. 时间要求

在时间上，合格的投资限于向 MIGA 提出担保申请并经登记之后才开始实施的投资。为了使投资者不致因办理担保而影响投资的尽快实施，MIGA 设计了初步申请和正式申请两种担保申请步骤，以适应投资者的不同需要。具体来说，初步申请要求填写的内容比较简单，仅需载明有关投保人、拟进行的投资以及所要担保的险别三方面的基本情况，投资者如果时间紧迫，可先提出这种申请。在此初步申请经 MIGA 登记之后即开始实施的投资，也将被视为合格的新投资。但是，在 MIGA 发出初步申请已经登记的通知后三个月内，投资者必须提交正式申请，除非 MIGA 同意延期。否则，其已实施的投资将变为真正的旧投资，MIGA 不予承保。投资者提交的正式申请可以对初步申请的内容进行修改。另外，如果投资是用来更新、扩大、增强现有项目的财政能力或以其他方式促成现有项目发展的，即使该项目的原有投资未获 MIGA 担保，对该追加的投资 MIGA 也可予以承保。如果投资来自东道国已有的外国投资产生的收益，MIGA 同样也可视之为新投资予以承保。此处的投资收益也包括投资者向东道国转让技术所获得的特许权使用费。

4. 投资者要求

合格投资者包括自然人和法人两大类。不被作为法人对待的合伙、非法人社团和分支机构，虽不能以独立的实体名义向 MIGA 投保，但它们的所有权人可就他们在投资项目中各自拥有的那部分投资份额分别向 MIGA 投保。

一般情形下，作为投资者的自然人和法人必须具有东道国以外的另一成员国的国籍。法人国籍的判断有两种标准：一是登记地和住所地双重标准。在这项标准下，成为 MIGA 合格投资者的非东道国法人，必须既在东道国以外的成员国登记，又在该成员国设有主要业务地。二是资本控制标准。根据这项标准，多数资本为东道国以外的一个或数个成员国，或为这些成员国国民所有的法人，即构成作为 MIGA 合格投资者的非东道国法人。

在特殊情形下，由投资者和东道国政府联合申请，经董事会特别多数票通过，MIGA 也承保成员国投资者在本国的投资。具体来说，MIGA 可以把合格投资者扩大到东道国的自然人、在东道国注册的法人或多数资本为东道国国民所有的投资者。但是，这些投资者所投资本必须来自东道国境外。此项规定的目的主要是为了调动东道国投资者将其在境外的资本投回国内的积极性，从而鼓励更多的资本流入发展中国家。此举对那些因出现债务危机而造成本国资金"外逃"的发展中国家，尤其具有重要意义。

5. 东道国要求

在投资东道国的资格方面，《MIGA 公约》将其限制在外资可得到公正、平等的待遇和法律保护的发展中成员国，从而与公约的宗旨相呼应。对于发展中成员国能否给予外资公正、平等的待遇和法律保护，由 MIGA 在承保具体投资项目时作相应的审查。

（三）MIGA 的组织机构、职责和作用

根据《MIGA 公约》规定，MIGA 在公约各成员国国内法和国际法上均具

有完全的法人地位，享有通常国际组织所能享有的特权与豁免。MIGA 的组织机构由理事会、董事会和总裁及职员三部分组成。其中，理事会是最高权力机关，董事会负责一般业务，总裁则在董事会的监督下负责日常业务。MIGA 的成员国资格对世界银行所有成员国和瑞士开放。其中，发达国家属于第一类，发展中国家属于第二类。两类成员国所享有的权利和承担的义务有着一定的区别。MIGA 采用"集团投票制"进行投票权的分配，以使得总票数在第一类国家和第二类国家之间得以平均分配。其一，每个成员国都有 177 票的成员票；其二，每个成员国还有按各自股权大小计量的股份票。MIGA 的主要职责是为发展中国家的合格投资提供政治风险担保。此外，MIGA 还开展广泛的投资促进业务，如研究、信息传播、技术咨询与援助等。

作为一个全球性的投资担保机构，MIGA 在促进国际投资方面发挥着独特的重要作用：

第一，弥补了区域性和各国国内投资担保制度的不足，突破了投保人的国籍限制、投保人母国国内政策目标的限制和各国担保能力的限制。

第二，有助于预防针对国际投资的政治风险的发生。一方面，MIGA 严格的投资风险评估制度对于东道国投资环境的改善起到很强的促进作用；另一方面，东道国自身也是 MIGA 的股东，基于自身利益的考虑也不会轻易采取可能导致政治风险的措施。

第三，有利于东道国和投资者之间投资争议的非政治性解决。MIGA 在投资者与东道国之间的冲突中起着缓冲器的作用，即通过其介入来缓和或转移投资者与东道国之间的对立情绪，并在此基础上寻求双方投资争议的非政治性解决。可以说，MIGA 作为一个政府间国际组织，比作为实现一国对外经济政策的工具的国内投资担保机构更加有利于消除外国投资者与东道国之间的猜疑，促进两者的合作。此外，MIGA 还可以调解人或仲裁人的身份进行斡旋，促使投资者与东道国之间的投资争议及时解决，以避免正式的法律诉讼。

三、《ICSID 公约》

在世界银行的倡导下，《ICSID 公约》于 1965 年缔结于华盛顿，故又称

《华盛顿公约》。公约于 1966 年 10 月 14 日生效，ICSID 作为实施公约的常设性机构同时成立。截至目前，公约共有 155 个缔约国。公约的宗旨在于，为解决一缔约国与他缔约国国民间的投资争议提供调解和仲裁的便利，促进私人资本的跨国流动。截至 2021 年 12 月，ICSID 已审结案件 542 起，待决案件 290 起。①

（一）ICSID 的管辖制度

提交 ICSID 调解或仲裁的投资争议，必须符合以下条件：

1. 当事人资格

争议当事人一方必须是缔约国或其任何下属机构或代理机构，当事人另一方必须是另一缔约国国民。缔约国的机构要成为 ICSID 调解或仲裁的一方当事人，必须符合以下两个条件：第一，该机构业已由其本国向 ICSID 指定；第二，该机构对提交 ICSID 调解或仲裁的同意已经获得其本国批准，除非该国通知 ICSID 无须这种批准。就作为当事人另一方的投资者而言，自然人所涉问题主要是其双重国籍，法人所涉问题主要是其国籍的认定。根据《ICSID 公约》的规定，同时具有争议当事国之缔约国国籍的自然人，不能成为合格的投资者。而法人国籍的认定则主要采取住所地或登记地标准。另外，如果某法律实体的缔约国国籍存在争议，但直接受另一缔约国利益的控制，经双方同意，为了公约的目的，该法律实体也可被视为另一缔约国国民，此即外来控制标准。

2. 当事双方的同意

提交 ICSID 调解或仲裁的投资争议，必须取得当事双方书面形式的同意。争议当事国并不因为其批准、接受或认可公约的事实，而被认为负有义务将任何特定的争议交付 ICSID 调解或仲裁。双方一旦书面表示同意，即不得单方面撤销其同意。

3. 投资争议的性质

ICSID 受理的争议必须是直接因投资而产生的法律争议。但是，对于其中

---

① See ICSID Cases Database, https://icsid.worldbank.org/cases/case-database, 2021 年 12 月 1 日访问。

的"投资"和"法律争议",公约未作任何说明。

2001年Salini v. Morocco案[①]确立了有关投资认定的四项标准,被称为"Salini标准"。在该案中,两家意大利的建筑公司通过竞标获得了摩洛哥首都拉巴特的高速公路建设工程。但是,因为种种原因,工程交付延期,摩洛哥政府因此拒绝履行相应的付款义务。在数次交涉无果的前提下,两家意大利公司作为联合申请人向ICSID提出仲裁申请,要求摩洛哥政府履行合同并赔偿相应的损失。本案仲裁庭裁决,《ICSID公约》第25条第1款规定的"投资"应具有确切的内涵,即必须同时满足四个要素:出资、一定的合同履行持续期限、对交易风险的承担和对东道国经济发展的贡献。本案的建设工程符合上述要求,从而构成适格的投资。Salini标准为后续的一系列投资仲裁案件所引用,但也有仲裁庭提出了不同意见。

在MHS v. Malaysia案[②]中,一家名为"Malaysian Historical Salvors"(MHS)的公司于1991年与马来西亚政府订立了一份商业打捞合同,约定MHS有权在马来西亚近海打捞货物,且在打捞物价值小于1000万美元时获得总收益的70%,同时马来西亚政府也有权以合理价购买其希望保留的打捞物品。经过近四年经营,MHS公司共收获2.4万余件物品,其拍卖价值约为298万美元。但是,马来西亚政府仅支付了部分价款。MHS因此向ICSID提请仲裁。本案独任仲裁员Michael Hwang认为本案标的不具有投资特征,因而拒绝管辖。其后组成的ICSID特别委员会宣布撤销该裁决,因为Michael Hwang没有在《ICSID公约》及英国与马来西亚BIT规定下合理行使管辖权,严重逾越其职权。特别委员会的两位专家认为,"投资"的真正内涵应该交由当事人合意进行选择,不应该严格适用Salini标准。在适格投资是否应该包括

[①] Salini Costruttori S. p. A. and Italstrade S. p. A. v. Kingdom of Morocco, ICSID Case No. ARB/00/4, Decision on Jurisdiction, French Original: 129 Journal du droit international 196 (2002), English translation: 42 ILM 609 (2003), 6 ICSID Rep. 400 (2004), 31 July 2001.

[②] See Malaysian Historical Salvors SDN BHD v. The Government of Malaysia, ICSID Case No. ARB/05/10, Decision on the Application for Annulment, Dec. 2006, paras. 69, 71, 72.

"对东道国经济有重要贡献"这一要素的判定上,Michael Hwang 没有考虑《ICSID 公约》起草者的用意,即不应该对投资划定"金钱天花板"限制,对东道国经济贡献较小或主要在文化历史方面有贡献的投资也应当受到 ICSID 的保护。

就何为"争议",世界银行执行董事会《关于〈解决国家与他国国民间投资争议公约〉的报告书》解释道,争议必须是关于法律权利或义务的存在或其范围,或是关于因违反法律义务而实行赔偿的性质或限度。[①] 典型的投资争议主要涉及是否违反投资合同、国有化或征收的合法性及其补偿问题的争议等。

当事方一旦同意将投资争议交付 ICSID 仲裁,投资者母国一般不得行使外交保护权或提出国际求偿,同时也排除了任何缔约国国内管辖的可能。但是,缔约国可以声明以投资者"用尽当地救济"作为接受 ICSID 管辖的前提条件。

(二) ICSID 的法律适用制度

ICSID 在法律适用上须遵循以下四项原则:

(1) 当事人意思自治原则。仲裁庭应依据当事人双方协议的法律规范裁决争议。

(2) 对当事人未选择法律的补救规则。如无当事人选择法律的协议,仲裁庭应适用作为争议当事国之缔约国的法律(包括法律冲突规范)以及可适用的国际法规范。

(3) 善意与公平原则。仲裁庭经当事双方同意可依该原则裁决争议。

(4) 禁止裁决原则。仲裁庭不得借口法无明文规定或规定含糊而裁定不予裁决,以防止仲裁庭在审理有关案件中拒绝实质性裁决。

(三) ICSID 仲裁裁决制度

1. ICSID 仲裁裁决的构成要件

(1) 仲裁庭应以其全体成员的多数票对争议作出决定。

(2) 仲裁庭的裁决应以书面制作,并由仲裁庭投票赞成的成员签字。

---

① See Report of the Executive Directors to the ICSID Convention,ICSID Reports 28,para. 26,1.

(3) 仲裁裁决应处理提交仲裁庭的所有问题，并说明所根据的理由。

(4) 仲裁庭的任何成员都可以在裁决上附上其个人意见。

2. 仲裁裁决的解释、修改和撤销

《ICSID 公约》特别为 ICSID 仲裁裁决设置了解释、修改和撤销三种补救措施，以避免错误的裁决被强制执行。

(1) 裁决的解释。如果双方对裁决的意义或范围发生争议，任何一方均可向秘书长提出书面申请，要求对裁决作出解释。如有可能，该项要求应提交作出裁决的仲裁庭。如果不可能这样做，则 ICSID 应组织新的仲裁庭。仲裁庭如认为有必要，可以在它作出决定前停止执行有争议的裁决。

(2) 裁决的修改。任何当事方在发现对裁决有决定性影响性质的事实时，均可向秘书长提出要求修改裁决的书面申请，但必须以在作出裁决时仲裁庭和申请人都不了解该事实为前提，而且申请人不知道该事实并非由于疏忽所致。在时间要求上，申请应在发现事实后 90 天内提出，并且无论如何应在作出裁决之日起 3 年内提出。

(3) 裁决的撤销。当事方可以根据下列一个或几个理由向秘书长提出申请，要求撤销裁决：仲裁庭的组成不适当；仲裁庭显然超越其权限范围，如未适用当事方选择的法律；仲裁庭成员有受贿行为；有严重的背离基本程序规则的情况；裁决未陈述其所依据的理由。

当事方要求撤销裁决的申请应在作出裁决之日起 120 天之内提出，但以受贿为理由要求撤销者除外，该项申请应在发现受贿行为后 120 天之内，并且无论如何应在作出裁决之日后 3 年之内提出。ICSID 行政理事会主席应秘书长的委托，应立即从仲裁员名册中任命由三人组成的特别委员会。特别委员会成员不得为作出裁决的仲裁庭成员，不得具有与上述任何成员相同的国籍，不得为争议一方的国民或其国民是争议一方的国民，不得为上述任何一国指派到仲裁员名册上的成员，也不得在同一争议中担任调解员。特别委员会根据上述撤销裁决的任何理由，有权撤销裁决或裁决中的任何部分。

3. 裁决的承认与执行

根据《ICSID 公约》的规定，仲裁裁决对所有当事方均具有约束力，任何一方均不得进行任何上诉或采取除本公约规定外的任何其他补救办法。除依照本公约有关规定予以停止执行的情况外，各方应遵守和履行仲裁裁决。仲裁裁决相当于缔约国法院的最终判决，各缔约国法院不得对其行使任何形式的审查，包括程序上的审查。

争议当事国如未自动履行裁决，投资者母国政府可恢复行使外交保护权或提起国际求偿，包括将当事国不遵守或不履行裁决视为本公约的解释或适用方面的争议，援引本公约第 64 条规定在国际法院起诉争议当事国。作为争议当事方的投资者如未主动履行裁决，争议当事国既可要求本国法院和投资者母国法院对其强制执行，也可要求其他缔约国法院予以强制执行。

典型案例

谢业深诉秘鲁案[①]

一、案情介绍

2001 年 12 月，Orlando Siu 先生接受香港居民谢业深的委托在秘鲁成立一家名为 TSG 的公司，从事鱼粉业务。2002 年 1 月 31 日，谢业深作为唯一股东和受益人在英属维尔京群岛注册成立名为 Linkvest International Ltd.（以下简称"Linkvest"）的公司。2002 年 5 月 6 日，Linkvest 收购了 TSG 90% 的股份。2005 年 2 月 27 日，谢业深直接收购了 TSG 90% 的股份。

2004 年 5 月，秘鲁国家税务机关 SUNAT 启动对 TSG 的税务审计。2004 年 9 月，SUNAT 发布对 TSG 的税务审计报告。2004 年 12 月，SUNAT 通知 TSG 公司拖欠税款情况。2005 年 1 月 28 日，SUNAT 对该公司行使税收留置

---

① See Tza Yap Shum v. Republic of Peru, ICSID Case No. ARB/07/6, Decision on Jurisdiction and Competence, June 19, 2009, p. 11.

权并扣押其银行账户。

2006年9月29日，谢业深依据《中国—秘鲁BIT》（1994）向ICSID提交仲裁申请。2009年6月19日，仲裁庭作出管辖权裁决。2011年7月7日，仲裁庭作出最终裁决，秘鲁需承担赔偿责任。

二、主要法律问题

（一）《中国—秘鲁BIT》（1994）是否适用于谢业深①

对此问题，秘鲁提出了两点抗辩。第一，谢业深未能证明其根据中国法律具有中国国籍。第二，即使谢业深具有中国国籍，鉴于香港特别行政区的特殊情况，《中国—秘鲁BIT》（1994）也不适用于香港居民。根据《香港特别行政区基本法》，只有已颁布的法律和该法附件三中所记载的国际条约适用于香港。而专家意见表明，截至声明发布日，该附件中未包含《中国—秘鲁BIT》（1994）。

谢业深对此分别进行了反驳。第一，他提交的护照、注明福建为出生地的身份证明复印件、本人声称自己具有中国国籍且不具有其他国籍等材料足以证明其中国国籍的身份。第二，香港地区依其自治权缔结的条约应当与中央政府缔结的条约同时有效存在，《中国—秘鲁BIT》（1994）中并不存在任何有关区域的限制，中国也没有根据《ICSID公约》第70条作出书面通知，限制该公约在中国的地域性适用。

仲裁庭认为，根据《中国—秘鲁BIT》（1994）第1条第2款，就中国而言，投资者指的是依照中国法律拥有国籍的自然人或依法设立、住所在中国领土内的经济组织。因此，仲裁庭认为其只需要判断谢业深是否具有中国国籍。结合谢业深提交的证据，以及中国《国籍法》在中国香港地区的适用情况，仲裁庭认定谢业深具有中国国籍。此外，《ICSID公约》和《中国—秘鲁BIT》（1994）均未将香港居民排除适用在其适用范围之外。因此，《中国—秘鲁

---

① See Tza Yap Shum v. Republic of Peru, ICSID Case No. ARB/07/6, Decision on Jurisdiction and Competence, June 19, 2009, pp. 6-9.

BIT》（1994）适用于谢业深。

（二）争议发生时谢业深是否在秘鲁拥有投资

秘鲁认为，在争议发生之时，谢业深在秘鲁并不拥有适格的投资。争议产生于 2004 年 9 月 SUNAT 发布有关 TSG 的税务报告之时甚至更早，此时谢业深并未取得对 TSG 的直接控制权，只是通过 Linkvest 间接控制了 TSG，而《中国—秘鲁 BIT》（1994）是不保护间接投资的。

谢业深则认为，其向仲裁庭提出的请求是针对 SUNAT 于 2005 年 1 月 28 日发布的扣押令和 2005 年 3 月 2 日作出的拒绝撤销扣押的决定，此前的事实只是证明 SUNAT 采取一系列措施的背景，而其提供的文件证明其自 2002 年 2 月起就控制了 Linkvest 并通过其间接投资了 TSG。再者，《中国—秘鲁 BIT》（1994）是保护间接投资的。

仲裁庭认为，相关证据显示，谢业深早在 SUNAT 启动对 TSG 的税务审计之前就控制了 Linkvest 和 TSG。秘鲁的诉状或口头陈述并未证明与投资有关的国际法排除或禁止了间接投资。同时，仲裁庭认为，投资的定义非常广泛，其中包括的特定投资类别仅是作为示例提供，而非排除未列出的类别，《中国—秘鲁 BIT》（1994）中缺乏明确的措辞本身并不能表明其意图是排除自然人拥有所有权和控制权的间接投资。因此，仲裁庭认定《中国—秘鲁 BIT》（1994）保护中国国籍的自然人在秘鲁境内的间接投资。

（三）本案争议是否属于《中国—秘鲁 BIT》（1994）仲裁条款规定的仲裁事项范围

秘鲁认为，根据《中国—秘鲁 BIT》（1994）第 8 条第 3 款的规定，只有涉及征收补偿款额的争议，在经双方当事人友好协商后六个月内仍未获解决的，可以由任何一方将争议提交至 ICSID 仲裁。但是，谢业深在仲裁请求中也没有提出关于征收补偿款金额的诉求。因此，本案争议不属于《中国—秘鲁 BIT》（1994）仲裁条款中规定的仲裁事项范围。

谢业深则认为秘鲁对《中国—秘鲁BIT》(1994)第8条第3款的解释过窄。① 从《中国—秘鲁BIT》序言来看，缔约方应当采取措施鼓励和保护外国投资者。同时，寻求仲裁是为理论、ICSID仲裁实践和国际法所认可的投资者保护的内在要求。

仲裁庭指出，《中国—秘鲁BIT》(1994)第8条第3款中的"涉及"(involving)一词有"卷入""陷入""包括""涵盖"等多重意思，因此该条款包含有关征收补偿款额的争议，但不限于此类与征收有关的争议，有关征收各项要件的争议也属于该条款范畴。因此，本案争议属于《中国—秘鲁BIT》(1994)仲裁条款规定的仲裁事项范围。

三、案件评析

本案仲裁庭存在对《中国—秘鲁BIT》(1994)扩张解释和适用的问题。

《中国—秘鲁BIT》(1994)不适用于中国香港地区。理由有三。其一，《中国—秘鲁BIT》(1994)签订于香港回归之前。其二，《中英联合声明》和《香港基本法》已一再强调中国在香港地区实行"一国两制"方针，承认其具有独立的双边投资条约缔约权。其三，《中国—秘鲁BIT》(1994)第5条规定，双方约定的领土范围是指"中华人民共和国的全部关税领土，包括领陆、领水、领空，以及根据国际法和国内法，中华人民共和国行使主权权力和管辖权的专属经济区和大陆架"，而香港地区作为独立关税区不应属于《中国—秘鲁BIT》(1994)涵盖的领土范围。②

即使《中国—秘鲁BIT》(1994)可以适用于中国香港地区，本案仲裁庭

---

① 《中国—秘鲁BIT》(1994)第8条第3款规定："如涉及征收补偿款额的争议，在诉诸本条第1款的程序后6个月内仍未获解决，可应任何一方的要求，将争议提交根据1965年3月18日在华盛顿签署的《关于解决各国和其它国家国民之间投资争端的公约》设立的'解决投资争端国际中心'进行仲裁。缔约一方的投资者和缔约另一方之间有关其他事项的争议，经双方同意，可提交该中心。如有关投资者诉诸了本条第2款所规定的程序，本款规定不应适用。"

② 参见陈安：《对香港居民谢业深诉秘鲁政府案ICSID管辖权裁定的四项质疑——〈中国—秘鲁BIT〉适用于"一国两制"下的中国香港特别行政区吗？》，载陈安主编：《国际经济法学刊（第17卷第3期）》，北京大学出版社2010年版，第1—40页。

仍然对本案没有管辖权，因为本案争议不属于《中国—秘鲁BIT》（1994）仲裁条款规定的仲裁事项范围。不仅从条文本身和上下文无法解读出秘鲁和仲裁庭的主张，缔约方意图也不支持此种主张。当年亲自参加谈判的秘方代表和中方代表均证实，当时双方政府的立场是只将征收补偿款额的争议提交ICSID仲裁。中国著名国际经济法学者陈安教授也表示，中国1993年至1998年间对外签订的BIT只允许将征收补偿额争议提交ICSID仲裁。① 此外，仲裁庭关于《中国—秘鲁BIT》（1994）适用于间接投资的论证理由也是不充分的。

推荐书目

1. 吴岚：《国际投资法视域下的东道国公共利益规则》，中国法制出版社2014年版。

2. 王贵国：《国际投资法（第二版）》，法律出版社2008年版。

3. 陈安主编：《国际投资法的新发展与中国双边投资条约的新实践》，复旦大学出版社2007年版。

4. 张庆麟主编：《国际投资法问题专论》，武汉大学出版社2007年版。

5. 韩立余主编：《国际投资法》，中国人民大学出版社2018年版。

6. 龚柏华、伍穗龙主编：《涉华投资者—东道国仲裁案述评》，上海人民出版社2020年版。

思考题

1. 简述ICSID仲裁的管辖权制度。
2. 简述MIGA的投资担保制度。
3. 简述海外投资保险制度的主要内容。
4. 简述投资者与国家间争端的主要解决方式。
5. 请谈一谈你对国际投资仲裁机制改革的看法。

---

① 参见陈辉萍：《ICSID仲裁庭扩大管辖权之实践剖析——兼评"谢业深案"》，载陈安主编：《国际经济法学刊（第17卷第1期）》，北京大学出版社2010年版，第75页。

第十四章
Chapter 14

国际金融法

案例导读

19世纪，许多国家允许同时使用黄金与白银铸币和流通，这些国家实行的就是所谓的复本位制。其中，金银双本位制国家会明确规定黄金与白银之间的比率关系。从法国1803年颁布的货币法律《芽月法》中可窥见复本位制的真容。该法要求铸币局供应给个人的法币等同于一定重量的白银或黄金，两者的铸造比率是15.5∶1，即铸币局发行的金币的价值是等重银币的15.5倍；金币和银币都可用于缴纳税金或偿付其他交易款项。

在复本位制下，金币和银币同时流通的情形并不常见。起初，法国之所以实行金币和银币能够同时流通，是因为铸造比率15.5∶1，与市场价格基本持平，即在市场上15.5盎司的白银可换取约1盎司的黄金。不过，一旦国际市场黄金价格涨幅大于白银，正如19世纪最后三十几年里所发生的，当市场上价格为16盎司白银对1盎司黄金时，就出现了套利机会，套利者将进口白银铸成15.5盎司的银币，再把银币兑换成等值的含1盎司黄金的金币，然后出口黄金，在国外市场按照16∶1的比率换取白银。通过这样的套利行为，套利者可获取额外的0.5盎司白银。只要市场上的金银比率显著高于铸币比率，套利行为就会发生，套利者可能一直进口白银并出口黄金直至这个国家的黄金售馨。反之，如果市场上的金银比率下跌，低于铸造比率（这种情形也会出现，19世纪50年代金矿大发现后就发生过），则套利者将进口黄金，出口白银，直至白银退出流通。只有铸造比率与市场比率几乎持平时，金银才有可能同时流通。

之所以金、银的同时流通不会因为铸造比率和市场比率的些许偏离而改变，原因之一是政府象征性收取的费用，即铸币税。铸币税税率在不同时期、不同国家各不相同，如法国大约收取黄金价值的0.2％，而白银的税率要略高。只有当铸造比率与市场比率偏差带来的收益高于这个费用时，套利才有利可图。还有一些原因，如套利花费的时间、价格波动导致套利失败，又如运费和保险等，都会增加套利成本。正由于这些成本支出，当铸造比率与市场比率差异不大时，套利行为就不会发生。

相反的情形发生在英国。17世纪末，黄金的价值被英国铸币局高估，于是巴西黄金被运往英国铸成金币，白银被驱除出英国货币流通领域。为了让黄金、白银同时流通，英国当局必须提高白银的铸币价格（或者减少英国银币的白银含量），或者降低黄金的铸币价格。英国实行的是逐步降低黄金的铸币价格。这样的调整，最后一次是1717年由牛顿实施的，但结果证明由于力度太小而无法将银币保留在其货币流通领域。相应地，巴西的黄金产量继续增加，英国铸币局的白银价格依然低估，足银的硬币逐渐从英国货币流通领域消失。英国于1774年彻底实施金本位制，取消了高估25英镑的银币铸币价格。直到1821年，银币才作为法币在英国小额交易中重新流通。

本案涉及国际货币金融法的形成、发展和对当前国际货币金融体系的影响。就以上案例，请思考：什么叫金银复本位制？金银复本位制下存在什么现象？如何理解格雷欣法则？格雷欣法则对布雷顿森林体系产生了什么影响？

教学目标

学生应掌握国际金融法的基本理论、基本知识；熟悉国际货币制度、国际贷款制度和贷款担保制度、跨国银行监管法律制度等方面的基础知识；培养和提高运用相关国际公约、国际惯例和国内法律法规处理国际金融领域经济纠纷的能力。

此外，本章还将阐述各国在国际货币领域合作的发展进程和《国际货币基金组织协定》的法律制度等。

第一节 国际货币金融法概述

一、国际金融法的概念

国际金融法是调整国际货币、金融关系的各种法律规范的总称。

国际货币金融关系包括国际货币关系和国际金融关系。国际货币关系是指一个国家在国际收支调节、汇率机制、储备资产供应等方面与其他国家之间所产生的权利、义务关系。国际金融关系是指国家、国际经济组织、法人以及自然人等在国际金融交往和国际金融活动中所产生的权利、义务关系。

按照国际金融关系的内容，可以将国际金融关系分为三类：一是国际金融交易关系，即地位平等的民商事主体进行跨国金融交易所形成的关系，如国际借贷关系、国际证券买卖关系、外汇交易关系等，参与这种金融交易关系的，不仅包括自然人、法人，也包括国家和政府间国际组织。二是国际金融管理关系，即国家与自然人、法人之间因国际金融活动而发生的管理关系，如国家与自然人之间就境外债券发行所形成的管理被管理关系；三是国际金融协调关系，即国家之间就国际金融活动管理所形成的关系，① 如国家之间就银行业监管所进行的协调等。

国际货币金融关系以货币、金融为其特有内容，因此与国际贸易关系、国际投资关系有着明显的区别。就国际贸易关系和国际货币金融关系来看，国际贸易关系一般涉及货物和技术的跨国流动，主要表现为人们基于产品的使用价值而进行的国际交易；而国际金融关系一般涉及货币及其他金融资产的跨国转移，主要表现为人们基于金融资产的价值而进行的国际交易。就国际投资关系

---

① 参见车丕照：《国际经济法概要》，清华大学出版社 2003 年版，第 364—365 页。

与国际金融关系来看，两者虽然都涉及资本的跨国流动，但内容的涵盖面有所不同，国际投资主要伴有企业经营管理权和控制权的私人职能资本的跨国流动，是一国资本持有者通过在海外直接经营各类企业或从事国际合作生产等形式进行的活动。这种资本跨国形式通常贯穿于商品的生产和流通过程，并在这一过程中实现资本的增值，因而被称为"国际直接投资"。而国际金融活动主要是公私借贷资本的跨国流动，是以偿还为前提的、购买力在余缺单位之间的有偿让渡或资金融通，包括国际公私贷款、国际证券的发行与流通、国际项目融通等多种形式。这种资本跨国流动以金融资产的增值为目标，一般不伴有企业经营管理权和控制权的转移，因而被称为"国际间接投资"。国际金融关系虽然与国际投资贸易关系有区别，但是它们又是很密切地联系在一起的，不能也不应该将它们截然区分开。例如，国际贸易与国际投资均离不开国际货币的收付和资金融通，而国际金融市场上的汇率和利率变动又与国际贸易和国际投资交互影响、交互作用。[①]

二、国际金融法的渊源

由于国际金融法调整的是国家、国际经济组织、法人和自然人之间的不同种类和不同性质的货币和金融关系，所涉及的法律既包括国际法，又包括国内法；既包括私法规范，也包括公法规范，因此关于国际金融法的渊源我们讨论的一般是其形式渊源，即调整国际货币金融关系的法律、规则、规章制度的表现形式。概括起来，国际金融法的渊源主要有以下几个：

（一）国际金融条约

国际金融条约是指国际法主体缔结的、确定其在国际货币金融关系中权利与义务的书面协议。现代国际金融法的一些重大原则、规则、规章制度一般都是通过国际金融条约来规定的，又由于条约对缔约方具有法律约束力，因此国际金融条约在国际金融法中具有重要地位。

国际金融条约按照缔约方的多少来分，可以分为多边条约和双边条约。前

---

① 参见李仁真：《论国际金融法的概念和体系》，载《中国法学》1999年第1期。

者如《国际货币基金组织协定》《国际复兴开发银行协定》《亚洲开发银行协定》《美洲开发银行协定》等,后者如两个国际法主体间的货币协定、贷款协定、支付协定、清算协定、外汇融资协定等。自20世纪30年代以来,国际社会就不懈地努力,缔结了一定数目的多边金融条约。其中,1944年在布雷顿森林召开联合国货币会议制定、后经多次修改的《国际货币基金组织协定》和《国际复兴开发银行协定》仍然是当今国际金融法最主要的渊源,因为参加的国家已达180多个,确立了至今仍然有效的国际货币制度,是现今处理多边国际货币金融关系的基本法律依据。关贸总协定乌拉圭回合谈判达成的《服务贸易总协定》《金融服务协定》《关于金融服务承诺的谅解》,从国际贸易与国际金融之间关系的角度切入国际金融领域的重大法律问题,确立了金融市场准入、外国金融服务提供者及其服务的待遇标准、金融自由化等方面的新的国际原则和制度,在世界贸易组织的多边体制下运行,这对于21世纪国际金融法的发展具有重大的影响。相比之下,双边条约只约束缔约双方,调整缔约双方之间的国际金融关系,虽然有可能对国际金融规则的发展有一定意义和影响,但一般表现为特定国家之间的法律,作用不如多边条约。

(二) 国际金融惯例

国际金融惯例是通过国际金融活动当事人的反复实践而形成的一些通行的规则。随着世界经济一体化程度的加深,各国金融相互依赖的程度也在不断加大,不仅金融市场在逐渐一体化,货币一体化的趋势也在加强。尽管这样,在国际竞争日趋激烈背景下各国间的利益冲突使得国际金融条约往往难以达成,国际金融惯例在规范国际金融活动方面就起着重要的作用,其数量也在不断增加,内容涉及国际货币兑换、国际商业贷款、国际证券交易、国际支付结算、国际融资担保等诸多领域,如国际商会的《托收统一规则》《跟单信用证统一惯例》《见索即付保函统一规则》,国际银行业监管的巴塞尔原则和标准等。但是,国际金融惯例对当事人的效力通常只能基于当事人的明示同意,即只有当事人双方明确表示接受,才能对当事人产生法律约束力。

(三) 国内金融立法

一国的涉外货币金融法直接调整与该国有关的货币金融活动,如外汇管理法对外汇的持有、买卖、使用有直接的约束力，涉外证券业务管理法对以证券形式的跨国资金融通有直接约束力，因此它们也是国际金融法的渊源。目前，各国金融立法对涉外金融关系的调整力度不断加强，特别是作为国际金融中心所在地的英国、美国等，其国内金融立法对于国际金融制度的发展始终起着非常重要的作用。

三、国际金融法的体系

国际金融法作为一门法律学科，其基本结构和内容随着国际金融关系的发展变化而不断充实和完善。目前，国际金融法律制度由下面几个部分组成：

（一）国际货币法律制度

国际货币法律制度是调整国际货币兑换关系和国际货币合作与监管关系的国内立法规范、条约规范及相关惯例规则的总和，在国际金融法中占有特别的地位，其内容主要包括国际兑换制度、国际汇率制度、外汇管制制度、国际储备制度等。

（二）国际融资法律制度

国际融资法律制度是调整以国际贷款、国际证券发行、国际融资租赁等方式进行融资的国内立法规范、条约规范及相关惯例规则的总和。以国际贷款方式融资形成的国际借贷法律制度主要包括国际银团贷款、政府贷款、国际金融机构贷款、国际项目贷款等各类国际贷款法律制度，并涉及贷款证券化的法律问题；以发行国际证券方式融资形成的法律制度包括国际证券的发行、交易及其监管等的原则和规则；以国际融资租赁方式融资形成的法律制度包括各国涉外融资租赁立法、国际融资租赁公约和相关惯例规则。

（三）国际融资担保法律制度

国际融资担保法律制度是对各种国际融资方式进行担保的国内立法规范、条约规范及相关惯例规则的总和，主要包括保证、银行保函、备用信用证等国际融资信用担保制度和动产担保、不动产担保、浮动担保等国际融资物权担保制度。

(四) 国际金融监管的协调和合作制度

国际金融监管的协调和合作制度是国家间就银行业监管、证券业监管进行协调和合作而签订的国际条约以及形成的国际惯例，其内容主要包括对银行业进行监管的巴塞尔协议、对证券业进行监管的双边条约、区域性条约和多边条约。

第二节 国际货币法律制度

一、金本位制

(一) 金币本位制

金币本位制，又叫"金铸币本位制"，是最典型的金本位制。1816年，英国通过《金本位制度法案》，成为世界上最早实行金本位制的国家。1865年，法国、比利时、意大利、瑞士等国组成拉丁货币联盟，逐渐实行金本位制。1873年，美国颁布法令，停止银币的自由铸造，确立了事实上的金本位制。俄国、日本在1897年实行金本位制。这样，到19世纪后期，资本主义国家普遍采用金本位制，这种以金本位制为基础的货币体系，就是国际金本位制。这种金本位制持续了30年左右，到一战爆发时解体。[①]

在金币本位制下，金币为无限法偿货币，可用以清偿一切债务。但流通量较少，大量流通的是代表金铸币的银行券。金币本位制具有如下主要特点：

(1) 国家用法令规定每个金币所含纯金量和重量。例如，1879—1933年期间，美国规定每一美元金币的重量为25.8格令，含纯金23.22格令。此含量使得每盎司纯金的价格定为20.67美元，因为每盎司（即480格令）纯金可以铸成含纯金23.22格令的美元20.67个。

---

① See Michael D. Bordo, The Gold Standard: The Traditional Approach, in Michael D. Bordo & Anna J. Schwartz (eds.), *A Retrospective on the Classical Gold Standard, 1821-1931*, Chicago University Press, 1984, pp. 23-120.

（2）金币可以自由熔化和铸造。任何人都可以将持有的黄金请国家铸造机构代铸等值的金币，几乎没有铸造费用。金币的自由铸造，可以使金币的面值与其所含黄金的价值保持一致，调节市面上金币的流通量，使金币数量满足流通中的需要。

（3）金币自由兑换。市面上流通的其他金属辅币和银行券可以随时按照票面价值兑换金币或等量的黄金。金币的自由兑换，可以使代表金币流通的金属辅币和银行券稳定地代表金币进行流通，不发生通货膨胀。

（4）黄金可以自由处理。任何人可以自由买卖、输出、输入、窖藏黄金。黄金的自由输出入，保证了各国货币汇价的相对稳定和国际金融市场的统一。

综上，金本位制是一种比较稳定、比较健全的货币制度，有效地协调了各国的经济政策，保持了汇率的稳定，加速了资本的国际流动，促进了资本主义生产的发展。但金本位制也不是十分完善的，随着资本主义矛盾的发展，维持金本位制运行的因素遭到破坏。一战爆发后，各国停止银行券兑换并禁止黄金出口，金本位制崩溃。

（二）金块本位制

一战后，重建国际货币体系的问题又提上了日程。1922年，在意大利热那亚召开的世界货币会议建议采取金汇兑本位制或虚金本位制。除美国实行金本位制，英国、法国实行金块本位制外，其他国家均实行金汇兑本位制。

金块本位制具有如下特点：

（1）金币不再自由铸造，不在国内流通，只在大宗国际收支清算时使用。

（2）国家以一定数量的黄金做准备，发行代表法定含金量的银行券。银行券是具有无限法偿能力的本位货币。

（3）银行券不能自由兑换金币，如因国际需要或工业方面的需要，可请求兑换一定数量以上的金块。例如，英国在1925年规定，银行券要兑换金块，其最低数量一次不得少于纯金400盎司，也就是银行券兑换黄金的起点约为1700英镑。法国在1928年规定，兑换黄金的起点为21.5万法郎银行券。

金块本位制是在黄金不足情况下实行的一种金本位制，节约了国内流通所需黄金，但也严重削弱了国际金本位制的基础。

(三) 金汇兑本位制

第一次世界大战后,德国、意大利、奥地利等国既无力恢复金币本位制,也无力恢复金块本位制,只好实行金汇兑本位制(又称"虚金本位制")。

金汇兑本位制具有如下特点:(1) 国内不流通金币,只流通银行券,银行券代替黄金执行流通清算和支付手段的职能。(2) 本国货币通过另一种同黄金挂钩的货币与黄金间接挂钩,银行券在国内不能兑换黄金。(3) 黄金只有在最后关头才充当支付手段,以维持汇率的稳定。

国际金汇兑本位制虽然也以黄金为基础,但这种本位制不仅节省国内的黄金,也节省国际流通的黄金。在黄金产量满足不了世界经济增长的情况下,不失为一种比较成功的货币制度。但随着世界经济的增长,当黄金不足发展到一定程度时,国际金汇兑本位制就会变得十分虚弱,不堪一击。当1929—1933年的资本主义经济危机袭来时,国际金汇兑本位制便瓦解了,各种形式的金本位制彻底破产。从此,资本主义国家普遍实行纸币制度。

二、布雷顿森林体系

(一) 布雷顿森林体系的建立

第二次世界大战后,资本主义世界建立了一个以美元为中心的国际货币体系,即布雷顿森林体系。[①] 二战使各国的经济政治实力发生了重大变化,德、意、日是战败国,国民经济被破坏殆尽。英国经济在战争中遭到重创,实力大为削弱。[②] 与此相反,美国在二战后成为资本主义世界最大的债权国,1945年的黄金储备为200.8亿美元,约占资本主义世界黄金储备的59%,这为建立以美元为中心的货币体系创造了必要的条件。

[①] 中央银行在双边和多边层面上的合作早在19世纪和20世纪初期就出现了。国际清算银行是最古老的国际金融机构,成立于1930年,是各国中央银行合作的中心。See Gianni Toniolo, *Central Bank Co-operation at the Bank for International Settlements*: *1930-1973*, Cambridge University Press, 2005, Chapter 1. 该书对国际清算银行从产生到1973年的历史作了详尽研究。

[②] 参见陈彪如:《国际金融概论》,华东师范大学出版社1991年版,第16页。

1944年7月，美、英、法、苏、中等44国在美国新罕布什尔州的布雷顿森林召开了联合与联盟国家货币金融会议，通过了以"怀特计划"为基础的《国际货币基金组织协定》和《国际复兴开发银行协定》，总称为"布雷顿森林协定"，建立了布雷顿森林体系。[1]

国际货币制度的内容主要有以下几个方面：国际收支的调节、货币汇率的确定、国际货币或储备资产的供应、国际结算、外汇管制、国际货币合作的形式与机构。

（二）布雷顿森林体系的主要内容

布雷顿森林体系实质上是一个以美元为中心的国际货币体系。其主要内容如下：

1. 建立国际金融机构

布雷顿森林体系建立了一个永久性的国际金融机构——国际货币基金组织（IMF），对国际货币事务进行磋商。其宗旨为：（1）建立一个永久性的国际货币机构，促进国际货币合作；（2）促进国际贸易和投资的均衡发展，提高成员国的就业和实际收入水平，扩大生产能力；（3）促进汇率稳定，防止竞争性的货币贬值；（4）建立多边支付体系，设法取消外汇管制；（5）为成员国融通资金，纠正国际收支失衡；（6）缩小或减少国际收支赤字或盈余的扩大。

2. 确定国际储备资产

布雷顿森林体系是一个以黄金为基础、以美元为最主要的储备货币的黄金—美元本位制货币体系，其核心是"双挂钩"，一是美元与黄金挂钩，各国有义务确认美国政府规定的35美元=1盎司黄金的官价，同时各国政府或中央银行有权按此官价随时用美元向美国政府兑换黄金。二是其他国家的货币与美元挂钩，其他国家可直接规定本国货币的含金量，通过本国货币含金量与美元含金量之比确定与美元的汇率；或不规定本国货币含金量，而只规定本国货

---

[1] See Rosa M. Lastra, The International Monetary Fund in Historical Perspective, 3 (3) *Journal of International Economic Law*, 2000, pp. 507-523. 关于凯恩斯和怀特计划的分析，See Benn Steil, *The Battle of Bretton Woods: John Maynard Keynes, Harry Dexter White, and the Making of a New World Order*, Princeton University Press, 2013.

币与美元的比价，通过比价确定本国货币与美元的汇率。这样，其他国家的货币就钉住美元，使美元处于"等同"黄金的地位，成为各国外汇储备中最主要的国际储备货币。

3. 实行固定汇率制度

布雷顿森林体系采用可调整的钉住汇率制。各国货币对美元的汇率，一般只能在法定汇率上下各1%的幅度内波动，各国政府有义务在外汇市场上进行干预，以维持汇率的稳定。只有当一国国际收支发生根本不平衡时，才可以对货币贬值或升值。若成员国法定汇率的变动超过10%，就必须得到IMF的批准。

4. 融通资金

当成员国发生国际收支逆差时，为防止其采取有害本国或国际繁荣的措施，IMF对其融通资金。具体方式是，逆差国用本国货币向IMF按规定程序换购一定数额的外汇，还款时，再用黄金、外汇购回本国货币。IMF提供的资金与成员国份额挂钩，成员国认缴的份额越大，得到的贷款也越多。IMF提供的资金只限于成员国用于弥补国际收支赤字，即用于贸易和非贸易的经常项目的支付，期限一般为3—5年，利率随期限的加长而增加。

5. 力图取消外汇管制

多边贸易的发展需要建立多边支付体系，而要建立多边支付体系，就要放松限制货币兑换和收付的外汇管制。为此，《国际货币基金组织协定》第8条规定：（1）非经IMF批准，成员国不得限制经常性交易的支付；（2）非经IMF批准，成员国不得实施或允许其机构采取歧视性的差别汇率措施和复汇率措施；（3）负有购回本国货币的义务，即任何成员国对其他成员国在经常性交易中积存的本国货币，在对方为支付经常性交易而要求兑换时，该成员国有义务用外汇或对方货币购回其本币。《国际货币基金组织协定》把愿意承担第8条义务而取消外汇管制的国家称为"第8条成员国"，并把该国的货币视为可自由兑换货币。

但是，第8条成员国仍可在下列三种情形下实施外汇管制：第一，资本项目的外汇管制；第二，某一成员国货币依据《国际货币基金组织协定》第7条规定被宣告为"稀缺货币";第三,在出现特殊情况时,征得 IMF 同意,成员国可对经常性国际交易的支付或转移实行限制。

由于很多国家尚不能在《国际货币基金组织协定》生效时放松外汇管制,因此该协定第 14 条规定了一个过渡方法,即成员国可对经常项目的支付和转移加以适当限制,只要这些限制与不断改变的环境相适应,但该成员国得每年与 IMF 就保留各种限制措施进行磋商。在过渡安排下,成员国不得采取新的限制措施。一俟情势许可,应立即取消外汇管制。接受该第 14 条规定而实施外汇管制的国家被称为"第 14 条成员国",其货币为不可自由兑换货币。此外,如一成员国退出第 14 条而成为第 8 条成员国,就不得重回第 14 条的过渡安排。

三、《国际货币基金组织协定》的第一次修订

布雷顿森林体系建立后,随着时间的延续,其内在的缺陷不断暴露出来。随着美国长期贸易逆差,作为最主要储备货币,美元危机频繁发生。同时,国际清偿力不足问题也妨碍了国际贸易的发展。针对布雷顿森林体系存在的问题,国际社会开始酝酿改革,并认为最好的方案就是创造补充性国际储备。1969 年 9 月,IMF 第 24 届年会通过了设立"特别提款权"的决议,这是 IMF 成立以来第一次对《国际货币基金组织协定》条款进行修订,该修订被称为《特别提款权协定》。该协定共 12 条,主要内容如下:

(一) 特别提款权的概念和定值

所谓特别提款权(Special Drawing Right,SDR),是 IMF 在原有的普通贷款权之外,按各成员国认缴份额的比例分配给成员国的一种使用资金的权利。

特别提款权不是货币,它是成员国在 IMF 账户上一种用数字表示的人为资产,不能兑换黄金,也不能直接用于国际支付。

特别提款权采用"一篮子"货币定值。特别提款权"篮子"货币的确定及每种货币的权数一般每 5 年调整一次,以保证这些货币是最近 5 年中占世界商品和劳务出口比重最大的 5 个成员国货币。由于特别提款权货币"篮子"所含

为世界最主要的货币,因此,可以利用这些货币汇率之间的升降抵消部分波动,较之以一种货币定值更能保持其币值的稳定。2015 年 11 月 30 日,IMF 将篮子货币的权重调整为:美元占 41.73%,欧元占 30.93%,人民币占 10.92%,日元占 8.33%,英镑占 8.09%。[①]

(二) 特别提款权的分配

特别提款权的分配权力属于 IMF。IMF 在决定是否分配和撤销特别提款权时,出发点是力求弥补世界长期性的现有储备资产之不足,从而达到设立基金之宗旨,并避免世界性的经济停滞与萧条或需求过度与通货膨胀。现有储备资产是否充足是在考虑世界各国的整体情况后作出判断的,并非针对个别成员国的经济和收支情况,仅仅一个成员国的国际储备不足不是分配特别提款权的条件。

IMF 只把特别提款权分配给特别提款权账户参加国,即向 IMF 提交保证书、承诺承担特别提款权账户参加国应承担的一切义务并在国内采取必要措施承担这些义务的成员国。截至今日,所有 IMF 成员国都已成为特别提款权账户参加国。IMF 按各特别提款权账户参加国在 IMF 的份额比例分配特别提款权,成员国无须再向 IMF 缴交任何其他资金,并且分得的特别提款权归成员国长期所有。

IMF 的分配建议由其总裁提出,在执行董事会批准后,再经理事会 85% 的多数票决定分配。

(三) 特别提款权的使用

特别提款权作为一种国际储备,各成员国可以凭此向 IMF 提用资金,改善国际收支逆差,还可以用于偿还 IMF 的贷款,或用于援助、捐赠,或用作偿还债务的担保,等等。此外,特别提款权作为一种币值稳定的计价和定值单位,被广泛用于跨国清算、贷款协议等的定值、国际民商事责任索赔的计算标准,以及一些实行钉住浮动汇率制国家的基准货币。但是,特别提款权只能在

[①] 参见宋晓燕:《人民币加入特别提款权货币篮子:一个法律层面的思考》,载《上海财经大学学报 (哲学社会科学版)》2016 年第 5 期。

IMF、政府间金融机构如国际清算银行以及相关成员国的金融当局之间使用，私人企业不能持有和使用特别提款权。

《国际货币基金组织协定》第一次修订创设的特别提款权补充了国际储备的不足，但由于其分配量小，用途受到限制，没有实际资产作为后盾，分配、计算、定值等重大事项掌握在西方货币大国手里，因此，特别提款权存在一定缺陷，在国际储备中所占的比例较小。

四、牙买加体系

（一）牙买加体系的主要内容

特别提款权的创立也没有能够挽救布雷顿森林体系。20世纪70年代初，美国在国际收支持续恶化后，停止以官价兑换黄金，十国集团和瑞士等国货币相继实行浮动汇率，布雷顿森林制度崩溃，再次修订《国际货币基金组织协定》势在必行。IMF临时委员会1976年1月在牙买加召开会议，达成了内容广泛的《牙买加协定》，确立了新的国际货币制度。《牙买加协定》是对《国际货币基金组织协定》的第二次修订，它结合第一次修订的特别提款权条款，修订了份额，重新公布了《国际货币基金组织协定》文本。其主要内容如下：

（1）浮动汇率合法化。成员国可以自由选择汇率制度，IMF承认固定汇率和浮动汇率制度同时存在。成员国的汇率政策应受IMF监督，不能通过操纵汇率来阻止国际收支的有效调节，或对其他成员国赢得不公平的竞争利益。

（2）以特别提款权为主要储备资产。《牙买加协定》要求成员国妥善使用特别提款权，以使其成为国际货币制度中的主要储备资产。为此，《牙买加协定》扩大了特别提款权的使用范围，各成员国间的特别提款权交易和转移无须征得IMF同意，成员国相互间或对IMF的某些支付可以使用特别提款权。

（3）黄金非货币化。《牙买加协定》废除黄金条款，实行黄金非货币化，目的是使黄金与货币完全脱离联系，让黄金成为一种单纯的商品。为此，《牙买加协定》允许各成员国的中央银行按市价自由进行黄金的买卖活动，原先成员国之间以及成员国与基金之间必须用黄金支付的规定一律取消。

（4）扩大对发展中国家的资金援助，放宽对成员国贷款的比例和数额。为解决发展中国家资金普遍不足的问题，IMF 另设其他基金和账户，向发展中国家提供特殊种类的贷款，包括信托基金、结构性调整贷款和追加结构性调整贷款等，放宽了对成员国贷款的比例和数额。

（二）牙买加体系的积极作用和弊端

《牙买加协定》于 1978 年 4 月 1 日生效后，其所确立的国际货币体系——牙买加体系虽然也对国际货币体系作了调整和安排，但由于弹性很大，被认为是非制度化的体系。牙买加体系在有其积极作用的同时，也存在一定弊端。牙买加体系的积极作用体现在以下两个方面：

1. 在一定程度上化解了布雷顿森林体系存在的"特里芬难题"

在布雷顿森林体系下，美元是最重要的储备货币。对各成员国来说，美元储备的增长必须依赖美国在国际收支中的逆差，但如果美国长期保持收支逆差，又必然影响美元信用，引起美元危机。如果美国保持国际收支平衡，稳定美元的价格，各国则会缺少美元储备的来源，进而引发国际清偿力不足。这就是美国经济学家特里芬提出的"两难困境"。牙买加体系建立后，废除了布雷顿森林体系的黄金—美元本位制货币体系，规定以特别提款权作为主要储备资产之一，在一定程度上化解了"特里芬难题"。

2. 汇率安排比较灵活，有利于成员国独立和有效地实施国内经济政策

在牙买体系下，成员国可以自由选择汇率制度。从各成员国实行的汇率制度来看，不外乎浮动汇率和钉住他国货币的汇率制度，而被钉住的货币往往也是实行浮动汇率制，因此，牙买加体系实行的汇率制度往往被视为浮动汇率制。这种比较灵活的汇率制度有利于成员国独立和有效地实施国内经济政策，节省其用于稳定汇率而保留的应急性外汇储备。此外，浮动汇率制度还可以自动调节国际收支，这在一定程度上改善了布雷顿森林体系单一的调节机制。

但是，牙买加体系也存在着一定的弊端。首先，存在国际储备多元化与国际清偿力不协调的矛盾。在国际储备多元化条件下，各储备货币发行国享有铸币税的特权，各储备货币发行国国际收支状况的变动，会带来世界外汇储备的变动，从而直接影响着国际清偿力的稳定。而国际清偿力的不稳定会在一定程度上影响世界经济的发展。其次，浮动汇率制度造成主要储备货币之间汇率大

起大落，增加了汇率风险，对国际贸易和国际投资形成了消极的影响。最后，国际收支的调节机制仍不健全。由于现实中的各种国际收支调节机制都存在着一定的局限性，而 IMF 的贷款能力又有限度，同时 IMF 也无力指导和监督盈余和赤字双方对称地调节国际收支，因此，国际收支失衡的问题一直没有得到很好的解决。①

第三节　国际借贷法律制度

一、国际贷款的概念和分类

国际贷款是指分属不同国家的债权人和债务人之间的货币借贷活动。

依据不同的标准，国际贷款可以有不同的分类。按照贷款主体不同，国际贷款可以分为政府贷款、国际金融机构贷款和商业银行贷款。按照贷款所在的金融市场来不同，国际贷款可以分为传统国际贷款和欧洲货币贷款。传统国际贷款是指发生在传统国际金融市场的贷款，借贷所用货币通常是市场所在国的货币，借款人通常是非居民，这种借贷活动要受市场所在国金融法规的严格管制。欧洲货币贷款是指发生在欧洲货币市场的贷款。

国际借贷法律制度是有关公私借贷资本跨国流动的原则和规则的总称，是国际社会所确认的有关跨国借贷系列问题的安排和基本框架。目前，在国际借贷领域尚无统一立法，相关问题一般适用国内法或国际惯例，所使用的法律文件主要受英美法影响。

二、国际借贷协议

国际借贷协议是指不同国家的当事人之间为进行货币借贷、明确相互间权利义务所达成的协议。由于目前尚无专门调整国际借贷的国际条约，也很少有

---

① 参见黄泽民：《牙买加货币体系演变的前景》，载《华东师范大学学报（哲学社会科学版）》2021 年第 5 期。

国家颁布专门调整国际借贷的完整法律,因此国际借贷协议就成了国际贷款中最重要的法律文件。

(一) 商务事项条款

1. 贷款货币、金额和期限

借贷协议所规定的贷款货币通常都是可自由兑换或使用的国际通用货币,既可以是单一货币,也可以是混合货币或选择货币,具体选择时要考虑汇率和利率因素。贷款金额应根据借款人的资金需要量来定,同时也要考虑贷款人的资金供应能力。贷款期限是指借用加上偿还的期限,通常是指从借贷协议生效之日起至贷款本息全部还清为止的整个期间。贷款期限主要根据借款人使用资金的周期来确定,同时也考虑贷款人提供长期资金的可能性。

2. 贷款提取

除少数金额小、期限短的贷款外,贷款几乎都采用分次提取的方式。借贷协议通常会规定借款人提取贷款的具体日期,并要求借款人事先通知贷款人。贷款人往往要求以其营业地作为提款地点,因为贷款的提款地点往往就是国际借贷协议的履行地。

3. 还款和提前还款

借贷协议通常对还款和提前还款作出具体规定,借款人应按照借贷协议的规定还款。如果借贷协议允许借款人提前还款,往往会规定借款人应按照贷款到期的相反次序提前还款,以缩短贷款的期限,方便贷款的管理。

(二) 税费事项条款

国际借贷协议的税费事项条款主要涉及与贷款有关的利息、费用和税收问题。

1. 利息

国际商业贷款通常采用浮动利率。浮动利率通常以伦敦银行同业拆放利率为基础加一定的利差算出某一利息期应适用的贷款利率。其中,利差高低主要取决于贷款人的筹资成本和借款人的信用情况。短期贷款的利息通常一次性支付,中长期贷款的利息则分期支付。计算利息的时间有大陆式、英国式和欧洲货币式。

2. 费用

国际借贷协议通常规定，贷款人为借贷协议的签订而发生的一切费用，包括律师费、差旅费、通信费、文件制作费、登记费等，由借款人向贷款人支付。

3. 税赋

国际借贷协议通常有"预提税由借款人代扣并补足或补偿"条款，虽然这是国际商业贷款中的习惯做法，但该条款是否有效还要看相关国家的法律规定。

(三) 保护性条款

在国际贷款中，贷款人履行义务在先，贷款一经发放，其义务即告终结，其后便面临着借款人无法按期还本付息的风险。尽管不同种类贷款的融资方式、贷款人和借款人的法律地位等都不同，但为了保护贷款人的利益，不同的借贷协议中都有一些共同的标准条款来保护贷款人的利益，如声明与保证条款、先决条件条款、约定事项条款、违约事件与救济条款等。

1. 声明与保证条款

该条款具有重要的法律意义，因为声明和保证是借款人对其自身情况所作的陈述和保证，贷款人基于这些陈述向借款人提供资金。借款人如果作虚假陈述，则要负法律责任。此外，国际借贷协议的违约条款也会规定，如借款人所陈述事实与自身实际情况不符，本身就构成违约。该条款的内容主要包括两部分，一是借款人关于自身法律地位和借贷协议有效性的说明，二是借款人对其自身财务状况和商务状况的声明。

2. 先决条件条款

国际借贷协议一旦生效，贷款人履行完提供贷款的义务后，就要长时间面临借款人不能按时还本付息的风险。因此，为了保护自己的利益，贷款人要在国际借贷协议中规定某些先决条件，只有在借款人满足这些先决条件后，贷款人才履行提供贷款的义务。先决条件条款中的先决条件分为两类：第一类涉及借贷协议项下全部义务的先决条件，只有在借款人证实与借贷协议有关的一切法律事项都已妥善安排的情况下，该借贷协议才生效。这往往要求借款人提供担保书、一切必备的授权书副本、政府批准书等。第二类涉及提供每一笔贷款的先决条件。国际借贷协议往往规定，借款人在提取每一笔贷款以前也必须满足一定条件。①

3. 约定事项条款

约定事项条款有重要的法律意义。该条款是借款人向贷款人保证应当做什么、不应当做什么或者保证其对某些事实的说明是真实的条款。一般来说，约定事项条款包括如下内容：

(1) 消极担保条款

在消极担保条款中，借款人应向贷款人保证，在其偿清贷款之前，不得在自己的资产及其收益上为其他债权人维持或设定任何担保物权。该条款意在限制借款人为另一债权人设定担保权益，从而避免无担保权益的贷款人的受偿顺位居于有担保权益的其他债权人之后。

(2) 平等位次条款

在平等位次条款中，借款人应向贷款人保证，无担保权益的贷款人与借款人其他无担保权益的债权人处于平等的受偿地位，不得厚此薄彼。在国际借贷协议中，平等位次条款和消极担保条款往往同时存在，互为补充。

(3) 财务约定事项条款

财务约定事项条款一般规定，借款人应定期向贷款人报告自身的财务状况和经营状况，并遵守约定的各项财务指标。根据此条款，贷款人可以对借款人的财务活动进行监督和指导，一旦借款人违反这些规定，贷款人可以在借款人实际破产之前要求借款人提前偿还贷款。

(4) 保持资产条款

本条款的目的在于禁止借款人通过一系列相关或不相关的行为丧失、转移或耗减其资产，使贷款人收回贷款的权利落空。例如，借款人不得以出售、转让、出租等方式处置其资产的全部、大部或实质部分。另外，保持资产条款通常还要求借款人应就其资产向保险公司投保，以保持借款人的资产价值。

---

① 参见赵一民：《国际借贷协议先决条件的性质探析——兼析停止条件的性质》，载《政法论坛》1998 年第 3 期。

4. 违约事件与救济条款

该条款往往规定，当借款人违约并对贷款人权益构成威胁时，贷款人可提前向借款人索赔，并取消全部贷款。

（1）违约事件

违约事件分为两类，一类是实际违约，即借款人违反借贷协议本身规定导致的违约，包括到期不能还本付息、陈述与保证失实、违反约定事项等；另一类是预期违约，即在借贷协议约定的履行期限到来之前，借款人自身行为或客观事实默示其届时将无法履约或无法完全履约，包括连锁违约、借款人丧失清偿能力、借款人所有权或控制权发生变动、抵押品损毁或贬值、借款人资产被征用或国有化、借款人状况发生重大不利变化等。

（2）对违约事件的救济

本条款规定，当借款人出现违约事件时，贷款人有权同时或单独采取借贷协议规定的救济方法和法律规定的救济方法。借贷协议规定的救济方法也叫"内部救济"，包括：对尚未提取的贷款中止借款人提取或取消；对借款人已提取但尚未归还的款项，可以宣告贷款加速到期，要求借款人立即还款；对已到期但仍不偿还的贷款，要求借款人支付利息。法律规定的救济方法包括：解除借贷协议；要求赔偿损失；要求履行借贷协议，支付已到期的本息。这三种方法是否可以并用，既要看各国合同法的相关内容，又要看借贷协议的相关规定以及贷款的运作方法。

第四节　国际融资担保法律制度

一、国际融资担保的概念

在国际经济交往中，为了有效地控制交易风险，债权人往往要求借款人提供担保来维护自己的权益。其中，国际融资担保是指借款人或第三人以自己的财产或信用对外国贷款人作出的承诺，当借款人不履行或不能履行偿债义务时，以担保标的偿还债务。国际融资担保可分为两大类：国际融资信用担保和国际融资物权担保。

二、国际融资信用担保

(一) 见索即付担保

1. 见索即付担保的含义

见索即付担保又称"凭要求即付担保",是担保人应申请人(债务人)的要求或指示,以开立担保函的形式向受益人(债权人)允诺在其要求付款时向其支付约定的金额的一种信用担保形式。在见索即付担保中,只要受益人提出付款要求,担保人就得立即履行支付义务,而不得以申请人根据基础合同所产生的任何抗辩对抗受益人。

2. 见索即付担保的历史及特征

见索即付担保目前已经成为国际担保业务的主流,原因在于:

第一,从属性担保发生索赔时,担保银行须调查基础合同履行的真实情况,这是银行工作人员专业技术能力所不能及的,而且可能因此被卷入合同纠纷甚至诉讼中。银行出于自身利益和信誉考虑,绝不愿意卷入复杂的合同纠纷中,使银行利益和信誉受到损伤,因而银行趋向于使用见索即付担保。

第二,见索即付担保可使受益人权益更有保障和更易于实现,可以避免保函委托人提出各种原因,如不可抗力、合同履行不能等来对抗索赔请求。

见索即付担保与传统担保方式有重要区别,它具有以下特征:

(1) 独立性。虽然担保人是依照基础合同的一方当事人申请向基础合同的另一方当事人作出见索即付的承诺,但一旦见索即付保函生效,担保人与受益人之间的权利义务关系就完全以保函中所记载的内容为准,而不再受基础合同的约束。只要受益人按照保函的要求提交了索赔文件,担保人就必须付款。担保人不得主张抗辩权,也不能以基础合同的债务人的抗辩理由来对抗受益人。即使基础合同的债务人已经履行合同义务或者基础合同已经因其他原因中止,担保人责任也不能随之解除。只有在保函本身有效期过后,担保人才能解除担保责任。相反,通常使用的保证合同具有从属性,如果主合同无效,作为从合同的保证合同也就会因此无效。

(2) 无条件性。受益人只要提交保函规定的索赔文件，担保人即应付款。担保人并不审查基础合同履行情况，担保人付款义务成立也不以委托人在基础合同履行中违约为前提。而通常使用保证合同，保证人承担保证责任是以基础合同中主债务人违约为前提的，并且保证人可以行使主债务人抗辩权，即使主债务人本人放弃抗辩权，保证人亦可以行使抗辩权而不受影响。

(3) 主位性。在传统担保中，债务人承担主位赔付责任，担保人承担次位赔付责任。而在见索即付担保中，担保人对受益人承担无条件的、第一性的主位赔付责任。只要受益人的索偿符合约定的条件，担保人即应付款。

（二）备用信用证

1. 备用信用证的定义

备用信用证是开证行根据申请人的请求，向受益人开立的承诺承担某项义务的凭证，即开证行保证在开证申请人未履行其应履行的义务时，受益人只要按照备用信用证的规定向开证银行开具汇票（或不开汇票），并提交开证申请人未履行义务的声明或证明文件，即可获得开证行的偿付。

2. 备用信用证的特点

备用信用证具有三个方面的特点：首先，备用信用证是一种信用证。其本身是独立自主的，具有独立性和抽象性，独立于基础合同之外。其次，备用信用证具有备用性。备用信用证具有担保开证申请人履行其义务的作用，受益人利用了该信用证，就表明开证申请人和受益人之间的基础交易出了问题。最后，备用信用证具有不可撤销的独立性。所谓不可撤销，是指在未明确指明的情况下，备用信用证及其修改书自脱离开证人控制时起，在未征得有关当事人同意的情况下，开证人就不能修改和撤销。

3. 备用信用证的基本运作程序

(1) 开证申请人根据合同的规定，向其所在地的开证人（银行或其他机构）申请开立备用信用证，经开证人审核同意后，该申请书构成申请人和开证人之间的合同。

(2) 开证人开证后，由开证人或申请人直接寄交受益人，或通过通知人向受益人转交备用信用证。

（3）在大宗交易中或在开证人的资信不足以让受益人信任时，受益人往往要求对备用信用证保兑。实践中，通常由通知人担任保兑人。

（4）受益人收到备用信用证后，如果备用信用证中约定的偿付情形没有发生，那么，备用信用证期满之后，受益人应将备用信用证退还给开证人或备用信用证自动失效。

（5）一旦备用信用证约定的偿付情形发生，受益人就可以向开证人或保兑人提交符合备用信用证规定的索偿要求以及与备用信用证相符的单据，向开证人或保兑人索偿。开证人或保兑人经审查认为受益人提交的索偿要求和相关单据符合信用证的规定，就必须按约定向受益人支付备用信用证中约定的金额。

（6）开证人或保兑人做了最后偿付后，可向开证申请人转交受益人提交的备用信用证所要求的索偿要求和相关单据并要求其偿付。

（三）安慰信

1. 安慰信的概念

安慰信，又称"意愿书"，一般是由母公司、金融机构或一国政府写给与其子公司、客户或下属政府机构交易的贷款人、招标人或贸易商的意在对它们之间发生的商业往来表示安慰或担保的信函。安慰信通常是在担保人不愿意接受法律约束的情况下采用的一种形式。在国际融资交易中，当债权人对债务人偿还债务的能力信心不足时，常常要求债务人提供由资信可靠的第三人出具保函的信用担保。但基于各种原因，第三人可能不愿或不能出具保函。这时，考虑到与债务人之间的密切关系，第三人可能以向债权人签发安慰信的形式对债务人履行债务作出道义上或具有法律责任的承诺，从而为债务人获取资金提供便利。

2. 安慰信的内容

典型的安慰信条款一般包括以下三项内容：（1）知晓筹措资金声明。在安慰信中，出信人一般都表示知晓并同意或批准了拟议中的对借款人的贷款。这种声明不具有法律效力，其目的仅仅在于从道义上防止出信人日后以某种理由否认该笔贷款的存在从而开脱其责任。（2）保持所有权权益。在安慰信中，出信人同意在贷款未清偿之前，将不撤回其在借款人资本中的权益。（3）支持。

出信人声明其将在管理和资金方面给予借款人以必要的支持，如母公司声明将"在它的权力范围内尽一切努力来保证按照谨慎的财政政策行事，其子公司将正常经营"。

3. 安慰信的法律效力

安慰信是否具有法律效力，应与安慰信的内容结合起来考察。

第一类安慰信，其内容几乎等同于保函，具有与保函相同的实质性条款，因而它的法律效力几乎等同于保函，是安慰信中法律效力最强的一个种类。

第二类安慰信，几乎等同于一封介绍信，信中没有实质性的条款，只有声明出信人知道贷款人准备给其子公司贷款。这种安慰信在法律上没有任何约束力，其唯一的作用是防止母公司日后否认其知晓子公司借款的事实，因而法律效力最弱。

第三类安慰信，一般来说，在这类安慰信中母公司都会向贷款人承诺，它在子公司未还清借款期间将保持它在该子公司的股权、支持子公司履行其债务等。但母公司在安慰信中的承认，并不等于子公司无力清偿债务时由其代为清偿，也不等于母公司将维持子公司的清偿能力。因此，如果子公司丧失清偿能力，贷款人并不能根据安慰信要求母公司承担清偿责任。

三、国际融资物权担保

国际融资物权担保包括动产担保和不动产担保，本部分主要讲解一种特殊的担保形式——浮动担保。

浮动担保，是指借款人以其现有或将来取得的全部或某一类财产为标的物设立的担保，一旦借款人违约（未能偿还到期贷款）或破产，则贷款人有权就借款人现存的全部或特定的某一类财产行使担保权，处分担保物并优先受偿。这种担保方式诞生于19世纪的英国，其后在一些国家得到普及。浮动担保具有以下法律特征：

（1）担保标的物可以是现有的财产，也可以是将来取得的财产；既可以是动产，也可以是不动产。借款人已设有固定担保的财产之外的全部财产或某类财产亦可作为浮动担保。这意味着，如果借款人违约，贷款人或其任命的财产管理人就有权接管借款人设保范围内的任何财产。

（2）担保标的物的形态与价值处在不断变动之中，如货币资本可转化为生产资本，生产资本又可转化为商品资本，故其有别于固定担保。

（3）浮动担保执行以前，借款人有权在日常业务中自由处分已提供担保的财产。当某些财产因法定事由发生所有权转移时，这些财产就自动退出设保财产范围，当事人无须采取措施解除浮动担保关系。故浮动担保的财产价值实际上仅限于执行时的借款人浮动担保财产。

（4）浮动担保于约定事件发生时转变为固定担保。约定事件可以是借款人违反借款合同，如不按期偿还利息，也可为其他事由，如借款人业务清算等。一旦发生约定事件，浮动担保的财产价值便可固定下来，贷款人可行使担保权利。

第五节　国际银行监管的协调和合作制度

当今世界金融体系间的跨国联系与相互依赖如此之大，以至于仅仅在某一国范围内考察金融监管问题已经捉襟见肘。因此，除了各国在监管措施上须更加协调一致外，为了应付共同面临的各种具体问题和风险，金融监管当局之间的国际合作也要不断加强。正是基于这样的共识，在国际银行监管领域，先后成立了许多国际性或区域性组织，并形成了各种国际合作机制。在这些组织中，最具影响力的是巴塞尔银行监管委员会（以下简称"巴塞尔委员会"）。该委员会通过发布文件及其他活动，提出并阐述了关于国际银行审慎监管的一系列原则、规则、标准和建议，形成著名的"巴塞尔体制"。随着巴塞尔原则和标准在世界范围内的推广和实施，巴塞尔体制的权威性在国际金融领域得到普遍认可。

一、巴塞尔委员会与巴塞尔体制

（一）巴塞尔委员会

在 20 世纪 70 年代以前，银行业监管一直被视为各国政府排他的管辖范围，国际上没有任何协调国际银行监管的正式机制。随着银行业国际化的不断发展，各国金融市场之间的相互依赖性日益增强，国际银行业的系统风险日益增大，各国监管者开始意识到协调彼此间监管行动的必要性。首先，本国银行跨境经营业务迅速发展，外国银行机构在境内大量涌现，由此带来的监管困难已非任何一国能够独自解决；其次，各国银行体系之间通过同业市场紧密联系，某一银行的倒闭很可能引发"多米诺骨牌效应"而殃及整个银行体系，形成全球性金融危机；最后，来自不同国家的银行在一个全球市场内进行业务竞争，可能因各国彼此殊异的监管安排而导致竞争扭曲。

然而，国际银行监管合作的真正启动并不是各国监管者理性思考成熟的自然结果，而是由于国际银行业危机的客观推动。20世纪70年代早期，美国、英国、德国和阿根廷相继发生大的国际银行倒闭事件，形成二战后西方世界第一次银行业危机。危机的出现引起西方各主要工业国家银行监管者的极大关注，他们普遍意识到需要加强银行监管的国际合作。1974年发生的原联邦德国赫斯塔特银行倒闭事件，成为巴塞尔委员会产生的直接导因。面对当时国际货币和银行业市场发生的剧烈动荡，十国集团成员国的中央银行行长于当年9月集会于瑞士巴塞尔，首次讨论银行的国际监管问题。1975年2月，根据英格兰银行总裁理查森的建议，在国际清算银行的主持下，十国集团加上瑞士的银行监管机构高级官员在巴塞尔正式成立了"银行规章与监管实践委员会"，后更名为"巴塞尔银行监管委员会"，通称"巴塞尔委员会"。巴塞尔委员会的诞生，标志着国际银行监管合作的正式开始。

巴塞尔委员会为其成员国提供了一个就银行监管事项进行经常性合作的论坛。根据十国集团成员国中央银行行长的授权，该委员会的首要任务就是考虑改进预警系统的方法，进而讨论国际合作监管的模式，以便在全球范围内弥补监管网的漏洞，提高银行监管的合作水平和监管质量。从其近40年的实践来看，巴塞尔委员会主要通过以下三个方面的工作实现其宗旨和目标：（1）交流各国国内监管安排的信息；（2）加强有关国际银行业监管的效力；（3）确立资本充足性的最低标准并审视在其他领域确立标准的必要性。[①]

---

① 参见韦林克：《巴塞尔委员会监管改革新思路》，载《中国金融》2010年第13期。

一般认为，巴塞尔委员会是银行监管领域最重要的国际组织，是制定银行监管标准的权威机构。但从严格法律意义上讲，它并不拥有任何超国家的正式监管权力，其决定也不具有法律效力。它仅仅通过提出和系统阐述有关银行监管的基本原则和标准，对最佳监管做法及惯例加以陈述和推荐，以期各国当局采取最适合于本国体制的具体安排并予以实施，由此促进成员国间银行监管的一般原则和标准的趋同，而并非力求监管方法的完全一致。

(二) 巴塞尔体制

巴塞尔委员会自成立以来，针对接连不断的国际银行倒闭事件及成员国共同关心的监管问题，制定并发布了为数众多的"巴塞尔文件"。这些文件围绕国际银行业审慎监管及其风险防范主题，提出并阐述了一系列原则、规则、标准和建议。所谓巴塞尔体制，就是由巴塞尔文件所确立和阐发的有关银行监管的原则、规则、标准和建议的总称。

研究表明，巴塞尔体制是十国集团成员国在银行监管方面进行国际合作与协调的产物，是巴塞尔委员会数十年工作成果的汇集。它是以《巴塞尔协议》及其后续文件、《巴塞尔资本协议》及其修订案、《巴塞尔核心原则》以及一系列有关银行业风险管理指南等重要文件为基础构成的，其内容涉及跨国银行机构的合作监管制度、国际银行的资本充足监管标准、有效银行监管核心原则以及银行业务的风险管理准则等，现已形成一个内容十分丰富、结构相对完整的规则体系。由于巴塞尔委员会卓有成效的工作，巴塞尔体制的权威性在国际金融领域已得到普遍认可，其所确立的基本原则和标准已被业界广泛接受为关于银行监管的"国际惯例"或"国际标准"。

二、跨国银行机构的合作监管

(一)《巴塞尔协议Ⅰ》

建立一种国际合作机制以协调母国与东道国对跨国银行的监管责任，是十国集团成员国中央银行行长们创立巴塞尔委员会的初衷，也是巴塞尔委员会的首要任务。作为对原联邦德国赫斯塔特银行倒闭事件的直接反应，巴塞尔委员会在成立之后采取的第一项行动，就是于1975年制定了一个名为"外资银行机构的监管原则"的文件，即《巴塞尔协议Ⅰ》。1983年，围绕意大利安布罗西诺银行卢森堡子公司的倒闭所引起的争论，巴塞尔委员会对《巴塞尔协议Ⅰ》进行了重大修改，并重新发布了"经修订的协议"。

《巴塞尔协议Ⅰ》是巴塞尔委员会成立之后制定并实施的第一个巴塞尔文件，它首开国际银行监管合作之先河，提出了"任何银行机构都不应逃避监管，且这种监管应是充分的"之监管理念，确立了国际合作监管的原则框架，并划分了东道国与母国当局的监管责任，在巴塞尔体制中占有十分重要的地位。从内容上看，委员会后来发布的许多文件，如《巴塞尔协议的补充：银行监管者之间的信息交流》《国际银行集团及其跨境机构监管的最低标准》《跨国银行业监管》等，都是以该协议为基础制定的，是对该协议确立的合作监管原则框架和责任制度的补充和完善。

（二）《巴塞尔最低标准》

20世纪90年代初发生的国际商业信贷银行倒闭事件令全球震惊，同时也暴露了《巴塞尔协议Ⅰ》确立的国际合作监管机制的重大缺陷。受国际商业信贷银行倒闭事件的推动，巴塞尔委员会对《巴塞尔协议Ⅰ》重新进行了审查，并于1992年7月发布了《国际银行集团及其跨境机构监管的最低标准》，即《巴塞尔最低标准》。《巴塞尔最低标准》将《巴塞尔协议Ⅰ》中有关并表监管原则的某些部分加以具体化、系统化，为国际银行集团及其跨境分支机构的有效监管确立了以下四项最低标准：

（1）所有国际银行或银行集团都应受到有能力实施并表监管的母国监管当局的监管。《巴塞尔最低标准》的核心精神，就是将母国并表监管原则系统化，以加强和扩展《巴塞尔协议Ⅰ》的效力。作为跨国银行分支机构设立和维持的一个条件，东道国当局应得以确信，有关银行或银行集团正受到一个有能力实施并表监管的母国监管当局的监管。

（2）任何跨境分支机构的设立均须经东道国与母国当局的双重许可。《巴塞尔最低标准》对《巴塞尔协议Ⅰ》的一项重大发展在于，它提出了一项双重许可标准。据此，一家国际银行或银行集团如欲跨境开设一家银行分支机构，必须事先获得母国当局和东道国当局双方的许可或批准。只有母国当局同意其

"向外扩展",同时东道国当局也同意其"在内设立",该跨境银行分支机构才能设立。

(3) 母国监管当局有权从银行的跨境分支机构获取信息。《巴塞尔最低标准》明确肯定了母国监管当局享有获取并表信息的权利,同时在银行跨境机构的新设许可程序中设置一个国际双边安排作为这种权利实施的保证。依此安排,母国或东道国当局在对一跨国银行分支机构发放"向外扩展"或"在内设立"许可时,应以与对方达成谅解协议为前提条件,即彼此均可在为有效并表监管所必要的范围内,通过现场检查或以其他方式,从银行或银行集团的跨境分支机构处收集信息。通过这种双边安排,母国、东道国当局均可从其银行或银行集团的外国机构处获取金融和审慎监管信息,母国当局可增强其并表监管的能力。

(4) 东道国当局可对不符合最低标准的外国银行机构采取禁止或限制措施。据此标准,东道国在审查一家外国银行机构的设立申请或其他许可申请时,应能断定该国际银行或银行集团是否事实上受到了满足上述最低标准的母国并表监管。如外国银行机构达不到上述最低标准,则东道国监管当局应阻止该银行或银行集团在其境内设立任何跨国分支机构。

《巴塞尔最低标准》的重要意义,不仅在于它将《巴塞尔协议Ⅰ》中所提出的宽泛原则转变为统一的最低标准,使跨国银行机构的监管更加严密和有效,而且更重要的是,它进一步发展了《巴塞尔协议Ⅰ》所设定的国际合作监管框架,确立了母国并表监管原则在跨国银行业监管原则中的核心地位,并在巴塞尔体制内实现了对外资银行机构监管的责任重心由东道国向母国的转移。

三、国际银行的资本充足监管

(一) 1988 年《巴塞尔资本协议》

在诸多巴塞尔文件中,最著名的当数《巴塞尔资本协议》,即 1988 年《关于统一国际银行资本衡量和资本标准的协议》。它是 20 世纪国际银行监管的一份划时代的文件。

1988 年《巴塞尔资本协议》除导言和三个附件外,正文包括四大部分,即资本构成、风险权数、目标标准比率以及过渡期与实施安排。该协议的基本内容及其在国际银行监管方面的卓越贡献可以概括为如下几个方面：

第一，它明确界定了银行资本及其构成。作为实行资本充足管制的基础，1988年《巴塞尔资本协议》首先将银行资本区分为核心资本和附属资本两大类，明确规定了各类资本的定义，并对其构成成分和特定条件作了要求。在《巴塞尔资本协议》中，核心资本又称"一级资本"，包括实收股本和公开储备；附属资本又称"二级资本"，主要包括未公开储备、资产重估储备、普通准备金或普通呆账准备金、混合资本工具、次级长期债券。具备规定特征的一级资本与二级资本成分之总和，则为合格资本。

第二，它建立了以风险加权为基础的银行资本计量架构。1988年《巴塞尔资本协议》关注的焦点，是银行业务的信用风险，即债务人不能偿还的风险。为了建立一种能适当反映银行业务信用风险程度的资本计量标准，统一各成员国的资本计量方法，该协议建立了银行资产的风险加权制度，并根据银行业务所涉信用风险的不同程度设计了一套风险权数体系以及表外项目的信用换算系数，清楚地勾勒出国际银行的资本充足性计量架构。所谓风险加权制度，就是将银行资产负债上不同种类的资产以及表外项目根据其所涉信用风险进行加权，然后累计得出风险加权资产。

第三，它统一确定了国际银行的资本充足率标准。所谓资本充足率，即资本与风险资产的比率。1988年《巴塞尔资本协议》的重大贡献在于，它确立了国际银行必须达到的目标标准比率，具体阐述了各成员国银行监管当局协议实施的最低资本标准。依其规定，银行资本对风险加权资产的目标标准比率不得低于8%，其中核心资本不得低于4%，且以并表为基础计算。

（二）2004年《巴塞尔协议Ⅱ》

《巴塞尔协议Ⅱ》旨在通过制定有关综合性的资本充足率计量方法，不断完善资本充足监管框架，其主要目标为：（1）继续促进全球金融体系的安全性与稳健性。为此，新的资本框架应至少维持金融体系目前的总体资本水平；（2）继续促进公平竞争；（3）提供更为全面的处理风险的方案；（4）使处理资本充足率的各种方法更为敏感地反映银行头寸及其业务的风险程度；（5）以国际活跃银行为侧重点,但其基本原则应适用于复杂程度各异的所有银行。

就其内容来分析,《巴塞尔协议Ⅱ》延续了《巴塞尔协议Ⅰ》以资本充足率为核心、以信用风险控制为重点的监管制度,并吸收了其他巴塞尔文件中提出的有效监管与全面风险管理的原则和思路,构建了一套综合性的资本充足计量方法和新的资本充足监管制度框架。相对《巴塞尔协议Ⅰ》而言,其主要内容和创新之处在于它全面推出了互为补充的三大支柱,即最低资本要求、监管当局的监督检查和市场纪律。

1. 第一支柱:最低资本要求

第一支柱包括信用风险、市场风险和操作风险的资本要求。依其要求,银行总资本比率的分母由三部分组成:所有信用风险加权资产以及12.5倍的市场风险和操作风险的资本。

2. 第二支柱:监管当局的监督检查

《巴塞尔协议Ⅱ》第二支柱以有效银行监管的一些重要指导原则为基础构建,强调不仅银行应评估各类风险总体所需资本,而且监管当局应对银行的评估进行检查以及采取适当措施。新的资本充足框架强调,银行管理部门应具备一套内部资本评估程序以及与本行特定的风险状况和控制环境相一致的资本目标;监管当局要负责针对各银行的风险进行监督检查,评估其资本是否充足,其中包括银行是否妥善处理了不同风险之间的关系。在监督检查过程中,监管当局应参照其了解的不同银行的最佳做法以及确定监管资本各类方法需满足的最低标准。经检查,若对银行自身的风险评估及资本配置不满意,监管当局应采取适当措施及时干预。

3. 第三支柱:市场纪律

市场纪律是《巴塞尔协议Ⅱ》的第三个重要组成部分,是第一支柱最低资本要求和第二支柱监管当局监管检查的补充。巴塞尔委员会强调,市场纪律具有强化资本监管,帮助监管当局提高金融体系安全稳健的潜在作用,而银行有效的信息披露可以确保市场参与者更好地了解银行的风险状况和资本充足率,有助于市场纪律发挥作用。因此,通过强化信息披露来强化市场纪律构成《巴塞尔协议Ⅱ》的重要内容。

综上所述,《巴塞尔协议Ⅱ》是对《巴塞尔协议Ⅰ》的彻底更新和全面取代,是巴塞尔委员会在统一国际银行资本充足监管规则和标准方面所取得的又一重大突破。《巴塞尔协议Ⅱ》的意义突出表现在以下两点:其一,它充分反映了十几年来银行业的进步和金融创新的发展,建立了一套风险敏感高的资本充足率监管框架,包括全面处理银行业务风险的一套计量方法,使银行法定资本水平能够更真实地反映银行业务风险状况。其二,它科学总结了国际银行监管的成功经验,首次提出了资本充足率监管的三大支柱,在着重强调最低资本要求的同时,强调监管当局的监督检查和及时干预,强调银行资本管理的透明度和市场约束,使国际银行资本监管和风险控制真正形成一个完整的制度框架。

(三) 2010 年《巴塞尔协议Ⅲ》

在延续《巴塞尔协议Ⅱ》三大支柱的基础上,2010 年巴塞尔委员会重点对第一支柱"最低资本要求"进行了完善。一是进一步提高了对资本质量与资本数量的要求,包括恢复核心资本的主导作用,提高资本工具的认定标准,严格资本扣减项目;同时,扩大风险覆盖范围,提高对资产证券化、交易对手信用风险的最低资本要求。二是实现了更广泛的宏观审慎资本层级,包括:增加由普通股权益组成的、不低于 2.5% 的储备资本要求;建立与信贷过度增长关联的 0%—2.5% 的逆周期资本;对系统重要性银行提出 1% 的附加资本要求等。三是扩大风险监管指标和工具的范围:首次建立了统一的流动性监管制度,引入流动性监管指标;提出了简单、透明及基于非风险的杠杆率指标作为资本充足率的有效补充,并按监测指标执行等。[①]

为确保《巴塞尔协议Ⅲ》监管架构的有效性,巴塞尔委员会在杠杆率、交易对手、信息披露等方面对监管架构进行了补充与完善,以解决在 2008 年全球金融危机中暴露的但尚未被有效纳入监管的一些问题。2011 年 11 月,巴塞尔委员会发布《全球系统重要性银行:评估方法和额外损失吸收能力要求》,

---

[①] 参见陈颖、甘煜:《巴塞尔协议Ⅲ的框架、内容和影响》,载《中国金融》2011 年第 1 期。

提出了全球系统重要性银行定量与定性相结合的评估方法,并根据评估结果明确分档附加资本要求,以解决金融机构"大而不能倒"的道德风险。2014年1月,巴塞尔委员会发布《巴塞尔协议Ⅲ:杠杆率框架和披露要求》,对衍生品和融资融券敞口计量方法进行了统一,允许满足条件下的净额结算,并明确表外项目转换系数;同时,将杠杆率改为强制性监管指标。2014年3月,巴塞尔委员会发布《交易对手信用风险计量标准方法》,对交易对手风险敞口计量方法进行了统一,将违约风险敞口的计量方法由之前的现期暴露法、标准法及内部模型法改为新标准法及内部模型法。2017年3月,巴塞尔委员会发布《第三支柱信息披露要求:巩固和强化框架》,通过统一信息披露模板要求,细化风险资产计量的信息披露,引入银行关键审慎指标"数据仪表盘"等,进一步提升信息披露数据的透明度和可比性。2017年12月,巴塞尔委员会完成对《巴塞尔协议Ⅲ》的修订,形成《巴塞尔协议Ⅲ最终方案》。

四、有效银行监管核心原则

《巴塞尔核心原则》全称为《巴塞尔有效银行监管核心原则》,是巴塞尔委员会首次面向世界各国特别是新兴市场国家推出的一个全球性适用的文件,也是中国银行监管当局正式与巴塞尔委员会合作、参与讨论制定的一个巴塞尔文件。[①]

《巴塞尔核心原则》是发达国家近百年来银行业监管的先进经验的总结,是巴塞尔委员会多年来工作成果的汇集。它从以下七个方面系统阐述了有效银行监管必备的25项基本原则:

1. 有效银行监管的先决条件

《巴塞尔核心原则》第一项原则指出:一个有效的银行监管体系,必须具有统一、明确的责任和目标,并使参与监管的各个机构拥有操作上的独立性和充分的资源;必须具有关于银行监管的适当法律框架,包括银行机构的许可规则和持续性监管规则、监管者实施法律和执行审慎监管权的规定以及对监管者的法律保护。此外,还应建立监管信息分享安排及信息保密制度等。

---

① 参见孟龙:《巴塞尔核心原则与中国的金融监管》,载《中国金融》1999年第7期。

2. 银行业市场的准入管制

为了形成一个健康的金融体系，避免不合格者进入银行业市场，《巴塞尔核心原则》第三节从市场准入管制的角度对新银行机构设立的许可程序及现存银行结构变化的审批两个方面确立了四项基本原则。

3. 审慎法规的制定与实施

持续性银行监管安排构成《巴塞尔核心原则》的核心部分。该部分首先阐明了银行业的本质决定其需要承受各种风险，如信用风险、国家风险、市场风险、利率风险、流动性风险、操作风险、法律风险、声誉风险等，银行监管的一项重要任务，就是通过制定并实施审慎监管法规与要求，确保银行管理层能够识别、监测与控制其业务的内在风险。

4. 持续性银行监管方法

监管需要收集和分析信息，这可以通过现场检查或非现场监督等方法来实施。作为对银行业持续性监管方式进行统一规范的一种尝试，《巴塞尔核心原则》提出了一系列基本原则。依其规定，一个有效的银行监管体系应当包括某种形式的现场监管和非现场监督。一方面，监管者必须具有非现场监督的手段，即在"单一的"和"并表的"基础上收集、审查和分析银行的审慎报告和统计报表；另一方面，监管者必须具有现场监管的方法，即通过实施现场检查或利用外部审计师对监管信息进行核实。

5. 银行机构的信息要求

定期收到来自银行机构的充分而准确的信息，是进行有效监管的必要条件。为此，《巴塞尔核心原则》就银行机构的信息要求确立了一项原则，即银行监管者必须确保银行根据统一的会计政策和做法保持完备的会计记录，以使其能客观而公正地了解银行的财务状况和盈利水平。

6. 监管者的正式权力

为了加大银行监管的力度、将监管贯穿于银行运行的全过程，《巴塞尔核心原则》突破了巴塞尔银行监管体制的现有框架，正式而明确地涉及问题银行的处理和市场退出管制，并对银行监管者的正式权力提出了原则要求。它规定，银行监管者必须具有适用适当监管措施的自由裁量权，以便在银行未能满足审慎要求（如最低资本充足率）或者违反管制条例以及当存款人的安全受到威胁时采取及时的纠正措施和行动。在紧急情况下，这些措施应包括吊销银行执照或建议吊销其执照。

7. 跨国银行业

《巴塞尔核心原则》对跨国银行业的监管也作了原则规定。从其内容来看，这些规定与《巴塞尔协议》及其后续文件如《巴塞尔最低标准》和《跨国银行业监管》等确立的原则几乎是完全一致的。它从母国监管者的责任和东道国监管者的责任两个方面对跨国银行监管的国际合作提出了要求。第一，母国监管者的责任。作为实施并表监管的一部分，银行监管者必须对其活跃的国际性银行实施全球性并表监管，必须对这些银行机构在世界各地从事的所有业务，尤其是其外国分行、附属机构和合资机构从事的各项业务，进行充分的监控并适用适当的审慎准则。并表监管的一个关键因素是与各有关监管者，特别是东道国监管当局建立联系并交换信息。第二，东道国监管当局的责任。《巴塞尔核心原则》从审慎监管的角度要求，东道国银行监管者必须要求外国银行按东道国国内机构所遵循的同样的高标准从事当地业务，并有权分享母国监管当局为实施并表监管的目的所需的信息。

典型案例

Perutz v. Bohemian Discount Bank in Liquidation[①]

一、案情介绍

被告是一家根据捷克斯洛伐克法成立和经营的银行，营业地位于捷克斯洛伐克的布拉格。1940年，它继承了另一家捷克斯洛伐克银行工商业银行的所有资产和债务。

---

① Perutz v. Bohemian Discount Bank in Liquidation, 304 N. Y. 533, 110 N. E. 2d 6 (N. Y. 1953).

国/际/法/学/理/论/与/实/务

Arthur Perutz 于 1905 年 7 月 1 日至 1940 年 1 月 31 日受雇于该工商业银行。截至 1946 年 3 月 4 日，他都是捷克斯洛伐克的公民。此后，他加入美国国籍。从 1940 年 11 月 6 日成为纽约州纽约郡的居民时起，他一直居住在此地直到去世。被告继承的工商业银行的业务中包含一些协议，其中包括 Perutz 从 1940 年 2 月 1 日起有权获得每月 6000 克朗的养老金。这些协议包含如下条款：养老金在银行的出纳办公室按月提前支付；按月支付的金额将一直累积；如果在该月中领取养老金的权利终止，银行对已经支付的金额不能请求返还；有权领取养老金的人在每次获得支付前必须根据银行要求提交仍然在世或者寡居的证明；履行地是银行的营业地，若分期付款，则银行有权通过邮局汇票或采取其他不同方式进行。

1949 年 6 月 12 日，Perutz 去世，他的妻子被纽约郡法院指定为遗产管理人。由此，她代位取得该诉讼的原告资格，继续 Perutz 提起的诉讼，请求支付已经到期但他终身未获支付的 396,857 克朗养老金。除上述事实以外，本案当事人还提供了 1924 年至本诉讼开始期间捷克斯洛伐克有效的相关法律法规。

二、主要法律问题

相关法律法规禁止捷克斯洛伐克的居民向非居民支付货币或外汇，除非捷克斯洛伐克货币管制机构许可该支付。因此，除非该货币管制机构许可支付该金额，非居民债权人无权在捷克斯洛伐克执行该判决。本案的争议焦点是被告必须支付 Perutz 已经到期的 396,857 克朗养老金，还是应该遵守捷克斯洛伐克外汇管制法的规定不予支付。

初审法院驳回了原告请求，但中间上诉法院推翻了初审法院的判决，判决该工商业银行向 Perutz 支付 7937.14 美元（按照当时的汇率等于 396,857 克朗）。中间上诉法院同时拒绝了该工商业银行延期执行的请求，并在判决中声称："我们看不到给予延期的理由。如此做法是不切实际、不公正的，将给予外国法不必要的域外效力，使当事方在不确定的将来承担汇率波动的风险。债务人的钱已经和本管辖权内的地点产生连接。捷克斯洛伐克的货币监管不能控制该笔款项的支付，捷克斯洛伐克法律也不能控制州法院执行该程序。该事项是救济性或程序性的，由法院地法控制。"

纽约州上诉法院不同意中间上诉法庭的判决。认为公民在外国缔结及意图履行的合同受各该国法规制，该规则已经得到一系列案例的确认。不过，美国法院可以拒绝给予违反美国公共政策的外国法效力。但是，和本争议相关的捷克斯洛伐克外汇管制法不能被认为违反了美国公共政策，因为美国联邦政府和捷克斯洛伐克政府都是国际货币基金组织的成员国。概言之，被告银行一直在以符合捷克斯洛伐克法的方式对 Perutz 和原告履行其支付养老金的义务，由于该法规制本交易，美国法院不应在本案中适用不同规则。

三、案件评析

《国际货币基金组织协定》是目前世界上绝大多数国家接受的统一国家外汇管制的规则。该协定第8条第2款（b）项规定，"涉及任何成员国货币的汇兑契约，如与该国按本协定所施行的外汇管理规定相抵触，在任何成员国境内均属无效"。根据该协定，能够得到国际货币基金组织支持与成员国承认的外汇管制措施，必须是符合协定的有关规定的外汇管制措施。该协定允许成员国对本国资本项下的外汇进行管制，但禁止对经常项目下的外汇兑换进行管制。

国际货币基金组织执行董事对该协定作出的一份解释中明确否定了成员国以"公共政策"为由进行的外汇管制的合法性，"如果协定第8条第2（b）款所指的汇兑合同一方当事人寻求强制执行该合同，所涉成员国的法院不能以其违反法院地公共政策为由，拒绝承认其他成员国实施的与本协定相一致的外汇管制"。因此，根据协定该项规定，纽约州上诉法院认为不应该在该案中基于美国的公共政策否认捷克斯洛伐克外汇管制法的效力。

推荐书目》》

1.〔美〕海尔·斯科特、安娜·葛蓬：《国际金融：法律与监管（上、下）》，刘俊译，法律出版社2015年版。

2. 唐应茂：《国际金融法：跨境融资和法律规制》，北京大学出版社2015年版。

3. 邓瑞平：《涉外金融法律实务》，厦门大学出版社2017年版。

4. 韩龙：《金融法与国际金融法前沿问题》，清华大学出版社2018年版。

5. 韩龙：《国际金融法》，高等教育出版社2020年版。

6. 陈安主编：《国际经济法学新论（第五版）》，高等教育出版社 2020 年版。

思考题 》

1. 国际金融法的渊源包括哪些？
2. 金本位制度是如何确立起来的？它有哪些特点？
3. 布雷顿森林体系为什么必然走向崩溃？
4. 特别提款权的创新性体现在哪些方面？
5. 国际借贷协议一般包括哪些条款？
6. 国际融资信用担保的不同形式对融资双方各有什么利弊？
7. 浮动抵押的利弊何在？
8. 分析《巴塞尔协议》的法律性质。
9. 巴塞尔委员会在资本监管方面做出了什么样的贡献？
10. 在银行监管方面东道国和母国应该如何实现监管协调？

第十五章
Chapter 15

国际经济争端解决法律制度

> **案例导读**

2009年7月3日，A交通设施公司（以下简称"申请人"）与B韩国产业公司（以下简称"被申请人"）正式签订《国际技术转让合同》。该合同约定，被申请人向申请人提供制造本合同产品（即"吸收冲击用道路防护栏"韩国发明专利涉及的全部关联技术方案和生产技术）的书面及非书面专用技术，申请人向被申请人支付合同费用90万美元。合同还约定了合同费用的支付条件、技术资料的交付、质量验收试验、税费的承担、合同的生效等相关问题。合同签订时，被申请人向申请人提交了在韩国取得的"吸收冲击用道路防护栏"专利证书复印件。合同签订后，申请人向被申请人支付技术转让费65万美元。2009年6月12日，申请人与被申请人签订《购买合同》，向被申请人购买吸收冲击用道路防护栏100米，总金额3万美元。2009年11月16日，申请人依约向被申请人支付价款3万美元。2010年1月5日，申请人与被申请人签订《购买合同》，向被申请人购买"吸收冲击用公路防护栏"生产设备，总金额约为韩币10.2亿元。2010年1月5日，申请人向被申请人进口FT175EVA原料10吨，总金额为45415.6美元。申请人已支付13吨原料款和90%的设备款以及进口相关的税费、保证金共计人民币764.48万元。

申请人称，2010年7月8日，被申请人技术人员来申请人工厂指导安装、调试设备、试制产品，直到当月22日返回韩国，多次生产出的产品均不合格。此后，被申请人技术人员便匆匆返回韩国，申请人多次催促，被申请人既不派人也不回信。被申请人没有按照合同约定以其转让的技术生产出合格的合同产品，申请人向被申请人购买的"吸收冲击用公路防护栏"生产设备也都出现严重故障或问题，不能正常使用。申请人提出以下仲裁请求：（1）裁令被申请人收回生产不出符合合同产品的"吸收冲击用公路防护栏"生产设备和关联技术方案和生产技术，退还申请人已支付的技术转让费65万美元、已付的设备款及原料费人民币596.88万元、从韩国购买100米样品费3万美元，原料进口报关所发生的费用（增值税、关税、设备原料到港时的仓储费、运输费）人民币27.6万元、设备进口涉及关税、增值税等已支付的海关保证金人民币140万元；（2）裁令被申请人承担本案仲裁费。

被申请人则称其已按照约定及时将相关技术资料、生产设备、生产原料等交付申请人，申请人在接收后也已安排生产。但申请人掌握相关技术后，以种种理由推辞，拒不支付技术转让余款和设备及原料货款，并于2010年12月13日提出仲裁申请，要求被申请人返还其已支付相关款项。被申请人提出以下仲裁反请求：（1）裁令申请人继续履行《国际技术转让合同》，支付剩余技术转让款25万美元及利息；（2）裁令申请人继续履行《购买合同》，支付剩余货款共计人民币70万元及利息；（3）裁令申请人承担本仲裁案件的全部费用。

本案是一起涉及国际技术转让合同履行纠纷的案件。从性质上讲，该类纠纷属于不同国家的商事私人主体之间的贸易纠纷。一般情况下，此类纠纷可通过协商、诉讼、仲裁、调解等多种方式进行解决。当事人选择了通过第三方主体——深圳国际仲裁院进行仲裁处理。仲裁庭查明，本案的争议焦点为合同约定的"技术"是否已成功转让交付。双方分歧在于，被申请人主张"技术标的"包含了技术秘密、专利许可和专利申请权三项内容，而申请人则主张"技术标的"仅为技术秘密。仲裁庭通过分析认为，本案合同中技术标的法律性质为技术秘密。仲裁庭围绕本案的争议焦点，对双方当事人的主张、提交的证据及第三方鉴定机构出具的《司法鉴定意见》进行了细致到位的论证分析。最终,仲裁庭基本上支持了申请人的仲裁请求,驳回了被申请人的仲裁反请求。仲裁庭对由被申请人收回关联技术方案和生产技术、机器设备的退还及进口税费承担等细节的处理,体现了仲裁庭对法律规则的遵循和商业习惯的熟悉和尊重,突显了仲裁中由专家断案解决国际商事纠纷的优势。[①]

教学目标

通过本章的学习,学生应对"国际经济争端解决法律制度"形成相对系统的认知。本章将介绍国际经济争端的概念、种类、解决方式等基本内容,阐述国际经济争端法律制度的其他基本概念和理论,重点介绍不同国家私人主体之间争端解决方式中的非司法方式——国际商事协商、国际商事仲裁、国际商事调解的概念、主要特点、相关法律规范等。本章学习重点包括了解和掌握国际经济争端的种类和含义、国际经济争端解决方式中非司法方式的主要类型、特点和相关国际规则,理解国际经济组织在解决国际经济争端中的重要作用。国际经济争端的妥善解决对于国际经贸活动的顺利开展有着重要的意义。对于具体的国际经济争端,学生应在了解国际经济争端解决法律制度的总体框架下,综合考虑案件的性质、相关事实、当事人的意愿、国际国内相关法律规则、不同策略的利弊衡量等诸多因素,选择恰当的争端解决方式,以妥善解决相关纠纷。

第一节 国际经济争端解决方式概述

一、国际经济争端概念

随着世界经济一体化进程的加快,国际经贸活动日益频繁,相关主体之间

[①] 参见《案例2:国际技术转让合同的标的、覆盖范围及鉴定——A交通设施公司与B韩国产业公司关于〈国际技术转让合同〉争议仲裁案》,深圳国际仲裁院网,http://www.scia.com.cn/home/index/cases/sid/817.html,2022年5月31日访问。

产生纠纷也不可避免。简单来说，国际经济争端是指国际经济法主体在国际经济交往中产生的各种法律纠纷和争端。国际经济法主体，是指在国际经济交往法律关系中可以享受权利和承担义务的法律人格者，又称"国际经济法律关系的参加者或当事人"，包括自然人、法人、国家和国际经济组织。①

二、国际经济争端的种类

由于国际经济法主体广泛，国际经济关系复杂多样，国际经济争端的类型也多种多样。根据争端所涉及的具体领域，国际经济争端可分为国际贸易争端、国际投资争端、国际货币金融争端、国际税收争端等。以国际经济关系的参加者即争端主体为标准，国际经济争端大体可以分为以下三类：

（一）不同国家及地区或国际经济组织之间的国际经济争端

这类争端多数属于主权国家在国际经济交往中所产生的争端。主权国家之间的国际经济争端有两个主要特点。其一，争端一般产生于国家之间订立的双边或多边国际公约或条约的解释或履行之中，如对双边贸易协定、投资保护协定、避免双重征税协定的解释或履行中发生的争端，以及由于多边国际经济贸易公约而产生的争端，如世界贸易组织各项协定的解释或履行中发生的争端。其二，争端双方是主权国家。②

除此之外，该类争端还包含以下两种类型的争议：第一，具有一定经济事务自主权的地区（比如，世界贸易组织体制下的中国香港地区）与主权国家、区域性国际组织之间，或区域性国际组织之间的经济争端。第二，国际组织与主权国家之间的经济争端。例如，全球或区域性国际金融组织（比如国际货币基金组织、世界银行等）与主权国家发生国际借贷纠纷，国际货币基金组织在货币事务合作方面与成员国发生争端等。③

---

① 参见张丽英：《国际经济法》，中国政法大学出版社 2018 年版，第 4—5 页。
② 参见左海聪主编：《国际经济法（第二版）》，武汉大学出版社 2014 年版，第 41 页。
③ 参见同上。

(二) 国家及地区或国际经济组织与私人之间的国际经济争端

在此类争端中，大多数是主权国家与私人在国际经济活动管理过程中发生的争议。其主要特点是：第一，争端双方具有不同的法律地位。争端一方是主权国家或其政府，争端另一方是私人。私人不仅包括本国国民，也包括外国国民；不仅包括自然人，也包括法人等经济组织。争端主体的特点决定了两者权利与义务的不对等性。第二，争议的事项虽然关涉国际经济活动的管理，但却属于一个主权国家的国内事项。

这类争端的主要类型是一国涉外经济管理机构与私人主体之间因行政管理行为而产生的争议，① 即主要发生在国家对具体从事国际经贸活动的当事人行使管理或监督的过程中。例如，国家海关或税务部门对进出口的货物征收关税，进出口商品检验部门对货物进出口依法进行检验，外汇管理部门依法对外汇实施管理等。② 除主权国家与私人之间的国际经济争端外，这类争端还包括有关地区或区域性国际组织与私人之间的国际经济争端。③

(三) 不同国家的私人之间的国际经济争端

这类争端一般产生于不同国家私人主体（包括自然人、法人、其他商业组织等）之间货物买卖、技术转让、投资、工程承包等跨国经济活动过程中。不同国家的私人主体是国际经贸活动的直接参加者，国际经济争端多发生于这些当事人之间。这类争端一般为当事人之间在国际经贸合同的解释或履行中发生，但在某些情况下，也可能是非契约性争端，比如由于侵权行为产生的纠纷。

在私人之间的国际经济争端中，各方当事人的法律地位是平等的，相应地其权利与义务也是对等的。

---

① 参见左海聪主编：《国际经济法（第二版）》，武汉大学出版社2014年版，第41页。
② 参见王传丽主编：《国际经济法（第五版）》，中国人民大学出版社2019年版，第326页。
③ 参见左海聪主编：《国际经济法（第二版）》，武汉大学出版社2014年版，第41页。

三、国际经济争端的解决方式

从各国和国际组织处理国际经济争端的实践来看，国际经济争端的解决方式主要有以下几种：外交方式、司法方式、非司法方式、国际经济组织内部的争端解决方式等。以下主要根据国际经济争端的种类分别阐述其争端解决方式。

（一）国家及地区或国际组织间国际经济争端的解决方式

这类争端属于国际层面的争端，主要运用国际法上解决国际争端的方式。这类方式主要包括：第一，外交方式。外交方式主要指谈判或磋商、斡旋、调解或调停等。第二，仲裁和司法方式。这主要指将国际经济争端提交仲裁庭、国际法院或其他常设法庭进行裁决。第三，国际经济组织内部的争端解决方式。该种方式有时也被称为"准司法方式"。[①]不少国际经济组织都设立了内部的争端解决程序，用以处理其成员方之间国际经济条约解释和适用等方面的争端。[②] 比如，世界贸易组织设有争端解决机制及其争端解决机构（Dispute Settlement Body），该机构在解决成员方之间的国际贸易争端方面发挥了巨大的作用。又如，国际货币基金组织、世界银行、国际金融公司也都有自己的内部争端处理程序和机制。

（二）国家及地区或国际经济组织与私人之间的国际经济争端的解决方式

这类争端属于国内争端，因此通常应在国内层面进行解决。对于国内涉外经济管理机构与私人之间的行政争议，一般可采取行政复议或行政诉讼解决。但是，这类争端也可能引起国际纠纷。[③]

---

① 参见胡加祥主编：《国际经济法（第二版）》，高等教育出版社 2014 年版，第 367 页。

② 参见陈安：《国际经济法学专论（上编 总论）（第二版）》，高等教育出版社 2007 年版，第 345 页。

③ 参见左海聪主编：《国际经济法（第二版）》，武汉大学出版社 2014 年版，第 42 页。

若主权国家参与商事活动，则其与私人之间产生的国际经济争端的解决将更加复杂。私人主体可通过国内途径（谈判协商、仲裁、法院诉讼等），还可以直接寻求国际仲裁，或者请求本国政府行使外交保护。比如，外国私人投资者与东道国政府或机构之间的投资争端，外国私人投资者在符合有关条件的前提下，可通过解决投资争端国际中心（ICSID），根据 ICSID 公约下的相关规则，解决与东道国政府之间有关投资的争端。

（三）不同国家私人主体之间国际经济争端的解决方式

解决不同国家私人主体之间国际经济争端的方式主要有司法方式和非司法方式两种。

1. 司法方式

司法方式是指通过诉讼方法解决国际经济争端。由于世界上并不存在也不可能存在专门解决这类争端的凌驾于各主权国家之上的法院，这里提到的司法方法，是在一国法院提起的涉及不同国家当事人的国际经贸争端，各国法院根据本国的民事诉讼法对此类争端行使管辖权。一国法院作出的判决，若需在另一国进行执行，则要得到另一国法院的司法协助。

2. 非司法方式

非司法方式主要是指通过法院以外的方式解决争端，如通过双方当事人友好协商或谈判，或者由双方同意的第三人进行仲裁或调解。这种方式又称为"选择性或替代性争端解决"（Alternative Dispute Resolution，ADR）的方式。[1] 这种解决争端方式的前提是当事人之间达成通过 ADR 解决争端的协议。

在实践中，对于何谓 ADR 一直存在两种不同的看法，争议的核心在于 ADR 是否包括仲裁。一般认为，ADR 是指法院诉讼之外的各种纠纷解决机制，包括协商、微型庭审、早期中立评估、争议评审委员会、仲裁、调解等。[2] ADR 的具体形式多样，而且比较灵活。国际商事协商、仲裁和调解将在

---

[1] 参见王传丽主编：《国际经济法（第五版）》，中国人民大学出版社 2019 年版，第 327 页。

[2] 参见《国际经济法学》编写组：《国际经济法学（第二版）》，高等教育出版社 2019 年版，第 399 页。

后面几节进行重点论述，这里仅仅简要介绍其他几种常见的形式：

(1) 微型庭审

"微型庭审"（mini-trial）是当事人通过自行组织的"庭审"来解决纠纷的一种方式，最早出现在美国。该"庭审"非真实的法院庭审，而是由专门组成的"委员会"（panel）对争议进行评判。委员会成员通常由有经验的律师或专家担任。委员会按照双方认可的程序和时间进行"虚拟"审判，在充分知悉双方观点和意见后，提出争端解决的方案。[①]

(2) 早期中立评估

"早期中立评估"（early neutral evaluation）通常是指在案件的诉讼程序初期由中立的第三方对当事双方的诉讼请求和抗辩进行评估，指出当事各方在诉讼中的可能优势和劣势，从而促使各方考虑通过和解达成争端解决方案。这种方式通常可以使当事人对争议焦点问题的认识更为客观清晰，进而在权衡利弊后，寻求更加务实的争议解决方案。[②]

(3) 争议评审委员会

"争议评审委员会"（dispute review board or dispute resolution board）也被称为"争端裁决委员会"，通过争议评审委员会解决争议的方式也被称为"争议评审机制"。该机制多适用于国际工程项目合同的争议解决，目前也被用于其他领域，比如金融业、海运业等。在该机制下，一般在项目开始或争议发生后协商成立争议评审委员会。该委员会由相关领域有经验的专家组成，对争议问题进行中立的调查和评估，并最终提出纠纷解决方案。[③]

四、国际经济争端解决法律规范

国际经济争端解决法律规范是指处理国际经济争端的国际法和国内法规范

---

① 参见《国际经济法学》编写组：《国际经济法学（第二版）》，高等教育出版社2019年版，第400页。

② 参见刘晓红、袁发强主编：《国际商事仲裁法案例教程》，北京大学出版社2018年版，第6页。

③ 参见《国际经济法学》编写组：《国际经济法学（第二版）》，高等教育出版社2019年版，第400页。

的总称，因此处理国际经济争端的法律规范主要由国际法和国内法两部分规范构成。

(一) 国际法规范

国际法规范主要指国际社会为了处理国家之间、国家和私人之间或不同国家私人之间的经济争端而签订的国际条约。国际条约是指国家间缔结的以国际法为准则的国际书面协定。其中，在两个国家之间缔结的条约为双边国际条约，而在多个国家之间缔结的国际条约为多边国际条约。相关的国际法规范大致可以分为三类：

1. 处理国际经济争端的双边国际条约

解决国际经济争端是许多双边国际条约的重要内容之一，许多双边条约都对此进行了规定。一般情况下，双边投资条约中都包含有处理国际经济争端的内容。比如，依据中国和法国之间的双边协定，有关投资的争议应该尽可能友好解决；如果争议六个月未能解决，则投资者可以向东道国法院提起诉讼；也可以在用尽东道国法律和法规所规定的国内行政复议程序后，选择提交根据《联合国国际贸易法委员会仲裁规则》设立的专设仲裁庭或者"解决投资争端国际中心"解决。[①]

2. 处理国际经济争端的专门性国际多边条约

处理国际经济争端的专门性条约主要是指国际复兴开发银行 1965 年创议的《关于解决各国和其它国家国民之间投资争端的公约》，以及世界贸易组织章程附件二 (《关于争端解决规则与程序的谅解》) 等。这类国际条约一般都规定仲裁或其他特别的争端解决方式。

3. 处理国际经济争端的司法、仲裁和调解方面的条约、示范法等国际性规范

在司法方面，主要的条约包括 1945 年的《国际法院规约》，1954 年海牙《民事诉讼程序公约》，1965 年的《海牙送达公约》以及 1971 年的《国际民商

---

① 参见《中华人民共和国政府和法兰西共和国政府关于相互促进和保护投资的协定》第 7 条 "投资者与缔约一方争议解决"，商务部官网，2020 年 7 月 24 日，http://tfs.mofcom.gov.cn/article/h/au/201007/20100707041031.shtml，2021 年 4 月 23 日访问。

事案件中外国判决的承认和执行公约》等。

在仲裁方面，主要的条约包括1899年和1907年的《海牙和平解决国际争端公约》，1927年的《关于执行外国仲裁裁决的日内瓦议定书》，1958年《纽约公约》，1985年通过、2006年修订的《贸易法委员会国际商事仲裁示范法》等。

在调解方面，国际性规范主要包括联合国国际贸易法委员会于1980年通过的《贸易法委员会调解规则》、2002年通过并于2018年修订的《贸易法委员会国际商事调解和调解所产生的国际和解协议示范法》（以下简称《商事调解示范法》），2014年生效的《国际商会调解规则》，联合国大会于2018年12月通过的《联合国关于调解所产生的国际和解协议公约》（以下简称《新加坡调解公约》）等。

(二) 国内法规范

各国立法普遍规定一国对本国境内的国际经济争端享有管辖权。对于某些类别的国际经济争端，有些国家在其立法中明确规定必须由本国法院管辖，或只允许适用本国法律。一般而言，国内法中关于国际经济争端处理的规范主要是仲裁法规范。有些国家也有专门关于调解的规则。

下文就国际经贸活动中不同国家私人主体之间的国际经济争端解决方式中常见的国际商事协商、国际商事仲裁和国际商事调解进行详细阐述。

第二节 国际商事协商

一、概念

"国际商事协商"（international commercial consultation）是国际经济争端的双方当事人在没有第三方介入的情况下自行协商解决争议的一种方式。相对于其他争端解决方法，通过友好协商解决争议总体上来说简易、经济、高效，是绝大多数国际经济纠纷发生后当事人解决争端的首选方式。

一般来讲,在协商过程中,当事双方会在澄清事实、阐明立场、消除误会、明确责任的基础上,按照有关法律规定和合同约定或公平原则,直接进行交涉,相互磋商和谅解,自行达成协议,进而解决国际经济争端。[①]由于这种方式是通过协商或谈判实现争议而达成和解,又被称为"国际商事谈判或磋商"。

二、主要特点

国际商事协商是国际经济争端最普遍的和基本的处理方式,主要具有以下几个方面的特点:[②] 第一,完全由当事人各方自行解决其纠纷,无须第三方介入。这也是其最大的特点。第二,协商建立在当事人双方自愿的基础上,任何一方不同意协商,即可寻求其他争端解决方式。第三,在协商过程中,当事双方处于平等的地位,任何一方都有权提出、接受、拒绝或修改解决争端的建议。

三、主要优势

通过协商处理国际经济争端,通常具有以下几个方面的优点:[③]

第一,协商一般在互谅互让的友好合作的气氛中进行,可以增加彼此的了解和理解,有助于当事双方和解达成协议。

第二,协商不受固定的实体法规则制约,当事人可以根据实际情况灵活处理,简便易行。

第三,协商不必经过严格的法律程序,可以节省成本,快速解决争端。

第四,协商过程中没有第三方的参与,当事人不必担心商业秘密的泄露。

第五,协商始终是在自愿基础上进行的。因此,一旦当事人达成解决争议的协议,一般都能自愿遵守,当事人也可以继续维持良好的合作关系。

---

① 参见李双元、欧福永主编:《国际私法(第五版)》,北京大学出版社 2018 年版,第 528 页。

② 参见陈安主编:《国际经济法学专论(上编 总论)(第二版)》,高等教育出版社 2007 年版,第 341 页。

③ 参见李双元、欧福永主编:《国际私法(第五版)》,北京大学出版社 2018 年版,第 528 页。

在国际商事纠纷解决的实践中,很多争议确是由当事人自己通过协商的方式解决的。

四、局限性

然而,国际商事协商的方式也有自己的局限性,主要体现在以下几个方面:①

第一,对当事人来说,当事人并无达成和解协议的义务,因此有时争议会拖延很久而无法得到解决。

第二,在协商过程中,当事双方的地位虽然平等,但协商的结果往往取决于当事方讨价还价的能力。在当事人实力不对等的情况下,实力较弱的一方可能感到压力太大而很难达成协议,而实力较强的一方可能向对方增加压力,导致更难达成和解的结果。

第三,在当事人对争议存在严重分歧、双方很难通过协商解决争议的情形下,借助第三方的平衡作用进行调解则不失为一种更好的解决方式。

第四,当事人自行达成的协议一般并无法律上的强制执行力。

第三节 国际商事仲裁

一、国际商事仲裁概述

1. 国际商事仲裁的概念

"国际商事仲裁"(international commercial arbitration),一般是指当事人通过合意,自愿将有关的国际商事纠纷提交给仲裁庭进行审理并作出对双方当事人均有拘束力的裁决的一种争议解决方式。国际商事仲裁是相对于国内商事仲裁的一个概念,但两者的划分也是相对的。判断某项仲裁是否为国际商事仲

---

① 参见陈安主编:《国际经济法学专论(上编 总论)(第二版)》,高等教育出版社2007年版,第528—529页。

裁的依据和标准虽不尽相同，但大体上包括以下几种方法。第一，以单一连接因素（比如当事人的住所地、国籍或仲裁地）是否具有涉外性作为判断标准。第二，规定多种连接因素（比如国籍、住所、合同履行地、标的物所在地等）作为判断标准，只要连接因素之一不在国内，即具有国际性。第三，以争议是否涉及国际商业利益作为判断标准。[①]

2. 国际商事仲裁的特点

与司法解决方式相比，国际商事仲裁的主要特点如下：[②]

第一，充分尊重当事人的意愿。比如，仲裁庭受理案件的权限来自当事双方的自愿授权。第二，有一定的灵活性和便捷性。当事双方可以共同选择仲裁机构、仲裁地点、仲裁员等具体事项，也不必像诉讼那样严格按照法定程序进行。第三，保密性。仲裁一般都是不公开进行，有利于保守当事双方的秘密。第四，国际性和专业性。仲裁员一般都是来自不同国家的国际经济、商事等领域的法律或实务专家，擅长处理各种专业性、技术性较强的案件。第五，强制性和终局性。仲裁庭作出的裁决对双方都具有拘束力，一般不允许再向任何机构提出变更裁决的要求。第六，高效性。由于仲裁具有前面所提到的这些特点，通过仲裁解决争端一般比较高效，因而可以节省当事方的费用。

二、临时仲裁和机构仲裁

按照国际商事仲裁的组织形式，可以将国际商事仲裁分为临时仲裁和机构仲裁。

（一）临时仲裁

临时仲裁又称"特别仲裁"或"非机构仲裁"，是根据当事人之间的仲裁协议，为解决特定协议项下的争议，在法律规定或允许的范围内，由当事人选出的仲裁员临时组成仲裁庭进行的仲裁。在争议裁决后该仲裁庭自行解散。临

[①] 参见胡加祥主编：《国际经济法（第二版）》，高等教育出版社2014年版，第369页。

[②] 参见霍政欣：《国际私法学（第二版）》，中国政法大学出版社2020年版，第336页。

时仲裁方式的最大优势就是具有很大的灵活性，当事方可以在协议中自行约定仲裁的各方面问题，包括仲裁员的选择、仲裁规则的选择、程序的适用等。这些都有助于提高效率并降低费用。但是，这种方式也有一定的弊端，即其有效性必须取决于当事人的合作。[①] 若当事人在协议中未能就临时仲裁的各方面事项进行详细约定，或双方因某些仲裁事项无法达成一致，则仲裁可能陷入停滞和僵局。

（二）机构仲裁

机构仲裁通常是指由常设仲裁机构进行的仲裁。常设仲裁机构通常具有固定名称、地址、仲裁规则、仲裁员名册和常设办事机构，其主要职能是制定仲裁规则并监督仲裁规则的实施，同时对仲裁案件提供必要的行政管理和服务。常设仲裁机构的主要优势在于它的规范性和便利性。通常情况下，常设仲裁机构具有自己的仲裁规则、仲裁员名册、行政管理服务机制，在仲裁程序、仲裁员的选择方面更为系统、规范，并能提供更为全面完善的管理服务。然而，机构仲裁也存在着一定的缺点，如仲裁机构逐渐出现官僚化的趋势、仲裁程序的僵化、运行成本的不断提高等问题。[②]

三、主要国际商事仲裁机构

（一）国际商会仲裁院

国际商会仲裁院（The ICC International Court of Arbitration）成立于 1923 年，是国际商会下属的一个国际性常设调解与仲裁机构。作为世界领先的仲裁机构，该仲裁院具有很大的独立性。该仲裁院总部和秘书处设在巴黎，理事会由来自 40 多个国家和地区的具有国际法专长和解决国际争端经验的成员组成。仲裁院的主要职责是对仲裁程序进行司法监督，确保恰当适用《国际商会仲裁规则》，并协助当事人和仲裁员克服程序障碍。该仲裁院还引入创新

[①] 参见刘仁山主编：《国际私法（第六版）》，中国法制出版社 2019 年版，第 509 页。
[②] 参见徐伟功编著：《国际商事仲裁理论与实务》，华中科技大学出版社 2017 年版，第 21 页。

的仲裁工具和程序,不断寻求提高效率,控制时间和成本,并协助执行和保密。①

(二) 伦敦国际仲裁院

伦敦国际仲裁院(London Court of International Arbitration,LCIA)是全球领先的解决商事纠纷的国际仲裁机构,在国际社会上享有很高的声望,也是英国最主要的国际商事仲裁机构。LCIA可以受理当事人依据仲裁协议提交的任何性质的国际争议,尤其擅长国际海事案件的审理。未决的LCIA案件中超过80%的当事人不是英国国籍,这充分体现了该机构的国际性。②

伦敦仲裁会1892年11月成立,1903年4月改名为"伦敦仲裁院"。1975年,伦敦仲裁院与女王特许仲裁员协会合并。1981年,改名为"伦敦国际仲裁院"。③ 仲裁院的秘书处负责处理提交给LCIA的所有争议的日常管理工作。该院的案件管理也非常灵活,但每个案件都会受到监管。④该仲裁院在组成仲裁庭方面确定了一项重要的原则,即在涉及不同国籍的双方当事人的商事争议中,独任仲裁员和首席仲裁员必须由1名中立国籍的人士担任。⑤

(三) 斯德哥尔摩商会仲裁院

斯德哥尔摩商会仲裁院(Arbitration Institute of the Stockholm Chamber of Commerce,SCC)是斯德哥尔摩商会的一部分,但独立于斯德哥尔摩商会,同时也是斯德哥尔摩商会处理仲裁事务的全国性机构。它成立于1917年,是

---

① ICC International Court of Arbitration,https://iccwbo.org/dispute-resolution/dispute-resolution-services/icc-international-court-of-arbitration/,visited on April 23,2021.

② See Introduction,https://www.lcia.org/LCIA/introduction.aspx,visited on April 23,2021.

③ History,https://www.lcia.org/LCIA/history.aspx,visited on April 23,2021.

④ See Organisation,https://www.lcia.org/LCIA/organisation.aspx,visited on April 23,2021.

⑤ See Article 6.1,LCIA Arbitration Rules,https://www.lcia.org/Dispute_Resolution_Services/lcia-arbitration-rules-2020.aspx#Article%205,visited on April 23,2021.

瑞典最重要的常设仲裁机构。① 瑞典的中立国地位及其完备、灵活的仲裁制度，使该仲裁院声誉颇佳，逐渐成为东西方商事仲裁中心，赢得了国际商界的信任。

SCC 由董事会和秘书处组成。SCC 董事会的职能是根据 SCC 规则作出决定，相关的事项包括初步管辖权、仲裁员的任命、对仲裁员的异议以及仲裁费用的决定。SCC 秘书处负责日常案件的管理、活动的组织、出版物的制作等。

SCC 规则与时俱进且相当灵活，规定了符合国际仲裁最佳实践的程序。除 SCC 规则外，SCC 还根据《联合国国际贸易法委员会仲裁规则》制定了调解规则和相关的程序。② 此外，SCC 没有仲裁员名单，对仲裁员资格的限制也很少，当事人可自由指定任何国家、任何身份的人作为仲裁员。③ 仲裁地点可以在瑞典，也可以在瑞典以外的地方，但在瑞典仲裁应适用瑞典的仲裁程序法。这些规则有利于提高仲裁的速度和效率，也便于仲裁裁决在各个国家得到执行。

（四）美国仲裁协会

美国仲裁协会（American Arbitration Association，AAA）是世界著名的冲突处理和替代性争议解决机构。④ 它是一个民间性的常设仲裁机构，成立于 1926 年。协会总部在纽约，并且在美国各主要城市都拥有办公室。为方便当事人，审理地点可以不限于协会办公室。协会制定了标准仲裁条款。

协会全程处理仲裁案件，即从当事人提出申请到结案，包括帮助指定调解员和仲裁员，审理，传递文件，安排会议信息等。只要当事人对将争议提交至美国仲裁协会达成合意，即使没有仲裁或者调解条款，当事人也可将争议提交

---

① See About the SCC，https：//sccinstitute.com/about-the-scc/，visited on April 23，2021.

② See SCC Rules，https：//sccinstitute.com/our-services/rules/，visited on April 23，2021.

③ See Arbitrators Appointment，https：//sccinstitute.com/about-the-scc/appointment-of-arbitrators/，visited on April 23，2021.

④ What we do，https：//www.adr.org/Arbitration，visited on July 16，2023.

至美国仲裁协会。美国仲裁协会也为临时仲裁提供行政支持，即根据《联合国国际贸易法委员会仲裁规则》担任仲裁员的委任机构。①

争议方可通过网络在美国仲裁协会的专用且便捷的在线系统——AAA Web File SM 提交其案件。当事人也可通过美国仲裁协会在美国范围内设立的办公室提交案件。②协会制定了涉及诸多领域的规则。③

（五）瑞士仲裁中心

瑞士有着通过仲裁和调解解决争议的悠久历史。二战后，由于东西方对立和第三世界国家的兴起，中立国家的仲裁机构逐渐受到各国当事人的信赖。早在 1911 年，苏黎世商会（The Zurich Chamber of Commerce）就设立了商事仲裁院。1974 年，瑞士仲裁协会（The Swiss Arbitration Association，ASA）成立。2008 年，瑞士七个商会共同组成了瑞士商会仲裁机构（The Swiss Chambers' Arbitration Institution，SCAI）。2021 年，ASA 创建了"瑞士仲裁"（Swiss Arbitration），将瑞士商业仲裁的主要参与者聚集在一个共同的平台下。④

自 2021 年 6 月 1 日起，瑞士的仲裁出现了两项新变化。第一，SCAI 进行重组并更名为"瑞士仲裁中心"（The Swiss Arbitration Centre）。该中心是一家在全球范围内提供仲裁和调解服务的独立机构，其股东是 ASA 和参与 SCAI 的瑞士商会，⑤其服务适用于任何争议，不管其性质、当事人国籍、仲裁地和适用法律如何。⑥第二，该中心适用的《瑞士规则》（Swiss Rules）被重新审

---

① 参见美国仲裁协会（AAA），国际贸易法律网，2014 年 12 月 30 日，http://www.tradelawchina.com/susong/html/1921.html，2021 年 4 月 23 日访问。

② 同上。

③ See AAA Court and Time-tested Rules and Procedures, https://www.adr.org/ArchiveRules, visited on April 23, 2021.

④ See History of Arbitration in Switzerland, https://www.swissarbitration.org/swiss-arbitration/history/, viasited on July 16, 2023.

⑤ See New Swiss Arbitration Centre and Revised Swiss Rules, https://www.swissarbitration.org/new-swiss-arbitration-centre-and-revised-swiss-rules/, visited on July 16, 2023.

⑥ Overview, https://www.swissarbitration.org/centre/, visited on July 16, 2023.

视。《瑞士规则》于 2004 年首次通过，2012 年第一次修订。尽管 2021 年修订只是细微的修改，并没有根本性的变化，但其应对国际仲裁最新的技术和其他发展、精简仲裁程序等方面的规则调整无疑提高了该规则的灵活性和效率。现行的 2021 年版《瑞士规则》适用于 2021 年 6 月 1 日或之后开始的所有仲裁。①

总之，瑞士仲裁中心将 SCAI 和 ASA 的能力和资源集中在一起，还在管理程序方面提供广泛的服务，该中心作为一个机构的作用在整体上得以增强，② 无疑提升了其在诸多国际仲裁机构中的竞争力和重要地位。

（六）中国国际经济贸易仲裁委员会

中国国际经济贸易仲裁委员会（China International Economic and Trade Arbitration Commission，CIETAC，中文简称"贸仲委"）是世界上主要的常设商事仲裁机构之一。2000 年，中国国际经济贸易仲裁委员会开始同时启用"中国国际商会仲裁院"的名称。贸仲委以仲裁的方式，独立、公正地解决国际国内的经济贸易争议及国际投资争端。贸仲委还与世界上主要仲裁机构保持着友好合作关系，以其独立、公正和高效在国内外享有盛誉。

贸仲委及其分会/仲裁中心是一个统一的仲裁委员会，适用相同的《仲裁规则》和《仲裁员名册》。贸仲委《章程》规定，分会/仲裁中心是贸仲委的派出机构，根据贸仲委的授权接受并管理仲裁案件。③ 在组织结构上，贸仲委设有名誉主任、主任、顾问和委员，秘书局、仲裁院和四个专门委员会。其中，秘书局主要负责贸仲委行政管理事务，并负责贸仲委应参与、组织及协调的公

---

① See Swiss Rules 2021，https：//www.swissarbitration.org/centre/arbitration/arbitration-rules/，visited on July 16，2023.

② See Dr. Johann von Pachelbel，Swiss Arbitration Revamped -New Arbitration Center and Amended Swiss Rules，https：//www.klgates.com/Swiss-Arbitration-Revamped-New-Arbitration-Centre-and-Amended-Rules-7-23-2021，visited on July 16，2023.

③ 参见贸仲简介，http：//www.cietac.org/index.php? m＝Page&a＝index&id＝2，2021 年 4 月 23 日访问。

共法律服务事务。①

贸仲委设在北京,并在深圳、上海等城市分别设有华南分会、上海分会、天津国际经济金融仲裁中心(天津分会)、西南分会、浙江分会、湖北分会、福建分会、丝绸之路仲裁中心、江苏仲裁中心、四川分会、山东分会、海南仲裁中心和雄安分会。此外,贸仲委还在香港特别行政区设立香港仲裁中心,在加拿大温哥华设立北美仲裁中心,在奥地利维也纳设立欧洲仲裁中心。② 根据仲裁业务发展的需要,贸仲委先后设立了29个地方和行业办事处。为满足当事人的行业仲裁需要,贸仲委在国内首家推出独具特色的行业争议解决服务,为不同行业的当事人提供适合其行业需要的仲裁法律服务。此外,除传统的商事仲裁服务外,贸仲委还为当事人提供多元化争端解决服务,包括域名争议解决、网上仲裁、调解、投资争端解决、建设工程争议评审等。③

(七)香港国际仲裁中心

香港国际仲裁中心(Hong Kong International Arbitration Centre,HKIAC)成立于1985年,是一个民间非营利性中立机构。目前,该仲裁中心是亚洲领先的争议解决中心,专注于仲裁、调解、审裁和域名争议解决。④

该中心由理事会管理,理事会成员由来自不同国家的商人和其他具备不同专长和经验的专业人士组成。该中心设有一个国际咨询委员会,为该中心的政策和未来发展提供建议。执行委员会是根据理事会批准的政策指引该中心活动的核心机构,下设三个常设委员会,即程序委员会、指定委员会、财政委员会。这些委员会主要负责HKIAC的业务运作,以及HKIAC的仲裁规则和《香港仲裁条例》(香港法律第609章)授权HKIAC履行的职能。该仲裁中心

---

① 参见贸仲简介,http://www.cietac.org/index.php?m=Page&a=index&id=2,2021年4月23日访问。

② 同上。

③ 同上。

④ 参见《关于HKIAC》,https://www.hkiac.org/zh-hans/about-us,2021年4月23日访问。

设秘书处,由秘书长领导,处理各种日常争议解决事宜。①

四、国际商事仲裁协议

(一) 概念和类型

国际商事仲裁协议是指国际商事纠纷当事人之间达成的将纠纷提交仲裁解决的契约,可以在争议发生之前或之后达成。仲裁协议一般包括三种类型:一是当事人合同中的仲裁条款。二是当事人在合同之外专门达成的仲裁协议书。三是其他表示提交仲裁的文件。这通常是指双方当事人相互往来的信函、电传、电报及其他书面材料,这些文件中含有当事人同意把他们之间已经发生或将来可能发生的有关争议提交仲裁裁决的意思表示。②

(二) 内容

各国立法和有关国际条约对一项有效的仲裁协议应该包括哪些内容,规定不尽相同。但一项完备的国际商事仲裁协议一般包括以下内容:③第一,提交仲裁的意思表示,即当事人合意通过仲裁来解决争议的意思表示。第二,仲裁事项,即提交仲裁解决的国际商事争议的事项范围。第三,仲裁地点,即进行仲裁程序和作出仲裁裁决的所在地。第四,仲裁机构,即当事人选择的解决争议的临时仲裁庭或常设仲裁机构。此外,仲裁协议还可以视具体情况规定其他方面的内容,比如仲裁员的任命、仲裁庭的权限、仲裁规则、裁决的效力等。

(三) 有效性的确定

国际商事仲裁协议的效力问题非常重要。它直接关系到仲裁机构的管辖权、仲裁裁决是否有效及其能否得到承认和执行的问题。

1. 独立性原则

仲裁条款的独立性是指仲裁条款独立于主合同,主合同无效或失效并不必

---

① 参见《理事会及委员会》,https://www.hkiac.org/zh-hans/about-us/council-members-and-committees,2021 年 4 月 23 日访问。
② 参见刘仁山主编:《国际私法(第六版)》,中国法制出版社 2019 年版,第 518 页。
③ 参见邓瑞平等:《国际商事仲裁法学》,法律出版社 2010 年版,第 69—77 页。

然导致仲裁条款无效。该原则是国际商事仲裁制度的理论基石之一，其理论依据是当事人意思自治原则。

2. 确定有效性应适用的法律

国际商事仲裁协议本质上是一种涉外合同，仲裁机构或法院一般应依据涉外合同的国际私法原则和规则来确定仲裁协议效力应适用的法律。具体来讲，其一，应看当事人是否在仲裁协议中明确了确定该协议效力应适用的法律。如果当事人有约定，则应充分尊重当事人的选择，按照其约定适用法律。其二，若当事人没有选择适用的法律，则应适用最密切联系原则进行确定。一般情况下，与仲裁有最密切联系的地点是仲裁地。

3. 有效要件

各国法律和有关国际公约对仲裁协议的有效要件的规定并不完全一致，但总体而言，一项有效的国际商事仲裁协议通常应具备以下条件：（1）当事人具有行为能力；（2）当事人意思表示真实；（3）形式合法；（4）内容合法。

为了鼓励和支持仲裁的发展，目前"尽量使仲裁协议有效原则"逐渐成为国际商事仲裁领域的发展趋势。[1] 依据该原则，一项存在某些瑕疵的仲裁协议的有效性往往并不会轻易被否定。一般情况下，只要当事人明确表达了他们将争议提交仲裁的意愿且争议事项具有可仲裁性，仲裁协议就可能被认定为有效。为了帮助当事人在合同中订立恰当的仲裁条款，许多仲裁机构都提供了示范仲裁条款，供当事人参照使用。

（四）法律效力

一份有效的国际商事仲裁协议具有的法律效力具体体现在以下几个方面：[2] 第一，对双方当事人具有法律约束力。第二，可以排除有关国家法院的管辖权。第三，是有关仲裁机构行使仲裁管辖权的依据。第四，是强制执行仲裁裁决的法律依据。

---

[1] 参见《国际经济法学》编写组：《国际经济法学（第二版）》，高等教育出版社2019年版，第404页。

[2] 同上书，第405页。

五、国际商事仲裁中实体问题的法律适用

国际商事仲裁具有国际性,即具有一定的涉外因素,比如主体或争议的标的涉外等。在国际商事仲裁案件的审理过程中,通常有以下几种方式确定适用的法律:[①]

第一,当事人协商选择实体法。允许当事人协商选择解决争议的实体法,是各国普遍的做法,而且,随着国际商事仲裁制度的不断发展,当事人的此项自主权也在不断扩大。当事人选择法律的范围广泛,包括但不限于特定国家的国内法,非国内法体系或非法律规则体系,如国际法、国际贸易惯例、商事习惯法、一般法律原则等。

第二,依照冲突法规定确定实体法。若当事人未作法律选择或选择无效,仲裁庭即须依据一定的冲突法规则来确定所要适用的实体法。实践中可供仲裁庭选择的冲突法主要有以下四种:仲裁地国家的冲突法规则,仲裁员本国的冲突法规则、裁决执行地国家的冲突法规则和与争议有最密切联系国家的冲突法规则。

第三,直接确定实体规则。即仲裁庭无须确定和依赖冲突法规则,只需根据案件的具体情况,直接确定所应适用的实体规则。此种方法的确立,实乃国际商事仲裁实体规则适用方法上的一大突破。

第四,根据善良和公平原则作出裁决。

六、国际商事仲裁程序

国际商事仲裁程序是指国际商事争议发生后,自一方当事人申请仲裁时起到作出仲裁裁决这一整个过程中,当事人、仲裁机构、仲裁员和其他仲裁参与人等所应遵循的程序。国际商事仲裁裁决程序大体涉及申请人提出仲裁请求、仲裁庭的组成、仲裁员及替代仲裁员的选择和指定、仲裁适用的语言、仲裁地

[①] 参见李双元、欧福永主编:《国际私法(第五版)》,北京大学出版社 2018 年版,第 499—501 页。

点的确定、仲裁审理的方式、仲裁裁决的作出方式等事项。①

国际商事仲裁程序适用的法律主要包括两个方面。一是仲裁程序规则。一般来讲，世界上各主要常设仲裁机构都有自己的仲裁规则。通常情况下，仲裁程序依据选定的或相关机构的仲裁规则有条不紊地向前推进。二是仲裁程序法。它是国际商事仲裁在程序方面应当适用的强制性法律规定，通常为某个国家或地区的仲裁法。仲裁程序法和仲裁规则最大的区别是其对当事人的强制性法律效力和自动适用性，当事人所选择的仲裁规则不能违反其应当适用的仲裁程序法。同时，仲裁程序法还涉及仲裁监督程序，包括裁决的撤销程序、承认与执行程序等。

国际商事仲裁的审理方式一般包括口头审理和书面审理两种。

七、国际商事仲裁裁决

(一) 概念和内容

国际商事仲裁裁决是指在国际商事仲裁审理过程中或者仲裁审理终结后，仲裁庭对任何程序性事项或者当事人提交仲裁的争议事项进行调查和审理后所作出的裁判和决定。仲裁裁决书的内容一般包括以下几项内容：

(1) 仲裁机构的名称、裁决书编号、仲裁员的姓名和地址、当事人双方的名称和住所地、代理人和其他参与人的姓名，以及作出仲裁裁决的准确日期和地点；

(2) 概述有关裁决的事实情况，如当事人的争议事实、仲裁协议、仲裁申请和仲裁庭的组成情况、双方的仲裁请求和相应的依据；

(3) 仲裁庭根据双方的申诉、抗辩、证据和可适用的法律对案件争议进行的分析判断以及关于判定双方当事人权利的结论；

(4) 当事人需支付的仲裁费用和仲裁员报酬；

(5) 由仲裁员在裁决书上签名，加盖仲裁机构的印章，并且载明裁决是终

---

① 参见《国际经济法学》编写组：《国际经济法学（第二版）》，高等教育出版社2019年版，第405页。

(二) 国际商事仲裁裁决的承认与执行

在国际商事仲裁中，绝大多数情况下当事人会自觉履行仲裁裁决。然而，也有当事人拒绝履行裁决的情况，这样胜诉方就需要到法院申请承认和执行仲裁裁决。

目前在国际商事仲裁裁决的承认与执行领域，影响最大的国际公约是1958 年的《纽约公约》，它对促进当事人采取仲裁方式解决争端等方面起到了积极的作用。截至目前，全球已有 168 个缔约国加入了该公约。[②] 中国已于 1987 年 1 月 22 日加入该公约，但同时提出了两项保留声明。第一，互惠保留，即中国只在互惠的基础上对在公约另一缔约国领土内作出的仲裁裁决的承认和执行适用该公约。第二，商事保留，即中国仅对依照中国法律属于契约性质和非契约性质的商事法律关系所引起的争议适用该公约。[③]

第四节 国际商事调解

一、国际商事调解概念

"国际商事调解"（international commercial conciliation or mediation）是指，国际商事关系的当事双方合意选择无利害关系的第三方作为调解人，在调解人的协助下，查清事实，分清是非，明确责任，并通过调解人的劝说引导，促进争端双方就争议事项进行协商和沟通，以达成一致意见，进而解决国际经

---

① 参见李双元、欧福永主编：《国际私法（第五版）》，北京大学出版社 2018 年版，第 493 页。

② 参见《状况〈承认及执行外国仲裁裁决公约〉（1958 年，纽约）》，联合国国际贸易法委员会中文官网，https://uncitral.un.org/zh/texts/arbitration/conventions/foreign_arbitral_awards/status2，2021 年 4 月 23 日访问。

③ 同上。

济争端的方式。①调解人既可以是当事人自行聘请的第三方个人，也可以是包括商会、仲裁机构等专设的调解部门在内的各种组织。由于第三方的介入，在一定程度上可以缓解双方的激烈对立。在各种 ADR 争议解决方式中，调解的适用范围最广，居于 ADR 的核心地位。

广义的调解，也包括由仲裁或司法机构主持下的调解。近些年来，为鼓励当事人在仲裁和诉讼之前或过程中就争议事项进行调解，各国日益重视将调解引入仲裁和诉讼中。这种"仲调结合"和"诉调结合"的方式，相对于纯粹的仲裁、调解或诉讼，更能充分发挥各种争端解决方式的长处。

二、国际商事调解的优势

与协商方式类似，国际商事调解方式具有自己的优势，主要体现在以下几个方面：②

其一，调解程序灵活，可以快捷地解决争议。调解人可以灵活方式调解争议，使当事人不必在程序上耗费太多时间和精力，同时也能够节省费用。

其二，调解有利于保持当事双方友好合作的关系。

其三，在调解方式中，因有第三方介入，通过对当事双方说服引导，较之协商更有可能促进和解。此外，调解人的专业性也增加了争议解决的可能性。

其四，在一些国家，比如在中国，经受诉法院或仲裁机构审查批准或有关法庭制作并经当事人签收的调解书，对当事人有法律上的强制执行力。

正是由于上述优越性，调解已经成为私人之间解决国际经济争端的重要方式。

三、国际商事调解的局限性

同时，国际商事调解也有其局限性。

第一，由于调解是以当事人的自愿为前提，调解是否成功取决于当事人的

---

① 参见李双元、欧福永主编：《国际私法（第五版）》，北京大学出版社 2018 年版，第 532 页。

② 同上。

自愿和共同意愿。若争议涉及利益重大,双方分歧严重而不愿作出让步,通过调解也很难达成协议。

第二,在调解过程中,任何一方当事人可以随时提出终止调解。此外,在调解协议生效前,任何一方可以反悔,这也常常使得调解前功尽弃,浪费各方的时间。[1]

四、国际商事调解的基本做法

通过调解方式解决国际经济争端的基本做法如下:[2]

(1) 调解人应首先听取当事双方的主张。
(2) 调解人必须查明事实,分清是非。调解并非无原则的调和。
(3) 调解人提出适当的解决争端的建议。
(4) 调解人设法使双方就如何解决争端达成一致协议。
(5) 对调解人提出的方案,当事双方可选择接受或拒绝。

一般来讲,调解的结果对当事双方只具有道德上的拘束力。但是,若是在仲裁或司法机构的主持下进行调解而达成协议,并由主持机构据此作出裁决书或调解书,则对当事人具有法律上的拘束力。

五、国际商事调解相关的主要国际规则

(一)《贸易法委员会调解规则》

联合国国际贸易法委员会于 1980 年通过《贸易法委员会调解规则》(UNCITRAL Conciliation Rules 1980)。该调解规则提供了一整套程序规则,当事方可以此为依据就实施其商业关系中发生的调解程序达成协议。该调解规则涵盖调解程序的各个方面,其中提供了一项示范调解条款,确定了何时调解开始和何时终止,并论及与调解员的任命和作用有关的程序问题以及程序的一般实

---

[1] 参见李双元、欧福永主编:《国际私法(第五版)》,北京大学出版社 2018 年版,第 533 页。
[2] 参见陈安主编:《国际经济法学专论(上编 总论)(第二版)》,高等教育出版社 2007 年版,第 342 页。

施。该调解规则还涉及保密性、证据在其他程序中的可采性以及对当事人在调解程序进行期间提起司法或仲裁程序的权利所作的限制等方面的问题。①

(二)《商事调解示范法》

联合国国际贸易法委员会最初于 2002 年制定了《商事调解示范法》(UNCITRAL Model Law on International Commercial Mediation),旨在协助各国改革本国关于调解程序的法律,就调解进程提供统一规则,意在鼓励使用调解方式,并确保采用调解时有更大的可预测性和确定性。2018 年该示范法修订新增了关于国际和解协议及其执行的一节②,并更名为《贸易法委员会国际商事调解和调解所产生的国际和解协议示范法》。联合国国际贸易法委员会在先前通过的法规和相关文件中使用的术语是"conciliation"("调解"),但有一项共识是术语"conciliation"和"mediation"可以互换。在修订该法时,该委员会决定改用术语"mediation"("调解"),目的是因应这些术语的实际用法和惯常用法,并期望这一改变有助于推广该法并提高其知名度。

为避免因没有法定条文而造成不确定的情况,《商事调解示范法》涉及的调解程序包括调解员的任命、调解的启动和终止、调解的进行、调解员与其他当事方之间的通信、保密和其他程序中证据的可采性以及调解后的问题等方面,如调解员充当仲裁员和和解协议的可执行问题。③《商事调解示范法》还就和解协议的执行提供了统一规则,规定了一方当事人在程序中援用和解协议的权利。总之,《商事调解示范法》可用作一国出台其调解立法的基础。

(三)《新加坡调解公约》

1. 概述

《新加坡调解公约》确立了关于援用该公约和解协议的权利以及执行和解

---

① 参见《贸易法委员会调解规则》(1980),联合国国际贸易法委员会中文官网,https://uncitral.un.org/zh/texts/mediation/contractualtexts/conciliation,2021 年 4 月 23 日访问。

② 参见《贸易法委员会国际商事调解和调解所产生的国际和解协议示范法》(2018 年),联合国国际贸易法委员会中文官网,https://uncitral.un.org/zh/texts/mediation/modellaw/commercial_conciliation,2021 年 4 月 23 日访问。

③ 同上。

协议的统一法律框架，将便利国际贸易并促进将调解作为一种解决贸易争端的有效替代方式。作为一项具有约束力的国际文书，该公约将为国际调解框架带来确定性和稳定性。国家和区域经济一体化组织都可以作为主体签署该公约。①中国已于 2019 年 8 月 7 日签署了该公约。②这一举措将推动中国的商事调解和多元化争端解决机制的进一步完善。

2. 主要条款

第 1 条规定，该公约适用于调解所产生的、当事人为解决商事争议而以书面形式订立的国际和解协议。第 1 条还列出了不在该公约适用范围之内的除外情况：（1）消费者为个人、家庭或家庭目的订立的和解协议；（2）与家庭、继承法或就业法有关的和解协议；（3）可作为判决或仲裁裁决执行的和解协议，以避免与现有和未来的公约重叠，即《纽约公约》（1958 年）、《法院选择协定公约》（2005 年）和《承认及执行民事或商事外国判决海牙公约》（2019 年）。

第 3 条涉及公约当事方在执行和解协议方面的关键义务以及当事方援用该公约所涵盖的和解协议的权利。公约每一当事方应按照本国程序规则并根据该公约规定的条件执行和解协议。如果就一方当事人声称已由和解协议解决的事项发生争议，公约当事方应允许该当事人按照本国程序规则并根据该公约规定的条件援用和解协议，以证明该事项已得到解决。

第 4 条规定了依赖和解协议的手续，即争议方应向主管机关提供由当事方签署的和解协议以及和解协议产生于调解的证据。主管机关可要求提供任何必要文件，以核实公约的要求已得到遵守。

第 5 条第 1 款明确了法院可根据寻求救济所针对当事方的请求拒绝准予救济的六种理由。第 5 条第 2 款规定了另外两种法院可据以主动拒绝准予救济的理由，即救济将违反当事方公共政策以及争议事项无法通过调解解决。

---

① 参见《〈联合国关于调解所产生的国际和解协议公约〉（2018 年，纽约）〈新加坡调解公约〉》，联合国国际贸易法委员会中文官网，https：//uncitral.un.org/zh/texts/mediation/conventions/international_settlement_agreements，2021 年 4 月 23 日访问。

② 参见《状况：〈联合国关于调解所产生的国际和解协议公约〉》，联合国国际贸易法委员会中文官网，https：//uncitral.un.org/zh/texts/mediation/conventions/international_settlement_agreements/status，2021 年 4 月 23 日访问。

为了规定就和解协议适用最有利的框架,第 7 条设想适用更有利的法律或条约。

第 8 条是"保留"条款。公约当事方可声明:(1)在声明规定的限度内,将其为一方当事人的和解协议或任何政府机构或代表政府机构行事的任何人为一方当事人的和解协议排除在公约适用范围之外。(2)仅在当事各方同意适用公约的情况下适用公约。

按第 9 条的规定,公约以及任何保留或保留的撤回仅适用于公约对有关当事方生效后订立的和解协议。

典型案例

泰国某公司与温州某公司疫情期间口罩机买卖合同纠纷案①

一、案情介绍

2019 年 10 月,泰国某公司(以下简称"泰国公司")向温州某公司(以下简称"温州公司")订购了一台立体口罩机。2020 年 1 月 9 日,泰国公司派代表到温州验货并调试好机器,双方约定春节后发货。2020 年 1 月 29 日,由于疫情防控需要,合同所涉口罩机被政府部门征用,导致温州公司无法给泰国公司发货,而且口罩机零配件价格也翻了好几倍,即使立马采购零配件再生产,温州公司也肯定会亏本。泰国公司坚决要求温州公司重新生产并发货,同时要其按照合同约定支付延期交货的违约金。温州公司请求根据当前市场行情重新与泰国甲公司商定合同价格,但泰国公司则不愿加价,双方沟通陷入僵局。

因此,泰国公司向泰国驻华大使馆投诉。2020 年 4 月 15 日,泰国驻华大

---

① 参见《国际商事调解 | 案例精选(三十六):泰国某公司与温州某公司疫情期间口罩机买卖合同纠纷案》,中国国际贸易促进委员会浙江省委员会网,2021 年 10 月 14 日,http://www.ccpitzj.gov.cn/art/2021/10/14/art_1229574285_20550.html,2021 年 12 月 12 日访问。

使馆则向中国贸促会温州调解中心寻求帮助，请求温州调解中心出面协调，帮助妥善解决泰国公司与温州公司之间的口罩机合同履行纠纷。

二、主要法律问题

调解中心在阅读双方提交的案件材料并深入调查了解案情之后认为，双方的争议焦点在于：（1）导致温州公司无法交货的事件——口罩机因疫情防控被政府征用，在合同履行中属于什么性质？是不可抗力，还是情势变更？温州公司是否可以免责？（2）温州公司在无法交货的情况下，是否还能够通过重新生产一台口罩机而继续履行合同？可能面临的困难是什么？（3）温州公司同意退款并给予一定赔偿，而泰国公司坚持要求卖方交货并支付延期交货的违约金，一方的解决方案没有为另一方所接受。在双方不同的诉求中，如何找到妥善解决问题方案的切入点？

根据泰国驻华大使馆提供的联系方式，温州调解中心与温州公司取得了联系。温州公司表示，目前口罩机的行情和去年双方签合同时有天壤之别，口罩机零配件是当前市场上的紧俏货，价格翻了好几倍，付了款也拿不到货。如果重新生产一台口罩机，首先交货期无法确定，其次就是价格问题。泰国公司若坚持以去年的合同价交货，温州公司就要亏损40多万元，而且无法交货是疫情防控政府征用导致，并不是温州公司的过错。在温州调解中心的引导下，温州公司提出，可以退还泰国公司已经支付的款项并赔偿其合同金额的20%。

然而，泰国公司却不能接受这一方案。泰国公司表示自己是中间商，温州公司不能交货已经给终端客户造成了损失，终端客户坚持要货并要求支付延期交货的违约金，所以自己只能根据合同要求温州公司交货并支付违约金。基于这一情况，温州调解中心建议泰国公司向终端客户说明情况，劝其放弃违约金并适当考虑温州公司的困难和疫情这一客观情况。

之后，温州调解中心在与温州公司的沟通过程中得知其有2台现成的平面口罩机，虽然与合同约定的立体口罩机不同，但生产出来的口罩防护病毒的效果是一致的。鉴于口罩机使用目的和疫情防控的特殊需要，温州调解中心随即建议泰国公司接受可以马上交货的平面口罩机并商讨变更合同相关条款，遗憾的是该建议也遭到泰国公司终端客户的拒绝，但终端客户同意放弃之前主张的违约金。此时，问题的焦点集中到立体口罩机的零配件价格和供应时间上，如果该项条件能够协商一致，离双方达成和解也就不远了。

经温州调解中心和泰国驻华大使馆多方联系，协调口罩机配件厂家，最终温州公司同意重新生产一台合同约定规格的立体口罩机，泰国公司在表示同意的同时放弃了之前一直坚持的支付违约金要求。

三、案件评析

本案中，泰国公司是合同的买方，调解案件的申请人，而温州公司是合同的卖方，调解案件的被申请人。合同双方当事人均无过错，尤其是温州公司已备好货并准备年后发货，却毫无征兆地碰上疫情，货被政府部门征用。温州公司本来可以以不可抗力为由不承担法律责任，但出于维护老客户的目的和遵守契约精神使其愿意尽力满足客户的需求，这也是该案得以成功调解的基础。泰国公司要求继续履行合同并主张支付延期交货的违约金，这属于买方在卖方出现违约的情形下采取的合理违约救济措施。在一般情况下，买方的诉求无可厚非，但事情发生在疫情防控期间，而且货物是出于疫情防控需要而被政府征用，这时候仍然执意要求卖方继续履行合同的要求就显得有点过分。但在调解的过程中，泰国公司最终还是作出了一定的让步，放弃了违约金的请求，使得买卖双方的利益趋向于一定的平衡。该案调解成功的另一关键是温州调解中心和泰国驻华大使馆一起协调口罩机配件生产厂家，解决了温州公司的后顾之忧。

在争端发生之时，双方当事人首先选择了国际商事协商的解决方式，然而双方多次协商后无果。在双方陷入僵局的情况下，温州调解中心才在当事人的请求下作为第三人适时地介入了双方争端解决的过程中。调解中心积极调查案件的事实基础，听取当事双方的主张，并提出适当的解决争端的建议。调解中心通过对当事双方说服引导，多方协调，设法使双方就如何解决争端最终达成了一致协议。该案纠纷最终得以顺利解决，温州调解中心在整个争端解决过程中发挥了重大的促进作用。同时，该案也展示了国际商事协商的局限性，体现了国际商事调解的优势。

推荐书目

1. 曾华群：《国际经济法导论（第三版）》，法律出版社 2020 年版。
2. 郭寿康、赵秀文、韩立余主编：《国际经济法（第六版）》，中国人民大学出版社 2022 年版。
3. 王传丽主编：《国际经济法（第五版）》，中国人民大学出版社 2019 年版。
4. 刘晓红、袁发强主编：《国际商事仲裁法案例教程》，北京大学出版社 2018 年版。
5. 〔英〕维杰·K. 巴蒂亚、〔澳〕克里斯托弗·N. 坎德林、〔意〕毛里济奥·戈地：《国际商事仲裁中的话语与实务：问题、挑战与展望》，林玫、潘苏悦译，北京大学出版社 2016 年版。
6. 孙巍编著：《〈联合国关于调解所产生的国际和解协议公约〉立法背景及条文释义》，法律出版社 2018 年版。

思考题

1. 国际经济争端的种类有哪些？含义分别是什么？
2. 国际经济争端解决方式有哪些？特点分别是什么？
3. 简述国际经济争端解决的法律规范体系。
4. 简析国际商事协商的优缺点。
5. 简析国际商事仲裁的优缺点及国际相关规则。
6. 简析国际商事调解的优缺点及国际相关规则。